Gisela Wuttke

Kinderprostitution
Kinderpornographie
Tourismus

Gisela Wuttke

Kinderprostitution Kinderpornographie Tourismus

Mit einem Nachwort von Christa Dammermann
(terre des hommes)

Lamuv

Bitte fordern Sie unser kostenloses Gesamtverzeichnis an:
Lamuv Verlag, Postfach 26 05, D-37016 Göttingen
Telefax (05 51) 4 12 93
e-mail lamuv@t-online.de

Gedruckt auf Öko 2001 Papier zur ökologischen Buchherstellung
(80 Prozent Altpapier, 20 Prozent Durchforstungsholz
aus nachhaltiger Forstwirtschaft,
ohne Färbung, ohne optische Aufheller)

98 99 00 01 02 7 6 5 4 3 2 1

1. Auflage 1998
Originalausgabe

Umschlaggestaltung: Gerhard Steidl
unter Verwendung eines Fotos von Christel Kovermann
Gesamtherstellung: Steidl, Göttingen
Printed in Germany
ISBN 3-88977-531-4

Inhalt

Recht und Politik

Maßnahmen gegen Kinderprostitutionstourismus und Kinderpornographie

Der Weltkongreß gegen kommerzielle sexuelle Ausbeutung von Kindern – und die Folgen

Einleitung

Im Sommer 1996 fand in Stockholm ein Kongreß statt, von dem wir wohl nur Kenntnis genommen haben, weil wir noch unter dem Schock eines Verbrechens standen, das in unserem Nachbarland Belgien geschehen war und uns vor Augen führte, wie leicht es ist, Menschen zu verschleppen, zu mißhandeln, zu ermorden, zu verscharren und verhungern zu lassen, wenn diese Menschen Kinder sind und die Täter Männer – Männer, die sich gegenseitig deckten und in Freiheit ließen.

Daß der Kongreß, der »Weltkongreß gegen die kommerzielle sexuelle Ausbeutung von Kindern« (27. bis 31. August 1996), in Stockholm stattfand und nicht in Den Haag, London, Zürich oder Frankfurt, ist wohl nur auf eine Geste Königin Silvias zurückzuführen, die die internationale *Kampagne gegen Kinderprostitutionstourismus im Sextourismus* eingeladen hatte, diesen für die Kinder in der Dritten Welt und insgesamt so bedeutsamen Kongreß in Schweden durchzuführen, auf europäischem Boden, dort, wo die Flugzeuge abheben, in denen Männer sich als Prostitutionstouristen auf Reisen begeben.

An dem Kongreß, der von der Kampagne *End Child Prostitution in Asian Tourism (ECPAT)* initiiert worden war, nahmen mehr als 1400 Teilnehmerinnen und Teilnehmer aus 130 Ländern teil. In dem von ihnen verabschiedeten Aktionsplan gegen die kommerzielle Ausbeutung von Kindern, der im Anhang dieses Buches aufgenommen wurde, werden alle Staaten aufgefordert, bis zum Jahr 2000 wirksame Strategien gegen Kinderprostitution, Kinderhandel und Kinderpornographie zu entwickeln, ihre bereits bestehenden Strafgesetze zu prüfen, gegebenenfalls zu verschärfen und die Täter energisch(er) zu verfolgen. »Diese moderne Form der Sklaverei«, so Königin Silvia in ihrer Abschlußrede vor den Delegierten aus aller Welt, »muß gestoppt werden.«

Dieses Buch soll ein Beitrag dazu sein, die sexuelle Mißhandlung von Kindern zum Politikum zu machen. Es basiert auf einer Studie, die ich im Vorfeld der Stockholmer Konferenz im Auftrag der Kinderrechtsorganisation *terre des hommes* (Osnabrück) erstellt habe. Sie wurde für diese Veröffentlichung nochmals gründlich überarbeitet und aktualisiert sowie um das Kapitel »Der Stockholmer Kongreß und seine Folgen« ergänzt. Ich war bemüht, alle entscheidenden Initiativen und Entwicklungen zu berücksichtigen, die dieses Thema in den vergangenen Jahren in der deutschen Öffentlichkeit genommen hat.

In diesem Buch steckt die Arbeit vieler Menschen. Ich bin ihnen allen zu Dank verpflichtet, insbesondere meinen Freundinnen Ingrid Schneider (Hamburg) und Susanne Lipka (Frankfurt), die mich ermutigten, die Studie nicht ad acta zu legen, sondern sie zu veröffentlichen und damit einem breiteren Publikum zugänglich zu machen. Ganz besonders danke ich Olaf Miosga, der als mein Freund und kritischer Kommentator nicht müde wurde, mich zu unterstützen und wieder aufzurichten, wann immer irgendwelche bösen Geister, die einen beschleichen möchten, wenn man sich mit diesem Thema befaßt, sich meiner zu bemächtigen versuchten.

Ich bin froh, es überstanden zu haben.

Im Juni 1998 *Gisela Wuttke*

P. S. Wie dieses Buch gelesen werden soll? Mit großer Aufmerksamkeit und Geduld, gewiß, aber auch mit einer gehörigen Wut und dem festen Vorsatz, die Kinder dieser Welt vor den sexuellen Mißhandlungen durch Männer (und Frauen) zu schützen, wann und wo immer sie dieses Schutzes bedürfen. Und natürlich mit Verstand – auch wenn das Wissen um das Leiden dieser Kinder einem manchmal diesen rauben will.

Kinderprostitutionstourismus

»Ich war eine Frau, bevor ich ein Mädchen wurde.[1]«

Vorbemerkung

Die sexuelle Ausbeutung von Kindern hat sich längst von der Privatsphäre der Familie über die Weltsphäre der Urlaubsländer ausgebreitet. Jedoch wurde diese Realität bis in die achtziger Jahre hinein allenfalls als »versteckte Realität« wahrgenommen.[2] Nur allmählich wurde erkannt, daß sich Kinderprostitution – insbesondere auf den Philippinen, in Thailand, Taiwan und Sri Lanka – zu einem »Massenphänomen« auszuweiten drohte, in dessen Folge eine neue Form der Sklaverei in Erscheinung trat: die sexuelle Ausbeutung von Kindern als Urlaubsvergnügen. Alarmiert durch die wachsende Zahl derer, die ihren eigenen Körper zu (Welt-) Markte trugen, initiierte die internationale Kampagne *End Child Prostitution in Asian Tourism (ECTWT)*, ein Zusammenschluß kirchlicher Organisationen in Bangkok, 1988 eine umfangreiche Recherche- und Dokumentationsarbeit in den von Kinderprostitution besonders betroffenen Ländern Südostasiens, deren Ergebnisse zwei Jahre später auf einer internationalen Konferenz in Chiang Mai (Thailand) öffentlich gemacht wurden. Die Ergebnisse waren niederschmetternd und ließen zugleich erkennen, in welchem Maße der ganz normale Tourismus für die Entstehung und Ausdehnung von Kinderprostitutionstourismus Motor und Drehscheibe geworden war.

So deprimierend die Ergebnisse waren, so ermutigend war das Zeichen, das von dieser Konferenz ausging: Die Teilnehmerinnen und Teilnehmer beschlossen, eine internationale *Kampagne gegen Kinderprostitution im Sextourismus* durchzuführen, die unter dem programmatischen Titel *End Child Prostitution in Asian Tourism (ECPAT)* den Zusammenhang zwischen Kinderprostitution und Prostitutionstourismus aufdecken und dazu beitragen sollte, der sexuellen Ausbeutung von Kindern ein Ende zu setzen. Die Initialzündung der internationalen Kampagne führte zur Gründung nationaler Kampagnen, die sich im eigenen Land für das gemeinsame Ziel einsetzten.[3] In Thailand, Sri Lanka, auf den Philippinen und in Taiwan bildeten sich diese nationalen Kampagnen bereits unmittelbar im Anschluß an die Konferenz; Indien, Vietnam, Kambodscha, Laos und Brasilien folgten bald darauf.

Die deutsche Kampagne gründete sich offiziell am 15. März 1991 in Stuttgart. Ihr Trägerkreis umfaßte zu diesem Zeitpunkt bereits 13 Organisationen, weitere 16 kamen im Laufe der Zeit noch hinzu. Darüber hinaus bildete sich ein Förderkreis, dem weitere 16 Organisationen angehörten.[4] Die Kampagne stieß mit ihren Anliegen offenbar in ein Faß, das bereits bis zum Überlaufen gefüllt war.

Im Gegensatz zur internationalen Kampagne ECPAT beschränkte sich die deutsche Kampagne jedoch nicht auf die von Kinderprostitutionstourismus betroffenen asiatischen Länder. Sie verstand sich dennoch als Teil der internationalen Kampagne, ebenso wie die Kampagnen in der Schweiz, in Schweden, Norwegen, Frankreich, Belgien und den Niederlanden. »Alle nationalen Kampagnen haben etwas Wichtiges gemeinsam: Sie sind jeweils von sehr vielen verschiedenartigen Organisationen und Gruppen getragen, die vorher oft wenig Anlaß zur Kooperation hatten. Etwa vorhandene Unterschiede oder gar Konkurrenz-Gesichtspunkte zwischen ihnen traten in den Hintergrund angesichts ihrer Entschlossenheit, die Kinderprostitution gemeinsam und mit Engagement zu bekämpfen.«[5] Interessant ist in diesem Zusammenhang, daß die *Kampagne gegen Kinderprostitution im Sextourismus* international fast ausschließlich von Frauen getragen wurde, obwohl (weil) Kinderprostitutionstourismus – wie andere Formen der sexuellen Gewalt auch – fast ausschließlich von Männern ausgeht.

Die Kampagne wurde 1993 mit einem symbolischen Preis der Menschenrechtsorganisation *Anti-Slavery International* ausgezeichnet, um ihre Arbeit gegen Kinderprostitutionstourismus öffentlich zu würdigen.[6]

Am 30. April 1994 wurde die deutsche Kampagne offiziell beendet.[7] Nichtsdestotrotz zeigten sich die InitiatorInnen der Kampagne entschlossen, den Kampf gegen Kinderprostitutionstourismus fortzusetzen.[8] So wurden auf dem internationalen Kongreß gegen Kinderprostitutionstourismus vom 27. bis 31. August 1996 in Stockholm die von den Kampagnen recherchierten Daten und Fälle ebenso vorgetragen und unterstützt wie die von der internationalen Kampagne geforderten Maßnahmen gegen »The Commercial Sexual Exploitation of Children«, so der offizielle Titel des Stockholmer Kongresses. Für die internationale Kampagne beinhaltete dieser Kongreß deshalb weit mehr als eine Bestandsaufnahme ihrer bis dahin geleisteten Arbeit. Er diente ihr zugleich als Wegweiser, um die noch vor ihr liegenden Aufgaben und Ziele genauer bestimmen zu können. Aus diesem Grunde soll in den folgenden Ausführungen vor allem nach Spuren und Anknüpfungspunkten gesucht werden, mit denen die Zielsetzung der *Kampagne gegen Kinderprostitution im Sextourismus* weiterentwickelt und unterstützt werden kann: im Süden wie im Norden, im Urlaub wie im Alltag, privat wie politisch.

Bestandsaufnahme

Das Phänomen des Prostitutionstourismus wurde bereits vor vielen Jahren von engagierten Frauen und entwicklungspolitisch engagierten Organisationen »entdeckt« und auf seine Ursachen hin untersucht. Hier sei auf das bereits Anfang der achtziger Jahre unter dem Titel »Verkaufte Träume« als politisches Bilderbuch erschienene Bändchen über Kinderarbeit und Kinderprostitution in Thailand von Wolfgang Föste[9] hingewiesen sowie auf die vom Zentrum für Entwicklungsbezogene Bildung (ZEB) in Stuttgart herausgegebene Dokumentation über »Tourismus – Prostitution – Entwicklung«, die einen ersten Versuch darstellt, anhand des recherchierten Materials die entwicklungspolitische und gesellschaftspolitische Brisanz des Problems darzustellen. Susanne Lipka geht in ihrer bereits 1985 erschienenen wissenschaftlichen Untersuchung über »Das käufliche Glück in Südostasien« noch einen Schritt weiter, indem sie es nicht dabei beläßt, der eigenen Gesellschaft einen Spiegel vorzuhalten, sondern ihre Betrachtungen auch darauf anlegt, den Blick auf die Perspektive der Täter zu schärfen. Hieß es in »Tourismus – Prostitution – Entwicklung« noch resümierend, daß die Fragen, die sich aus dem Phänomen Prostitutionstourismus ergeben, weniger individueller denn gesellschaftlicher Art seien[10], so fragt Susanne Lipka in »Das käufliche Glück in Südostasien« ganz explizit auch danach, »welche Männer sich als Sextouristen und welche sich als Frauenkäufer betätigen«, ohne jedoch den Blick für das gesellschaftliche Umfeld zu verlieren.[11] Sie kommt damit – zu einem sehr frühen Zeitpunkt der Analyse – einer Frage aus Thailand entgegen, die für die *Kampagne gegen Kinderprostitution im Sextourismus* bestimmend werden sollte:

»Was ist mit euren Männern los, daß sie um die halbe Welt reisen, um unsere Kinder sexuell zu mißbrauchen?«[12]

Prostitutionstourismus

Das Reisen in fremde Länder - früher den Forschungsreisenden, Handelsgesellen und Kirchenleuten vorbehalten - hat sich längst zu einem »Massenvergnügen« der ganz besonderen Art entwickelt. Kaum ein Wirtschaftszweig erlebte in den letzten Jahren einen vergleichbaren Aufschwung. »Nach Angaben des *World Travel and Tourism Council (WTTC)* ist der Tourismus der größte Erwerbszweig der Welt.«[13] Die Branche boomt, und ein Ende ist nicht abzusehen. »In der Bundesrepublik Deutschland stieg der Anteil der Urlaubsreisenden - trotz nachlassender Konjunktur - 1992 auf 71,1 Prozent (1991: 66,8 Prozent) an. Diese deutliche Steigerung wird vor allem darauf zurückgeführt, daß immer mehr Menschen öfter als einmal im Jahr verreisen: 1992 waren acht Millionen Menschen zweimal (1991: 5,8 Millionen) und 21 Millionen sogar dreimal (1991: 1,8 Millionen) im Urlaub. Der Kurzurlaub liegt hierzulande ebenso im Trend wie die von Prostitutionstourismus besonders betroffenen Länder: »Die höchste Nachfragesteigerung auf dem deutschen Reisemarkt haben Länder in Mittel- und Südamerika, der Karibik und Asien/Pazifikraum.«[14] Im Zuge dieser Entwicklung stieg die Zahl der Take-off-Fluggäste in den Jahren 1991 bis 1997 von 61,3 auf 99,8 Millionen[15] - ein Ende ist nicht abzusehen. »Weltweit«, so Bundeswirtschaftsminister Rexrodt in seiner Rede auf der Internationalen Tourismusbörse am 7. März 1998 in Berlin, »ist der Tourismus ein erstrangiger Wirtschaftsfaktor« geworden, mit dem sich »viel Geld« verdienen ließe.[16] Tatsächlich waren 1992 insgesamt 475,6 Millionen Menschen unterwegs, davon 63 769 in Brasilien, 84 422 in Indien, 1 009 973 in Kenia, 36 031 auf den Philippinen, 85 365 in Sri Lanka, 28 758 in Taiwan und 275 506 in Thailand, um nur einige der beliebtesten Zielländer von Prostitutionstouristen zu nennen.[17] In einigen dieser Länder wurde der Tourismus durch gezielte Werbung noch forciert, wohl in der trügerischen Hoffnung, mit den daraus erzielten Einnahmen die Entwicklung der eigenen Wirtschaft vorantreiben zu können.

»Innerhalb der nächsten zwei Jahre brauchen wir viel Geld«, so im Oktober 1980 der damalige Vizepremierminister von Thailand, Boonchu Rajnasthien. *»Deshalb sollten alle Gouverneure die natürlichen Attraktionen in ihren Provinzen zusammen mit einigen Arten der Unterhaltung in Erwägung ziehen. Einige von ihnen mögen diese Arten der Unterhaltung abstoßend und beschämend finden, denn es sind vor allem die sexuellen Arten der Unterhaltung, die die Touristen anziehen.*

Diese Arten der Unterhaltung sollten nicht verboten werden, nur weil wir hohe Moralvorstellungen haben ...«[18]

Prostitutionstourismus als Ziel von Tourismus wurde von Boonchu Rajnasthien also bereits früh erkannt, wenn auch in seinen sozialen, wirtschaftlichen und kulturellen Folgen nicht bedacht.[19] Tatsächlich zählt Thailand heute zu den Ländern, die am stärksten durch den Prostitutionstourismus in Mitleidenschaft gezogen worden sind. Nicht überall mag Tourismus als Ursache für Prostitutionstourismus so deutlich zu erkennen und nachzuweisen sein wie in Thailand, doch ist unbestritten, daß der ganz normale Tourismus infolge seiner spezifischen Nachfragestruktur in erheblichem Maße zur Entstehung beziehungsweise Ausbreitung von Prostitution im allgemeinen und Kinderprostitution im besonderen beigetragen hat. »Am Beispiel des Sextourismus und der Kinderprostitution werden entwicklungspolitische Fehlentwicklungen in Ländern der ›Dritten Welt‹ besonders deutlich. Gäbe es nicht die krasse Armut, vor allem der Frauen und Kinder in ›Dritte-Welt‹-Ländern, wäre ein Großteil der Prostitutionsszene und des Sextourismus gar nicht denkbar.«[20]

Prostitutionstourismus ist im wesentlichen eine von wohlhabenden (weißen) Männern betriebene Art des Reisens, die den sexuellen Kontakt beziehungsweise die sexuelle Mißhandlung von leicht verfügbaren armen (schwarzen) Frauen, Männern oder Kindern voraussetzt beziehungsweise zum Ziel hat.[21] »Reichtum umgibt sich gern mit Vergnügen, neigt zu bestimmten Verhaltensweisen und gibt sich dem Genuß hin. Entsprechend finden sich unter den Touristen aus den wohlhabenden Ländern genußsüchtige Männer, die auf sexuelle Ausschweifungen mit Frauen in den armen Ländern aus sind. Damit steigt die Nachfrage nach Prostitution ...«[22]

Prostitutionstourismus ist in den betroffenen Ländern längst kein »Kavaliersdelikt« mehr. Dennoch wird es hierzulande – von einzelnen öffentlichen Reaktionen der Empörung einmal abgesehen – immer noch als rudimentäres gesellschaftliches Problem wahrgenommen, »weil ganz allgemein der männliche Chauvinismus als Norm kaum Beachtung findet oder weil Sexualität immer noch von den meisten als eine rein private Angelegenheit angesehen wird«[23].

Die Ziele der Prostitutionstouristen sind über die ganze (Dritte) Welt verstreut und lokalisieren sich immer wieder neu. »Der Prostitutionstourismus breitet sich auf immer mehr Länder aus. Thailand liegt konkurrenzlos an erster Stelle, gefolgt von den Philippinen,

Kenia, Sri Lanka, der Dominikanischen Republik und Brasilien. Immer öfter geraten auch die Reiseländer in Osteuropa, Israel, Marokko, Tunesien, Malaysia, Südkorea, Indien, Costa Rica sowie Westafrika und Mauritius in die Schlagzeilen.«[24] Deutsche Prostitutionstouristen reisen vorzugsweise nach Thailand, Kenia, auf die Philippinen, in die Dominikanische Republik, nach Brasilien und Sri Lanka. Thailand liegt seit Jahren an der Spitze der Länder, in die deutsche Prostitutionstouristen offenbar besonders gern reisen. Schätzungen gehen davon aus, »daß von den 243 000 Deutschen unter den insgesamt 5 298 860 Besuchern im Jahre 1990 (Platz zwei nach den Japanern) 50 bis 70 Prozent der männlichen Besucher hauptsächlich wegen sexueller Kontakte anreisen. In Kenia standen von 695 000 Besuchern 1990 die Deutschen mit 123 000 Besuchern an der Spitze. Obwohl erst seit wenigen Jahren deutschen Touristen die Dominikanische Republik als Reiseland angeboten wird, wurden 1990 bereits 100 000 deutsche Urlauber gezählt. Von den 921 365 Touristen, die 1991 auf die Philippinen reisten, waren 28 229 Deutsche.«[25]

»Tourismus«, so der Bochumer Theologe Wilhelm Gräb, »ist Ausdruck einer Lebensform, die den Kampf um die materielle Daseinssicherung hinter sich weiß.«[26] Unter diesem Gesichtspunkt wäre die von *terre des hommes* initiierte Vereinbarung mit den (Fern-) Reiseveranstaltern in der Bundesrepublik Deutschland allerdings gar nicht hoch genug einzuschätzen. »Wir sehen wenig Chancen«, so Christa Dammermann in »Deutsche Reiseveranstalter müssen Verantwortung übernehmen«, »mit unserem Anliegen bei den Tätern anzukommen, wenn wir sie nicht über die Touristikunternehmen erreichen ... Sie müssen gewährleisten,

- daß in den Vertragshotels das Verbot von Kinderprostitution durchgesetzt wird;
- daß sie ihre Kundinnen und Kunden über die Hintergründe und Auswirkungen von Kinderprostitution informieren und
- daß sie ihre Mitarbeiterinnen und Mitarbeiter im Hoteleinkauf und in der Reiseleitung entsprechend vorbereiten und schulen ...«[27]

Zwölf Reiseveranstalter sind der Vereinbarung bisher beigetreten.[28] Es sind dies: Agentour, Hetzel-Reisen, Ikarus-Reisen, ITS, Jahn-Reisen, Meier's Weltreisen, NUR, Studiosus, THR-Tours, Tjaereborg, Transair und TUI.[29] Seit Februar 1994 empfiehlt auch der Deutsche Reisebüro Verband, sich durch die Unterzeichnung der Vereinbarung und ihrer Umsetzung an der Aktion zu beteiligen.»[30]

Sollte es *terre des hommes* langfristig tatsächlich gelingen, Reiseveranstalter, Reiseländer und Touristikunternehmen vertraglich daran zu binden, die sexuelle Ausbeutung von Kindern im Urlaubsland zu unterbinden, wäre ein großer Schritt getan, sich der Verantwortung als Reiseveranstalter wie als Tourist zu stellen. In dieser Verantwortung stehen jedoch auch jene Verlage, die mit Reiseführern – und einschlägigen Hinweisen – in das Geschehen eingreifen. Wie schwer es fällt, Kinderprostitutionstourismus nicht als Urlaubserlebnis der besonderen Art beziehungsweise zur Steigerung hart umkämpfter Auflagenmärkte zu benutzen, mag ein Beispiel aus jüngerer Zeit belegen: Mairs Geographischer Verlag in Ostfildern zog seinen 1997 neu aufgelegten »Marco-Polo-Reiseführer« für Bangkok zurück, nachdem das katholische Hilfswerk *Missio* heftig interveniert hatte. In einem Kapitel über das »Nachtleben« Bangkoks war nämlich unter anderem eine Bar empfohlen worden, die »für die jüngsten und hübschesten Tänzerinnen in Bangkok bekannt« sei und seinen Gästen »Sex-Shows der ausgefallenen Art« böte. Die Autoren des Reiseführers wurden infolge der öffentlichen Kritik angewiesen, das Thema »Nachtleben« zukünftig »mit äußerster Zurückhaltung zu behandeln«[31].

Es zeigt sich daran, daß entschlossenes Handeln durchaus nicht wirkungslos bleiben muß – aber auch, daß wir immer wieder gefordert sind, einzugreifen. Und manchmal nützt schon lautes Geschrei.

Kinderprostitutionstourismus

Prostitutionstourismus macht aus Kindern Prostituierte. »Die Tendenz geht dahin, immer jüngere Kinder in der Prostitution auszubeuten; Kinder, die noch nicht geschlechtsreif und zwischen sechs und vierzehn Jahren alt sind.«[32] Die Grenze zwischen Kind-Sein und Erwachsen-Sein wird in den von Kinderprostitution betroffenen Ländern allerdings nicht einheitlich gefaßt. Während sie in der UN-Konvention über die Rechte des Kindes bei 18 Jahren liegt, differenziert beispielsweise die bundesdeutsche Gesetzgebung zwischen Kindern unter 14 Jahren, Jugendlichen bis 16 und Jugendlichen bis 18 Jahren. Das deutsche Recht unterscheidet also bei minderjährigen Menschen zwischen Kindern (bis 14 Jahre) und Jugendlichen (bis beziehungsweise ab 16 Jahre).

Dessen ungeachtet werde ich, dem Internationalen Recht folgend, immer dann von Kinderprostitution sprechen, wenn die Prostituierten noch minderjährig, das heißt nicht älter als 18 Jahre alt sind. Darüber hinaus werde ich auch nicht von Mädchen und Jungen, sondern von weiblichen und männlichen Kindern beziehungsweise von weiblichen und männlichen Kinderprostituierten sprechen: zum einen, weil auch erwachsene weibliche Prostituierte häufig als Mädchen (»Thai-Mädchen«) bezeichnet werden, zum anderen, weil eine präzise Bezeichnung des Verhältnisses, nämlich Prostitution, dem von den Prostitutionstouristen sorgsam gepflegten Anschein entgegenwirkt, als handele es sich im Falle von Kinderprostitution nicht um Ausbeutung, nicht um sexuelle Gewalt, nicht um Menschenrechtsverletzungen an Kindern, sondern bestenfalls um ein Urlaubsvergnügen mit Kinderbegleitung. Aus dem gleichen Grunde werde ich auch nicht von Sextourismus oder Sextouristen sprechen, sondern von Prostitutionstourismus beziehungsweise Prostitutionstouristen. Es geht meines Erachtens in den vorgezeichneten Fällen nicht um Sex, sondern um Ausbeutung. Die darin verborgene Realität muß sich darum auch in der Sprache ausdrücken. Als Prostitutionstouristen (Prostitutionstouristinnen) bezeichne ich dementsprechend alle Männer (Frauen), die ihren Urlaub, ihre Geschäftsreisen oder ihren Wochenendtrip mit der festen Absicht oder dem – möglicherweise uneingestandenen – Wunsch antreten, sexuelle Kontakte mit einheimischen Kindern oder Erwachsenen aufzunehmen, die aufgrund ihrer persönlichen und ökonomischen Lage nicht die Freiheit besitzen, die angefragten sexuellen Dienstleistungen zu verweigern.

Ausmaß der Kinderprostitution

Die von der Kampagne zutage geförderten Zahlen führen das dramatische Ausmaß von Kinderprostitution in den von Kinderprostitutionstourismus betroffenen Ländern der »Dritten Welt« vor Augen[33]: In Thailand wird die Zahl der Kinderprostituierten auf mindestens 200 000 geschätzt. Das *Zentrum zum Schutz der Kinderrechte* geht sogar von 800 000 Prostituierten unter 16 Jahren aus. Auf den Philippinen rechnet man mit 20 000 bis 60 000 Kindern und Jugendlichen bis 15 Jahren, die in der Prostitution arbeiten, und in Sri Lanka mit 30 000. In Kenia schlagen sich mindestens 25 000 weibliche Kinder mit Prostitution durch, in Brasilien wahrscheinlich sogar 500 000 weibliche Kinder, von denen viele bereits im

Alter von zehn, zwölf Jahren gezwungen sind, ihren Lebensunterhalt beziehungsweise den der Familie durch Prostitution zu sichern.

»In den meisten Ländern sind es überwiegend Mädchen, mit Ausnahme von Sri Lanka, wo die Jungen-Prostitution allein auf entsprechende touristische Nachfrage zurückzuführen ist.«[34] Von Kinderprostitution betroffen ist jedoch auch Indien, wo sich schätzungsweise 400 000 weibliche Kinder prostituieren[35] sowie China, wo Zeitungsberichten zufolge »immer mehr und immer jüngere Frauen ihren Körper verkaufen«[36]. Kinderprostitution gibt es jedoch auch in den reichen Industrienationen, in der Bundesrepublik Deutschland ebenso wie in Großbritannien, in Frankreich ebenso wie in den USA. Schätzungen zufolge sollen allein in Paris 8 000 weibliche und männliche Kinder als Prostituierte arbeiten; allein in New York sogar 20 000. Der *Untersuchungsausschuß der Vereinten Nationen über Moderne Formen der Sklaverei* gab bereits im August 1989 an, daß jährlich wahrscheinlich eine Million Minderjährige zur Prostitution gezwungen werden. Wenn jedoch bereits heute, wie angenommen wird, weltweit 100 Millionen Kinder auf der Straße leben, sind die von den Vereinten Nationen genannten Zahlen wahrscheinlich eher mit Zurückhaltung aufzunehmen. Obwohl das Ausmaß der Kinderprostitution nur geschätzt werden kann, sind die genannten Zahlen doch als Hinweis zu interpretieren, daß die sexuelle Ausbeutung von Kindern »inzwischen als eine alltägliche Form der Ausbeutung und Verletzung der Menschenwürde (anzusehen) ist«[37].

Hinter den Prostitutionstouristen, die als Urlauber getarnt in die Länder reisen, in denen Kinder zur sexuellen Ausbeutung zur gefälligen Verfügung gehalten werden, steht eine ganze Armada anderer, die dafür sorgen, daß die immer schärferen Gelüste ihres Klientels auch befriedigt werden. »Die Kinderhändler haben ihre Netze über Tausende Kilometer und über Grenzen hinweg gespannt, die Kette der Profiteure ist lang. Sie reicht von den Bürgermeistern, den Polizisten, Händlern und Lehrern etc. auf dem Dörfern über die Mittelsmänner, die den Transport organisieren, und die Zollbeamten unterwegs bis zu den Endabnehmern: Besitzer von Etablissements, in denen versteckt oder offen Prostitution abläuft. In den Zentren der Prostitution verdienen weitere Vermittler ihre Provisionen: Reisebüros, Taxifahrer, Hotelangestellte und Schlepper kassieren dafür, daß sie Kunden beschaffen.«[38]

Formen der Kinderprostitution

Es sind vor allem Männer, die sexuelle Dienste von Kinderprostituierten verlangen, fremde und einheimische. »In einigen Ländern gehören die Touristen zu den Hauptkunden der Kinder (zum Beispiel in Sri Lanka und auf den Philippinen); in anderen Gebieten ist es gleichermaßen ein Phänomen von Touristen und Einheimischen (zum Beispiel in Thailand). In wieder anderen Staaten sind die Kinder bisher hauptsächlich für einheimische Kunden tätig gewesen (zum Beispiel in Brasilien). Bei den Touristen scheint es sich jedoch nicht nur um alleinreisende Männer beziehungsweise Männergruppen zu handeln.«[39] So sollen einer in Thailand durchgeführten Studie zufolge acht Prozent der Prostitutionstouristen zusammen mit der Partnerin unterwegs sein ...

»Kinderprostitution findet an den verschiedenen Orten in den unterschiedlichsten Varianten statt.[40] In Thailand zum Beispiel werden immer jüngere Mädchen in Bordellen, Massagesalons und Coffeeshops den Freiern angeboten. Sie werden teilweise unter Anwendung roher Gewalt festgehalten und eingeschlossen. Kinder werden von ihren eigenen Eltern an Agenten in Bordelle verkauft. Dabei wissen sie oftmals, welche Arbeit auf das Kind wartet. Gleichzeitig finden sich viele Mädchen, die die Dörfer verlassen haben, um im Sexbusineß zu arbeiten. Sie fühlen sich nicht selten fair behandelt und sind nach ihrem eigenen Bekunden freiwillig in den Vergnügungseinrichtungen tätig. Ein Teil der Mädchen ist auf den Straßen in den Rotlichtvierteln auf der Suche nach Kunden. Auf den Philippinen ist ein ganzer Ort, Pagsanjan, wegen seiner Jungen bekannt und wohlhabend geworden. Pädophile, in erster Linie aus Australien, besuchen regelmäßig dort lebende Familien und unterstützen sie finanziell als Gegenleistung für die Dienste der Jungen. Anderswo sind es wiederum Straßenkinder, die sexuell und finanziell ausgebeutet werden. Mit billigem Glitter werden sie abgespeist. Doch als Ausgestoßene der Gesellschaft können sie sich kaum gegen die Kunden, gegen die Polizei und auch gegen Straßengangs und mafia-ähnliche Syndikate zur Wehr setzen.«[41]

Auf der bereits zitierten internationalen Konferenz »Caught in Modern Slavery – Tourism and Childprostitution in Asia« in Chiang Mai 1990 unterschieden die philippinischen Delegiertinnen vier Formen der Prostitution: Prostitution unter Einschaltung von Zuhältern, Straßenprostitution, Prostitution in Bordellen sowie Prostitution unter der Regie der Eltern. Renee Bridel vom *Internationalen*

Verband Demokratischer Juristinnen und Juristen (Schweiz) differenzierte auf dem 28. Internationalen Kongreß der Internationalen Abolitionistischen Föderation 1984 in Wien ebenfalls vier Formen der Prostitution, die jedoch im Unterschied zu den vorher genannten lediglich als Vorstufen bezeichnet werden:

»1. Knechtschaft: In vielen Ländern der Dritten Welt werden kleine Mädchen aus ländlichen Gegenden als Hausgehilfinnen zu reichen Familien in die Städte gebracht, die sie unter dem Vorwand, für ihre Ausbildung zu sorgen, jedoch nur ausbeuten. Wenn sie dann älter sind, bleibt ihnen keine andere Möglichkeit, als sich an die schon wartenden Zuhälter zu wenden.

2. Knechtschaft aufgrund von Schulden: Arbeiter, die in Schulden geraten, geben ihre Kinder als Pfand, die dann ab einem Alter von sieben oder acht Jahren Sklavendienste leisten müssen; kleine Mädchen sind für den Grundbesitzer bestimmt; in Indien werden Mädchen vor ihrem achten Lebensjahr verheiratet und müssen ab diesem Alter in Bordellen arbeiten, um die Schulden ihrer Männer abzubezahlen.

3. Mitgift und Zwangsheirat: Findet zum Beispiel in Indien ein Mann die Mitgift eines Mädchens zu gering, kann es geschehen, daß dieses verstoßen wird, umherirrt und schließlich von einem Zuhälter aufgegriffen wird. Das Mädchen hat nicht das Recht, eine Heirat abzulehnen; auch kann sie einem Verwandten des Ehemannes überlassen werden.

4. Pornographie: Fünf- bis sechsjährige Kinder, oft noch jüngere, werden für obszöne Filme, Pädophilie, Sodomie und Sadismus mißbraucht. Im Alter von zwölf oder dreizehn Jahren werden sie dann zur Prostitution gezwungen und finden nie mehr in ein normales Leben zurück. Besteht die Gefahr, daß sie fliehen und etwas verraten könnten, werden sie ermordet; oft begehen sie aber auch Selbstmord.

Der Handel findet auf der ganzen Welt statt; die dafür Verantwortlichen verfügen über enorme finanzielle Mittel, was sie im allgemeinen vor Verfolgungen bewahrt, und erzielen jedes Jahr Gewinne in Milliardenhöhe.«[42]

Die genannten Formen beziehungsweise Vorstufen von Prostitution deuten darauf hin, daß Kinderprostitutionstourismus keineswegs als quasi schicksalhaftes Nebenprodukt einer fehlgeleiteten Entwicklung anzusehen ist, das auf dem Weg in die Moderne hingenommen werden muß, um nicht in totale Agonie zu verfallen, sondern daß die sexuelle Ausbeutung von Kindern Teil dieser Agonie ist – entsprungen der Armut, gefördert durch die Institution des Patriarchats, konsumiert von Männern, die es schätzen, über Kinder und Frauen verfügen zu können, sorgsam darauf bedacht, die Bedingungen von Armut und Abhängigkeit aufrechtzuerhalten und den eigenen Gelüsten gefügig zu machen.

Besonders betroffene Länder

Im folgenden sollen einige der insbesondere von deutschen Kinderprostitutionstouristen bevorzugten Länder exemplarisch dargestellt werden, um die jeweils gegebenen regionalen und kurlturellen Differenzen und Gemeinsamkeiten in der Ausprägung des Phänomens deutlicher sichtbar werden zu lassen.

Philippinen

Die Philippinen bilden mit ihren 7107 Inseln den größten Archipel der Erde.[43] Ihre Hauptstadt Manila liegt auf der Insel Luzon. Die ethnische Vielfalt der Bevölkerung ist groß: Von 76 indigenen Sprachen werden nur sieben von jeweils einer Million Menschen gesprochen; die Staatssprache Philipino wird von mehr als der Hälfte der Bevölkerung, Englisch von 45 Prozent der (vorrangig) städtischen Bevölkerung gesprochen.[44]

Die Geschichte der Philippinen ist gezeichnet von kolonialen Eroberungen: Nach der Befreiung aus spanischer Herrschaft (1565-1898) folgte 1899 die gewaltsame Annexion durch die USA, unterbrochen von einer japanischen Besetzung während des Zweiten Weltkrieges. »Die Entlassung der Philippinen in die Unabhängigkeit (1946) wurde von den USA mit einer Reihe von Bedingungen verbunden, wie der Gewährung von Pachtrechten für die beiden größten US-Militärstützpunkte im Pazifik, der Garantie weitgehender Sonderrechte für US-Bürger und Vetorechten in der philippinischen Außenhandelspolitik. Nachdem ein neuer Pachtvertrag zwischen den Philippinen und den USA am 16.9.1991 im Senat abgelehnt worden war, endete die US-Militärpräsenz auf den Philippinen mit der Räumung der Subic Bay am 31.12.1992.«[45]

Mit der Schaffung einer Freihandelszone zwischen den USA und den Philippinen (1909/1913) wurde das Land schon früh in den Weltmarkt eingebunden. Infolgedessen wurden neben Reis und Mais für den eigenen Markt mehr und mehr auch Cash-crops[46] – vor allem

Zuckerrohr, Kokosnüsse, Abacá-Fasern und Tabak – angebaut. Mit der Einführung von Landtiteln sowie über Verschuldungsprozesse wurden die meisten bisher »freien« Bäuerinnen und Bauern zu Pächtern, die die Hälfte ihrer Ernte an die Landbesitzer abzuliefern hatten, oder zu landlosen Arbeitern. Die Proletarisierung und Verelendung weiter Teile der Landbevölkerung nahm hier ihren Anfang. Die Philippinen entwickelten sich infolgedessen zu einem Rohstoffexportland. Ausgeführt werden Zucker, Kokosnüsse und -öle, Holz und Holzwaren, Kupfer, Nickel, Mineralien und Abacá. Die »Kumpanei-Wirtschaft«[47] der Marcos-Ära (1965–1986) führte zwar zu einer Entmachtung der mächtigen Agraroligarchie, doch übertrug er die Macht an unpolitische Technokraten, die die dramatisch wachsende Auslandsverschuldung der Philippinen nicht aufhalten konnten oder wollten. So lag die Schuldendienstquote der Philippinen in den Jahren 1980–1989 mit 26,5 beziehungsweise 26,3 unverändert hoch.[48]

Noch heute verfügt die ökonomische Elite des Landes über wenigstens die Hälfte des Volksvermögens, während sich 96 Prozent der Bevölkerung die andere Hälfte teilen müssen. Das Pro-Kopf-Bruttosozialprodukt lag (1990) bei 730 US-Dollar, ein Indikator dafür, die Philippinen der Gruppe der mäßig entwickelten Länder (Medium Human Developement) zuzurechnen.[49] »Die Mehrheit der Bevölkerung lebt freilich weiterhin am Rande des Existenzminimums.«[50] Die Folgen dieser dramatischen wirtschaftlichen Entwicklung lassen sich auch daran erkennen, daß ein Drittel der philippinischen Gesamterwerbsbevölkerung (28 Millionen) lohnarbeitslos oder unterbeschäftigt sind, wobei zirka 30 Prozent noch nicht einmal den gesetzlichen Mindestlohn (Tageslohn: 121 Phil. Pesos, umgerechnet 7,00 Mark) erhalten. Noch schlimmer stellt sich die Lage der Kinder dar. Schätzungen zufolge leben 1,2 Millionen philippinischer Kinder auf der Straße. Kinderarbeit ist ein weitverbreitetes Phänomen, da auch das geringste Einkommen zum Überleben der Familie beiträgt.[51] Der Zustrom in die Städte ist groß: Allein in Manila leben fast sieben Millionen Menschen (bei einer Gesamtbevölkerung von 54,4 Millionen), davon eine Million in den Slumgürteln der Stadt.[52]

Die Armut trifft vor allem die Landbevölkerung, dies sind vor allem Frauen. Im Rahmen einer Bestandsaufnahme der Frankfurter *Arbeitsgemeinschaft gegen internationale sexistische und rassistische Ausbeutung (agisra)* konnte festgestellt werden, daß fast zwei Drittel aller philippinischer Frauen (63,66 Prozent) auf dem Land leben.

Sie rangieren in der Skala der Verdienstmöglichkeiten ganz unten. Der größte Teil der ländlichen Produzentinnen sind als unbezahlte Arbeiterinnen in ihrer Familie tätig. Frauen in der Industrie sind vor allem in der Bekleidungs- und Elektronikindustrie beschäftigt, wenn auch nur für wenige Jahre - bevor sie aufgrund gesundheitlicher Schäden entlassen werden. Der klassische Frauenberuf aber ist der der Hausangestellten, wobei die Arbeitsbedingungen in diesem (privaten) Sektor so miserabel sind, daß viele junge Frauen es sogar vorziehen, als Hausangestellte zum Beispiel in die Arabischen Emirate oder nach Kuwait zu gehen.[53] Darüber hinaus bleibt den philippinischen Frauen häufig nur noch der Weg in die Prostitution. Die meisten weiblichen Prostituierten und Kinderprostituierten kommen aus den ländlichen Unterschichten im Norden des Landes.[54] Die Arbeit sogenannter »hospitality girls« bewegt sich in der Grauzone des Rechts. Prostitution ist verboten, wird jedoch geduldet, wenn nicht sogar gefördert.

Im Zuge dessen entwickelte sich die Prostitution vor allem im Umfeld von Militärbasen der US Army bereits in den siebziger Jahren zu den wenigen verbleibenden Erwerbsmöglichkeiten philippinischer Frauen. So arbeiteten allein in Olongapo wenigstens 7000 »hospitality girls«, während 600 Vergnügungszentren den amerikanischen Soldaten »rest and recreation« boten. »Zum großstiligen, kommerzialisierten Phänomen wurde jedoch Prostitution erst mit dem Massentourismus ab Anfang der achtziger Jahre. Die Zentren sind Groß-Manila, Puerto Galera und Cebu-City. Mit Unterstützung der Regierung wurden zum Beispiel für den Prostitutionstourismus Luxus-Hotels gebaut, die oft unter Vertrag mit japanischen Firmen für Spezialarrangements stehen. Neben dem Staat (neben den Zins- und Tilgungszahlungen für staatliche Kredite und Steuern auch Bestechungsgelder für Polizisten und Gesundheitsbehörden) profitieren vom Prostitutionstourismus ebenso Zuhälter, Barbesitzer, Bordellbesitzer - am wenigstens die Prostituierten selbst. Ihr Einkommen schwankt zwischen 50 und 1500 Phil. Pesos pro Tag (1993: 15 Phil. Pesos waren umgerechnet eine Mark).«[55]

Mit dem Auftreten der Kinderprostitution hat sich die Situation der Prostituierten insgesamt nochmals drastisch verschärft. Amihan Abueva von der internationalen Kampagne gegen Kinderprostitutionstourismus in Manila schätzt die Zahl der Kinderprostituierten auf den Philippinen auf mindestens 40000 bis 60000. Zwei Drittel von ihnen sind männliche Prostituierte, die vor allem in Pagsanyan und Puerto Galera arbeiten, wo sich regelrechte Päderastenzentren etabliert haben, in denen die sexuelle Ausbeutung männlicher Kinder weitgehend in eigener Regie organisiert wird. »Einige ausländische Männer haben sich im Lande niedergelassen und betreiben nun die Vermittlung von Kindern an ausländische Touristen, die privat bei ihnen zu Gast sind oder in ihren Gästehäusern übernachten.«[56]

Ebenso wie in Sri Lanka war die Prostitution männlicher Kinder auch auf den Philippinen lange Zeit mit Schweigen belegt, einem Schweigen, das erst mit der internationalen Kampagne gegen Kinderprostitutionstourismus gebrochen werden konnte. Wie viele dieser Kinder bereits HIV-infiziert oder von Aids betroffen sind, ist nicht bekannt. Noch ist die philippinische Aids-Politik vorrangig darauf ausgerichtet, den Prostitutionstourismus auf den Philippinen »möglichst reibungslos funktionieren zu lassen«.[57] Während sich nämlich die »hospitality girls« regelmäßig auf Geschlechtskrankheiten und HIV untersuchen lassen müssen, verlangt niemand von den Prostitutionstouristen, auch nur Kondome zu benutzen, ganz abgesehen von den Kinderprostituierten, die ihnen im wahrsten Sinne des Wortes schutzlos ausgeliefert sind.[58]

Die aus allen »Herren« Länder angereisten Touristinnen und Touristen waren dem philippinischen Staat stets höchst willkommen. In den siebziger Jahren noch auf Platz fünf, stieg der Tourismus in den darauf folgenden Jahren auf den dritten Platz der devisenbringenden Sektoren auf. Doch das aus dem Tourismus geschöpfte Vermögen füllt – soweit es nicht in die reichen Industrienationen zurückfließt – vor allem die Taschen der einheimischen Eliten. »Aufgrund der marginalen Vorzüge und überproportionalen sozialen und politischen Schäden ist der internationale Massentourismus schon auf einer Konferenz in Manila 1980 scharf kritisiert worden.«[59] Tourist zu sein auf den Philippinen aber meint in wenigstens jedem zweiten Fall, als Prostitutionstourist unterwegs zu sein. 1992 reisten 28 167 deutsche Touristinnen und Touristen auf die Philippinen, jeder zweite Mann, so ergab eine von Bundesfrauenministeriums in Auftrag gegebene Untersuchung, als Prostitutionstourist beziehungsweise Kinderprostitutionstourist. »Nach Beobachtungen von Tourismusfachleuten kommen aus Deutschland die meisten ›Kunden‹ der Kinderprostituierten.«[60] Die Philippinen gelten – neben Sri Lanka – als internationales Zentrum für die als Urlauber getarnten Päderasten. »Die meisten von ihnen kommen aus Australien, den Niederlanden, der Bundesrepublik Deutschland und der Schweiz. Von den 43 Pädophilen, die 1989/90 von den philippinischen Behörden wegen sexuellen Mißbrauchs des Landes verwiesen wurden, waren sechs Deutsche. Im Jahr 1991 waren unter fünfzehn verurteilten Pädophilen fünf Deutsche.«[61]

Sri Lanka

Auch in Sri Lanka treffen eine Reihe von Faktoren zusammen, die die Entstehung von Kinderprostitution begünstigen. Die Demokratische Sozialistische Republik Sri Lanka (bis 1972 Ceylon) zählt – wie die Philippinen – zu den mäßig entwickelten Ländern. Sie hat eine ebenso wechselvolle koloniale Geschichte, deren Spuren bis in die heutigen Tage weisen. »Das Schwergewicht der Landwirtschaft liegt seit der britischen Kolonialzeit (ab 1796; zuvor portugiesisch: 1505 bis 1658, holländisch: 1658 bis 1796) im Bereich der exportorientierten Monokulturen (Tee, Kautschuk, Kokosprodukte; außerdem Gewürze), womit die folgenreiche Außenorientierung der ceylonesischen Wirtschaft herbeigeführt wurde. Man vernachlässigte die bäuerliche Landwirtschaft; zur Eigenversorgung muß (bis heute) Reis eingeführt werden. Plantagen und Banken, Export- und Importhandel lagen zunächst allein in europäischer Hand.«[62] Das alles beherrschende Merkmal der sri-lankischen Gesellschaft aber ist ihre ethnische, religiöse, sprachliche und regionale Segmentierung, wobei die Singhalesen die absolut dominante Bevölkerungsgruppe stellen, gefolgt von den Tamilen (30 Prozent), den Indien-Tamilen (5,5 Prozent) und den Nachkommen arabischer Händler, die mit 7,1 Prozent eine relativ starke Minderheit darstellen. Entsprechend vielfältig sind die religiösen Überzeugungen der Bevölkerung: 69,3 Prozent sind Buddhisten, 15,5 Prozent Hindus und jeweils 7,6 Prozent Moslems und Christen, von denen wiederum 6,9 Prozent katholischen Glaubens sind. Insbesondere der zwischen den Singhalesen und Tamilen entbrannte Konflikt hält das Land gefangen, wobei sich die derzeit amtierende linksorientierte Regierung bemüht zeigt, den seit Jahren mit einem hohem Blutzoll geführten militärischen Konflikt politisch zu lösen.[63]

Devisen erwirtschaftet die vor der Südostspitze Indiens gelegene Insel vor allem durch den Export von Textilien und – wenn man so will – durch den Import von Touristen beziehungsweise Prostitutionstouristen. Die aus dem Export von Tee und Gewürzen erzielten Devisen sind denen aus dem Tourismus inzwischen nachgeordnet. Hauptabnahmeländer sri-lankischer Produkte sind die USA und die Bundesrepublik Deutschland, die auch bei den Direktinvestitionen eine führende Position einnimmt.[64] Sri Lanka ist fest entschlossen, den Sprung zum »Schwellenland« zu schaffen. Im Zuge dessen wurden die bereits von der Regierung Bandaraneike (1977 bis 1988) eingeleiteten Sozialisierungsmaßnahmen nach und nach wieder zurückgenommen. »Mit dem Abbau des Staatssektors sind zahlreiche Beschäftigte entlassen worden; zudem hat die neue Wirtschaftspolitik einer schmalen Elite einen hohen Standard an Lebensqualität beschert, während die breite Masse der Bevölkerung ihr Konsum- und Einkommensniveau gerade halten konnte.«[65]

Die Armut weiter Teile der Bevölkerung ist alarmierend. Dabei stellt die extrem hohe Arbeitslosigkeit »eines der gravierensten sozialen Probleme dar: 1990 (geschätzt) 25 Prozent; extrem hoher Anteil von Jugendlichen mit Sekundarschulabschluß. Das Bruttosozialprodukt betrug 1989 (stark ungleich verteilt) pro Kopf durchschnittlich 430 US-Dollar; der Schuldendienst machte 1986 17,5 Prozent des Exports aus. Über ein Viertel der Bevölkerung lebt unter der Armutsgrenze.«[66] In Sri Lanka trifft die Armut - wie in allen anderen armen Ländern auch - vor allem die ländliche Bevölkerung beziehungsweise die Frauen und Kinder. Insbesondere die weiblichen Haushaltsvorstände zählen zu den absolut ärmsten Teilen der sri-lankischen Bevölkerung. Sexuelle Gewalt gegen Mädchen und Frauen wird in Sri Lanka jedoch allenfalls als »unsichtbares Problem«[67] wahrgenommen. Prostitution ist offiziell verboten. Dennoch sind viele Frauen gezwungen, ihr Überleben beziehungsweise das Überleben ihrer Familien durch Prostitution aufrechtzuerhalten. Schätzungen zufolge arbeiten mindestens 50 000 sri-lankische Frauen als Prostituierte.

Kinderarbeit ist ebenfalls ein weitverbreitetes Phänomen in Sri Lanka. Mindestens 500 000 Kinder, vor allem aus den verarmten ländlichen Regionen und den städtischen Randbezirken, arbeiten im informellen Sektor, davon viele männliche Kinder als sogenannte »houseboys« in den aufstrebenden Mittelklassefamilien. Die Beschäftigung von Kindern unter zwölf Jahren ist offiziell verboten. Schätzungen zufolge leben 10 000 sri-lankische Kinder auf der Straße, die sich mit irgendwelchen Beschäftigungen durchs Leben schlagen, darunter viele vom Krieg traumatisierte, sofern sie nicht in einem der 470 Flüchtlingslager Unterschlupf fanden.[68]

Die Kinderprostitution trifft in Sri Lanka fast ausschließlich männliche Kinder im Alter von sechs bis fünfzehn Jahren, doch scheint sich gegenwärtig abzuzeichnen, daß immer mehr weibliche Kinder in die Prostitution geschickt werden.[69] Kinderprostitution auf Sri Lanka ist ein billiges Vergnügen für die Prostitutionstouristen aus aller Welt. »Ein Junge erhält pro Tag für gewöhnlich kümmerliche 50 Rupees (das ist wenig mehr als ein US-Dollar) für die ›Dienste‹, die er seinem Kunden gewährt. Wer sich länger verdingt, verdient etwas mehr; in seltenen Fällen erhalten die Eltern und ältere Angehörige eine Unterstützung von ihnen. Selten werden die Opfer der Kinderprostitution angemessen entschädigt ...«[70], wobei zu fragen wäre, welche Entschädigung für Kinder, die sich von Prostitutionstouristen sexuell ausbeuten lassen müssen, als »angemessen« angesehen werden könnte.

Um das Ausmaß der Kinderprostitution in Sri Lanka zu erfassen, sind folgende Daten erhellend[71]: 1991 reisten insgesamt 318 000 Touristinnen und Touristen nach Sri Lanka – 53 000 weniger als noch zu Beginn der achtziger Jahre, also bevor der schwelende Konflikt zwischen Tamilen und Singhalesen sich zu einem offenen Krieg ausweitete. In den kommenden Jahren entwickelte sich das vom Krieg zerrüttete Land, insbesondere in der internationalen Päderasten- und Schwulenszene, als das Zielland prostitutionstouristischer »Urlaubsfreuden« schlechthin. Die aus dem Tourismus beziehungsweise Kinderprostitutionstourismus 1991 erzielten Einkünfte lagen wohl nicht zuletzt aus diesem Grund noch über denen des Vergleichsjahres (145 Millionen US-Dollar, 1981: 132 Millionen US-Dollar). Der Koordinator der internationalen Kampagne gegen Kinderprostitutionstourismus in Bangkok, Ron O'Grady, vertritt die Ansicht, daß der Krieg den Prostitutionstouristen eine günstige Voraussetzung bot, Sri Lanka als exklusiven Standort pädophiler Urlaubsfreuden zu etablieren: »Die allgemeinen Touristenzahlen sind so weit zurückgegangen, daß jeder, der kommt, mit offenen Armen empfangen wird. Es ist sehr unwahrscheinlich, daß die Regierung Sri Lankas, die so viele andere wichtige Sicherheits- und Wirtschaftsprobleme hat, den Aktivitäten der paar Tausend pädophiler Touristen, die ihr Geld an den ruhigen Küsten im Süden ausgeben, erste Priorität einräumen würde.«[72]

UNICEF schätzt, daß 15 bis 20 Prozent der zirka 400 000 Touristen, die jährlich nach Sri Lanka reisen, als »Sextouristen« bezeichnet werden können, wobei vier bis fünf Prozent von ihnen Kinderprostituierte aufsuchen. »Die meisten Sextouristen kämen aus Deutschland, den Niederlanden, Belgien, Italien und der Schweiz«.[73] Die Zahl der männlichen Kinderprostituierten, die in den Touristenzentren arbeiten, wird von sri-lankischen ExpertInnen auf rund rund 30 000 geschätzt.[74] Von diesen stehen wahrscheinlich mehr als 10 000 in Diensten hochorganisierter schwuler und pädophiler Zusammenschlüsse.[75] »Zu den Kunden aus dem Westen zählen auch Deutsche. Da diese aufgrund des bundesdeutschen Strafrechts verdeckt operieren, sind Zahlen und Daten über diese Praxis kaum erhältlich.«[76] Insgesamt verbrachten 1990 fast 60 000 Touristen und Touristinnen aus der Bundesrepublik ihren Urlaub auf Sri Lanka, 1980 waren es sogar 75 380.[77] Die Regierung Sri Lankas investierte 1990 allein für die Werbung deutscher Touristinnen und Touristen zirka 300 000 US-Dollar – »ein Hinweis für die hohe Bedeutung, die das südasiatische Land der Finanzkraft der bundesdeutschen UrlauberInnen und der Tourismusindustrie beimißt. Hiesige Reiseveranstalter haben sowohl Verträge mit lokalen Touristik-Agenten in Sri Lanka abgeschlossen als auch in Colombo eigene Niederlassungen mit bundesdeutschen Personal begründet«[78].

Die sri-lankische Kinderrechtsorganisation PEACE (Protecting Environment and Children Everywhere)[79] schreibt die öffentliche Akzeptanz der Kinderprostitution in Sri Lanka nicht zuletzt auch »der Gier der Mittel- und Oberschichten nach Geld, Drogen und Vergünstigungen« zu. Viele männliche Kinder würden gezielt in die Prostitution geschickt, »ein Effekt«, so vermutet PEACE, »der seit Ende der siebziger Jahre eingeführten offenen Gesellschaft mit ihrer Konsumorientierung und aggressiven Werbung«[80]. Die Prostitution männlicher Kinder und Jugendlicher wird dennoch gesellschaftlich tabuisiert. So existieren zwar soziale Einrichtungen für weibliche Prostituierte, jedoch kaum eine für männliche Kinderprostituierte, weshalb sich PEACE bereits veranlaßt sah, an die sri-lankische Regierung zu appellieren, Rehabilitationszentren für männliche Kinderprostituierte zu schaffen. Bis heute hat sich die Regierung jedoch nur schwer entschließen können, gegen den Kinderprostitutionstourismus Maßnahmen zu ergreifen. Entsprechende Bestrebungen verliefen bislang im Sande. Man befürchtet offenbar, daß Sri Lanka seinen Ruf als Ferienparadies verlieren würde, wenn Prostitutionstouristen nicht mehr vorfänden, wonach sie lüsten: männliche Kinder, mit denen sie ihre pädophilen Urlaubsfreuden ungestraft ausleben können. »Möglicherweise entsteht durch das weltweit gewachsene Bewußtsein über die Gefahren von Aids auch auf dem Gebiet der Gesetzgebung bald mehr Bewegung«, so die ebenso vage wie tragische Hoffnung. »PEACE spricht von bisher 600 HIV-positiven Personen in Sri Lanka«, unter ihnen zweifellos auch eine unbestimmte Zahl männlicher Kinder.

Das Königreich Thailand ist der einzige von kolonialer Herrschaft freigebliebene Staat in Südostasien.[81] Das »Land der Freien« basiert auf einer konstitutionellen Monarchie, doch waren die demokratischen Perioden stets kürzer als die militärisch kontrollierten. Die Bevölkerung Thailands besteht zu 85 Prozent aus Thai-Völkern, vor allem Siamesen, Schan und Lao, außerdem Chinesen (sechs bis zehn Prozent), Malaien (drei Prozent) sowie Kambodschaner, die als Flüchtlinge nach Thailand kamen. Sie weist einen hohen Anteil junger Menschen aus (1985: 36,7 Prozent unter 15 Jahren). Die Staatsreligion ist der Hinajana-(Theravada-)Buddhismus, der 93 Prozent der Bevölkerung anhängen. Andere Religionen sind Islam (vier Prozent) und Christentum (0,5 Prozent), vor allem Katholizismus.[82] Die Amtssprache ist T'hai, die Handelssprache Englisch. Der Urbanisierungsgrad Thailands ist gering. Dennoch leben nahezu zehn Prozent der Bevölkerung (1992: 5,56 Millionen) in Bangkok, der Hauptstadt des Königreichs.

Thailand verzeichnete in den achtziger Jahren ein beachtliches Wirtschaftswachstum: das Pro-Kopf-Einkommen erhöhte sich in den Jahren 1980 bis 1989 um real 4,5 Prozent, weshalb angenommen wird, daß Thailand schon in den nächsten Jahren in die Gruppe der sogenannten Schwellenländer aufrücken wird. Die Landwirtschaft ist jedoch (noch) weitgehend mittel- bis kleinbäuerlich strukturiert, so daß wettbewerbsorientierte Investitionen kaum erwirtschaftet werden können. Als kritisch werden vor allem die negative Handels- und Zahlungsbilanz sowie die hohe Auslandsverschuldung Thailands angesehen. »Die positive Entwicklung zahlreicher gesamtwirtschaftlicher Parameter darf nicht über die zum Teil extreme Unterernährung der armen Bevölkerung im ländlichen Raum und in den städtischen Slums hinwegtäuschen.«[83] Devisen erwirtschaftet Thailand vor allem durch den Export von Reis, Mais, Zucker, Tapioka, Fisch und Fleisch sowie Kautschuk und Zinn. Wichtigste Devisenquelle ist jedoch der Tourismus, der seit 1990 (zirka 5,2 Millionen Besucherinnen und Besucher) den ersten Platz unter den Wirtschaftssektoren Thailands einnimmt. »Um westliche Männer anzulocken, wird mit der Weiblichkeit und Ergebenheit thailändischer Frauen geworben, genauso wie die Werbung mit billiger und gefügiger Arbeitskraft in der Dritten Welt dazu benutzt wird, ausländische Investoren ihrer Profite zu versichern.«[84]

Seit Jahren stehen thailändische Frauen - nicht nur - in der Bundesrepublik und in der Schweiz als Ehefrauen, Prostituierte oder Go-Go-Girls hoch im Kurs, da sie als anspruchslos und freundlich gelten - zwei offenbar von Männern außerordentlich geschätzte »weibliche« Qualitäten.[85] Dabei sind es in Thailand, wie andernorts auch, die Frauen, die für den Lebensunterhalt der Familien sorgen. Ihre Verdienstmöglichkeiten als Tagelöhnerinnen sind jedoch katastrophal, der Weg in die Stadt, in die Prostitution ist für viele vorgezeichnet. Am schlimmsten trifft es auch in Thailand die Kinder, die, von den Eltern verkauft, in den Süden - in Thailand fast schon ein Synonym für Prostitution - gebracht werden, um zum Unterhalt der in der Hungerregion (Nordosten) verbliebenden Familien beizutragen. »Allein in Bangkok«, so eine auf das Jahr 1982 zurückgehende Schätzung, »sind es mehr als 200 000 Kinder, ungefähr ein Zehntel der gesamten Arbeitskraft dieser Stadt.«[86] Dabei ist Kinderarbeit in Thailand ebenso verboten wie Prostitution, doch können offenbar weder die Verbote noch die zum Schutz der Kinder erlassenen Vorschriften verhindern, daß Kinder in einer Weise ausgebeutet werden, als befände sich Thailand noch in Zuständen der Sklaverei.[87]

»Am härtesten aber trifft es die Mädchen, die an das Prostitutionsgewerbe verkauft werden. 12- bis 18jährige Mädchen müssen in Bordellen und Massagesalons für wenige Pfennige ihren Kunden zu Diensten sein. Ein besonders guter Preis wird für die Entjungferung gezahlt, doch danach sinkt der Wert der ›Ware‹ beträchtlich. Dies ist nicht zuletzt auch eine traurige, empörende Folge des Sextourismus, der von der westlichen Welt ausgeht«[88] - erkannt 1982, als sicher noch nicht absehbar war, in welcher Geschwindigkeit sich das Phänomen Kinderprostitution in den nächsten Jahren ausweiten würde.

Erste Anzeichen dafür waren jedoch bereits damals feststellbar. »Beim Bahnhof Hualampong und im naheliegenden Stadtteil Rongmuang haben sich Arbeitsvermittlungsagenturen niedergelassen, die sich eigens auf den Verkauf von Mädchen in die Prostitution eingerichtet haben. In Bangkok arbeiten etwa 30 000 Mädchen unter 15 Jahren (der staatlichen Schutzgrenze für Kinder; G.W.) im Prostitutionsgewerbe. Sie leben meist noch elender als die Kinder in den Fabriken, jede Minute von ihren Zuhältern bewacht. Für einen ›Liebesdienst‹ an einem thailändischen oder ausländischen Kunden erhalten sie selbst zwei bis sechs Baht; der Bordellbesitzer, der Zuhälter und oft auch die örtliche Polizei teilen sich die eigentlichen Einnahmen, die bis zu hundertmal höher liegen. Ist ein Mädchen besonders gutaussehend und zudem noch Jungfrau, zahlt der Kunde für die Entjungferung einen beträchtlichen Preis. Danach aber sinkt der ›Preis‹ auf 200 Baht, und mit 18 Jahren, am Ende ihrer ›Karriere‹, dürfte er nur noch bei 60 Baht (1982 zirka sechs Mark; G.W.) für einmaligen Geschlechtsverkehr liegen. Dann setzt man sie vor die Tür. Manche Teehäuser beschäftigen 100 bis 200 Mädchen, und außerdem sind die Besitzer so gerissen, die Mädchen monatlich untereinander auszutauschen, um so den Anschein zu erwecken, ihr Bordell böte immer ›frische‹ Mädchen an.«[89]

Das Geschäft mit der Prostitution scheint sich zu rentieren – für die Zuhälter, die Bordellbesitzer, den Staat. »Mit unseren Massagesalons verhält es sich wie mit euren Banken: Würde man sie schließen, geriete das ganze Wirtschaftsgebäude ins Wanken.« Der zynisch klingende Kommentar eines thailändischen Staatsbediensteten[90] spiegelt in Wirklichkeit jedoch nichts als die bittere Realität wider. 4,5 Milliarden US-Dollar verdiente Thailand 1990 am Tourismus, kein anderer Sektor vermag derartige Summen zu erwirtschaften. Dennoch ist die effektive wirtschaftliche Bedeutung des Tourismus geringer, als die bloßen Zahlen vermuten lassen, denn selbst »das touristische Paradebeispiel Thailand muß 56 Prozent der Deviseneinnahmen aus dem Tourismus wiederum aufwenden für den Import von Luxusgütern für Hotelbetriebe und den Tourismussektor«[91].

»Thailands Tourismus-Behörde (TAT) rechnet im Jahr 2000 mit zwölf Millionen Besuchern, rund zweimal so vielen wie heute.«[92] Die meisten dieser »Besucher« sind Männer, die Thailand »besuchen«, um ihre sexuellen Machtgelüste auszukosten. Rekrutiert werden die immer jünger werdenden Objekte sexueller Begierde vor allem im extrem armen Norden und Nordosten Thailands, aber auch in Burma, Kambodscha, Laos und selbst China – kein Weg ist zu weit, um den »Nachschub« sicherzustellen. »Mangelnde Lebenschancen auf dem Lande und die Migration in die Metropolen allein erklären jedoch nicht, warum vor allem in Thailand, Burma und Nepal, aber auch in den Philippinen und Brasilien (oder neuerdings in den osteuropäischen Ländern) Tausende von Mädchen zur Prostitution angeworben oder manchmal sogar entführt werden. Gäbe es nicht das millionenstarke Heer von Touristen und einheimischen Männern, die immer neue, möglichst junge Mädchen verlangen und bereit sind, dafür zu zahlen, würde ein krimineller und äußerst lukrativer Wirtschaftszweig zusammenbrechen: Der Handel mit ›jungen Ferkeln‹, wie es in Kambodscha heißt.«[93]

Nach Schätzungen der *Internationalen Arbeitsorganisation (ILO)* arbeiten in Thailand mindestens 200 000 bis 800 000 Kinder in der Prostitution[94], die Menschenrechtsorganisation *Asia Watch* rechnet ihrerseits mit 30 000 bis 250 000 Kinderprostituierten unter 14 Jahren.[95] »Ich muß klarstellen, daß die Kinderprostitution als Industrie eindeutig durch den Tourismus geschaffen wurde. Außerhalb ihres sozialen Umfeldes denken die Touristen, sie könnten tun, was ihnen gefällt.«[96] Vor wenigen Jahren noch wurde die Zahl der HIV-positiven thailändischen Prostituierten mit 10 000 angegeben, inzwischen wird bereits mit 200 000 bis 300 000 HIV-positiven Prostituierten gerechnet. *Asia Watch* glaubt, daß inzwischen 50 bis 70 Prozent aller thailändischen Kinderprostituierten HIV-infiziert sind.[97] Wie groß die Gefährdung insbesondere für die Kinderprostituierten tatsächlich ist, mag folgendes Beispiel verdeutlichen: »Nach einer polizeilichen Razzia in einem Bordell eines Bangkoker Außenviertels stellte man fest, daß dort 17 von 18 der 14- bis 19jährigen Prostituierten HIV-positiv waren.«[98]

»Die meisten Eltern wissen heutzutage sehr wohl, wo ihre Kinder letztendlich landen. Sie verschließen die Augen vor deren Schicksal ... Und die Mädchen tun alles, um ihre Familien zu unterstützen.«[99]

Brasilien

Brasilien ist das größte Land Lateinamerikas; es umfaßt in seinen Ausmaßen fast die Hälfte des gesamten Kontinents. Im Gegensatz zu den übrigen lateinamerikanischen Ländern war Brasilien portugiesisch kolonialisiert. »Nach Schätzungen sind 60 Prozent der brasilianischen Bevölkerung Weiße, meist portugiesischer, italienischer und spanischer Abstammung, zirka zwei Millionen sind deutschstämmig. Über 25 Prozent sind Mulatten und *Caboclos* (Mischlinge von Weißen und Indianern), zehn bis zwölf Prozent Schwarze und *Cafusos* (Mischlinge von Indianern und Schwarzen), ein Prozent Japaner. Ein geringer Rest von Indianern (rund 180 000) lebt weit verstreut im Norden und Westen des Landes.«[100] Die vorherrschende Landessprache ist, der kolonialen Eroberung folgend, Portugiesisch. 89 Prozent der Bevölkerung sind katholisch, wenn auch zu einem erheblichen Teil afro-brasilianisch inspiriert. Die übrigen sind protestantischen, orthodoxen, jüdischen und buddhistischen Glaubens.

»Aus der Perspektive der *Dependencia* (Abhängigkeit; G.W.) ist die Geschichte Brasiliens seit Beginn der Kolonisierung im Jahre 1500 eine Geschichte struktureller Abhängigkeit. Die Hauptproduktionszyklen der brasilianischen Wirtschaft wurden durch den Weltmarkt bestimmt: Brasilholz im 16. Jahrhundert, Zuckerrohr seit dem 17. Jahrhundert im Nordosten, Gold und Edelsteine im 18. Jahrhundert in Minas Gerais, Kaffee seit dem 19. Jahrhundert in São Paulo und Paraná. Es entstanden rein exportorientierte Produktionsstrukturen, jeweils in Abhängigkeit von metropolitanen Zentren ... Jeder Zyklus hatte intern eine regionale Basis und brachte dem Gebiet, in dem es sich abspielte, eine Epoche wirtschaftlichen Aufstiegs und Wohlstands. Nach seiner Beendigung ließ er jedoch als Folge der Monokultur eine sterbende Wirtschaft und eine archaische Sozialstruktur zurück. In großen Teilen Brasiliens ist die Unterentwicklung somit der Entwicklung gefolgt und ihr nicht vorausgegangen.«[101] Der Urbanisierungsgrad Brasiliens ist dennoch hoch. Schätzungen zufolge leben mehr als drei Viertel (1990: 75 Prozent) aller Brasilianerinnen und Brasilianer in den Städten, ein wachsender Teil der städtischen Bevölkerung in Elendsvierteln.

Brasilien hat zwar seinen Übergang zum Schwellenland vollziehen können, doch trug diese Entwicklung – unter den Bedingungen einer 20jährigen Militärherrschaft – nicht dazu bei, die allgemeine soziale Misere zu mindern.[102] Es wird, mit einem relativ hoch erscheinenden Pro-Kopf-Bruttosozialprodukt von 2 680 US-Dollar (1990), noch den mäßig entwickelten Ländern zugerechnet. Sein »Wirtschaftswunder« erlebte Brasilien in den Jahren 1968/69 bis 1973, in denen die Wirtschaft enorme Zuwachsraten verzeichnen konnte. Infolge der Ölkrise in den Jahren 1973 und 1979 geriet das Land jedoch in eine der schwersten Wirtschaftskrisen seiner Geschichte. »Die Auslandsverschuldung stieg innerhalb weniger Jahre ins Gigantische: 1980: 70 Milliarden US-Dollar, 1985: 105,5 Milliarden US-Dollar, 1989: 111,3 Milliarden US-Dollar. Der Schuldendienst verschlang bis zu 55 Prozent der Exporterlöse.«[103] Die Folgen der Verschuldungskrise sind bis heute spürbar: 66 Prozent der brasilianischen Bevölkerung können sich nicht ausreichend ernähren, 44 Prozent aller Familien leben unterhalb der Armutsgrenze, nur ein Viertel aller Haushalte ist an das Abwassersystem angeschlossen. »Weder gelang es, die Inflation zu stoppen (1990: 1 585 Prozent; 1992: 1 132 Prozent), noch konnte die wirtschaftliche Rezession überwunden (Bruttoinlandprodukt/Kopf-Veränderung 1990: –6,1 Prozent; 1992: –3,1 Prozent) und eine weitere Verschärfung der sozialen Lage weiter Bevölkerungsteile verhindert werden.«[104]

Ausgerechnet in diesen Jahren entwickelte sich Brasilien zu einem internationalen Urlaubsziel ersten Ranges, besonders beliebt bei deutschen und italienischen (Prostitutions-) Touristen. »Seit den achtziger Jahren boomt die Touristenbranche in Brasilien und beschert dem hochverschuldeten Land damit wichtige Devisen.«[105] So stieg die Zahl deutscher Touristinnen und Touristen in den Jahren 1980 bis 1990 von 37 839 auf 62 311.[106] Wie es scheint, ist Brasilien drauf und dran, sich als neues Ziel von Prostitutionstouristen zu empfehlen. Nach Thailand nehme Brasilien, so Dilma Felizardo, die Koordinatorin der brasilianischen Kampagne auf einer Rundreise durch die Bundesrepublik Deutschland im November 1993, »weltweit den zweiten Platz ein«[107]. Sie nennt als Ursache für die Ausweitung der Kinderprostitution die allgemeine wirtschaftliche Misere, vor allem sinkende Reallöhne, Arbeitslosigkeit und Inflation.

Kinderarbeit ist in Brasilien weit verbreitet. So belegt etwa eine Studie des *Instituto de Desenvolvimento* (Institut für Entwicklung) im nordöstlichen Bundesstaat Rio Grande do Norte, daß mehr als die Hälfte aller Kinder (54 Prozent) über 40 Stunden pro Woche arbeiten müssen, um zum Lebensunterhalt der Familie beizutragen.[108] Immer mehr weibliche Kinder sehen sich im Zuge dieser Entwicklung gezwungen, in die Prostitution zu gehen. »Wie ein Dossier des brasilianischen *Zentrums für Information und Gesundheitsvorsorge (CEBRAIOS)* für die Stadt Natal belegt, gehen 70 Prozent der Prostituierten ihrem Gewerbe nach, um ihre Familie zu unterstützen. Nicht selten werden die Mädchen von ihren Vätern und Brüdern dazu gedrängt. Dabei werden die Prostituierten im Nordosten Brasiliens immer jünger. 40 Prozent sind jünger als 20 Jahre. Fast zwei Drittel der Mädchen hat sich bereits im Alter von zwölf Jahren prostituiert. Dreizehn Prozent begannen gar zwischen acht und elf Jahren.«[109]

Dilma Felizardo, Initiatorin des *Casa Renascer* in Natal, einer Zuflucht ausschließlich für weibliche (Kinder-) Prostituierte, schätzt, daß die tatsächliche Zahl der Kinderprostituierten in Brasilien noch wesentlich höher liegt als die auf offiziellen Schätzungen basierende Zahl von 500 000. Die meisten minderjährigen Prostituierten (90 Prozent von ihnen sind weiblich) sind zwischen acht und fünfzehn Jahre alt, doch sind auch noch jüngere weibliche Kinder anzutreffen. »Je jünger, desto besser«, formuliert Felizardo das zynische Marktgesetz.[110] Zu ihren häufigsten Kunden zählen – neben den einheimischen Männern – vor allem deutsche Prostitutionstouristen. Wie viele von den (1992) 63 769 deutschen Besucherinnen und Besucher in Brasilien als Prostitutionstouristen unterwegs waren, läßt sich allerdings nicht sagen. Die internationale *Kampagne gegen Kinderprostitution im Sextourismus* konnte anhand ihrer Recherchen allerdings feststellen, daß die Prostitutionstouristen mehr und mehr nach Brasilien ausweichen, weil Kinderprostitution dort offenbar zur Zeit noch billiger zu haben ist als in den »klassischen« Zielländern Südostasiens. Jungfräuliche weibliche Kinder sind in Brasilien nur halb so teuer wie in Thailand, und auch die Flüge werden oft billiger angeboten als nach Südostasien. Insofern sind die Ergebnisse der oben zitierten Studie auch ein Beweis dafür, »daß die Ausweitung insbesondere der Kinderprostitution inzwischen auch die entlegeneren Ziele der Touristen, wie etwa Natal, erfaßt hat. Für eine 15jährige Prostituierte zahlt der Kunde hier 150 Dollar, eine Jungfrau ist für 200 Dollar zu haben«[111].

So kommt es, daß Prostitutionstouristen selbst in Provinzstädten wie Natal zum Ziel kommen, ohne lange suchen zu müssen. »Die Strukturen der Stadt begünstigen die Prostitution: von Reiseagenturen über Hotels, Taxis bis hin zu Reiseführern ...«[112] 20 000 Prostitutionstouristen zählt die Stadt in den heißen Sommermonaten.[113] Nach eigenen Aussagen überleben 500 der insgesamt 1 000 weiblichen Straßenkinder beziehungsweise Kinderprostituierten in Recife allein aufgrund ihres Verdienstes aus der Prostitution.[114] Unter ihnen sind die weiblichen Prostituierten in einer besonders prekären Situation, da sie häufig zu Opfern sexueller Gewalt gemacht werden. »Sie werden von Polizisten ebenso wie von männlichen Prostituierten vergewaltigt. Mit 15 haben sie oft zwei oder drei Abtreibungen hinter sich, mit 20 sind sie alkohol- und heroinabhängig.«[115]

Wie es scheint, sind auch in Brasilien Politiker, Geschäftsleute und Polizisten in die Kinderprostitution verwickelt. Dabei gerieren sich Polizisten häufig als Zuhälter, indem sie von den Prostituierten als Gegenleistung für ihren »Schutz« Geld oder – nicht selten – Sexualität verlangen.[116] Trotz der elenden Situation der Kinderprostituierten scheint ihre Zahl jedoch nicht abzunehmen. Befürchtungen laufen vielmehr darauf hinaus, daß es in absehbarer Zeit mehr minderjährige als erwachsene Prostituierte in Brasilien geben wird. »In den Städten des Nordostens, dem ›Armenhaus Lateinamerikas‹, schicken immer mehr Familien, die keinen Ausweg mehr aus ihrer materiellen Not finden, ihre Töchter in die Bordelle und Bars ...«[117] Am schlimmsten aber verhält es sich in den Touristenzentren des Nordostens, wo jeder Bescheid weiß, wenn um »um filé« (ein Filet) nachgefragt wird. »In Recife bestreiten 44 Prozent der auf der Straße lebenden Mädchen ihren Lebensunterhalt mit Prostitution. Von diesen wiederum sind 16 Prozent unter elf Jahren. Die Lebenserwartung dieser Mädchen beträgt durchschnittlich 21 Jahre. Dies ist vor allem dem Umstand geschuldet, daß die Prostitution in der Regel mit dem Konsum von Drogen verbunden ist. Die Mädchen schnüffeln Kleister oder spritzen sich billige Medikamente – meist Hustensaft – in die Venen. Die Injektionsnadeln werden von mehreren Mädchen benutzt ...«

Selbstverstümmelungen sind ebenso häufig anzutreffen wie jene gesundheitlichen Schäden, die unmittelbar auf die Prostitution selbst zurückzuführen sind. »Da die Kunden der Mädchen meist auf Schutzmaßnahmen verzichten wollen, ist die Prostitution auch von verschiedenen anderen gesundheitlichen Konsequenzen gefolgt. Nicht nur der Verbreitung von Geschlechtskrankheiten und Aids sind somit Tür und Tor geöffnet.« Die Ausweitung der Kinderprostitution insbesondere im Nordosten Brasiliens – dort, wo die Armut am größten ist – hat bereits alarmierende Ausmaße erreicht. So äußerte sich die Vorsitzende einer Untersuchungskommission des brasilianischen Nationalkongresses, Marilu Guimaraes, dahingehend, daß der Nordosten Brasiliens offenbar »eines der wichtigsten Zentren für den ›Export‹ der Ware Kindersex« geworden sei.

Kenia

Die geschichtliche Entwicklung Kenias weist zu den zuvor bereits beschriebenen Ländern viele Parallelen aus, obwohl es weit entfernt von diesen liegt. Es wurde, wie diese, zunächst kolonisiert und schließlich in den »freien« Weltmarkt eingebunden. »Nachdem die Portugiesen gegen Ende des 15. Jahrhunderts Handelsstützpunkte gegründet hatten, beherrschten bis zum Beginn des britischen Einflusses im 19. Jahrhundert die Araber die ostafrikanische Küste. Die Fertigstellung der Eisenbahnlinie von Mombasa zum Victoriasee markiert den Beginn der inneren Erschließung Kenias als Teil des britischen Ostafrika-Protektorats, in deren Verlauf das fruchtbarste Land durch europäische Siedler besetzt wurde. Die ursprünglich selbständigen Bauern (Luo, Kikuyu) wurden durch Zwangsarbeit, Steuern und Vertreibung in abhängige Lohnarbeiter auf den europäischen Farmen verwandelt. Bis Ende der vierziger Jahre beherrschten die Siedler die Kolonialverwaltung und kontrollierten die Wirtschaft, indem sie über Land, Ware, Arbeitskraft, Technologie, Produktanbau und Märkte verfügten.«[118]

Die Bevölkerung Kenias ist heute zu 98,5 Prozent afrikanisch, wobei sich diese in 42 ethnischen Gruppen mit mindestens 30 Sprachen und über 100 Dialekten aufgliedert. Kikuyu (20 Prozent), Luo (13,8 Prozent), Luhya (13,1 Prozent), Kamba (10,8 Prozent) und Kelenjin (10,8 Prozent) dominieren, während der Bevölkerungsanteil der Inder, Pakistani, Araber und Europäer infolge einer radikalen Afrikanisierungspolitik rückläufig ist. Die vorherrschenden Religionen sind Christentum beziehungsweise christlich beeinflußte Stammesreligionen, wobei sich der Islam ebenso wie der Hinduismus als Minderheitenreligionen zu behaupten scheinen. Staatssprache ist Kisuaheli, doch wird nach wie vor auch die Sprache der Elite (Englisch) sowie Bantu gesprochen. Die regionale Verteilung der kenianischen Bevölkerung wird naturgemäß durch das Klima bestimmt und erreicht im zentralen Hochland ihre größte Dichte. »Der Anteil der städtischen Bevölkerung (24 Prozent) verstärkt sich durch zunehmende Landflucht und führt zu wachsenden regionalen Entwicklungs-Disparitäten.«[119]

Der ökonomische Schwerpunkt der kenianischen Wirtschaft liegt in der Produktion und Weiterverarbeitung landwirtschaftlicher Erzeugnisse. Devisen werden vor allem durch den Export von Tee, Sisal, Pyrethrum und Kaffee erwirtschaftet.[120] Dabei konkurrieren die kleinbäuerlichen Betriebe des Subsistenzsektors mit den kapitalintensiven exportorientierten Plantagenbetrieben, die immer noch vorwiegend von Indern und Europäern geleitet werden. Obwohl Kenia eine relativ erfolgreiche Bilanz seiner wirtschaftlichen Entwicklung aufzuweisen hat, lag das Pro-Kopf-Bruttosozialprodukt 1990 nicht höher als 370 US-Dollar, weshalb Kenia der Gruppe der niedrig entwickelten Länder (low human development) zugerechnet wird, nicht zuletzt wohl auch wegen seines hohen Schuldendienstes (1989: 33,3; 1980: 22,3).[121]

Wie andernorts auch wird die Hauptlast dieser Entwicklung den Frauen aufgebürdet, von denen in Kenia fast 90 Prozent auf dem Land leben. »Die Frauen sind traditionell alleine für die Lebensmittelversorgung zuständig. Dem Mann obliegt die Großviehhaltung und der Anbau von Verkaufsprodukten, also die Bargeldbeschaffung ... Von daher ist die Abwanderung der Frauen in die Stadt, ihr Leben als Marktfrau oder Prostituierte, auch ein Akt der Befreiung von Abhängigkeiten. Aber ohne Schulbildung haben die Frauen keine Chance auf dem Arbeitsmarkt ...«[122] Der soziale Status der kenianischen Frau hängt demzufolge nicht an ihrem beruflichen, sondern an ihrem biologischen Status. »Die Mutterrolle ist nach wie vor der wichtigste Indikator für die soziale Position der Frau, unabhängig von einer Ehe. Eine kinderlose Frau hat einen niedrigen sozialen Status. Unfruchtbarkeit ist ein allerseits anerkannter Scheidungsgrund. Die Frauen werden sozial ausgesondert und häufig in die Prostitution abgedrängt.«[123] Die ökonomische Bedeutungslosigkeit des biologischen Status läßt sich auch daran erkennen, daß Frauen nicht erbberechtigt sind und nur soviel Land erhalten, wie sie bearbeiten können (müssen), um die Familie zu ernähren. »Verwitwet die Frau, dann wird sie von der Familie des Mannes häufig übervorteilt und ist oft nur noch geduldet. Viele dieser Frauen wandern daraufhin in die Städte ab.«[124]

Seit Beginn der achtziger Jahre nimmt Kenia insbesondere bei den deutschen Touristinnen und Touristen einen hervorragenden Platz ein. »Die Aufwendungen des kenianischen Staates für den Tourismus sind beträchtlich: Im Tourismus-Plan 1971–1978 wurden 84–98 Millionen US-Dollar für die Errichtung von Hotels, 56–70 Millionen US-Dollar für die Sicherung der Wasserversorgung in den Badeorten, 30 Millionen für die Entwicklung der Nationalparks und Reservate sowie 56 Millionen für den Flughafenausbau bereitgestellt.«[125] Bald schon kletterten die Einnahmen aus dem Tourismus auf den zweiten Platz der kenianischen Devisenwirtschaft, 1978 beliefen sie sich auf 1,2 Milliarden Shilling (ungefähr 300 Millionen Mark).[126] So stieg auch die Zahl deutscher Touristinnen und Touristen in den Jahren 1980 bis 1990 von 80 430 auf 123 100.[127] »Von den 695 000 ausländischen Gästen standen 1990 die Deutschen mit 123 000 Besuchern an der Spitze.«[128] Inzwischen ist der Tourismus Kenias bedeutendste Devisenquelle: Rund 443 Millionen US-Dollar wurden 1990 in diesem Sektor erzielt, eine Summe, die der kenianische Staat nicht einmal durch den Export von Kaffee oder Tee erwirtschaften könnte. »Davon bleiben allerdings nur zirka 30 Prozent im Land, der Rest muß reinvestiert werden, zum Beispiel in Importe; zirka 60 Prozent fließen zurück, vor allem nach Europa, dem eigentlichen Tourismusgewinner.«[129]

Wie bereits dargelegt, bleibt vielen kenianischen Frauen gar keine andere Wahl, als in die Prostitution zu gehen, nicht zuletzt deshalb, weil andere Erwerbsmöglichkeiten für sie gar nicht existieren.[130] »Hauptorte der Prostitutionsausübung sind Nairobi, Mombasa und die Touristikzentren. Allerdings ist der Umfang der Prostitution in Kenia nicht mit dem in Thailand oder auf den Philippinen zu vergleichen…«[131] Nach Schätzungen von *agisra* reisten 1978 60 Prozent (71 220) der insgesamt 118 700 deutschen Besucherinnen und Besucher als Prostitutionstouristen nach Kenia, eine Zahl, die von den Autorinnen der Studie über »Umfeld und Ausmaß des Menschenhandels mit ausländischen Mädchen und Frauen«, Dagmar Heine-Wiedenmann und Lea Ackermann, allerdings bezweifelt wird. Ihren Beobachtungen zufolge schwankt die Zahl der weiblichen Prostituierten in Mombasa, die von Prostitutionstouristen frequentiert werden, allenfalls zwischen 1500 und 15 000, »je nach Saison und Nachfrage«[132].

Wie in allen anderen Zielorten des internationalen Prostitutionstourismus ist Prostitution auch in Kenia verboten. Die entsprechenden Gesetze und Maßnahmen richten sich jedoch fast ausschließlich gegen jene, die als Prostituierte aufgegriffen oder auch nur als solche angesehen werden. So erlaubt zum Beispiel das Sondergesetz gegen den »Bummel zum Zweck der Prostitution« eine willkürliche Festnahme von Frauen, die sich ohne besonderen Grund auf der Straße oder in einer Bar aufhalten. Vergewaltigungen in der Haft sind ebenfalls nicht unüblich. »Wird eine Frau wegen Prostitution oder »nächtlichen Flanierens« von der Polizei abgefangen, kostet sie der ›Freikauf‹ nicht selten 800 kenianische Shilling«[133], wobei der durchschnittliche Tarif einer kenianischen Prostituierten bei 300 kenianischen Shilling (umgerechnet 30 Mark) liegt.

Obwohl in Kenia die Prostitution von erwachsenen weiblichen Prostituierten (noch) dominiert, weitet sich die Kinderprostitution immer mehr aus. »Die Kinderprostitution ist ein weitverbreitetes Übel in den Städten Nairobi und Mombasa. Männer, die diese Kinder mißbrauchen, werden nicht bestraft. Die Zuhälter können sogar offen in der Zeitung über ihre Organisation schreiben, wie in der September-Nummer von ›Drum‹, einer führenden afrikanischen Illustrierten ...«[134] Häufig sind es Schülerinnen, die – geschwängert von Mitschülern, Lehrern oder sogenannten Sugar-Daddys[135] – ihr Elternhaus, die Schule, verlassen (müssen) und in die Prostitution abgleiten. Nach einer Studie der kenianischen *Kinderwohlfahrtsgesellschaft CWSK* wurden »alleine in der zweiten Hälfte von 1988 1500 Mädchen im durchschnittlichen Alter von elf Jahren sexuell mißbraucht. Das passierte überwiegend in Hafen- und Touristenzentren, die Männer waren durchschnittlich 35 Jahre alt«[136].

Die Promiskuität der kenianischen (Männer-) Gesellschaft führt augenscheinlich also nicht nur zu vielen beziehungsweise ungewollten Schwangerschaften, sie leistet darüber hinaus auch einer Entwicklung Vorschub, die viele verlassene oder junge Frauen zwingt, in die Prostitution zu gehen, wo sie wiederum von deutschen (britischen, französischen...) Prostitutionstouristen erwartet beziehungsweise ausgebeutet werden. Damit aber setzen sie sich neuen gesundheitlichen und sozialen Risiken aus, nicht zuletzt durch Aids. »Anders als in Europa und Asien waren hier die Hauptbetroffenen von Anfang an Frauen. 85 Prozent der Infizierungen sind heterosexuell übertragen worden. Die offiziell registrierten Aids-Fälle (im Krankheitsstadium) in Kenia werden mit 6 000 angegeben. Untersuchungen haben allerdings gezeigt, daß bestimmte Risikogruppen (Betroffenengruppen; G.W.) wie Prostituierte bereits zu fast 100 Prozent infiziert sind...«[137] So war der kenianischen Presse aus Anlaß des dritten *World Aids Day* (1990) zu entnehmen, »daß man in Kenia von einer realistischen Zahl von 500 000 Aids-Infizierten ausgeht. Für Zentral- und Ostafrika wird mit zirka drei Millionen Aidskranker Frauen gerechnet, die voraussichtlich zehn Millionen Waisen zurücklassen werden«[138].

Schließlich findet sich in Kenia noch eine weitere Parallele zu den vorher beschriebenen Ländern: nämlich die zwischen Prostitution und Krieg. Wie auf den Philippinen (Vietnam-Krieg) und Sri Lanka (Bürgerkrieg) profitierte der Staat auch in Kenia von der Anwesenheit von Soldaten, in diesem Fall der UN-Soldaten während ihres Somalia-Einsatzes. »1993 besuchten Kenia 800 000 Touristen. Diese Zahl soll auf eine Million pro Jahr steigen, so das Ministerium für Tourismus in Nairobi. Andererseits hat die Tourismusindustrie Mitte letzten Jahres (1993; G.W.) Rückschläge hinnehmen müssen wegen der Unsicherheit für Touristen verursacht durch Unruhen in Westkenia und an der Küste Kenias. Daß die Zahlen dennoch hoch sind, ist auf die Stationierung von UN-Kräften in Somalia zurückzuführen. Die UN-Blauhelme, unter anderem auch viele deutsche Soldaten, haben sich an Wochenenden ihren Erholungsurlaub in Mombasa ›gegönnt‹. Zu sehen waren die vielen UN-Fahrzeuge und -Soldaten in Hotels, Restaurants, Bars und Nachtclubs. Die Blauhelm-Soldaten haben Mombasa an Wochenenden regelrecht ›erobert‹ und haben versucht, auch durch Kauf von sexuellen Dienstleistungen ihr Wochenendgeld loszuwerden.«[139]

Dominikanische Republik

Die Dominikanische Republik ist erst in den letzten Jahren als Zielland von Prostitutionstouristen in Erscheinung getreten. Sie umfaßt zwei Drittel der Insel Hispaniola und ist damit der zweitgrößte Staat der Karibik. Die Dominikanische Republik ist spanisch kolonisiert, doch sieht sie sich heute in wirtschaftlicher Abhängigkeit zu den USA, dem mächtigen Nachbarn im Norden. Nach der Ermordung General Trujillos (1961) wurde dessen privater Besitz (zwei Drittel der Zuckerindustrie, ein Drittel aller übrigen Industrien) zwar verstaatlicht, doch vermochte diese Maßnahme der weiteren Entwicklung keine entscheidenden Impulse (mehr) zu geben. Traditionsgemäß verblieb die Macht in den Händen der katholischen Kirche, des Militärs und der Interessenverbände der Oberschicht, wobei sich allmählich funktionsfähige demokratische Strukturen durchzusetzen scheinen.

»Die sozialen Trennungslinien der Gesellschaft der Dominikanischen Republik sind auch nach Hautfarbe stark akzentuiert: Ober- (zirka fünf Prozent der Bevölkerung) und Mittelschicht (zirka 25 Prozent), die sich aus Großgrundbesitzern, Unternehmern und Vertretern von freien Berufen, Verwaltung und Militär zusammensetzen, orientieren sich politisch und in ihrem Lebensstil an den USA.«[140] Die große Mehrheit der dominikanischen Bevölkerung (73 Prozent) ist gemischt, 16 Prozent sind weiß, elf Prozent schwarz. Das Pro-Kopf-Einkommen lag 1990 bei 820 US-Dollar, weshalb die Dominikanische Republik der Gruppe der Medium-Human-Development-Länder zugerechnet wird, zumal es der Regierung Balaguer gelang, ihren Schuldendienst von 25,3 (1990) auf 12,9 (1998) abzusenken.[141] Diese Schuldensenkung wurde mit einem rigiden Sparprogramm durchgesetzt, unter dem vor allem die armen Bevölkerungsteile zu leiden hatten, weshalb es in den neunziger Jahren immer wieder zu spontanen Aufständen kam.

»Bedingt durch den Preisverfall auf dem Weltmarkt ist der Exportwert des Hauptausfuhrprodukts Zucker seit Jahren rückläufig (1985: 21,1 Prozent des Gesamtexports), auch die Erntemengen für Reis, Mais, Maniok, Kaffee und Tabak verringerten sich ...«[142] 28 Prozent der Bevölkerung sind infolgedessen arbeitslos, die Unterbeschäftigung liegt (geschätzt) bei 25 Prozent.[143] »Dabei werden bereits 500 000 Arbeitskräfte exportiert, vor allem in die USA. Mit den neuen Einreisebeschränkungen der USA wird diese hauptsächliche Devisenquelle noch limitiert, so daß die Karibikinsel nun ganz auf den Tourismus setzt«[144], vor allem aus den USA, jedoch auch aus Europa, hier in erster Linie aus der Bundesrepublik Deutschland.

Tatsächlich hat sich die Dominikanische Republik bei den Pauschalreiseanbietern schnell »zu einem absoluten ›Renner‹ entwikkelt. Erst seit wenigen Jahren wird deutschen Touristen die Karibikinsel angeboten, aber bereits 1990 konnten 100 000 deutsche Besucher gezählt werden. 1991 wird mit 130 000 Deutschen gerechnet, entsprechende ›Preisknüller‹ sorgen dafür...«[145] Inzwischen hat sich diese Zahl noch erhöht; nach Angaben der dominikanischen Botschaft verbringen nunmehr Jahr für Jahr über 160 000 Deutsche ihren Urlaub in der Dominikanischen Republik, womit die Karibikinsel »klassische« Ferienziele wie Kenia und Brasilien bereits überflügelt zu haben scheint.[146]

Offenbar wechseln die internationalen Touristenströme ihre Ziele zwischenzeitlich schneller beziehungsweise häufiger als früher. Hieß es vor einiger Zeit noch, Recife in Brasilien sei groß im Kommen, können wir heute feststellen, daß die Dominikanische Republik das Rennen vielleicht für sich entscheiden wird. »Der internationale Tourismus konzentriert sich auf zwei Gebiete der Inselrepublik; im Norden auf Sousa/Puerto Plata und im Süden auf Boca Chica, das etwa 30 Kilometer von der Hauptstadt Santo Domingo entfernt ist«, heißt es in einer vom Bonner Bundesministerium für Gesundheit herausgegebenen Studie. »Beide Regionen liegen in der Nähe von internationalen Flughäfen und weisen eine auf Touristen abzielende Prostitutionsszene auf. Diese ist zwar insbesondere im Norden noch relativ klein und eher am Rande des allgemeinen touristischen Geschehens angesiedelt (so gibt es viele Hotelanlagen, in denen Prostituierte offiziell keinen Zutritt haben); im Süden der Dominikanischen Republik, in Boca Chica, gibt es dagegen einen Rotlichtbezirk und insbesondere ein sehr offensives Gebaren von Prostituierten, die zu einem großen Teil aus der Hauptstadt Santo Domingo nach Boca Chica kommen, um hier anzuschaffen.«[147]

Tatsächlich ist die in den Städten herrschende Arbeitslosigkeit der Frauen »doppelt so hoch wie die der Männer. Beschäftigungen als Dienstpersonal werden so schlecht bezahlt, daß sich niemand davon ernähren kann. Daher wundert nicht die hohe Zahl von Frauen, die der Prostitution nachgehen müssen. Die Frauen pendeln zwischen den Karibischen Inseln oder werden auch von der Hauptstadt aus angeheuert und von Schleppern ins Ausland gebracht.«[148] Obwohl die Dominikanische Republik sich erst seit wenigen Jahren als Urlaubsziel für Prostitutionstouristen empfiehlt, kann schon die Beobachtung gemacht werden, »daß auffällig viele Jugendliche und Kinder im Prostitutionsbereich tätig« sind[149], vor allem in Boca Chica, der »kleinen Flußmündung«, auch »Kleiner Mund« oder »Kleine Öffnung« genannt.

Kinderprostitutionstourismus gibt sich, wie am Beispiel der Dominikanischen Republik deutlich wird, immer mehr als Begleiterscheinung, nicht als Folge des Prostitutionstourismus, zu erkennen. Die Orte und Namen sind austauschbar, was bleibt, sind verletzte, ihrer Kindheit beraubte Kinder.

Faktoren, die zu Kinderprostitutionstourismus führen

Alle hier beschriebenen Zielländer von Prostitutionstouristen weisen bestimmte Merkmale auf, die die Entstehung von Kinderprostitution beziehungsweise Kinderprostitutionstourismus begünstigen oder nach sich ziehen. Es sind dies:

Kolonisation

Die Geschichte kolonialer Eroberung, aus der bestimmte wirtschaftliche, politische und soziale Entwicklungen resultieren, prägt oder begrenzt – jedweder faktischen Unabhängigkeit zum Trotz – die inneren Gestaltungsmöglichkeiten der betroffenen Länder bis zum heutigen Tag. Mit Ausnahme Thailands, das von den (neo-) kolonialen Eroberungszügen unberührt blieb, weisen alle von Prostitutionstourismus betroffenen Länder eine auf die Interessen Dritter ausgerichtete Politik und Wirtschaft aus. Als Dritter erscheint, im Kontext der historischen Ereignisse, der Konquistador, der Imperialist, der Monopolist, der Kapitalist – und der Prostitutionstourist. Dabei scheint es unerheblich zu sein, welche religiösen und kulturellen Traditionen der kolonialen beziehungsweise touristischen Eroberung vorausgesetzt waren oder aus ihr hervorgingen, ebenso wie die Hautfarbe der Kolonisierten – zumindest für Prostitutionstouristen – offenbar nur als weiteres sexuelles Attribut in Erscheinung tritt.

Da die Geschichte der Kolonisation zumindest im deutschen Geschichtsbewußtsein ein leeres Blatt Papier darstellt, kommt es dem Prostitutionstouristen offenbar gar nicht in den Sinn, in wessen Fußstapfen er da tritt, wenn er die Sexualität einheimischer Frauen, Kinder und Männer für sich verlangt. Daß nichtsdestotrotz eine Kumpanei zwischen den »Herrenmenschen« im Kolonialismus und den Prostitutionstouristen unserer (Frei-) Zeit existiert, deutet sich jedoch bereits in folgendem (auf den Kolonialherren gemünzte) Zitat an: »Herr sein heißt: obenauf zu sein und auf Unterworfene herabzublicken; Herr sein heißt: Damen beschützen und Weiber gebrauchen; Herr sein heißt: dafür sorgen, daß der eigene Nutzen zum Gemeinwohl erklärt wird.«[150]

Armut

Unbestritten ist, daß Armut eine wesentliche Grundbedingung der Prostitution darstellt. Diese Armut ist in (fast) allen von Prostitutionstourismus betroffenen Ländern das Resultat einer fremdbestimmten Entwicklung, die der kolonialen beziehungsweise imperialistischen Ausbeutung entspringt. Sie manifestiert sich bis auf den heutigen Tag in einer Weltwirtschaftsordnung, die alle Entwicklungsmöglichkeiten den ökonomischen Gesetzen des (Welt-) Marktes unterwirft.[151]

Globalisierung heißt die Zauberformel, die für die »global players« auch die Sexualität der Globalisierten vorhält. Da bezahlte Arbeit – soweit überhaupt vorhanden – fast ausschließlich Männern vorbehalten ist[152], bleibt den Mädchen und Frauen oft gar keine andere Wahl, als den Weg in die Prostitution zu nehmen. Solange für Schulbildung bezahlt werden muß, werden Schulabbrüche billiger sein als Schulabschlüsse. Gleiches gilt für die berufliche Ausbildung von Mädchen, sofern diese überhaupt als nützlich beziehungsweise notwendig angesehen wird. Teenage-Schwangerschaften führen in der Regel ebenfalls dazu, die Schule beziehungsweise das Elternhaus zu verlassen oder verlassen zu müssen. Darüber hinaus kann festgestellt werden, daß Frauen, die kinderlos bleiben oder aus anderen Gründen von ihren (Ehe-) Männern verlassen werden, ebenso wie verwitwete Frauen, nur in den seltensten Fällen vor Prostitution geschützt sind.

Strukturelle Armut und weibliche Armut stehen in einem symbiotischen Verhältnis zueinander. Prostitution ist der sichtbarste Ausdruck dafür, daß weibliche Körper unter den Bedingungen des Weltmarktes wie eine ökonomische Ressource eingesetzt und ausgebeutet werden, weil mit ihnen Geld (Devisen) zu machen ist. Dies erklärt die Ausbreitung von Kinderprostitutionstourismus selbst in den Ländern, in denen der Markt eigentlich bereits gesättigt ist.

Patriarchat

Alle von Prostitutionstourismus betroffenen Länder weisen sich durch eine männerzentrierte Kultur aus, die zwangsläufig dazu führt, daß die den Mädchen und Frauen zugebilligten Entwicklungschancen nahezu ausschließlich auf das Wohlbefinden der Familie beziehungsweise des (Ehe-) Mannes ausgerichtet sind. Die von den Töchtern, Schwestern und Ehefrauen verlangten Pflichten – gehorsam zu sein, für die Familie zu sorgen, sich aufzuopfern, wenn die wirtschaftliche Lage keinen Ausweg mehr zuläßt – und die Erfahrung sexueller Gewalt, in der Familie ebenso wie »auf der Straße«, prädestinieren die Mädchen und Frauen nachgerade für die Prostitution. Töchter werden von klein auf für ihr Leben als Ehefrauen und Mütter erzogen. Scheitert die Ehe oder kommt sie – infolge einer Schwangerschaft, Krankheit oder sonstigen Notlage – gar nicht erst zustande, sind die betroffenen Frauen häufig auf sich allein gestellt. Gewohnt, Verantwortung für ihr Leben zu übernehmen, und nicht gerade geübt darin, etwas für sich selbst zu fordern, bietet sich die Prostitution häufig als einziger Ausweg, aber auch als Chance aus der Misere an.

Auffällig ist, daß die jeweils gegebenen kulturellen und religiösen Determinanten den ökonomischen deutlich unterlegen zu sein scheinen. Keine Religion schützt Frauen und Kinder vor Prostitution, keine Moral, keine Instanz, kein Tabu. Das patriarchalische Geschlechterverhältnis ist insofern nicht das Resultat bloß biologischer, bloß kultureller oder bloß ökonomischer Faktoren, es beruht in letzter Instanz auf der Gewalt selbst: »Gewalt«, so Maria Mies über das geheime Band zwischen Patriarchat und Kapital, »ist das letzte Geheimnis des Weißen Mannes, mit dem er sowohl die Natur als auch die Frauen, als auch fremde Völker kolonisiert hat und mit der er seinen angeblich friedlichen Weltmarkt aufrechterhält.«[153]

Krieg

Ganz offensichtlich besteht zwischen Krieg und Prostitutionstourismus eine symbiotische Beziehung. Vietnam, Sri Lanka, Kambodscha, Somalia und nicht zuletzt auch der Golf-Krieg haben in ihrer spezifischen Nachfragestruktur wesentlich dazu beigetragen, die Entstehungsbedingungen und Erscheinungsformen von Prostitution beziehungsweise Kinderprostitution zu fördern, wenn nicht sogar auszuweiten. »In Kambodscha ist Prostitution weder infolge des Friedens noch durch die Anwesenheit von mehr als 20 000 UN-Bediensteten entstanden, aber beides zusammen hat zu ihrer explosionsartigen Ausweitung beigetragen«, bestätigt auch ein im »International Children's Rights Monitor« erschienener Bericht unter dem bezeichnenden Titel »Child Prostitution in Cambodia: Did the U.N. Look Away?«[154]. So stieg die (geschätzte) Anzahl der Prostituierten in Phnom Pen - unter ihnen eine große Anzahl Kinder - infolge der Anwesenheit der UN-Soldaten in nur einem Jahr von 6 000 (1991) auf über 20 000 (1992). »Kurze Zeit nachdem das deutsche Feldlazarett im Sommer 1992 in Phnom Pen installiert worden war, wurde von den dortigen Mitarbeitern bestätigt, daß sexuell übertragene Krankheiten ein sehr ernstes Problem für die Soldaten darstellten.«[155]

Die im Krieg entfesselte Aggression ebenso wie die Angst scheinen sich offensichtlich in der sexuellen Unterwerfung einheimischer oder »eroberter« Frauen und Kinder befriedigen zu lassen. Ist der Krieg aus, kommen die Touristen.

Trends und (neue) Märkte

Die kommerzielle sexuelle Ausbeutung von Kindern

»Der Handel mit der Ware Kind«, so der »Spiegel« in einer Reportage über das Elend der Kinderprostituierten in der Dritten Welt, »folgt den Gesetzen des Marktes - es gibt Binnenmärkte und Exportregionen, Angebot und Nachfrage bestimmen den Preis. Exportgebiete sind überwiegend die Länder Südostasiens, besonders Thailand, Sri Lanka und die Philippinen, Lateinamerika sowie neuerdings (1989; G.W.) auch Afrika. Importgebiete sind West- und Nordeuropa, die Vereinigten Staaten und Nahost.«[156] Daß der Handel mit Kindern zum Zwecke der sexuellen Ausbeutung immer größere Ausmaße annimmt, belegt auch eine Studie des thailändischen Rechtswissenschaftlers Vitit Muntarbhorn, der im Auftrag der UN-Menschenrechtskommission eine Studie erstellte, die auf eine ständig wachsende Nachfrage aus Europa, den USA und den Fernen Osten hinwies, die sich explizit auf Kinderprostituierte richte. Dem Bericht zufolge haben sich regelrechte Routen herausgebildet, »über die die Kinder verschleppt werden, so zum Beispiel von Nordafrika und den westindischen Inseln nach Frankreich oder von Lagos und Nigeria nach Rom«[157]. Auf einer von ECPAT-Taiwan ausgerichteten Konferenz vom 1. bis 3. Juni 1994 fanden sich diese Annahmen bestätigt. So stellten die Delegierten aus Vietnam, Kambodscha, Korea, Thailand, Japan, Myanmar (Birma), Malaysia und den Philippinen fest, daß Kinder aus Myanmar, Südchina, Laos, Kambodscha und Vietnam nach Thailand verschleppt würden, während sich Kinder und junge Frauen von den Philippinen in Malaysia, Hongkong und Japan wiederfänden, wohin auch junge Frauen aus Taiwan verbracht werden.[158]

Der Markt regeneriert sich durch das Verschieben seiner Opfer – regionale, nationale und kulturelle Grenzen werden zunehmend bedeutungslos. Nicht zuletzt tragen auch die Medien dazu bei, immer neue Ziele und Orte ausfindig zu machen. So fand sich bereits in einem 1988 vom »Stern« publizierten Bericht über Prostitutionstourismus der Fingerzeig, daß sich »das Reich des Sozialismus, lange Zeit sextouristisch ein weißer Fleck«, bei westlichen Prostitutionstouristen zunehmender Beliebtheit erfreue. »Wer ein bißchen sucht, findet zwischen Siófok am ungarischen Plattensee und der chinesischen Westhandelsmetropole Kanton käuflichen Sex. Warschaus ›Grand Hotel‹, das ›Forum‹ und das ›Victoria‹ sind unter Urlaubern wie Geschäftsmännern schon lange kein Geheimtip mehr...«[159] Folgt man dem offenbar ortskundigen Autor dieses journalistisch als Bericht getarnten Reiseführers weiter, so heißt »der neueste Platz Sotschi«, ein Kurort an der sowjetischen Schwarzmeerküste, wo die beiden im Bericht namentlich genannten Hotels »zu bevorzugten Tummelplätzen von Prostituierten aus dem ganzen Land geworden« seien.[160] So werden »Tummelplätze« für Prostitutionstouristen populär gemacht, wird Nachfrage erzeugt, werden Kinder und Frauen (Männer) zum geilen Urlaubsvergnügen degradiert.

Nicht anders liest es sich einige Jahre später im Magazin »Focus«, der darüber zu berichten wußte, daß »deutsche Sextouristen ein neues Liebesziel entdeckt (haben): Recife in Brasilien«[161]. Recife-Flüge, so erfahren wir, sind »der Renner« bei den deutschen Prostitutionstouristen, während die klassischen Zielländer Verluste zu verzeichnen hätten. »Thailand sucht mit Millionenaufwand nach einem neuen Image. In Kenia leert der Bürgerkrieg Strände und Kassen. Beide Länder haben außerdem mit Aids zu kämpfen...«[162] Deswegen werde nach neuen Zielen gesucht, und Recife sei »derzeit Favorit« – wobei in diesem Zusammenhang nicht versäumt wird, auf die günstigen Flugtarife und Wechselkurse hinzuweisen.[163]

Wie es scheint, sind die Halbwertzeiten prostitutionstouristischer Zielländer schneller verfallen, als die Fluglinien nachkommen können. So mußte Brasilien seine Favoritenstellung zwischenzeitlich an die Dominikanische Republik abtreten. Bei den deutschen Reiseveranstaltern hat sich das Karibik-Land innerhalb weniger Jahre als neues Zielgebiet für deutsche beziehungsweise internationale Prostitutionstouristen etablieren können. Es liegt, darauf wurde bereits hingewiesen, mit über 160 000 Ankünften (1992) bereits vor Kenia und Brasilien.[164] Wie lange sich die Dominikanische Republik als »Ferienparadies Nr. 1« wird behaupten können, sei dahingestellt. Als sicher kann jedoch angenommen werden, daß die Prostitutionstouristen vorrangig dahin reisen werden, wo sie möglichst ungestört mit Prostituierten beziehungsweise Kinderprostituierten Kontakt aufnehmen können.

In dem Maße, wie die südostasiatischen Länder versuchen werden, ihre Länder dem Zugriff von Prostitutionstouristen zu entziehen, werden diese auf »neue« Ziele ausweichen, unabhängig davon, auf welchem Kontinent sie liegen, welche Sprache, welche Hautfarbe, welche Religion, welche Kultur und welche Gesellschaftsordnung dort vorgefunden wird. Das, so scheint mir, macht das Wesen von Prostitutionstourismus aus. Es spielt keine Rolle, an welchen Orten er sich ausbreitet, weil er überall dasselbe sucht: Frauen und Kinder, die er mit seinem Geld zu Prostituierten machen kann.

Neue Märkte in Osteuropa

In nahezu allen osteuropäischen Hauptstädten und Badeorten, insbesondere in den Devisenhotels, lassen sich inzwischen eindeutige Spuren auf Prostitutionstourismus nachweisen. Sotschi, der einstmals ehrwürdige Kurort an der sowjetischen Schwarzmeerküste, bildete da jedoch nur eine Zwischenstation.[165] Auf einer vom 2. bis 4. Dezember 1994 von der *Heinrich-Böll-Stiftung* in Prag ausgerichteten »Konferenz zu Sexarbeit, Sextourismus und Frauenhandel in Osteuropa« fanden die Teilnehmerinnen aus Polen, der Tschechischen Republik, der Slowakei, aus Ex-Jugoslawien, Holland, Italien, der Bundesrepublik Deutschland und der Schweiz erstmals Gelegenheit, ihre Erfahrungen auszutauschen und die verzweigten Wege des internationalen Prostitutionsbusineß zu rekonstruieren.[166] Dem von Mechtild Maurer verfaßten Bericht ist folgendes zu entnehmen:

»In den letzten Jahren haben sich die Strukturen und die Wege des Frauen- und Mädchenhandels (in Ost- und Südosteuropa; G.W.) geändert. Inzwischen wie der koloniale Dreieckshandel organisiert, gibt es keine Leerfahrten mehr: Sobald die Frauen im Westen abgesetzt sind, wird die Rückfahrt unter anderem mit gestohlenen Nobelkarossen angetreten ... Die Schlepper und Zuhälter sind über die Grenzen hinweg gut organisiert. Es gibt darunter Mafiaorganisationen.«[167]

Die Frauen wußten offenbar sehr genau, worüber sie reden. So findet sich auch in einem Interview mit dem Leiter der Abteilung »Überregionale Verbrechensbekämpfung« im Landeskriminalamt Brandenburg der Hinweis, daß die wachsende Flexibilität der Banden, die vor allem von Polen, Rußland und den baltischen Staaten aus operieren, eine »unmittelbare Zusammenarbeit mit den Kollegen auf der östlichen Seite« dringend erforderlich erscheinen lasse. »Bei konkreten Fällen sei ein ›Telefonanruf beim Nachbarn‹ für einen Fahndungserfolg einfach notwendig. Da helfe ein Rechtshilfeabkommen mit Polen und Rußland allein wenig.« Tatsächlich vernetzten sich die kriminellen Strukturen immer mehr: »So gebe es einen ›direkten Draht‹ vom Auto- zum Mädchenhandel, sagt Albrecht. Die ›sehr jungen, zum Teil noch minderjährigen‹ Tschechinnen, Slowakinnen oder Russinnen, die in Ostdeutschland in illegalen Bordellen arbeiten müßten, würden ›als Gegenleistung für gelieferte Autos‹ an die Kriminellen verkauft. Hier werde ›Ware gegen Ware getauscht‹. Andere kauften die Frauen anderen Zuhältern für mehrere ›tausend Mark Ablöse‹ ab oder ›mieteten sie nur für einige Zeit‹. Denn der Bedarf nach osteuropäischen Frauen und Mädchen sei ›enorm gestiegen‹.«[168]

Nach Erkenntnissen der Frankfurter Kripo scheinen die Schlepper ihre Transporte vor allem auf den Routen Riga via Warschau oder Riga via Budapest oder Kiew via Budapest abzuwickeln, wobei die beteiligten Anwerber, Paßfälscher und Abnehmer eng miteinander kooperieren.[169]

Dabei lassen die neuen Entwicklungen im Handel mit weiblicher »Ware« bereits erkennen, daß die südosteuropäischen Frauen nicht nur in den Westen, sondern zunehmend auch nach Südostasien »verschoben« werden. In Südostasien, so wurde auf der »Konferenz zu Sexarbeit, Sextourismus und Frauenhandel« berichtet, fänden sich immer öfter auch Russinnen in den Bordellen. »Nur noch 15 Prozent der 1500 Hotelprostituierten in Warschau seien noch Polinnen, erklärte Barbara Limanowska von der *Polnischen Feministischen Vereinigung.* In erster Linie Russinnen, aber auch Frauen aus der Ukraine und aus Thailand hätten deren Plätze eingenommen. Sogar Afrikanerinnen werben für ihre Dienste in den polnischen Zeitungen.[170] Polnische Prostituierte, aus den Hotels verdrängt, reisen in den Westen. Den vielen weiblichen Transit-Flüchtlingen in

Polen wiederum bleibt während des Wartens auf den Weitertransport nach Deutschland nur die Prostitution als Einnahmequelle. Immer öfter seien Roma-Frauen anzutreffen; es sind sehr junge darunter. Die Beispiele zeigen, daß es die klassische Aufteilung in Entsende- und Zielländer nicht mehr gibt.«[171]

Opfer des Frauenhandels, das konnte auch die niederländische Streetworkerin Hanka Mongard bestätigen, werden überwiegend Mädchen und Frauen aus Osteuropa. So seien 80 Prozent der in Holland tätigen Prostituierten aus den ehemals sozialistischen Ländern als Opfer von Frauenhandel in die Prostitution geführt worden. »Allein in der Tschechischen Republik, ergänzt Hana Malinova, Streetworkerin eines ›Safer-Sex‹-Projekts in Prag, sind Anfang 1994 schon 8000 Mädchen als verschwunden gemeldet gewesen.«[172] Offenbar verdienen auch einige der dort ansässigen Agenturen und Reisebüros, die Au-pair-Aufenthalte vermitteln, an dem Mädchenhandel mit. »Die Reisebüros kassieren extrem hohe Vermittlungsgebühren, arbeiten teilweise mit Strohmännern im Westen zusammen und interessieren sich überhaupt nicht dafür, wo die Mädchen arbeiten werden. Der Prager Polizei ist bekannt, daß auch Au-pair-Mädchen ins Sexgeschäft gezwungen wurden.«[173] Ihren Schätzungen zufolge sind bereits zwei Drittel der in Prag tätigen 30 000 weiblichen Prostituierten jünger als 18 Jahre.[174]

Die meisten dieser jungen Frauen landen wahrscheinlich niemals im Land ihrer Träume. Aber auch in den zahlreichen »Topless-Bars« Budapests mögen schon viele dieser Träume begraben worden sein. »Von den 160 000 Schulabgängern dieses Jahres (1993; G.W.) werden kaum 50 Prozent einen Ausbildungsplatz finden. Die große Mehrzahl der neuen jungen Arbeitslosen werden Mädchen sein. Und selbst eine gute Ausbildung zählt für Frauen nicht viel auf dem schrumpfenden Arbeitsmarkt. Wer kaufen will, muß auch verkaufen ... «[175]

Tatsächlich wird die Kluft zwischen Ost und West immer größer. So ergab eine von der *Weltgesundheitsorganisation (WHO)* erstellte vergleichende Studie über die Lage von Frauen in Ost- und Westeuropa, daß »sich wegen der enormen wirtschaftlichen Schwierigkeiten der Staaten Mittel- und Osteuropas die Lebensbedingungen für die rund 200 Millionen dort lebenden Frauen dramatisch verschlechtert« habe.[176] Frauen Osteuropas arbeiten unter den schlechtesten Bedingungen und für die geringsten Löhne. Unter den Arbeitslosen des Jahres 1994 stellten sie zwei Drittel.[177] Die Zunahme an Herzkreislauferkrankungen und Krebs, insbesondere

Krebserkrankungen der Gebärmutter, ebenso wie die Zunahme von Suiziden lassen erahnen, in welcher verzweifelten Situation sich die Verliererinnen des »freien« Marktes derzeit befinden. »Vor allem alte oder alleinstehende Frauen mit Kindern sind in Mittel- und Osteuropa von Armut betroffen, denn Hilfe vom Staat gibt es kaum. Für sie sind auch Medikamente und ärztliche Behandlung kaum bezahlbar... Viele junge Frauen sehen die Prostitution als letzten Ausweg, der Misere zu entrinnen...«[178] Dabei liefern die unter dem ökonomischen Verhältnissen zerbrechenden Familien dem Markt praktisch zu. Junge Mädchen, deren Väter trinken, weil sie arbeitslos sind oder um ihre Arbeit fürchten müssen, junge Mädchen, die den sexuellen Übergriffen ihrer Väter und Brüder ausgesetzt sind, junge Mädchen, die aus ihren Familien flüchten, um sich den fortwährenden familiären Spannungen und Konflikten zu entziehen, sind hier wie dort Strandgut für einen sich ständig reproduzierenden Markt.

Kinderprostitution breitet sich im Zuge dieser Entwicklung immer weiter aus. So berichtete das Nachrichtenmagazin »Time International« bereits vor einigen Jahren über einen Moskauer Zuhälter, der pädophile Kunden mit Kindern versorgt, unter ihnen ein acht- und zwei neunjährige männliche Kinder, von denen der jüngste, Marik, als »weibliche« Kinderprostituierte arbeitet.[179] Zuhälterei ist offenkundig ein aufstrebendes Gewerbe im post-kommunistischen Zeitalter. »Bezeichnenderweise arbeiten viele der ehemaligen Geldwechsler heute als Vermittler, Zuhälter oder Schlepper, da ihr vorher erträgliches Geschäft mit den Devisen nach der Wende zusammengebrochen war. Unter den Werbern gibt es eine Reihe von Frauen, und des öfteren stehen 15jährige Zuhälter neben den Mädchen vom Straßenstrich. Angeworben werden die Frauen und Mädchen unter falschen Versprechungen. Auf dem Land arbeiten die Werber besonders erfolgreich, da die Mädchen und Frauen in keiner Weise über deren kriminellen Methoden informiert sind. Viele der Angeworbenen haben schlichtweg keinen Schimmer, was sie im Ausland erwartet. Es werden falsche Heiratsangebote gemacht, Ausweispapiere gefälscht, politisches Asyl versprochen, Stipendien vorgetäuscht. Und immer wieder werden Mädchen auch regelrecht entführt und in ausländischen Bordellen gefangen gehalten.«[180]

In der Slowakei wiederum scheint der Andrang der Mädchen, die als Prostituierte in den Massagesalons arbeiten möchten, so groß zu sein, daß es keinerlei Zwangsmaßnahmen durch die Zuhälter bedarf. »Scharenweise«, ergänzt Gabriel Bianchi aus Bratislava auf der »Konferenz zu Sexarbeit, Sextourismus und Frauenhandel in Osteuropa« dieses nur scheinbar widersprüchliche Erscheinungsbild, »würden die Prostituierten nach Österreich gehen und dort oftmals an der Zufahrtsstraße nach Wien arbeiten. Sie könnten in Österreich mehr und besser zahlende Kunden finden.«[181]

Zu trauriger Berühmtheit gelangte in den vergangenen Jahren auch die Europastraße 55 zwischen Teplice und dem deutsch-tschechischen Grenzübergang Zinnwald/Cinovec, an der zugleich eine wachsende Nachfrage an »Adoptivkindern« zu verzeichnen ist. Die Dresden und Prag verbindende E 55 gilt zwischenzeitlich als »längster Strich der Welt«, sommertags bieten sich hier bis zu 500 Prostituierte an. »Die jungen Frauen, selten älter als 16, 17 Jahre, kommen aus allen Teilen Tschechiens und den tiefsten Provinzen der Slowakei, aus Rußland und Rumänien.«[182] Die minderjährigen Prostituierten, viele von ihnen weibliche Roma, arbeiten unter den entwürdigensten Bedingungen: auf dem Rücksitz von Pkws, im Fond eines Lkws oder (halb-) öffentlich am Straßenrand, ungeschützt zumeist. Die Tarife beginnen bei 30 Mark. Für 20 Mark Aufpreis ist der Verzicht auf ein Kondom schon inklusive, und dies ist die bevorzugte »Finesse«.[183]

Der Gesundheitszustand der Prostituierten ist miserabel. Wer krank wird oder schwanger, sieht zu, daß sie nicht zu lange ausfällt. Krankenversichert ist keine der Prostituierten, man lebt von der Hand in den Mund, die Konkurrenz ist groß. So läßt sich denn beobachten, daß die manchmal erst 14-, 15jährigen Mütter bereits wenige Tage nach der Niederkunft wieder an der Straße stehen, so wie man hier und da auch erleben kann, daß Zuhälter eine weibliche Jugendliche verkaufen, ohne deren Proteste auch nur zur Kenntnis zu nehmen.[184]

Mädchenhandel ist in Tschechien ein ebenso risikoloses wie lukratives Geschäft. So reisen Zuhälter aus ganz Westeuropa an, um den Nachschub zu sichern, nicht selten mit Gewalt. Teplice ist das zweitwichtigste Einfallstor für Billigimporte aus im Osten, das bedeutenste ist Frankfurt an der Oder. »Unsere Region«, so Hartmut Oeser von der Staatsanwaltschaft Frankfurt, »hat sich seit der Wiedervereinigung zu einer Drehscheibe des Menschenhandels entwickelt.«[185] Im nahe gelegenen Slubice, auf der polnischen Seite der Grenze, werden die russischen, ukrainischen, bulgarischen und polnischen Mädchen zusammengekarrt und auf ihre Tauglichkeit geprüft, das heißt »mit Koks »gefüttert« und durch Vergewaltigungen gefügig gemacht.[186] Um Razzien zu entgehen, ziehen sich die Mädchenhändler und Zuhälter zeitweilig auch in die von der Sowjetarmee zurückgelassenen Kasernen zurück, die für ein paar Tage kurzerhand in »Hotelbetriebe« umfunktioniert werden. Hier werden die inzwischen bereits völlig eingeschüchterten Mädchen und Frauen auf ihre Zukunft als Prostituierte »abgerichtet« – Vergewaltigungen, Essensentzug, Schläge und Mißhandlungen inbegriffen. Bis der Wille gebrochen ist.[187]

Davon wissen die russischen Schülerinnen, die den Job der Prostituierten einer Umfrage zufolge ganz oben auf der Liste ihrer Traumberufe vermerkt haben[188], wahrscheinlich nichts. Und was würde sich damit auch ändern? In Zeiten, in denen jede sehen muß, wo sie bleibt, bleibt den Frauen, das wiederum wissen sie ganz genau, oft genug nur noch eines: Prostitution.

Exkurs: Stricherszene

Offenbar hat sich in Prag eine regelrechte Szene jugendlicher Stricher herausgebildet, die sich auf westliche Geschäftsreisende und Wochenendtouristen spezialisiert hat. Sie können dort für Tarife ab 50 Mark 14-, 15jährige männliche Prostituierte benutzen. Einschlägige »Sex-Stadtpläne« geben Auskunft über die Standorte und Treffpunkte der Stricher. Nicht selten werden diese auch dazu überredet, in die Bundesrepublik zu kommen, wo sie mehr Geld verdienen können als in Prag. Wer kein Visum besitzt, erzählt der 17jährige Marek ebenso freimütig wie beschämt, wird im Kofferraum über die Grenze gebracht. Marek arbeitet zu diesem Zeitpunkt seit zweieinhalb Jahren als Stricher. Er hat bereits in Berlin, Hamburg, Lübeck und München gearbeitet – meistens in der Nähe von Hauptbahnhöfen, wo schwule und pädophile Männer bevorzugt nach (Kinder-)Prostituierten Ausschau halten. Da nur begehrt ist, wer jung aussieht oder ein noch unbekanntes Gesicht hat, sind die Stricher gezwungen, häufig die Orte zu wechseln. Fliegen sie im Zuge von Personenkontrollen oder Razzien auf, werden sie umgehend abgeschoben. Sind sie HIV-infiziert, pendeln sie häufig zwischen ihrem Heimatland und der Bundesrepublik hin und her – wie Lazlo, der sich infolge seiner Krankheit völlig isoliert fühlt.[189]

Päderasten halten sich vor allem in der Nähe von Hauptbahnhöfen auf. »Wer Kindersex will«, so das Magazin »Focus« in einem Bericht über pädophile Kinderhändler, »kennt die einschlägigen Stricherplätze und Vermittler oder kann mit BTX und verschlüsselten Anzeigen umgehen . . .«[190] Oft seien die männlichen Kinder aus verarmten osteuropäischen Familien, »deren Eltern vorgegaukelt wird, ihre Söhne erwarte in Deutschland ein besseres Leben«[191]. Um so jünger und orientierungsloser die männlichen Kinder und Jugendlichen sind, um so leichter gelingt es den Päderasten, »ihre Wunschrolle als Beschützer« ausspielen.[192] Die ausländischen Stricher lassen sich für geübte Augen schnell ausfindig machen.[193] Bahnhöfe sind in der Szene zwar bevorzugte, jedoch nicht die einzigen Treffpunkte von Päderasten und (potentiellen) männlichen Kinderprostituierten. »Weitere Orte sind Spielwarenabteilungen, Schwimmbäder, Privatwohnungen . . .«[194] sowie die Computerspielwiesen großer Kaufhäuser. Dabei scheinen sich die Grenzen zwischen schwulen und päderastischen Freiern zuweilen aufzulösen.

Amsterdam gilt – noch vor Prag – nach wie vor als das Mekka der Gay- und Pädo-Szene. Viele der dort gestrandeten rumänischen Stricher hatten nach 1989/90 zunächst versucht, in der Bundesrepublik Aufnahme zu finden. Von Abschiebung bedroht, setzten sie sich schließlich nach Holland ab. In einem Bericht über die »Bucharest boys« von Amsterdam zitiert der »Independent« Gert Tezing von der *Streetcorner Work Foundation* mit den Worten: »Bevor die Berliner Mauer fiel, waren die meisten ausländischen Jungen englischsprachig«, inzwischen sei wahrscheinlich jeder dritte Stricher aus Rumänien, der Tschechischen Republik, aus der Slowakei oder Polen. Die meisten rumänischen Stricher waren noch Kinder, als sie nach Amsterdam kamen, »zehn oder zwölf Jahre alt«.[195]

Prostituierte aus Osteuropa für den deutschen Markt

Der Trend, Frauen, Mädchen und Jungen aus Osteuropa in die Bundesrepublik einzuschleusen, um sie dort der Prostitution zuzuführen, schlägt sich zunehmend auch in den Ermittlungen der Strafverfolgungsbehörden nieder. So zeigten sich die polnischen Behörden schon 1992 besorgt darüber, daß die Aktivitäten von »Schlepperorganisationen, die junge Mädchen aus Polen zur Prostitution ins Ausland schaffen«, zugenommen habe.[196] 1993 gelang es der Polizei in Sachsen-Anhalt, einen Frauenhändlerring zu sprengen, der in einem dortigen Bordell neun tschechische Mädchen und Frauen als Prostituierte gefangenhielt. Das jüngste der Mädchen war gerade erst 15 Jahre alt. Um ihre Flucht zu verhindern, hatten die Betreiber der Bar, einem illegalen Bordell, den dort gefangen gehaltenen Mädchen und Frauen die Pässe abgenommen – eine gängige Praxis, mit der die illegalen Ausländerinnen in totaler Abhängigkeit zu ihrem Zuhälter gehalten werden.[197]

»Wie die Frauen in die Bundesrepublik gelangen«, so Bernhard Kowalski von der Frankfurter Kripo zur Situation in der hessischen Metropole, »sei unterschiedlich.« Zum Teil hätten sich die ehemaligen Geheimdienste umgestellt auf Rauschgift- und Mädchenhandel. Oder aber »Frankfurter Jungs fahren mal am Wochenende nach Prag, gehen in eine Disco und kommen mit drei, vier Mädchen zurück und lassen die für sich arbeiten«. Insbesondere die Tschechinnen seien häufig sehr jung, weshalb bereits die Befürchtung geäußert wurde, daß sich in Frankfurt eine Szene mit besonders jungen Prostituierten etablieren könnte.[198] Da die meisten osteuropäischen Frauen und Mädchen direkt nach ihrer Ankunft in der Bundesrepublik »verkauft« oder »vermietet« werden, sind sie auf dem Strich ebenso wie in den (zumeist) illegalen Bordellen gezwungen, unter den entwürdigensten Verhältnissen und Bedingungen zu arbeiten.

Tatsächlich handelt es sich dabei nicht um Arbeit, sondern um Arbeitssklaverei. So gelang es etwa der bayerischen Polizei nach langwierigen Vorermittlungen, »einen straff organisierten Ring vietnamesischer Mädchenhändler« auffliegen zu lassen, der über Monate hinweg junge Frauen aus Osteuropa in die Prostitution gezwungen hatte. Wie die Ermittlungen ergaben, wurden die zumeist 16- oder 17jährigen Frauen von den Zuhältern zur Prostitution gezwungen und nach einer gewissen Zeit wieder nach Tschechien oder Polen zurückgebracht. »Vom Lohn hätten die Mädchen keinen Pfennig gesehen. Bei der Anwerbung der meist ungelernten Mädchen arbeiteten die Vietnamesen offenbar eng mit tschechischen Zuhältern zusammen, die auch die Schleusung nach Bayern organisierten.«[199] Die minderjährigen Zwangsprostituierten waren vorrangig in Privatwohnungen und Asylunterkünften angeliefert worden, wobei die Freier die jungen Frauen auch hätten »mieten« und »kaufen« können. Regelmäßig hätten sie in nur einer Schicht bis zu 20 Kunden bedienen müssen. »Auf der untersten Stufe der Prostitution, wo jede Frau 15 bis 20 Freier pro Nacht bedienen muß«, bestätigt auch Armin Kaden, Chef des Milieu-Dezernats beim Hamburger Landeskriminalamt, »sind nur noch Frauen und Mädchen aus Osteuropa tätig.«[200]

Schließlich förderte auch eine Studie der »Internationalen Organisation für Migration« in Genf zutage, daß der Handel mit Frauen und Mädchen aus Osteuropa zwischenzeitlich gar den Handel mit Frauen aus der Dritten Welt »überholt« habe.[201] Der Grund: Die Profite der Zuhälter sind höher.[202] »Der Untersuchung zufolge stammen die meisten Frauen aus Tschechien, Polen, der Ukraine sowie Rußland. Erschreckend sei der große Anteil der 15- bis 18jährigen. Die Frauen müßten neun bis zwölf Stunden, manche auch bis zu 18 Stunden arbeiten. Viele gaben (bei der Befragung; G.W.) an, daß sie geschlagen und bedroht worden seien. Die meisten der befragten Osteuropäerinnen hätten schon bei der Ankunft an den Besitzer des Clubs, der sie vom Anwerbungsbüro ›gekauft‹ habe, hohe Summen für Transport, Vermittlung und Unterkunft zahlen müssen. Von ihrem Verdienst hatten die Frauen im Höchstfall ein Viertel sparen können, viele hatten gar nichts bekommen. Umfragen in Ungarn, Belgien, den Niederlanden und der Schweiz ergaben, daß viele der Frauen über Bekannte oder Zeitungsanzeigen angeworben worden waren.«[203]

Junge Frauen, die 16-, 17jährigen zumal, die auf dem Markt besonders viel Geld bringen, werden jedoch auch mit »Liebe« angeworben. West-Männer, die in den Diskotheken den tollen Kerl markieren, haben es oft nicht einmal besonders schwer, die Mädchen zu beeindrucken und in sich verliebt zu machen. »In den Discos tanzen die Teile (welch eine Wortwahl; G.W.) und warten nur darauf, daß einer kommt und sie aus dem Schlamassel holt«, erzählt einer freimütig. »Du ziehst alle Register, damit sie richtig auf dich abfahren. Dann kutschierst du sie ein bißchen rum, kaufst ihnen ein paar Kleinigkeiten, fliegst gemeinsam 'ne Woche nach Mauritius oder so und machst ihnen langsam klar, daß jetzt Kohle fließen muß.«[204] »Umdrehen« heißt das im Milieu, die gewalttätige Variante »einreiten«, womit ein dauerndes Vergewaltigen durch zumeist mehrere Männer gemeint ist.[205]

Werden die zur Prostitution gezwungenen Frauen durch Polizeieinsatz befreit, sind sie infolge der erlittenen Torturen häufig kaum ansprechbar. Sabine Weiss-Uliczka steht diesen Frauen oft als Rechtsanwältin gegenüber: »Sie sind psychisch völlig fertig, wirken verängstigt, weinen viel. Außerdem sind sie sehr verschlossen und zeigen kein Vertrauen, so daß man schlecht an sie herankommt. Viele haben sich schlicht aufgegeben, mit dem Leben abgeschlossen. Sonst hätten sie diese Hölle nicht durchgehalten.«[206] Erbarmen zeigt der Staat in diesen Fällen nicht. In der Regel werden die Opfer des Menschenhandels sofort abgeschoben. So wird man sie am leichtesten los. Und die »Zuhälter lachen sich kaputt«.[207]

Härter schlägt das Gesetz allein dann zu, wenn die Zuhälter selbst Ausländer sind beziehungsweise sich etwa unter illegalen Bedingungen in der Bundesrepublik aufhalten. So gelang es der bayerischen Polizei im Oktober 1996, zwei 14- und 17jährige weibliche Kinder aus Osteuropa zu befreien, die in der Bundesrepublik von einem vietnamesischen Mädchenhändlerring zur Prostitution gezwungen worden waren.[208]

Dem Geschäft tut dies keinen Abbruch.[209] 55 000 Frauen und Mädchen, so wird geschätzt, wurden allein im Verlauf des Jahres 1993 in die Bundesrepublik Deutschland eingeschleust. Für die Mädchenhändler zweifellos ein »big deal«: bis zu 15 000 Mark für ein Mädchen beziehungsweise für eine junge Frau.[210] Das echte Geschäft, weil praktisch ohne Risiko, liegt jedoch in der Prostitution selbst – und der Staat kassiert mit. »Das Geschäft mit der Prostitution ist lukrativ. Vor allem für die Zuhälter und für den Staat, der bei jedem Inserat auf dem expandierenden Markt der Sex-Annoncen 15 Prozent Mehrwertsteuer (heute 16 Prozent; G.W.) kassiert. Experten schätzen, daß knapp elf Milliarden Mark jährlich mit dem Gunst-Gewerbe verdient werden, ein Umsatz, der sich in der Größenordnung von Konzernen wie Nixdorf, AEG oder Tchibo bewegt.«[211]

Kinderprostitution in der Bundesrepublik Deutschland

Bisher gibt es über das Phänomen Kinderprostitution in der Bundesrepublik Deutschland nur wenige Untersuchungen, obwohl die meisten Prostituierten bereits als Jugendliche auf dem Strich gestanden haben. »Es scheint, als hätte Kai Hermanns Bearbeitung des Lebensberichtes jener inzwischen berühmt gewordenen Christiane F. den Begriff der Jugendprostitution erst gesetzt. Seitdem, so scheint es«, faßt die Journalistin Susann Millhagen in »Gefühle kann man nicht kaufen« ihre Beobachtungen zusammen, »sind die Mädchen und Jungen eher noch jünger geworden.«[212]

Statistische Daten über Kinderprostitution beziehungsweise Jugendprostitution in Deutschland existieren nicht, doch kann aufgrund der in der Jugendhilfe gesammelten Erfahrungen angenommen werden, »daß die Zahl der jugendlichen Prostituierten nicht so gering sein kann«[213]. Wie die Arbeit mit »Szene-Mädchen« erkennen läßt, knüpft die Frühprostitution der Mädchen sehr häufig an sexuellen Gewalterfahrungen an. »In unserer Arbeit wurden wir, nachdem wir uns mit der Problematik des sexuellen Mißbrauchs befaßt hatten und entsprechend sensibilisiert waren«, so Renate Sänger, Heimleiterin des Reichenspergerhauses in Köln, »immer häufiger mit Mädchen konfrontiert, die solche Erfahrungen zu Hause gemacht hatten. Welch zentrale Bedeutung der sexuelle Mißbrauch im Leben eines Mädchens haben kann, wurde besonders deutlich, als wir von jugendlichen Prostituierten nach und nach erfuhren, daß sie früher selbst Opfer sexueller Gewalt – meist durch eine Vertrauensperson – waren. Diesen Zusammenhang belegen Untersuchungen über Prostitution, zum Beispiel berichten B. Kavemann und I. Lohstöter in ihrem Buch ›Väter als Täter‹ von einer Leiterin eines Berliner Mädchenheims, die Prostitution als geradezu klassische Folge sexuellen Mißbrauchs benennt.«[214]

Kinder, die von zu Hause weglaufen, Mädchen, die auf der Straße leben, um sich den (auch sexuellen) Gewalterfahrungen im Elternhaus zu entziehen[215], sind »auf der Straße«[216] Gefahren ausgesetzt, die sie nicht immer zu überschauen vermögen. »Wenn Jugendliche weglaufen, landen sie relativ leicht an Orten (Bahnhöfen, Discos, Domplatte, Lokale), wo Zuhälter sind, die einen guten Instinkt für die meist große seelische Not der Mädchen haben.«[217]

»Die Illegalität, in der die Minderjährigen arbeiten«, so die Sozialpädagogin Isabell Tiede in »Mädchenprostitution«, »bestimmt ihre spezifische Situation im Milieu. Auf der einen Seite besteht das Verbot von Kinderprostitution, auf der anderen Seite eine enorme Nachfrage nach Sex mit Kindern. Zwischen diesen beiden Polen werden die Mädchen, die im Milieu gelandet sind, hin und her gestoßen, ohne daß sie je einen festen Platz ... für sich finden könnten. Sie sind gezwungen, ein Schattendasein zu führen, denn Sex mit Kindern ist ein Gesetzes- und Tabubruch, der allerdings zunehmend gesellschaftlich akzeptiert wird.«[218]

»Straßenkinder« sind für Männer, die Kinder sexuell mißhandeln wollen, eine leichte Beute. Welche Kreise dies ziehen kann, mag ein Prozeß verdeutlichen, der im Dezember 1995 in Dresden eröffnet wurde. Dieser kam durch die Aussage eines 14jährigen Jungen zustande, der – von seiner Mutter begleitet – eine Anzeige wegen sexuellen Mißbrauchs gegen einen dort ansässigen Arzt stellte. Im Zuge der Ermittlungen verhaftete die Polizei schließlich zwölf von insgesamt 28 Männern, denen vorgeworfen wurde, 25 männliche Kinder im Alter von acht bis 15 Jahren sexuell mißbraucht zu haben. »Unter den Opfern waren auch Jugendliche aus Heimen, die von den Tätern an Wochenenden nach Hause eingeladen worden waren. Das habe sich unter den Jugendlichen herumgesprochen. In der Obhut von Männern seien Pornovideos gezeigt oder gedreht worden, es sei auch zu sexuellen Handlungen gekommen, so die Staatsanwaltschaft, teilweise auch zu Gewalt. Die Zuneigung der Jungen hätten die Männer durch kleine Geschenke, Geld und Kleidung erkauft. Es sei sogar vorgekommen, daß Jungen aus den Heimen flohen, um bei den Männern zu bleiben.«[219]

Bahnhöfe haben seit jeher eine magische Anziehungskraft auf alle, die nicht wissen, wohin, oder vielleicht ganz woanders sein wollen. Discos schaffen die Illusion einer Glitzerwelt, die es einem erlaubt, sich frei und ungezwungen zu bewegen, Lokale bieten sich als Ruhezone an, um eine Cola zu trinken oder sich aufzuwärmen (wenn man sie läßt). Denn die Bedingungen auf dem Strich sind hart, wie die Berliner Sozialarbeiterin Birgit Maatsch bei der Arbeitstagung der *Kampagne gegen Kinderprostitutionstourismus* Ende 1991 in Frankfurt zu berichten wußte. »Täglich berichten die Kids von Schlägereien, Abziehereien, Gewaltandrohungen, Vergewaltigungen. Die verschärfte Konkurrenz unter den Strichern seit dem Auftauchen von polnischen und rumänischen Jungs, die sexuelle Dienstleistungen schon für 20 Mark anbieten, hat ein gewaltiges Haßpotential freigesetzt.«[220]

Viele Trebegänger versuchen den körperlichen Strapazen, der Erschöpfung und der Kälte durch Alkohol und/oder Medikamenten zu entkommen. Drogen werden ebenfalls genommen, wenn das Geld dazu reicht. Das wissen natürlich auch die Zuhälter und (potentiellen) Kunden, die die Szene genau beobachten.

»Es werden unübliche Bedingungen an sie gestellt und bestimmte sexuelle Praktiken für wenig Geld verlangt. Einen besonderen Reiz scheinen junge Mädchen auf Kunden auszuüben. Oftmals sind sie so jung wie die eigenen Töchter, eigentlich noch Kinder. Die Mädchen selber erleben das, was sie schon kennen: einerseits die Behandlung als geschlechtsreife Frau, andererseits ist gerade die Kindheit gefragt. Es wird ihnen deutlich vor Augen geführt, daß ihr Körper ausgebeutet wird. Durch den Verkauf ihres Körpers an den Kunden, den sie dafür hassen können, kaufen sie die Liebe und Zuwendung des Zuhälters. Auch von Mißbrauchern erhielten viele etwas – Geld und Bevorzugung in einer sonst gefühlskalten Welt.«[221]

Wie es scheint, wird Gewalt von jungen Mädchen immer noch leichter ertragen als der Verlust von Zuwendung. Je tiefer sie jedoch in die Prostitution abtauchen, um so mehr verlieren sie den Kontakt zu ihrem früheren Leben. »Da sie von der Gesellschaft mißachtet und stigmatisiert werden, suchen sie dort nach Anerkennung und sozialen Beziehungen, wo sie ihre Tätigkeit nicht verheimlichen müssen und die anderen unter ähnlichen Umständen leben wie sie selbst«[222], eine Überlebensstrategie, die die Konkurrenz, die Härte und die Brutalität der Straße in Kauf nimmt, weil »sie nur wer (sind), wenn wer sie will«[223].

»Minderjährige Prostituierte«, so Isabell Tiede, »gehören schon so weit zur Normalität des Milieulebens, daß sie keiner mehr schont. Selbst die erwachsenen Frauen, die noch vor zehn Jahren den Kindern oft Schutz und Wärme geboten haben, sehen in den Mädchen nur noch Konkurrentinnen. Der eigene Existenzkampf läßt es nicht mehr zu, daß sie sich um andere Menschen kümmern. Im Milieu hat das für die minderjährigen Prostituierten verheerende Folgen: Sie verlieren ihren Schonraum und werden brutal mit der Erwachsenenwelt konfrontiert, denn niemand behandelt sie mehr wie das, was sie eigentlich noch sind, nämlich wie Kinder...«[224]

Der Vorsitzende des *Deutschen Kinderschutzbundes*, Heinz Hilgers, nennt als Ursachen dieser von der Politik nach wie vor weithin ignorierten Entwicklung vor allem »die zunehmende Verarmung und die damit verbundenen Konflikte in den Familien«[225]. Dabei scheint es unerheblich zu sein, welcher Art die Systeme sind, wenn sie zusammenbrechen – in Zeiten dramatischer gesellschaftlicher Umbrüche und fortschreitender »Globalisierung« sind es hier wie dort vor allem die Frauen und Kinder, die unter den damit zunehmenden sozialen und familiären Spannungen und Gewaltverhältnissen am meisten zu leiden haben. Wie viele dieser Kinder schließlich in der Prostitution landen, ist ungewiß.

Das Kinderhilfswerk *terre des hommes* schätzt, daß fünf bis zehn Prozent der (1993) 100 000 bis 400 000 Prostituierten, die in der Bundesrepublik arbeiten, unter 18 Jahre alt sind. Das würde bedeuten, daß wenigstens 5 000 bis 40 000 Kinder beziehungsweise Jugendliche dem Markt als Prostituierte zur Verfügung stehen. Es kann angenommen werden, »daß allein in deutschen Großstädten wie Hamburg und Berlin jeweils an die 1000 minderjährige Mädchen regelmäßig auf der Straße anschaffen gehen«[226], wobei die damit verbundene Drogenabhängigkeit regelmäßig nicht als Ursache, sondern als Folge von (Kinder-) Prostitution in Erscheinung tritt.

»Sind sie uns eigentlich näher, die Kinder, die am Bahnhof Zoo in Berlin auf Männer warten, die Geschäfte mit ihnen machen wollen – näher als die Kinder von Bangkok oder Manila?«, so möchte man sich fragen, wenn man die beschriebenen Zustände einen Moment auf sich wirken läßt.[227] Nein, muß man hier wohl aufrichtigerweise sagen, das sind sie uns nicht. Die Trebegänger und Kinderprostituierten sind dem »normalen« Leben in der Bundesrepublik ungefähr soweit entfernt wie jene, die in den Metropolen der Dritten Welt um ihre Existenz kämpfen. Der gesellschaftlichen Normalität tut die Existenz von Kinderprostitution ebenso wie die Zwangsprostitution ausländischer Mädchen und Frauen keinen Abbruch. Der Wohlstand entläßt seine Kinder: ab in die Prostitution, ab nach Hause, wenn es denn die Kinder ausländischer Eltern sind.

»Es gibt eigentlich keine Hilfe für die verlorenen Kinder« – eine Feststellung, die keineswegs zu einem öffentlichen Aufschrei geführt hat.[228] Worüber sollen wir uns aufregen, in einer Welt, in der Kinder zu Prostituierten gemacht werden – in der Familie, auf der Straße, auf dem Strich. »Wir halten es heute für fast normal«, so die Psychologin Petra Ohlsen, »wenn eine 16jährige anschafft. Bald regt uns auch eine Zehnjährige nicht mehr auf.«[229]

»Männer sind scharf auf Kinder«

Was auf dem ersten Blick noch als Provokation aufgefaßt werden könnte, ist in Wirklichkeit nichts als eine Beschreibung der Realität. »Kinderprostitution floriert, weil Männer mit Kindern schlafen wollen. Und fast immer ohne Präservativ. Immer gibt es den gleichen, kaputten Dialog. ›Ich geb dir 20 Mark extra, wenn du es ohne Gummi machst.‹ – ›Aber ich bin positiv.‹ – ›Das sagen sie alle. Okay, 30 Mark mehr.‹«[230]

Die Straße macht Kinder zu Gegenständen, die gekauft und konsumiert werden wie jedes andere Ding auch. »Der Kapitalismus lebt davon, aus allem eine Ware und die dann zu Geld zu machen. Er hat sich längst auch der Gefühle angenommen und sie zu Geld verdreht. Er teilt die Welt in Arbeits- und Freizeit und mag den Menschen auch in der Freizeit ungern warenlos lassen ... Sexualität ist ja flexibel. Sie ist ein rotes Gummibärchen, anpaßbar an alles mögliche, man kann sie aus ihrem komplizierten ›Was-will-ich-eigentlich-damit‹ herausschälen und isoliert verkaufen, ohne daß den Kunden davon direkt schlecht wird, und sie spielt sich ab in der gerade entdeckten Freizeit. Aus Sexualität wird Sex. Den gibt's nun direkt, in bunt und groß, aus Gummi oder Stoff, mit und ohne Glitzersteinchen. Genießen ist Trumpf, Sex um des Sexes willen, die Chose wird ein Gegenstand von Mark und Pfennig.«[231]

Um so mehr wir also wissen über die Kinder, die in Sri Lanka, in Thailand, auf den Philippinen, in Kenia, in der Dominikanischen Republik, irgendwo auf der Welt, ihre Körper zu Markte tragen, je mehr wir darüber wissen, unter welchen Verhältnissen und Bedingungen Mädchen aus Osteuropa in den Bordellen unserer Städte zur Prostitution gezwungen werden, und je mehr wir vor allem darüber in Erfahrung bringen können, wer die Mißhandler sind – die Freier, die Kunden, die Zuhälter, die Menschenhändler –, um so deutlicher wird in Erscheinung treten, wie ähnlich sich die Verhältnisse sind, wie graduell die Unterschiede, wie beliebig der Ort. Es mag Trends geben, Favoriten und Geheimtips – Tatsache ist, daß sie alle Teil einer Realität sind, die Männer als (ihre) Normalität erleben – oder wünschen: Sexualität, Macht und ewige Jugend.

»Der sexuelle Mißbrauch von Kindern und Jugendlichen« ist von der Politik, den Medien, den sozialen und Bildungseinrichtungen als ein Thema ersten Ranges zu behandeln.[232] Was sich dahinter verbirgt, ist zu erkennen, zu erforschen und durch energisches Eingreifen zu überwinden.

Kinder-prostitutions-touristen

„Ungefähr alles, was Erwachsene miteinander tun können,
kann ein Erwachsener auch mit einem Kind tun."

Howard Nichols Society

Die Täter

Wie es scheint, besitzen Kinderprostitutionstouristen keine äußeren Merkmale, mit denen sie als solche zu entlarven wären.[233] »Im Zusammenhang mit Sexualstraftätern ist in der Öffentlichkeit das Klischee vom perversen Sonderling weit verbreitet. In der Realität gibt es jedoch keine äußeren Merkmale, an denen man die Männer erkennen kann, die Kinder sexuell mißhandeln«, korrigiert Susanne Lipka diese falsche Sicht der Dinge. »Das gilt sowohl für die Täter in Deutschland als auch für die Sextouristen im Ausland.«[234]

Wie die Recherchen der internationalen *Kampagne gegen Kinderprostitution im Sextourismus* weiterhin ergaben, greifen einige Prostitutionstouristen offenbar nur »gelegentlich« auf Kinder zurück, während die als pädophil bezeichneten Prostitutionstouristen ausschließlich auf Kinder fixiert sind. »Es gibt Hinweise darauf, daß von den Männern, die sexuell auf Kinder fixiert sind, einige bevorzugt Berufe wählen, in denen sie leicht Zugang zu Kindern haben. Unter Umständen sind sie Erzieher, Sozialpädagogen, Lehrer, Ärzte, Kinderärzte oder gar Pfarrer.« Es ist dennoch kein Zufall, daß der regionale Schwerpunkt von Prostitutionstourismus in Südostasien liegt, dort, wo selbst die erwachsenen Prostituierten wie (kleine) Kinder wirken. »Man kann beobachten, daß auch unter den erwachsenen Prostituierten diejenigen besonders erfolgreich sind, die sehr jung und kindlich wirken. Kindlich aussehende Frauen vermitteln den Männern das Gefühl von Macht und Stärke.« Fragt man Prostitutionstouristen, was sie an der thailändischen Frau besonders schätzen, geben mehr als die Hälfte (53 Prozent) an: »Sie strahlt Jugendlichkeit und Kindlichkeit aus und möchte beschützt werden.«[235]

Männer wollen Sieger sein. Prostitutionstouristen verschaffen sich Siege, indem sie in Länder reisen, die es ihnen erlauben, billig und ungestraft ihren sexuellen und Machtgelüsten nachzugehen. Diese richten sich vornehmlich auf Frauen, junge Frauen, attraktive Frauen, anpassungsfähige Frauen und auf weibliche und männliche Kinder, deren sexuelle Unterwerfung den vermeintlichen Sieg in den Augen der Täter noch größer erscheinen läßt. Dabei kommen (geheime) Inzestwünsche ebenso zum Tragen wie die scheinbar tiefsitzenden Frustrationen über die europäischen Frauen, die immer alles hinterfragen müssen »und dann noch nicht einmal in der Lage sind, sich im Bett hinzugeben«.[236] Männliche Versagensängste und Impotenz lassen sich im Kinderprostitutionstourismus leicht kaschieren, ebenso wie eine gewisse innere Leere, die offenbar dazu führt, daß Männer, die »normalerweise« mit erwachsenen Personen Sexualität haben, bei Gelegenheit auch gern einmal ein Kind sexuell mißhandeln (würden). Dabei wird der Aspekt der Mißhandlung jedoch abgestritten. »Kindersex«, wie statt dessen und in völliger Verkennung des Tatbestandes gesagt wird, ist jedoch ohne eine Mißhandlung des Kindes nicht möglich. Dabei scheint der Einfluß von Aids im übrigen weitaus geringer zu sein als allgemein angenommen wird. Demgegenüber spricht vieles dafür, daß sich die sexuelle Ausbeutung von Kindern in den von Prostitutionstourismus betroffenen Ländern weitgehend unabhängig von Aids entwickelt hat und von den Kinderprostitutionstouristen lediglich als Vorwand benutzt wird, um nicht über sich selbst beziehungsweise ihre persönlichen Motive sprechen zu müssen. Wie es scheint, lassen sich diese Motive mit wenigen Worten zusammenfassen: Männer sind scharf auf Kinder.

»Im Urlaub glauben sie, fernab der sozialen Kontrolle stehe dem Ausleben ihrer sexuellen Phantasien und vor allem ihrer Machtgelüste nichts im Wege. Gerade bei den Kinderprostituierten treffen Touristen auf ungleich schwächere PartnerInnen, denen einfach die eigenen Vorstellungen aufgedrückt werden können. Die Weigerung vieler Kunden, die Kinderprostituierten vor Schaden zu bewahren, deutet klar auf Machtmißbrauch hin.«[237] Während jedoch die Päderasten ihren Urlaub gezielt dazu benutzen, um die von ihnen bevorzugte »Spielart« der sexuellen Mißhandlung von Kindern ungestraft nachgehen zu können, greifen die »normalen« Prostitutionstouristen beziehungsweise Täter offenbar vor allem deswegen auf Kinder zurück, um sich an ihrer Frische und Jugendlichkeit zu laben. Wie es scheint, fühlen sich Männer um so besser, je attraktiver beziehungsweise jünger die Prostituierte ist. Mechtild Maurer weist darüber hinaus auch auf die im Kinderprostitutionstourismus zelebrierten Entjungferungswünsche hin. »Meist verweisen sie auf Mythen, die die Vorrangstellung der Männer bestärken. Im Grunde steckt ein starker Wunsch nach Besiegen, Macht und Bestimmen über einen anderen Menschen dahinter.« Nicht zuletzt scheinen jedoch auch jene Motive eine Rolle zu spielen, die Mann zu Hause nicht realisieren kann oder will, weil sie verboten sind oder mit persönlichen Konflikten oder sozialen Stigmatisierungen verbunden sind beziehungsweise befürchtet werden. Dazu zählen ausgefallene Sexualpraktiken, »die sie bisher nur in Filmen oder Pornos sehen konnten«, ebenso wie die heimlich gelebte Homosexualität, die am Urlaubsort plötzlich keine Probleme mehr verursacht. »Bezeichnend ist auch, daß den Tätern weitgehend ein Schuldbewußtsein fehlt. Sie machen sich vor, daß die dort lebenden Frauen, Jugendlichen und Kindern es gern so haben wollen, daß es ihren Gesellschaften und Traditionen entspricht, denn sie würden genauso von den einheimischen Männern behandelt.«[238]

Prostitutionstouristen sind ganz normale Männer. Allerdings scheint es Spezifika in der Präferenz ihrer Urlaubsziele zu geben. So ergaben die von Rainer E. Wiedenmann und Dagmar Heine-Wiedenmann in Mombasa angestellten Beobachtungen eine Häufigkeitsverteilung, bei der die Gruppe der 20- bis 30jährigen rund ein Viertel, die Altersgruppe der Mittvierziger bis Endsechziger jedoch fast die Hälfte der Prostitutionstouristen ausmachten. »Hier scheint sich einerseits der für Thailand festgestellte bedeutende Anteil jüngerer Jahrgänge (unter 30 Jahren) tendentiell zu bestätigen. Bei mittleren und älteren Jahrgängen wäre allerdings eine Diskrepanz zur thailändischen Situation festzustellen: So sind bei Kleiber u.a. (...) 35 Prozent der befragten Sextouristen zwischen 30 und 39 Jahre alt, lediglich 19 Prozent 50 Jahre oder älter.«[239] Im Hinblick auf das quantitative Ausmaß von Prostitutionstourismus reichen die für Kenia verfügbaren Daten jedoch nicht aus, um auch nur halbwegs abschätzen zu können, wie viele der deutschen Touristinnen und Touristen tatsächlich als Prostitutionstouristen einreisen beziehungsweise als solche auftreten. Ein Blick auf vorliegende Schätzungen mag das Problem verdeutlichen: Kleiber u.a. etwa »vermuten, daß 1990 etwa 50 Prozent aller männlichen deutschen Thailand-Besucher als ›Sextouristen‹ (absolut etwa 40 000 bis 60 000 Männer) einzustufen sind. Auf der anderen Seite geht das Institut für interdisziplinäre Sexualforschung (...) aufgrund einer Stichprobenbefragung an deutschen Flughäfen vom Jahre 1987 davon aus, daß Sextouristen zirka 80 bis 90 Prozent der nach Thailand reisenden deutschen Männer ausmachen: Das waren – bezogen auf 1990 – zwischen 96 000 und 108 000 männliche Sextouristen ...! Da sich – neben Kenia und Thailand – auch andere prostitutionstouristische Reiseziele einer wachsenden Beliebtheit zu erfreuen scheinen, ist eine Summenkonstanz des westdeutschen Prostitutionstourismus eher unwahrscheinlich: Die verfügbaren Daten deuten auf einen absoluten Anstieg.«[240]

Die Sozialwissenschaftlerin Andrea Rothe klassifiziert die Motivation der Männer in »Wenn Herren reisen: Männer, Prostitution, Tourismus« in vier Kategorien: »Die meisten suchen kurzen sexuellen Kontakt, um ›Druck loszulassen‹. Die zweite große Gruppe kauft aus Bequemlichkeit eine ständig verfügbare Prostituierte für längere Zeit. Mancher sucht eine Lebenspartnerin, ›wahre Liebe mit der aufopfernden, immer freundlich lächelnden Asiatin, wie es dem Klischee entspricht‹. Eine kleine Gruppe bezeichnet Rothe als ›die Hineingerutschten, die ursprünglich nicht vorhatten, Freier zu werden‹. Diese Männer begründen den ›Ausrutscher‹ meist mit Kontrollverlust durch Alkohol. Die Mehrzahl der Freier nennt als Motive die Möglichkeit, mit beliebig vielen Frauen jederzeit Sex haben zu können, sich passiv verhalten zu können und keine Verantwortung für ihr Handeln übernehmen zu müssen.«[241]

Wie aber treten deutsche Prostitutionstouristen in den von ihnen bevorzugten Domizilen in Erscheinung?[242] Es ist recht aufschlußreich, sich die im Prostitutionstourismus vorherrschenden Grundorientierungen von sextouristischen Einstellungen und Verhaltensweisen einmal idealtypisch konstruiert vor Augen zu führen, wobei die folgende Typologie (im Sinne Max Webers) lediglich zur Einordnung empirischer Prostitutionstouristen zu interpretieren ist.[243] Diese von Rainer E. Wiedenmann für deutsche Prostitutionstouristen in Mombasa entwickelte Typologie ist meines Erachtens schon allein deswegen interessant, weil sie einen Einblick darüber gestattet, was Männer im Urlaub dazu treibt, von früh bis spät in einer Bar oder Hotelhalle herumzuhängen, um diese zu später Stunde in Begleitung einer Prostituierten wieder zu verlassen.[244] Dieses für deutsche Prostitutionstouristen als charakteristisch beschriebenes Freizeitverhalten scheint jedoch keineswegs »typisch deutsch« oder nur für Kenia zutreffend zu sein. »Nach unseren Recherchen weist der deutsche (vielleicht gar: insgesamt der westliche) Prostitutionstourist derart gemeinsame Züge auf, daß es gerechtfertigt ist, diesen als ein relativ einheitliches Phänomen zu behandeln. Seine charakteristischen Grundmuster scheinen also weitgehend unabhängig davon aufzutreten, welches sextouristische Zielgebiet der ›Dritten Welt‹ im einzelnen ins Auge gefaßt wird ...«[245]

Der Globetrotter

Dieser meist jüngere Prostitutionstouristen-Typ besitzt einen höheren Bildungsabschluß oder befindet sich noch in der (Hoch-) Schulausbildung. »Er ist ledig und hat oft mehrjährige oder häufig wechselnde Partnerbeziehungen, von denen er meint, diese müßten für beide ausreichende Spielräume für (auch) erotische Selbstfindung bieten.«[246] Diese Prostitutionstouristen werden von den kenianischen Prostituierten als »good boys« bezeichnet, da sie sich für das Land und die Kultur des Landes ebenso zu interessieren scheinen wie für die Lebensverhältnisse seiner Menschen.

Die Globetrotter-Typen bevorzugen die nicht-professionellen oder nicht-professionell wirkenden Prostituierten. Diese werden von ihnen daher auch weniger als Prostituierte denn »als junge Frau wahrgenommen, die ihn nicht so sehr des Geldes wegen mag, sondern die von seiner Person (auch erotisch) fasziniert ist«. Die Vergütung der Prostituierten wird von diesen Prostitutionstouristen eher als »menschliche Geste« gedeutet, zu der er sich keineswegs verpflichtet sieht.

Der genußorientierte (oder »hedonistische«) Typ

Dieser als stark egozentrisch und promiskuitiv beschriebene Typus ist vor allem unter den jüngeren Prostitutionstouristen stark vertreten, man findet ihn jedoch darüber hinaus in allen Altersklassen. »Fast ausschließlich handelt es sich dabei um Prostitutionstouristen, die bereits wiederholt in Kenia oder in anderen Sexreiseländern (insbesondere Thailand) gewesen sind.«[247] In Kenia bildet dieser Typus wahrscheinlich die größte Gruppe unter den Prostitutionstouristen. Die Prostituierten selbst erleben sie sowohl als »aggressiven jungen Aufschneider« als auch als »alten Geizhals«. Die Hedonisten charakterisieren sich aufgrund ihrer häufigen, zumeist sehr kurzlebigen sexuellen Kontakte. Die Prostituierte wird von ihnen nicht als Person, sondern ausschließlich in ihrer Funktion als »Dienstleistungseinrichtung« wahrgenommen.[248] Unter diesem Typus finden sich auch viele machtgeile Individuen, die ihre sexuellen »Beziehungen« vorzugsweise als Unterwerfungsakt inszeniert sehen wollen. »So berichtet zum Beispiel ein Prostitutionstourist, er habe beobachtet, ›wie kleine Mädchen, die noch sehr hilflos waren, von Männern gequält wurden, die meistens besoffen waren. Andere haben denen buchstäblich (Alkohol) eingeflößt, daß die zusammengebrochen sind …«[249] Die Genußorientierung dieses Typus beinhaltet nicht zuletzt, daß die Prostituierten häufig um das vereinbarte Honorar betrogen werden, ebenso wie er großes Vergnügen darin findet, die Prostituierten gegeneinander auszuspielen. Die Hedonisten wollen im Urlaub, wie es so trefflich heißt, die »Sau herauslassen«. »Treten sie in Gruppen zu zweit, zu dritt oder gar zu viert auf, veranlassen sie die Prostituierten häufig, hintereinander mit ihnen sexuell zu verkehren.«[250]

Der unzulängliche (oder »insuffiziente«) Typ

Unter diesen Prostitutionstouristen[251] finden sich vor allem jene Männer, die den gemeinhin akzeptierten beziehungsweise allgemein geschätzten Persönlichkeitskriterien nicht entsprechen, wobei sich die wichtigsten stigmatisierenden Insuffizienzen auf seine körperliche Erscheinung zu richten scheinen. Es handelt sich bei diesem Typus jedoch häufig auch um »Eigenbrötler« oder solche, die sich von Frauen zurückgewiesen oder enttäuscht fühlen, darunter im übrigen auch viele »enttäuschte« Ehemänner. Darüber hinaus lassen sich unter den Insuffizienten auch solche Prostitutionstouristen zusammenfassen, die nach sexuellen Praktiken suchen beziehungsweise verlangen, die im Herkunftsland mit einem Stigma oder Verbot belegt sind (Homosexualität, Pädophilie, gewaltätiger Sex)[252] oder von der eigenen Freundin oder Ehefrau verweigert werden.

Der Pseudogatte

Dieser Typ ist keiner bestimmten sozialen Kategorie zuzuordnen. »Es ist davon auszugehen, daß bei diesem Typus die Altersstufen der über 40jährigen und die Familienstände der Geschiedenen, Ledigen und Verwitweten stärker vertreten sind als die der Verheirateten …«[253] Die Prostituierten selbst beschreiben diesen Typus als »Betreuungssüchtigen«, die von ihnen unterhalten, versorgt und bedient werden wollen.

Die Pseudogatten verweilen zumeist über längere Zeit im Land oder wählen es gar als ihren Alterssitz. Dabei sind die mit den Prostituierten geschlossenen »Ehen« in der Regel rechtlich unwirksam oder nur vorgetäuscht. Diese Prostitutionstouristen sichern sich mit ihrer »Eheschließung« allerdings die Treue und unbedingte Aufmerksamkeit der Prostituierten. »Kennzeichnend für die Selbstdeutung dieses Typus ist nicht nur die Auffassung, man leiste einen Samariterdienst an einer unbemittelten Frau und ihrem (manchmal gemeinsamen; G.W.) Kind. Der Pseudogatte sucht sich vor allem vom gewöhnlichen, »uneingeweihten« Prostitutionstouristen abzusetzen»[254]. Da er nicht eben selten über einen »Resident«-Status verfügt, sieht er sich selbst auch gerne als »Kosmopolit« oder »Experte« denn als Prostitutionstourist, zumal er in den meisten Fällen ebenfalls über einschlägige Erfahrungen darüber verfügt, »wie man kleine Geschäftchen arrangiert, mit der Polizei zurecht kommt, preiswert wohnt und einkauft und so weiter«[255].

In seiner Zusammenfassung kommt Rainer E. Wiedenmann zu dem Schluß, »daß der Sexurlaub für mindestens drei Typen von Prostitutionstouristen eine einschneidende Veränderung, ja eine zeitweilige Aufhebung oder Umkehrung ihrer alltäglichen sexuellen Gewohnheiten und Möglichkeiten bringt. Kurz gesagt: Der Globetrotter will seine Neugier auf die andere, fremde Frau befriedigen, der Sexkonsument will ›problemlos‹ konsumieren und herrschen (was er im Alltag nicht kann), dem Insuffizienten vermittelt die Prostituierte das Gefühl, sein Defekt sei vorübergehend außer Geltung gesetzt. Selbst bei dem Pseudogatten, der über einen längeren Zeitraum eine Prostituierte regelmäßig aufsucht, ist diese Quasi-Normalität im Grunde eine andere Dauerbeziehung, da hier – nach den Maßstäben deutschen Ehelebens – relativ ungewöhnliche Normen selbstverständlich sein können.«[256] Prostitutionstouristen flie(g)hen also aus einer Normalität, die ihnen zu eng, zu vertraut, zu problembeladen ist, um andernorts mal so richtig »Mann selbst« zu sein, oder doch wenigstens das, was man(n) selbst dafür hält. Als Prostitutionstouristen erleben sie sich als Boß – keine lästigen Gespräche, keine Erwartungen, keine Verbindlichkeiten über den Tag beziehungsweise die Nacht hinaus.[257] Sex und hopp.

Ergebnisse einer Befragung

Tatsächlich ergaben die Ergebnisse einer im Auftrag des Bundesministeriums für Gesundheit von Dieter Kleiber und Martin Wilke (unter Mitarbeit von Renate Soellner und Doris Velten) durchgeführten »Befragung deutscher Urlauber und Sextouristen« in Thailand, auf den Philippinen, in Kenia, in Brasilien und in der Dominikanischen Republik, daß die heterosexuellen Männer »bis zum Zeitpunkt der Befragung, nach knapp 14 Urlaubstagen, zwölf sexuelle Kontakte gehabt« hatten. »Nur eine Minderheit (12,5 Prozent) hatte bis zur Befragung lediglich einen Kontakt, knapp 40 Prozent hatten bereits zwei bis fünf Kontakte gehabt und knapp 30 Prozent gaben an, bisher elfmal oder häufiger mit einheimischen Frauen Sex gehabt zu haben.«[258] Als signifikant erwies sich jedoch nicht nur die sexuelle Aktivität der befragten Prostitutionstouristen, sondern auch deren hohe Promiskuität. »Die heterosexuellen Männer hatten in den ersten zwei Urlaubswochen bereits durchschnittlich mit vier verschiedenen Partnerinnen Sex. Die homosexuellen Befragten lagen mit sechs Partnern sogar noch 30 Prozent darüber. Nur eine Minderheit von 40 Prozent der heterosexuellen und 19 Prozent der homosexuellen Männer hatte lediglich mit einer Partnerin beziehungsweise einem Partner sexuell verkehrt.«[259]

Irritierend erscheint in diesem Zusammenhang die Verwendung des Wortes Partner, gerade so, als bestünde zwischen den Prostitutionstouristen und den Prostituierten ein partnerschaftliches Verhältnis. Dem ist beileibe nicht so. Die von den Autoren der Studie angenommene Partnerschaft ist vielmehr ein durch Macht beziehungsweise Geld gekennzeichnetes Verhältnis. Macht aber läßt Partnerschaft nicht zu, ebenso wie »Sex haben« in diesem Fall nur bedeuten kann, daß die Prostitutionstouristen sexuelle Dienstleistungen in Anspruch genommen haben.

»Der Hauptunterschied zwischen der Prostituierten in den europäischen Metropolen und in der Dritten Welt liegt zum einen in dem enormen ökonomischen Machtgefälle zwischen Nachfragern und Anbieterinnen. Dieses Machtgefälle beziehungsweise der anscheinende Reichtum der Touristen löst gleichzeitig ... Unsicherheiten gegenüber den traditionellen Normen aus, es führt zu Desorientierung der jungen Frauen und Männer bei der Wahl ihres Berufes und zu einer unreflektierten Durchmischung der traditionellen Werte mit westlichen Wertemustern, die durch den engen Kontakt mit Touristen adaptiert werden. Prostitutionstourismus hat für die Dritte Welt anomische Auswirkungen.«[260] Diese von Dagmar Heine-Wiedenmann und Lea Ackermann als Gesetzlosigkeit beschriebenen Konsequenzen manifestieren sich am radikalsten im Kinderprostitutionstourismus. So ergab die oben zitierte Befragung deutscher Prostitutionstouristen des weiteren, daß von den 661 heterosexuellen Prostitutionstouristen nach eigenen Angaben acht (1,2 Prozent) mit weiblichen Kinderprostituierten unter 16 Jahren »Sex gehabt« hatten, weitere 33 (5,1 Prozent) gaben an, daß mindestens eine ihrer einheimischen Partnerinnen (Opfer; G.W.) jünger als 18 Jahre gewesen sei.[261]

»Hochrechnungen aufgrund solcher Selbstangaben sind natürlich wissenschaftlich problematisch. Geht man dennoch von einem nicht unrealistischen Populationsumfang von 200 000 bis 400 000 deutschen Sextouristen aus, so würde das bedeuten, daß jährlich zumindest 2 400 bis 4 800 Fälle (1,2 Prozent) von Prostitutionskontakten mit Minderjährigen (unter 16jährigen) vorkämen. Hinzugerechnet werden müßte eine wahrscheinlich beträchtliche Dunkelziffer, da einige Männer im Sinne sozialer Erwünschtheit geantwortet und das Alter der Mädchen deshalb höher angegeben haben werden, als es tatsächlich der Fall war.«[262] Selbst wenn die eine oder andere Prostituierte in Wirklichkeit älter war, als der Prostitutionstourist aufgrund des äußeren Eindrucks annehmen durfte, so ändert dies nichts daran, daß Männer beziehungsweise Prostitutionstouristen sich offenbar von jungen oder jung wirkenden Frauen beziehungsweise Prostituierten »angezogen« fühlen oder sogar damit prahlen, mit einem Kind »Sex« gehabt zu haben.

»Um mögliche spezifische Merkmale wie Alter, Bildungsstand, Motive, die zum Prostitutionskontakt führen, sexuelle Vorlieben etc. solcher Männer herauszufiltern, die (...) Kontakt mit Minderjährigen oder sehr jungen Frauen hatten, wurden entsprechend den Selbstangaben der Sextouristen drei Gruppen gebildet:

Gruppe 1: Männer mit Kontakten zu 16jährigen oder jüngeren Frauen (n=19; 2,9 Prozent)

Gruppe 2: Männer mit Kontakten zu 17- bis 18jährigen Frauen (n=56; 8,4 Prozent)

Gruppe 3: Männer mit Kontakten zu 19jährigen und älteren Frauen (n=573; 88,7 Prozent)[263];

wobei diejenigen unter den Prostitutionstouristen, die ›Intimkontakte‹ mit weiblichen Prostituierten unter 18 Jahren hatten, folgende – von den Autoren vorgegebene – Gründe für die sexuelle Mißhandlung minderjähriger Prostituierter angaben:

- weil ich hier Sex mit besonders jungen Frauen/Mädchen haben kann;

- weil ich mich freier fühle im Ausleben meiner sexuellen Wünsche;
- weil man alles bekommen kann, was man will.[264]

Darüber hinaus ergab die Befragung, ›daß Männer, die mit jüngeren Frauen Sex hatten‹, während ihres Aufenthalts im Vergleich zu den in Gruppe 3 zusammengefaßten Prostitutionstouristen:

- mit mehr Frauen sexuelle Kontakte hatten;
- sich seltener in die Prostituierte ›verliebten‹ und
- signifikant seltener ein Wiedersehen mit der minderjährigen Prostituierten planten.[265]

Die Männer der Gruppe 1 zeichneten sich zudem dadurch aus, daß sie:

- vergleichsweise älter waren;
- andere Sexualpraktiken präferierten und
- häufiger Analverkehr praktizierten als die Männer aus Gruppe 2, die diese sexuelle Präferenz wiederum häufiger angab als die Männer der Gruppe 3.«[266]

Das von Dieter Kleiber et al. gezogene Resümee legt im Ergebnis – auf den verharmlosenden Gebrauch von Begriffen wie Sex, Partnerschaft und Mädchen wurde bereits hingewiesen – nahe, daß sich die Kinderprostitutionstouristen noch rücksichtsloser, gewalttätiger und verantwortungsloser verhalten als jene, die ihre Kontakte auf erwachsene Prostituierte beschränken. Es bleibt allerdings zu hinterfragen, inwieweit die von diesen Prostitutionstouristen vorgeblich gesuchte »Partnerschaft« und »emotionale Nähe« unter den Bedingungen einer weithin herrschenden Sprachlosigkeit zwischen den Prostitutionstouristen und den Prostituierten[267] überhaupt glaubhaft sind, stehen diese Motive doch in einem eklatanten Widerspruch zu der im übrigen an den Tag gelegten Vermeidung jedweder Verbindlichkeit und Nähe. »Insgesamt zeigen sich also durchaus markante Unterschiede zwischen Sextouristen, die vor allem Sex mit jungen Frauen/Mädchen suchen, und Männern, die volljährige Partnerinnen hatten. Die Suche nach Partnerschaft und emotionaler Nähe, die für eine beträchtliche Gruppe der Sextouristen handlungsleitend war, spielt für Männer, die Sex mit Minderjährigen und sehr jungen Frauen haben, nur eine sehr nachrangige Rolle. Bei ihnen stand das selbstbezogene Ausleben sexueller Wünsche im Vordergrund. Sie erkaufen sich im Urlaub auf Kosten der minderjährigen Mädchen die Befriedigung von sexuellen Vorlieben, die sie im eigenen Herkunftsland nicht oder nur sehr viel schwieriger ausleben könnten.«[268]

Dieses sexuelle »Ausleben« der Prostitutionstouristen basiert schließlich jedoch auf nichts anderem als auf Ungleichheit: einer ökonomischen, sozialen, kulturellen und geschlechtlichen Ungleichheit, die nichts, aber auch gar nichts mit irgendwelchen vorgeblich gesuchten oder empfundenen »Bedürfnissen« und »Wünschen« zu tun hat – außer denen, anderen Menschen, Frauen, Kindern, die eigene (angemaßte) Macht zu demonstrieren. »Die Problematik des Tourismus und der Kinderprostitution«, kommentiert der thailändische Arzt Wrawase Wasi mit bitteren Worten, »beruht auf Denkvorstellungen und Lebensformen einer westlichen Kultur, die sich inzwischen über die ganze Welt verbreitet hat. Jahrtausendelang hat das patriarchalische Herrschaftssystem die Frauen in den Augen der Männer zu Sexualobjekten degradiert. Unter Berufung auf die Freiheit propagiert ein hedonistisches Lebensgefühl Materialismus, übersteigerten Konsum und Genußsucht. Die Folge ist die Entstehung eines Wirtschaftsgefälles sowohl innerhalb der einzelnen Länder als auch zwischen den Staaten. Es entsteht ein tiefer Graben zwischen den Menschen: Auf der einen Seite stehen die mit der Kaufkraft, auf der anderen die ohne Wahl.«[269]

Die pädosexuellen Prostitutionstouristen

Unter den Kinderprostitutionstouristen bilden die Pädosexuellen die wohl markanteste (Sub-) Gruppe.

Pädophilie (griechisch) bezeichnet eine spezifische Variante männlicher Sexualität, die sich selbst in der Liebe zum Kind (Pädophilie) beziehungsweise in der Liebe zum Knaben (Päderastie) beschreibt. Da die meisten Pädophilen männliche Kinder »lieber« sexuell mißhandeln[270] als weibliche, wird in diesen Fällen auch von Päderastie oder Päderasten gesprochen. Um die weiblichen Kinder jedoch nicht dem (Ver-) Schweigen zu überantworten, soll im folgenden allgemein auf den Begriff Pädosexualität rekurriert werden. Das damit bezeichnete Problem, begrifflich zu fassen, was genau Pädophilie meint, setzt sich fort in dem Problem, zu beschreiben, was genau Pädosexualität alles umfaßt. Das Phänomen »Pädophilie« ist nämlich nach wie vor von Schweigen umhüllt – vom Schweigen der Täter ebenso wie der Opfer, vom Schweigen der Gesellschaft ebenso wie der Wissenschaften. »In der Wissenschaft und in der Öffentlichkeit wissen wir bislang nur wenig über Pädophilie – vielleicht, weil wir nicht mehr wissen wollen? Das allgemeine gesellschaftliche Tabu, das über der Sexualität generell liegt, zumal über gleichgeschlechtliche Beziehungen, sowie der besondere staatliche Schutz des Familienlebens, der in der Praxis eher pervertiert wird, führt zu Desinteresse und Gleichgültigkeit gegenüber dem, was mit Kindern passiert. All dies trägt dazu bei, daß das Thema Pädophilie bislang weitgehend im Dunkeln blieb.«[271]

Eine von Rüdiger Lautmann in »Die Lust am Kind« zitierte amerikanische Untersuchung versucht sich dem Pädosexuellen durch folgende Klassifizierungen zu nähern:

- »... der echte Pädophile interessiert sich allgemein für soziale Kontakte zu Kindern, eingeschlossen eine sexuelle Seite;
- der Ersatzobjekt-Täter befriedigt sich ersatzweise bei einem Kind, weil er den Zugang zu einem Erwachsenen nicht schafft;
- der aggressive-sadistische Täter greift aus pathologischem Grund zur Gewalt«.[272]

In einer ersten bundesdeutschen Untersuchung über die »Phänomenologie sexueller Kontakte zwischen Erwachsenen und Kindern« werden nur »schätzungsweise fünf Prozent der pädosexuell aktiven Männer« als echte Pädophile bezeichnet[273], wobei der Eindruck entsteht, als handele es sich bei diesem eher um einen guten Onkel als um einen Täter. Rüdiger Lautmann jedenfalls »möchte hier genauer argumentieren: Der Moralverstoß liegt nicht im pädosexuellen Akt selbst, sondern in der unwillkommenen Adressierung, Ausbeutung, Ausnutzung eines anderen, das heißt in der Beeinträchtigung von dessen Persönlichkeitsentfaltung. Wo die Autonomieverletzung beginnt, ist empirisch und begrifflich zu klären, aber für eine Begegnung zwischen Erwachsenem und Kind steht sie nicht immer schon logisch fest. Ganz offensichtlich kommen wenigstens einige Beziehungen vor, bei denen keine Intervention vonnöten ist: Die Kinder hängen an ihrem Liebhaber und könnten ihn jederzeit verlassen, wenn sie nur wollten«[274].

Es ist dies, mit Verlaub, die Sprache eines Solidarisierers. Wer im Kontext sexueller Mißhandlung von »Beziehungen« spricht und nicht von Macht, von »Liebhabern« und nicht von Tätern, von »hängen« und nicht von »abhängig«, weiß nichts darüber oder will nichts davon wissen, welche emotionalen Ambivalenzen die als sexuelle Mißhandlung inszenierte »Lust am Kind« (Rüdiger Lautmann) bei Kindern auszulösen imstande ist:

- Ich werde ausgenutzt – ich werde bevorzugt.
- Ich werde mißhandelt – ich bekomme besondere Zuwendung.
- Ich werde erniedrigt – ich werde aufgewertet.

- Ich werde bedroht – ich muß andere schützen.
- Ich bin isoliert – ich stehe im Mittelpunkt.
- Ich muß schweigen – ich möchte schreien.
- Ich mache mit – ich möchte mich wehren.
- Ich bin klein und hilflos – ich bin groß und trage Verantwortung.
- Ich werde verleumdet – ich werde verklärt.
- Ich schütze andere – ich brauche Schutz.
- Ich möchte zerstören – ich muß erhalten.
- Ich erlebe Ekel – ich erlebe angenehme Gefühle.[275]

»Diese Gefühlslandschaft der betroffenen Kinder zu kennen und zu akzeptieren«, so Cornelia Kazis in »Dem Schweigen ein Ende«, »ist für Helfende unabdingbar.«[276] Da die pädophile »Beziehung« zum Kind fast ausnahmslos pädosexuell »ausgelebt«[277] wird, scheint mir auch die von Reinhard Fatke gewählte Charakterisierung hilfreich zu sein, nach der »die pädophile Beziehung dadurch gekennzeichnet ist, daß ein (in der Regel männlicher) Erwachsener (oder älterer Jugendlicher oder Heranwachsender) mit einem Kind (in der Regel männlichen Geschlechts) eine sexuell getönte und in der Regel auch sexuell geprägte Beziehung eingeht, wobei das strukturell gegebene Macht- und Autoritätsgefälle zwischen Erwachsenen und Kindern einen konstitutiven Bestandteil dieser Beziehung darstellt«[278]. Seiner Ansicht nach manifestiert sich Pädosexualität daher auch nicht als Liebe, sondern als sexuelle Gewalt, weshalb auch von »Tätern« und »Opfern« zu sprechen sei.[279]

Die Opfer von Pädosexuellen aber bleiben in der Studie von Rüdiger Lautmann ausgespart. Der Psychologe Gerhard Amend, der – wie Lautmann – an der Universität Bremen lehrt, spricht daher von Lautmann als »Pädophilen-Befürworter«, der Pädosexualität verharmlose und diese sogar als »ethisch hochstehende und vertretbare Sexualform« darstelle. Männer können sich demnach schuldlos an Kindern vergreifen, und die Gesellschaft schaue zu, so Gerhard Amend in der »taz«, »um endlich mal einen kritischen Diskurs zu führen«[280].

Die Frage nach den Tätern führt uns zurück zu den Recherchen der Kampagne *End Child Prostitution in Asian Tourismus (ECPAT),* die von Ron O'Grady in »Gebrochene Rosen« zusammengetragen wurden, wobei sich das nachfolgende »Bild eines typischen Pädophilen« aus einschlägigen Polizeiberichten und Gerichtsakten zusammensetzt. »Das Bild eines typischen Pädophilen zeigt einen Akademiker oder freiberuflich arbeitenden Mann mittleren Alters. Möglicherweise ist er Arzt (häufig Kinderarzt), Lehrer, Sozialpädagoge oder Geistlicher[281]. Meistens hat er beruflich mit Kindern zu tun oder ist in seiner Freizeit in der Kinderarbeit engagiert, wie zum Beispiel bei den Pfadfindern, in einem Knabenchor, in kirchlichen Kindergruppen. Seine politischen und religiösen Ansichten sind traditionell rechts, und er ist möglicherweise Mitglied einer konservativen Kirche. Er ist wahrscheinlich verheiratet - oder war es - und hat Kinder, doch die Beziehung zu seiner Ehefrau ist kaum befriedigend, und oft genug zerbricht die Ehe, entweder bereits vor oder nachdem seine pädophilen Neigungen aufgedeckt wurden. Es kommt selten vor, daß ein Pädophiler seine eigenen Kinder sexuell mißbraucht, doch sein Interesse an anderen Kindern ist außerordentlich groß, und er kann Tage, Monate, sogar Jahre in dem besessenen Versuch zubringen, die Zurückhaltung in einem bestimmten Kind abzubauen ...«[282]

Weitgehend ungeklärt ist, weshalb (bestimmte) Männer das Verlangen entwickeln, Kinder sexuell zu mißhandeln. Es kann angenommen werden, daß Pädosexuelle sich nicht als homosexuell oder schwul beschreiben - ebenso wie aufgeklärte schwule Männer sich von den Pädosexuellen distanzieren, »und zwar auf Grund fehlender gegenseitiger Übereinkunft«[283]. Dies schließt jedoch nicht aus, daß pädosexuelle bei schwulen Männern durchaus auch mit Verständnis rechnen können. So boten (bieten) sowohl der *Buchladen Männertreu* (München) als auch die *Arbeitsgemeinschaft Humane Sexualität* (Gießen) sowie die *Aidshilfe Frankfurt e.V.* den pädophilen »Selbsthilfegruppen« Raum und Ressourcen, um ihr ideologisches und organisatorisches Networking zu festigen und auszuweiten. Die Selbstinszenierung der Pädosexuellen als »Betroffene« und »Diskriminierte« scheint selbst da zu funktionieren, wo man sich unter allgemein informierten und politisch sensiblen Menschen wähnt. Inwiefern also die bisher entwickelten Erklärungsansätze für das Zustandekommen einer pädosexuellen Identität tatsächlich von Erkenntnis oder lediglich von (pädophiler) Sympathie getragen sind, bleibt indes kritisch zu hinterfragen.

Viele dieser Erklärungsansätze legen jedenfalls nahe, daß Pädosexuelle in ihrer Kindheit möglicherweise selbst Opfer sexueller Mißhandlungen waren, »und zwar im selben Alter wie die Kinder, denen sie heute nachstellen«.[284] Einige US-amerikanische Untersuchungen inhaftierter Pädophiler scheinen diese Annahme auch zu bestätigen.[285] Möglich auch, »daß Pädophile Menschen sind, die Angst vor Erwachsenen und der Sexualität Erwachsener haben. Deshalb fühlt sich der Pädophile zu Kindern hingezogen, weil sie naiv und nicht bedrohlich sind und nicht die Charaktereigenschaften haben, vor denen sie sich fürchten«[286]. Auf jeden Fall scheinen pädosexuelle Männer – und darin liegt meines Erachtens die enorme gesellschaftliche Sprengkraft des Phänomens – »einen großen Typenquerschnitt der Gesellschaft darzustellen«[287].

Pädosexuelle sind, oberflächlich betrachtet, weder besonders gewalttätig noch besonders aggressiv, weder besonders auffällig noch besonders verdächtig, allenfalls – im Vergleich zu den zuvor dargestellten Prostitutionstouristen – besser gestellte, besser verdienende Männer; Männer, die gesellschaftliche Achtung genießen, die beliebt sind und denen Vertrauen entgegengebracht wird.[288] »Aus dem gezeichneten Bild des Pädophilen wird ersichtlich, daß viele Pädosexuelle Akademiker und daher zu starker und rationaler Argumentation befähigt sind. In ihrer Literatur fehlt es nicht an wohlbegründeten Argumenten, die das Handeln von Erwachsenen, die sexuelle Beziehungen zu kleinen Jungen oder Mädchen unterhalten, zu rechtfertigen suchen. In der pädosexuellen Literatur finden sich eine große Anzahl von Beiträgen von Historikern und Anthropologen, die darauf ausgerichtet sind zu beweisen, daß ihre sexuelle Präferenz kein Fehlverhalten ist, sondern in allen Gesellschaftsordnungen die Norm sein sollte. Im allgemeinen wird stets auf das griechische Modell Bezug genommen ...«[289]

Pädosexuelle beschreiben sich selbst gern als Opfer einer sexuell repressiven Gesellschaft, denen es nicht erlaubt ist, Kinder zu »lieben«[290]. Ron O'Grady spricht demgegenüber von einem ausbeuterischen Verhältnis, bei dem das Kind »von den Pädophilen für ihre eigenen Zwecke manipuliert« werde.[291] Über die Motivation der Täter finden wir in »Gebrochene Rosen« folgende Erklärungen:

1. Der Pädophile wird von dem obsessiven Verlangen getrieben, sexuellen Verkehr mit einen Kind zu haben. »Die Freundschaft, die der Pädophile einem Kind entgegenzubringen scheint, ist nur Mittel zum Zweck und deshalb ausbeuterischer Art. Der Trieb, der den Pädophilen motiviert, die Freundschaft eines Kindes zu suchen, beruht auf dem Verlangen des Pädophilen selbst, sich mit einem Kind sexuell zu befriedigen. Die Fixierung zielt nicht auf Kinder allgemein, sondern auf Kinder eines bestimmten Alters. Auf der Suche nach Knaben sind im allgemeinen dreierlei Typen zu finden: jene, die sich kleine Jungen bis zu zehn Jahren aussuchen; jene, die vorpubertäre Jungen zwischen elf und dreizehn Jahren oder vierzehn Jahren vorziehen; und drittens jene Pädophilen, die heranwachsende Jungen zwischen dreizehn und sechzehn suchen. Ein

ähnliches Muster gilt für die, deren sexuelle Präferenz Mädchen sind, doch das Alter der Kinder ist in diesen Fällen jeweils etwas niedriger...« Die Bezeichnung Pädophilie wird in diesen Fällen als nicht zutreffend charakterisiert, da es sich dabei »nicht um Liebe zu Kindern im allgemeinen, sondern um sexuelle Liebe zu einem Kind eines bestimmten Geschlechts und eines bestimmten Alters« handele.[292]

2. Der Pädophile gleicht einem Raubtier. »Ein attraktives Kind wird oft wie eine Beute gejagt. Pädophile reden häufig von der langangelegten Planung, die vonnöten sei, um ein Kind so weit zu bringen, daß eine sexuelle Beziehung beginnen könne. Damit dies geschieht, scheint der Erwachsene bereit, jegliches Mittel der Manipulation oder Erpressung, das ihm notwendig erscheint, einzusetzen, um das gewünschte Ziel zu erreichen. Männer, die Knaben belästigen, haben oft eine erstaunliche Anzahl von Opfern. Die von Dr. Abel in den USA durchgeführte Untersuchung an 403 Männern, die Knaben belästigt hatten, ergab, daß sie zusammengenommen 67000 Kinder mißbraucht hatten. 63 Prozent der Mißbrauchten waren kleine Jungen, und jeder der pädophilen Männer, die Knaben belästigten, hatte im Durchschnitt 283 Opfer gehabt...«

3. Die Motivation des Pädophilen ist weder Altruismus noch echte Anteilnahme an dem betreffenden Kind, sondern Eigeninteresse. »Obwohl Pädophile oft so tun, als sei es das Kind, das eine sexuelle Erfahrung wünscht, ist es in Wirklichkeit der Pädophile, der aktiv diese Beziehung sucht, um seine eigenen Bedürfnisse zu befriedigen, nicht die des Kindes ... Organisationen wie NAMBLA (North American Man/Boy Love Association; G.W.) reden stets von Sex zwischen Erwachsenen und Kindern mit beidseitiger Zustimmung, doch werden beide Seiten befragt, stellt sich sehr schnell heraus, daß der Erwachsene das Kind benutzt hat und daß ›Zustimmung‹, wenn es überhaupt welche gab, von seiten des Kindes selten freiwillig war.« Die von der pädophilen Organisation *Rene Guyon Society* aufgestellte Behauptung, daß die Touristen nur dem »andauernden drängenden Betteln des Kindes nach Sex« nachgeben würden, wird von Ron O'Grady als kompletter Unsinn zurückgewiesen. Kinder haben seiner Ansicht nach andere Prioritäten, als ständig um Sex zu betteln. Sollten sich jedoch solche Formen des Bettelns zeigen, so erfolge dies im Interesse Erwachsener, die sich Kinder sexuell gefügig machen wollten.

Pädosexuelle Netzwerke

Pädosexuelle Handbücher und »Überlebenspakete«[293] bezieht das getarnt lebende Klientel über eigene Medien und Organisationen, deren Informationswesen klandestin organisiert ist. »Um sich zu schützen, tun sich Pädophile in ihren eigenen exklusiven Organisationen zusammen. Die Welt der Pädophilen zu betreten gleicht dem Eintritt in eine mittelalterliche Geheimdienstwelt. Pädophile erkennen einander an geheimen Zeichen, und äußerst strenge Regeln überwachen den Eintritt in ihre Bruderschaft. Sie verfügen über eigene geheime Vorgehensweisen, um ihre Mitglieder zu schützen und um die Unterstützung der Polizei und führender Juristen zu gewinnen.«[294] Die pädosexuellen Organisationen haben ihre Claims und Interessen genau abgesteckt. »Ihre wichtigste und offensichtlichste Funktion besteht darin, ein Informationsangebot zur Verfügung zu stellen, das es den Pädophilen ermöglicht, zu überleben, das Gesetz zu umgehen und gleichzeitig der sexuellen Ausbeutung von Kindern nachzugehen.«[295] Die Organisationen verfügen über ein geheimdienstartiges Informationssystem, das es ihnen erlaubt, die für eine pädophile Existenz notwendigen Informationen möglichst effektiv zu verarbeiten und zu verbreiten. »Das gemeinsame Gefühl, Opfer der Gesellschaft zu sein, schafft ein starkes Band der Zusammengehörigkeit unter den Mitgliedern.«[296]

Zu den wichtigsten bisher bekannt gewordenen pädosexuellen Organisationen zählen:

- *The North American Man/Boy Love Association (NAMBLA)*[297] hat sich folgende Ziele gesetzt: »Wir bemühen uns, Unterstützung für Knaben und Männer zu organisieren, die nach gegenseitiger Übereinkunft eine sexuelle Beziehung wünschen oder diese bereits haben, und wir bemühen uns, die Gesellschaft dahingehend zu erziehen, daß diese Beziehungen als positiv zu bewerten sind. Wir wehren uns gegen die Unterdrückung, die Männer und Knaben, die sich lieben, erdulden müssen, und unterstützen das Recht aller Menschen auf Beziehungen zwischen den Generationen, die auf gegenseitiger Übereinkunft beruhen.«[298]
- *Rene Guyon Society (RGS),* die mit dem Schlagwort »Sex before eight or else it's too late!«[299] Furore machte, ist eine Splittergruppe der *Sexual Freedom League.* Sprecher dieser Organisation vertreten bei Gelegenheit gern die Ansicht, daß sich Pädophile den Annäherungen eines Kindes nicht verweigern dürften. »Auf-

grund unserer Bemühungen wird der Tag kommen – und er wird bald kommen –, an dem alle Kinder in sexueller Freiheit werden leben können und an dem sie bisexuelle Beziehungen mit anderen Kindern und mit Erwachsenen eingehen können (vorausgesetzt, empfängnisverhütende Mittel werden benutzt). Es wird ihnen erlaubt sein, sich ungezwungen und glücklich an Kinder-Porno-Aktivitäten zu beteiligen.«[300]

- *Lewis Carrol Collector's Guild,* eine in Chicago ansässige Organisation, die sich nach dem englischen Autor und pädophilen Fotographen Lewis Carrol (Charles Dodgson)[301] benannt hat. Lewis Carrol war »ein leidenschaftlicher Sammler von Fotografien nackter Kinder«, weshalb sich in dieser Organisation vor allem jene Pädophile zusammenfinden, »die der Überzeugung sind, daß Aktbilder eine verfassungsrechtlich geschützte Ausdrucksform sind und deren Sammlerinteressen sich auch auf die Aktbilder vorpubertärer Kinder erstrecken«[302].
- *Howard Nichols Society:* Die Organisation trägt den Namen einer fiktiven Figur, der in dem Film »Fallen Angels« immer wieder junge Mädchen überfiel. In ihrem Pamphlet »Wie macht man Sex mit Kindern« stellt sich die *Howard Nichols Society* folgendermaßen vor: »Will man eine sexuelle Beziehung mit einem Kind beginnen, so läßt sich dies am einfachsten als Teil eines Spiels bewerkstelligen. Manchmal wird das Kind den ersten Schritt tun, manchmal der Erwachsene... Ungefähr alles, was Erwachsene miteinander tun können, kann ein Erwachsener auch mit einem Kind tun.«[303] Ron O'Grady nennt darüber hinaus noch *The Child Sensuality Circle,* die *Horatio Alger Society,* das *Paedo Alert Network* und *Minor Problems.* Informationen über beziehungsweise zwischen den Organisationen lassen sich in kinderpornographischen Erzeugnissen wie »Swing« oder »Lolita« finden.
- *The Paedophile Information Exchance (PIE):* »PIE galt als eine der einflußreichsten pädophilen Gruppen in Europa und lieferte das Informationsnetzwerk, das für Pädophile unumgänglich ist, um außer Reichweite des Gesetzes bleiben zu können. Angeblich zählten viele Akademiker und hochstehende Persönlichkeiten aus dem sozialen und wirtschaftlichen Leben zu den Mitgliedern.«[304] Nachdem die PIE jedoch immer extremere Positionen vertrat – zum Beispiel die Empfehlung, das Alter für die Zustimmung zum sexuellen Verkehr auf vier Jahre herabzusetzen –, verlor die Organisation an Einfluß. Schließlich wurden zwei führende Mitglieder wegen eines obszönen Artikels in der Zeitschrift

›Contact!‹ festgenommen und höchstrichterlich verurteilt. Danach wurde die Organisation offiziell aufgelöst. Es wird angenommen, »daß die Organisation inoffiziell und im Untergrund weiterarbeitet«.[305]

- *The Stichting Paidika Foundation:* Die niederländische Organisation ist auch in der deutschen pädophilen Szene wohl angesehen. »Sie veröffentlicht zweimal im Jahr eine Zeitschrift, ›Paidika‹, und initiiert Untersuchungen, die sich mit Problemen im Umkreis der Pädophilie befassen. Eine Reihe von Psychologen und Intellektuellen sind im Vorstand der Organisation.«[306]
- *Australian Paedophile Support Group,* die auch unter dem Namen *BLAZE* firmiert, geriet 1983 in die Schlagzeilen, als ihr vorgeworfen wurde, philippinische Kinder als Adoptivkinder nach Australien eingeführt zu haben. Dem polizeilichen Bericht zufolge wurden die männlichen Kinder dort »Opfer von Pädophilen, die einem internationalen Sexring zur Ausbeutung von Kindern angehörten«[307], eine Variante des Kinderhandels, die vor wenigen Jahren auch in den Niederlanden aufgedeckt wurde.

Pädosexueller Menschenhandel

Der Zugriff auf Kinder manifestiert sich keineswegs allein in dem hier untersuchten Phänomen Kinderprostitutionstourismus. So kamen die niederländischen Behörden durch gezielte Nachforschungen einem »Trick-Handel« auf die Spur, über den vermutlich mehrere tausend Mädchen und Frauen aus Ländern der Dritten Welt legal in die Niederlanden »eingeführt« wurden, wo sie der Prostitution zugeführt wurden. Der Trick bestand darin, daß die niederländischen Männer (Mittelsmänner, Kunden, Ehemänner) die eingeführten Kinder als ihre Kinder anerkannten, wodurch sie die niederländische Staatsbürgerschaft erhielten und als Objekte der sexuellen Ausbeutung frei verfügbar wurden.[308]

Nicht viel anders scheint sich dieser (pädophile) Zugriff auf adoptierte Kinder auch in der Bundesrepublik darzustellen. »Seit einiger Zeit ist der Trend bei Händlern und Kunden zu erkennen, auch Kinder in die sexuelle Ausbeutung einzubeziehen. So ist den Beratungsstellen bekannt, daß sich manche Männer speziell ausländische Frauen mit Kindern über die Heiratsvermittler aussuchen, weil sie schon langfristig den Mißbrauch an diesen Kindern planen. Die Aufklärungschance bei solchen Vergehen wird niedrig sein, wenn man die sprachliche Hilflosigkeit der Mütter und ihre Unkenntnis über entsprechende Beratungsstellen berücksichtigt.«[309] Der Verdacht erwies sich als begründet. »Es ist risikolos. Die Frauen waren noch nie im Ausland. Du heiratest sie einfach. Der Spaß kostet keine sechs Riesen. Wenn sie erst hier ist, hast du sie und das Kind. Da kannst du dich richtig austoben. Die Mami wird keine Probleme machen, wenn du ihre Tochter bumst.« Dieses fingierte Verkaufsgespräch zwischen einem Heiratshändler und einem potentiellen Kunden findet sich in dem 1993 erschienenen Roman »Kapuzenmann« von Klaus-Peter Wolf. Es beruht auf Fakten.[310]

Klaus-Peter Wolf recherchierte seine Geschichte »under cover«. Seine Agentur »Hot-pants – Mädchen- und Frauenhandel« war beim Finanzamt Hachenburg ordentlich registriert (Steuernummer 18/079/0175/7) und erregte dort keinen Anstoß. Ihm fiel auf, daß einige seiner »Kunden« ein besonderes Interesse für Frauen mit Kindern äußerten. »Zuerst habe ich mich gefreut, wenn Männer sich positiv über eine Frau mit Kind äußerten – die hoben sich von den anderen Typen ab.« Dann aber dämmerte ihm allmählich die Wahrheit. »Wenn man jemanden 90 Fotos vorlegt und der sucht sich genau die sieben Frauen mit Kindern im Alter zwischen acht und zehn Jahren aus, wird man mißtrauisch.« Mit einem dieser »Kunden« sprach Klaus-Peter Wolf über seinen Verdacht. »Er sagte, eine Mutter aus der Dritten Welt zu kaufen, sei der ungefährlichste Weg, um an Kinder heranzukommen. »Nach zwei Jahren, wenn das Kind uninteressant wird, läßt du dich einfach scheiden. Frau und Kind werden abgeschoben, es gibt keine Opfer und keinen Prozeß.«[311]

Diese perfide Praxis der Menschenhandels mit Frauen und Kindern wurde bereits in einem »Tatort« (»Frau Bu lacht«) in Szene gesetzt, wobei in diesem Fall die betroffene Frau/Mutter den Ehemann tötete, um die sexuelle Mißhandlung ihrer Tochter zu beenden.[312]

Pädosexueller Prostitutionstourismus

Besorgniserregend ist vor allem die durch pädophile Netzwerke und Propaganda hervorgerufene Nachfrage in der Dritten Welt, wobei pädosexuelle Prostitutionstouristen offenbar »eine besondere Neigung zu asiatischen Kindern entwickelt«[313] haben. Diese wirken insgesamt körperlich zierlicher und kleiner als europäische Kinder. Besonders geschätzt werden sie wohl auch wegen ihrer glatten Haut und der (auch) bei männlichen Kindern geringen Körperbehaarung.

Ihre kulturell tradierte Ehrfurcht vor älteren (erwachsenen) Menschen und der Wunsch, Wohlwollen zu wecken, machen aus den Kindern Südostasiens eine leichte »Beute«[314] für pädosexuelle Kinderprostitutionstouristen jedweder Coleur. Pädophile beschreiben sie als »äußerst zierlich, unterwürfig und leicht zu beeinflussen«[315] und raten dazu, kleine Geschenke wie »Kugelschreiber, Radiergummi, Feuerzeuge und T-Shirts (kleine Größen)« mitzunehmen.[316] In alter Kolonialherrenmanier nehmen sie Besitz von fremden Ländern und Menschen.

»Pädophile oder ihre Sympathisanten haben gemeinsam kleine Hotels, Ferienhäuser oder Gästehäuser in ruhigen Ferienzentren überall in Asien erworben, insbesondere in Sri Lanka, in den Philippinen und in Thailand, und aus Übersee kommende Pädophilengruppen werden dort, den jeweiligen Wünschen und Erfordernissen entsprechend, mit einer Auswahl von Jungen und Mädchen versorgt. Oft genug kann das Reiseunternehmen Fotos und Beschreibungen der Kinder liefern, ehe die Touristen ihre Heimatstadt überhaupt verlassen. Wie bereits ... beschrieben, haben von Päderasten betriebene Organisationen Heime und Waisenhäuser für Straßenkinder eingerichtet, die als Deckmantel für die Versorgung von Überseetouristen mit Kinderprostituierten dienen ...«[317]

Immer häufiger gehen Bars und Hotels in den Besitz von Pädosexuellen oder in ihren Diensten stehenden »Freunden« über, immer häufiger lassen sich Pädosexuelle in Sri Lanka und auf den Philippinen nieder, um dort ihren »verdienten« Lebensabend zu verbringen. In Manila eröffneten einige dieser (europäischen) »Ruheständler« Kinderhorte, um den Nachschub an kleinen, willfährigen Kindern zu sichern.[318] Andere (jüngere) Pädophile suchen das Vertrauen gleich ganzer Familien zu gewinnen, um sich dort »als Freund« einzuquartieren, wieder andere siedeln sich in bestimmen Regionen an, wo sie selbst »Herr im Haus« sind, geschützt durch die sie umgebende einheimische Gemeinschaft von Familien, Eltern, Polizisten und Bürgermeistern, denen sie sich durch nicht unerhebliche finanzielle Zuwendungen erkenntlich zeigen.[319]

»Die Illusion eines pädophilen Paradieses«, so Ron O'Grady resümierend, locke immer mehr Pädophile nach Südostasien. »Die größten Gruppen kommen aus den Vereinigten Staaten und aus Deutschland, doch es gibt bekannte, auch recht große Gruppen aus Schweden, Dänemark, Frankreich, Österreich, der Schweiz, Großbritannien, den Niederlanden, Kanada, Japan, Australien und Neuseeland ...«[320] Ein ungutes Gefühl beschleicht sie dabei nicht, kein schlechtes Gewissen, kein Schuldgefühl, kein Nachdenken über sich selbst. Sie sind fest davon überzeugt, daß ihre »Liebe« – wohlgemerkt: die »Liebe« eines erwachsenen, wohlhabenden, weißen Mannes zu einem kleinen, armen, schwarzen Kind – den von Kinderprostitutionstourismus betroffenen Kind nur gut tue. Edward Brongersma, ein als Schriftsteller tätiger niederländischer Päderast, gibt sich jedenfalls absolut überzeugt davon, daß »die asiatischen Knaben, die gelegentlich mit Touristen schlafen, merklich lebhafter, glücklicher und gesünder (sind) als die Millionen armer Kinder dort, die langsam dahinwelken oder durch schwerste Arbeit fürs Leben zu Krüppeln gemacht werden«[321].

So, wie die Prostitutionstouristen sich als »Entwicklungshelfer«[322] oder »Pseudogatten«[323] verstehen, die mit ihren Devisen doch nur zu einem besseren Leben beitragen wollen, so sehen sich auch die Pädophilen nicht als Täter, sondern als väterliche Freunde und Wohltäter. Die Verleugnung jeder Art von Schuld ist für sexuelle Gewalt gegen Frauen ebenso wie für sexuelle Gewalt gegen Kinder signifikant.[324] Verantwortlich sind nicht sie, die Täter, sondern die Verhältnisse oder die Kinder selbst: »Bitte, was wollen Sie«, rechtfertigt ein Hotelmanager das in seinem Etablissement auffällige Treiben, »diese Jungen stellen sich uns zur Verfügung. Wir bitten sie nicht darum. Zumindest geben wir ihnen eine Kostprobe vom guten Leben.«[325]

Mit diesen wenigen Worten charakterisiert sich der pädosexuelle Tourismus schließlich selbst als das, was er ist: als Ausbeutungsverhältnis zwischen Nord und Süd, als Ausbeutungsverhältnis zwischen Reich und Arm und nicht zuletzt als Ausbeutungsverhältnis zwischen Mann und Kind.[326] Auch wenn die sexuellen Praktiken pädophiler Männer im allgemeinen nicht gewalttätiger sein mögen als die von nicht-pädophilen Männern, so ist eine Verletzungsgefahr des Kindes immerhin auch dann nicht ausgeschlossen, wenn »nur« sogenannte passive Praktiken angewendet werden. Sehr häufig sind die von pädosexuellen Prostitutionstouristen benutzten Kinder jedoch auch »äußerst brutaler Gewalt ausgesetzt. ExpertInnen, die mehrere Jahre über Prostitution mit Kindern in Asien recherchiert haben, wiesen auf der Tagung zu Tourismus und Prostitution Anfang Mai 1990 in Chiang Mai darauf hin, daß immer wieder Kinder in Krankenhäusern wegen zerfetztem Anus oder verletzter Vagina behandelt werden müssen«[327].

Schlagzeilen erregte auch der Tod der zwölfjährigen Rosario Burgos Baluyot, die an den Folterungen mit einem Vibrator starb, der ihr von dem österreichischen Arzt Heinrich Stefan Ritter in den Unterleib getrieben worden war. Zermürbt von den Schmerzen, die ihr die im Leib verbliebene abgebrochene Spitze des Vibrators verursachten, starb Rosario, fünf Monate nach ihrer Vergewaltigung, in einem armseligen Krankenhaus am Stadtrand von Olangapo auf den Philippinen. »Rosario starb, wie sie gelebt hatte. Von allen ignoriert. Verkauft wie jede andere Ware auf dem Markt. Das Opfer einer Gesellschaft, deren geistige Verarmung ihrer materiellen Armut entspricht.«[328]

Die schwulen Prostitutionstouristen

Schwule Prostitutionstouristen sind im Prostitutionstourismus ebenso gegenwärtig wie heterosexuelle, doch soll hier – in Abgrenzung zu den pädophilen Prostitutionstouristen – lediglich nach ihren bevorzugten Zielen und sexuellen Verhaltensweisen gefragt werden. Dieter Kleiber et al. führen hierzu aus, daß sich Algerien, Brasilien, Indonesien, Marokko, die Philippinen, Thailand, die Tschechische Republik, Tunesien und Ungarn als beliebte Reiseziele schwuler Prostitutionstouristen erkennen lassen.[329] Doch obwohl sich in schwulen Magazinen durchaus werbende Beiträge für Prostitutionstourismus finden lassen, scheinen schwule Touristen weniger als Prostitutionstouristen denn als schwule Männer in Erscheinung zu treten. »In fast allen Großstädten der Welt existieren Treffpunkte (Kinos, Parks, Saunen etc.), wo sich Männer treffen, um Sex mit anderen Männern zu haben. Solche Orte werden auch von Männern aufgesucht, die auf Reisen sind, die sich deshalb aber keineswegs ... als Sextouristen verstehen, sondern dort lediglich das tun, was sie zu Hause auch tun würden: mehr oder weniger anonymen Sex mit anderen Männern haben.«[330] Der besondere Reiz des Prostitutionstourismus läge allenfalls darin, daß schwule Touristen in den von ihnen bevorzugten Urlaubszielen – neben den nicht-kommerziellen Kontaktmöglichkeiten – auch eine mehr oder weniger professionelle Szene männlicher Prostituierten vorfinden, die es ihnen leicht macht, Kontakt aufzunehmen. Doch selbst in diesem Fall scheinen sich Merkmale feststellen zu lassen, die die schwulen Prostitutionstouristen von den heterosexuellen unterscheiden. »Schwule Männer, die für Sex auf Reisen in Ländern der Dritten Welt bezahlt haben, romantisieren die Kontakte weniger und scheinen den Prostitutionscharakter der Situation klarer als heterosexuelle Männer wahrzunehmen.«[331] Darüber hinaus ergaben die Befragungen schwuler (Prostitutions-) Touristen, daß diese »safer sex« weitgehend als Gruppennorm verankert haben, wobei jedoch darauf hingewiesen wird, daß »die vergleichsweise höhere Wahrscheinlichkeit einer Virusübertragung beim – insbesondere passiven – Analverkehr« zusätzliche Präventionsmaßnahmen auch bei schwulen (Prostitutions-) Touristen dringend erforderlich mache.[332]

Die Prostitutionstouristinnen

Prostitutionstouristinnen scheinen eine zahlenmäßig fast unscheinbar kleine Gruppe darzustellen. »Im Hinblick auf das Geschlecht läßt sich sagen, daß der Prostitutionstourismus eine überwiegend männliche Domäne ist. Obwohl in den vergangenen Jahren des öfteren Berichte über das sextouristische ›Studienrätinnen‹-Dorado Kenia erschienen sind[333], ist die weibliche Prostitutionstouristin in Mombasa eher eine Randerscheinung. Andererseits ist nicht zu übersehen, daß einige junge Kenianer (zum Teil indischer Abstammung) sich dieser Zielgruppe annehmen: Wiederholt haben wir[334] beobachtet, wie diese in Hotels und Diskotheken zu Touristinnen ohne (männliche) Begleitung (zum Teil) erfolgreich Kontakt suchen. Insgesamt kann man aber wohl feststellen, daß der weibliche Prostitutionstourismus in den Medien eine (im Vergleich zum realen Stellenwert) eher überproportionale Beachtung gefunden hat. In Nachtclubs sind zwar häufig gutaussehende weiße ›Touristinnen‹ ohne Begleitung zu beobachten, doch handelt es sich dabei oftmals um Prostituierte, die dort (als ›Exotinnen‹) von begüterten Schwarzen, Asiaten und Indern – seltener wohl von Prostitutionstouristen – nachgefragt werden. Wir vermuten aber, daß Prostitutionstouristinnen ihre Urlaubsbeziehungen öffentlich weniger augenfällig zur Schau stellen und/oder diese eher als ›normalen‹ Urlaubsflirt interpretieren.«[335]

Tatsache ist, daß über einen real existierenden weiblichen Prostitutionstourismus wenig Wissen besteht. »Unseres Wissens«, so Gaby Beckmann und Barbara Elzer in ihrer »Wahrnehmung des Phänomens«[336], »gibt es keine wissenschaftliche Studien zum Thema Frauen-Sextourismus, keine Daten, die Rückschlüsse auf das Ausmaß zuließen, keine Forschung zur Motivation der Frauen oder zu Ausprägungsformen, kaum Hintergrundinformationen zu den männlichen Anbietern von sexuellen Dienstleistungen und so weiter.« Dabei gibt es Hinweise darauf, daß das Phänomen bereits in den sechziger Jahren erkennbar war, wobei die Grenzen zwischen einer gezielten beziehungsweise gewünschten Kontaktaufnahme und einer eventuellen erfolgreichen »Anmache« jedoch fließend zu sein scheinen.[337]

Deutlicher werden die sexuellen Motive alleinreisender Frauen in bestimmten Trends der siebziger Jahre, als sich zum Beispiel die Karibik als Ziel eines »unbeschwerten« Urlaubsvergnügens empfahl beziehungsweise über die Medien offeriert wurde. Hinweise auf weiblichen Prostitutionstourismus finden sich darüber hinaus auch bei Berit Latza, die in »Sextourismus in Südostasien« als neuen Trend bezeichnet, daß »mittlerweile auch eine kleine Anzahl weißer Touristinnen männliche Prostituierte in Anspruch nehmen«.[338] Darüber hinaus scheint sich Bali als Ziel vor allem australischer Prostitutionstouristinnen entwickelt zu haben, während die deutschen Prostitutionstouristinnen offenbar Kenia, zunehmend jedoch auch Lateinamerika (Brasilien, die Dominikanische Republik, Costa Rica) bevorzugen.[339]

»Die Ausgangsbasis für beide Phänomene (die des männlichen und des weiblichen Prostitutionstourismus; G.W.) ist die gleiche: Massentourismus im Rahmen eines starken ökonomischen Nord-Süd-Gefälles. Die monetäre Macht liegt bei den Sextouristen, egal ob sie Männer oder Frauen sind. Im männlichen Prostitutionstourismus jedoch bestimmt die Macht des Geldes und das Bewußtsein, es mit einer Prostituierten zu tun zu haben, den Umgang mit den Frauen. Wer sich eine Frau »kauft«, hat scheinbar das Recht, sie zu dominieren, schlimmstenfalls mit ihr zu tun, was er will; und er verleiht nicht selten seiner Verachtung diesen Frauen gegenüber offen Ausdruck»[340] – eine Erfahrung, die in der »Typologie deutscher Kunden« ausdrücklich Erwähnung findet.[341]

Demgegenüber scheint sich das Verhältnis zwischen der Prostitutionstouristin und dem männlichen Prostituierten anders darzustellen. »Die finanzielle Macht der Frauen hat, zumindest in der Außendarstellung der Beziehung, kaum Auswirkungen auf das Rollenverhalten. Der Mann bleibt in der ›gekauften‹ Position der dominierende Macho, und die Frau hat sich seinen Vorstellungen anzupassen. Die Beach-Boys[342] geben also kaum ihre Männlichkeitsvorstellungen auf, und die Frauen sind allzuoft bereit, unter dem Deckmäntelchen ›Verständnis für den kulturellen Hintergrund des Mannes‹ zu haben, sich unterzuordnen. Auch dann, wenn sie diese

Rolle in ihrem eigenen kulturellen Kontext längst nicht mehr akzeptieren.«[343]

Dies wird natürlich auch von den einheimischen Frauen registriert und mit entsprechender Empörung zur Kenntnis genommen. »Für die weißen Europäerinnen«, so die ebenso kritischen Betrachtungen vom Marta Aparicio zum weiblichen Sextourismus, »die diese Erfahrung des Anderen suchen, beginnt an den Stränden Lateinamerikas eine sehr egozentrierte und außergewöhnliche Zeit. Plötzlich und ohne großartige Vorbereitung fühlen sie sich befähigt, ihre Gefühle voll auszuleben, dem monotonen Alltag zu entfliehen und sich als ›Weib‹ wahrzunehmen, wenn sie den Südmann entdekken oder er sie. Die Frauen werden sich später daran als eine sehr entspannte Zeit erinnern; sie werden sich beim rückblickenden Nachdenken aber gleichzeitig auch nicht gemischten Gefühlen entziehen können, vielleicht wissend, daß ›Neugier‹ wie auch ›neue Gier‹ sie angetrieben hat.«[344]

Weiblicher Prostitutionstourismus scheint einen sehr persönlichen Charakter zu haben. Während der männliche Prostitutionstourismus sich in »seinen« Bars und Lokalen offen zur Schau stellt, entzieht sich der weibliche Prostitutionstourismus weitgehend den Blicken der Öffentlichkeit, nicht zuletzt, weil weiße Frauen, die sich mit schwarzen Männern einlassen, Gefahr laufen, negativ kommentiert zu werden.[345]

Weitaus rätselhafter scheint die Rolle derer zu sein, die als Begleiterinnen von Prostitutionstouristen auftreten. Die von Dieter Kleiber et al. durchgeführte »Befragung deutscher Urlauber und Sextouristen« ermittelte 3,9 Prozent der identifizierten Prostitutionstouristen als »mit einer Partnerin« reisend, doch fanden die AutorInnen keine Antworten darauf, welche Funktion(en) diese Begleiterinnen beziehungsweise Co-Prostitutionstouristinnen im Urlaub tatsächlich übernahmen. »Wann und wie in einer solchen Konstellation sexuelle Beziehungen zu den einheimischen Prostituierten aufgenommen und ausgelebt wurden, entzieht sich unserer Kenntnis.«[346] In einer Tabelle werden die Begleiterinnen nach Anteil und Zielort des Prostitutionstourismus aufgeschlüsselt ausgewiesen:

Thailand	2,0 Prozent
Philippinen	keine Angabe
Kenia	10,3 Prozent
Brasilien	6,3 Prozent
Dominikanische Republik	1,3 Prozent[347]

Möglich, daß einige dieser Frauen gar nicht wissen, was den Mann umtreibt, den sie begleiten, möglich, daß sie die Augen verschließen - ein im Kontext sexueller Mißhandlung häufig eintretendes Verhalten von Frauen, wenn sie nicht wissen wollen, was vor sich geht -, möglich, daß es zu Zerwürfnissen und Vorwürfen kommt, wenn die prostitutionstouristischen Motive des Mannes nicht mehr zu übersehen sind. Doch weiß Ron O'Grady auch von einem Fall zu berichten, in dem die Begleiterin eine aktive Rolle »gespielt« hat. »Kürzlich reiste ein junges Ehepaar nach Bangkok. Sie gehörten zu dem Kreis junger Leute in leitenden Positionen, die mehr Geld und Freiheit haben, als sie auf verantwortliche Weise handhaben können. Während ihres Aufenthalts in Thailand hatten sie die Möglichkeit, ihre Freiheit bis an die äußersten Grenzen auszuprobieren, und nach der gewöhnlichen Runde durch die Massagesalons und Sexshows und mit Partnern in den Hotelzimmern verbrachten sie zwei Abende, an denen sie Kinderprostituierte mit ins Hotel nahmen. Von dem Mädchen und dem Jungen wurde verlangt, bei einer Vielzahl sexueller Spiele und Experimente mitzumachen, um die Gelüste des australischen Paares zu befriedigen.«[348]

Weibliche Pädophilie

Die Vermutung, daß Pädosexualität auch weiblich sein könnte, scheint sich nur schwer nachweisen zu lassen. »Die Suche nach pädophilen Frauen«, so Rüdiger Lautmann in »Die Lust am Kind«, »blieb zwar nicht völlig erfolglos, erwies sich aber als so schwierig, daß dieser Teil des Projekts vorzeitig beendet wurde.«[349] Dennoch lassen auch die Recherchen der ECPAT über Kinderprostitution und Tourismus in Asien erkennen, daß Pädophilie »keine ausschließlich männliche Besessenheit« ist.[350] So seien in den vergangenen Jahren immer häufiger auch Frauen nach Südostasien gereist, um »pädophile Verbindungen anzuküpfen«[351]. Der größte Teil dieser weiblichen Pädosexuellen »kommt aus Westeuropa; viele scheinen Witwen oder geschiedene Frauen zu sein, und üblicherweise reisen sie zu zweit. Anders als im Falle der männlichen Pädophilen gibt es bei den Frauen keine organisierte Infra- und Servicestruktur (obwohl sich dieses zu verändern scheint), und sie sind deshalb gezwungen, ihre Kontakte auf der Straße zu schließen. Wie einige entdecken mußten, ist dies eine äußerst riskante Angelegenheit, und es gibt viele Geschichten von Frauen, die überfallen oder ausgeraubt worden sind«[352].

Weibliche Pädophile, so scheint es jedenfalls, tarnen ihre sexuellen Neigungen nicht nur - wie die männlichen - in ihrer eigenen Realität, sondern auch - und im Gegensatz zu diesen - in der fremden. Tatsache ist jedoch zugleich, daß weibliche Pädosexuelle Täterinnen sind. »Wenn eine pädophile Frau sexuellen Verkehr mit einem vorpubertären Jungen haben will, so hat dies äußerst unangenehme Nebenwirkungen. Um der Frau die gewünschte Befriedigung geben zu können, ist es notwendig, Hormone oder ähnliche Medikamente in die Geschlechtsorgane des Kindes zu injizieren. Je stärker diese Dosen sind, desto größer ist die Wahrscheinlichkeit, daß das Kind eine dauerhafte Schädigung davonträgt.«[353]

Welche Motive Frauen dazu bewegen, Kinderprostituierte aufzusuchen, um ihre »mütterlichen« wie auch »weiblichen« Bedürfnisse zu befriedigen[354], kann nur spekuliert werden. Ob sie - wie die männlichen Pädosexuellen - eher zu männlichen Kindern neigen als zu weiblichen, ist bislang ebensowenig erforscht wie die von ihnen bevorzugten sexuellen Praktiken, von denen die zuletzt geschilderte, wie zu hoffen ist, als absolute Ausnahme angenommen werden dürfte.

Das gesellschaftliche Umfeld des Täters

Die hier angestellten Betrachtungen über die Motivlage der Täter (und Täterinnen) führt zurück zu der Frage, wie es mit der inneren Verfaßtheit von Gesellschaften bestellt ist, die Kinderprostitutionstourismus nachfragen, protegieren und in Profit umwandeln. Die inspirierendsten Überlegungen finden sich meines Erachtens bei Alberto Godenzi, der sich diesem Phänomen in seinen »Reflexionen zum gesellschaftlichen Umfeld für sexuelle Gewalt gegen Kinder und Sextourismus«[355] in sieben Thesen zu nähern versucht. Diese sollen im folgenden skizziert und in ihren Schlußfolgerungen (Godenzi nennt sie Hypothesen) interpretiert werden.

These 1

Gesellschaften, die sexuelle Gewalt gegen Kinder zulassen und fördern, haben ein ablehnendes Verhältnis zum Leben, zur Sterblichkeit, zum Tod.

»Der Tod als die ursprünglichste Daseinskategorie des Menschen – wir sterben, kaum sind wir geboren – hat die Menschheit immer beschäftigt. Alle Völker dieser Erde haben die Frage nach dem Tod und dem Leben zu beantworten gesucht. Der Tod und das Leben sind immer eine Art letztes Geheimnis geblieben, und Gesellschaften, die diese Eckpfeiler humaner Existenz nicht akzeptieren können, haben stets gegen den Tod, also auch gegen das Leben, die Phase zwischen Geburt und Tod, gekämpft. Sexuelle Gewalt gegen Kinder entspricht einem existentiellen Eingriff. Mit solchen Handlungen werden Tod und Leben konkret berührt. Kinder sind der Inbegriff des Lebens.«[356] Lebendigkeit aber ist vergänglich. Dies ist der Grund, warum sich Erwachsene zunehmend müde, verbraucht und sterblich fühlen. Dies ist der Grund, warum Erwachsene Kinder »anzapfen«, um sich an ihrer Lebendigkeit zu laben. Wenn wir uns den Sextouristen vorstellen, der sich nach dem Beschmutzen der Kinder wie nach einem Jungbrunnen fühlt, wenn wir uns den gönnerhaften Ausbeuter vorstellen, der dank seines Obolus über die Lebensbedingungen der Kinder entscheidet und sich dabei als Richter über Leben und Tod fühlen kann, verstehen wir diesen versuchten Einverleibungsprozeß besser. Hinter dem Versuch, das Sterben zu überlisten, steht das Motiv, sich Leben anzueignen.[357]

Hypothese

Je stärker die Todesverdrängung, je ausgeprägter der Kampf gegen das Sterben, die Idealisierung von Jugendlichkeit und Unsterblichkeit, desto wahrscheinlicher sind destruktive Akte gegen Kinder als Symbolträger des Lebens.

These 2

Gesellschaften, die sexuelle Gewalt gegen Kinder zulassen und fördern, lösen die Verteilungsfrage beschränkter Ressourcen mit den Mitteln der Herrschaft und Ungleichheit.

»Die Menschheit ist seit Urbeginn mit knappen Ressourcen und beschränkten Sonnenplätzen konfrontiert. Die zarten Mammutstücke waren beschränkt, die sichersten Höhleneingänge limitiert, der beste Platz am Feuer umstritten, die attraktivsten Sexualpartner und -partnerinnen in der Minderheit. Aber alle spürten Hunger, alle Kälte oder Hitze, alle vermutlich sexuelle Impulse. Auch die sexuelle Gewalt gegen Kinder muß als knappe Ressource aufgefaßt werden. Ich rede hier nie von Erwachsenen-Sexualität mit Kindern«, führt Alberto Godenzi hinzu, »die gibt es als Konzept nicht, da immer Dominanz und die Unfähigkeit der Kinder, einzuwilligen und zu akzeptieren, mit eingeschlossen sind.«[358] Wie aber sorgen Individuen, Gruppen, Kulturen, Völker dafür, daß sie über mehr verfügen als andere? »Primär durch die Etablierung von Ungleichheit«, so Alberto Godenzi, wobei der Trick darin bestehe, die eigentlich minimalen Differenzen zwischen den Individuen, Gruppen, Kulturen und Völkern in eine Werteskala zu überführen, nach der bestimmte Menschen (Männer, Weiße, Erwachsene) wertvoller sind als andere (Frauen, Schwarze, Kinder). Die Einführung einer menschlichen Werteskala »steht am Beginn fast aller Machtaneignungsprozesse«[359].

Hypothese

Je stärker Gesellschaften das Problem der Ressourcenknappheit mit Mitteln von Dominanz und Ungleichheit zu regeln pflegen, desto wahrscheinlicher sind sexualisierte Gewaltakte gegen Kinder.

These 3

Gesellschaften, die sexuelle Gewalt zulassen und fördern, setzen zur Durchsetzung ihres Dominanzanspruchs Gewalt ein.

Alberto Godenzi charakterisiert diese Wertehierarchie als ein ideologisches Pendant, das häufig als ideologischer Wegbereiter für den Einsatz von Gewalt auftritt. »Dominanz beziehungsweise Kontrolle kann nur mittels Gewalt eingerichtet werden, denn kein Volk und kein Individuum läßt sich ohne Gewalt in eine mindere Position drängen, nicht einmal ein neugeborenes Kind. Meist steht die Androhung oder Ausübung physischer Gewalt am Anfang. Nach einer gewissen Zeit genügen Formen struktureller und psychischer Gewalt für die Aufrechterhaltung des hierarchischen Verhältnisses. Da Gewalt nach Galtung als diejenigen Kräfte definiert werden kann, die Menschen an der Entfaltung ihrer Potentiale hindert, gehören etwa Armut und Erwerbslosigkeit zu den Formen struktureller Gewalt.«[360] Gewalt gegen Kinder gehört zu den am weitesten verbreiteten Formen der Gewalt, wobei diese Gewalt häufig auch als Drohung eingesetzt wird und wirkt. »In einer Globalstudie mit 90 kulturellen Gruppen sind die Mißhandlungen von Kindern durch Eltern die zweithäufigste Form der Gewalt im sozialen Nahraum nach den Mißhandlungen gegen Ehefrauen durch Ehemänner. Im ersten Fall 75 Prozent, im zweiten 85 Prozent der 90 untersuchten Kulturen.«[361]

Hypothese

Je verbreiteter Gewaltformen gegen Kinder in Gesellschaften sind, desto wahrscheinlicher werden Kinder auch Opfer sexueller Gewalt durch Touristen.

These 4

Gesellschaften, die sexuelle Gewalt gegen Kinder zulassen und fördern, verfügen über Institutionen, welche die Verhältnisse von Dominanz, Ungleichheit und Gewalt täglich erhalten und fördern.

»Institutionen sind grundlegende Figuren menschlicher Organisation. In unserem Kontext werden die institutionalisierten Systeme dazu gebracht, priviligierte Zugänge zu attraktiven Gütern zu erobern, andere Gruppen zu diesen Zwecken zu instrumentalisieren und eben dieses Verhältnis zwischen den Gruppen zu begründen, zu festigen und zu automatisieren.«[362] Als Institutionen führt Alberto Godenzi folgende Organisationsformen institutioneller Macht auf[363]:

- Glaubenssysteme, die daran mitwirken, daß Männer beziehungsweise Täter sich ein Gewissen bewahren können. »Glaubenssysteme sind ja nicht nur da, um ein Arrangement mit dem Unfaßbaren und Schöpferischen vorzustellen, sondern auch um den interpersonalen Umgang auf Erden zu regeln«;
- politische Systeme, die darüber entscheiden, wie die Ressourcen ausgebeutet und verteilt werden, wobei die exekutive staatliche Gewalt einen integralen Bestandteil dieses bilateralen oder multilateralen Geschäfts bildet. »Der Sextourismus fördert die Zufriedenheit der Männer aus den Herrenländern und die Zufriedenheit der Profiteure aus den sogenannten Anbieterländern. Wenn Kinder zahlungskräftige Touristen anziehen, wer fragt schon nach Moral?«;
- Produktionssysteme, zu denen Alberto Godenzi sowohl die bezahlten als auch die unbezahlten Bereiche zählt. »Durch die Etablierung von Ungleichheit werden die Produktionsprozesse entscheidend beeinflußt und oft auch neu verteilt. Im ökonomisch verwertbaren Sextourismus werden tabuisierte oder nichtkonforme oder illegale Sexual- und Gewaltpraktiken in fern vom properen Zentrum gelegene Gegenden ausgelagert zwecks billiger und gefahrloser Nutzung.« Prognosen weisen in die Richtung, daß Tourismus im Jahr 2000 die »single most important economic activity« sein soll;
- kulturelle Systeme, die alle nicht-religiösen Arten von Darstellungen des Realen und Fiktiven (zum Beispiel Kunst, Medien, Wissenschaften) umfassen, wobei etwa die Hauptfunktion der Medien nicht darin liege, aufklärende Unterhaltung zu liefern, »auch nicht primär Gewinnmaximierung, sondern die Erhaltung des Status quo. Um dieses Ziel zu erreichen, müssen Lebenskonzepte und Weltdeutungen verkauft werden« (im Kontext von Prostitutionstourismus, so möchte ich hinzufügen, Lebenskonzepte und Weltdeutungen, die Männer gefallen)[364];
- Kontrollsysteme, die immer dann zur Geltung kommen, »wenn

die vier anderen Institutionen die Legitimation der Machtverhältnisse nicht mehr garantieren können«. Zu den Kontrollsystemen zählen in erster Linie die traditionsbewußten Männerbünde[365] Polizei, Justiz und Militär, zunehmend jedoch auch Gesundheits- und Hilfsdienste.

»Ich muß mit Nachdruck darauf hinweisen«, so Alberto Godenzi sich gegen voreilige Schlüsse abgrenzend, »daß alle fünf genannten Institutionen auch Barrieren gegen das Sextourismus-Geschäft sein könnten. Es ist nicht die Institution an sich, die das Malheur darstellt, sondern es sind die obersten Gesellschaftsziele, in deren Diensten sie zumeist stehen.«[366]

Hypothese

Je mehr sich die tragenden Institutionen in den Dienst von Dominanz, Ungleichheit und Gewalt stellen, desto wahrscheinlicher werden Kinder sexuell durch Touristen ausgebeutet.

These 5

Gesellschaften, die sexuelle Gewalt gegen Kinder zulassen und fördern, geben sich weiterhin den Anschein von Normalität.

Hier nimmt Alberto Godenzi einen Gedanken von Klaus Theweleit auf, der in einem Vortrag über männliche Institutionenpanzer die These vertrat, »daß die Ermordung der europäischen Jüdinnen und Juden im Zweiten Weltkrieg dadurch so reibungslos und ohne größeres Aufsehen ablief, weil der normale Alltag nicht gestört wurde. Der Holocaust verschob die Normalität nicht, niemand mußte sich dagegen wehren, es war ein Akt institutionellen Fortschreitens, das heißt, die Institutionen waren bereits da, welche die Vernichtungen vorantrieben. Als Beispiele führte er Eisenbahnen an, deren Infrastruktur da war und die einfach ihre Fahrpläne anpassen mußten, um die Menschen in die Lager und in die Verbrennungsöfen zu führen.«[367]

Diese Betrachtungsweise ließe sich ebenso auf den Prostitutionstourismus übertragen, denn »für den Benutzer, für den Marktanleger, für die Profiteure, für die Anbieter ist schon alles da, was fürs Geschäft gebraucht wird: Veranstalter, Flugzeuge, Personal, Städte, Hotels, Transportsysteme, globale Kommunikationsnetze, eine auf die ehemals oder immer noch stationierten Soldaten zugeschnittene Infrastruktur, Kinder, die Geld anschaffen müssen, eine Nachfrage, die leicht zu vergrößern ist, wenn die Vorteile die Risiken überwiegen, Arbeitslosigkeit, Perspektivlosigkeit, Wohlstandsgefälle, harte Devisen, tolerante und die Nachfrage schützende Kontrollinstitutionen, profitorientierte politische und ökonomische Institutionen, verbrämende oder machtlose Glaubenssysteme und Ideologen. All das ist da«[368]. Dabei garantiere der Akt des institutionellen Fortschreitens den Akteuren ein gutes Gewissen, während die Opfer einen »Kampf gegen den Machtapparat der Institutionen aufnehmen (müssen), gegen die Jahrtausende alte Logik von Ausbeutung und Dominanz«[369].

Hypothese

Je leichter der Markt sich auf die Kommerzialisierung der Gewalt einstellen kann, desto wahrscheinlicher ist dessen Inbetriebsetzung.

These 6

Gesellschaften, die sexuelle Gewalt gegen Kinder zulassen und fördern, erlauben Männerbünden zivile Übertretungen von Normen.

Der von Klaus Theweleit so bezeichnete entscheidende Faktor beim Zusammenhalt der Männerbünde ist die erlaubte Übertretung von Normen in Zivil. Hitler, so Theweleit, machte sich mächtig, indem er die Übertretungen gegen Nicht-Arier auch zivil erlaubte. Die jettenden Männergruppen fühlen sich eben dadurch eins, weil sie die sexuelle Gewalt gegen Kinder von den Institutionen abgesegnet in ihren Ferien vollziehen können. In einem anderen Kontext habe ich dieses Prinzip »out of control with permission« genannt», wobei »out of control« im Kontext von Prostitutionstourismus allenfalls als Pseudo-Akt zu verstehen sei. »Es wird zwar von den Individuen und Gruppen so empfunden, doch dadurch, daß Kinderprostitution und der mit ihr verknüpfte Tourismus einen derartig wichtigen ökonomischen, politischen und ideologischen Faktor darstellen, passen die sexuellen Gewaltakte exakt in die Logik der Institutionen. Das heißt, die vermeintlich unkontrollierte Interaktion des Touristen ist kontrolliert und sanktioniert. Es ist völlig unvorstellbar, daß ein solch epidemisches Verhalten toleriert würde, würde es den Interessen der Machthaber in Politik, Wirtschaft und Militär widersprechen.«[370]

Hypothese

Je eher eine Gesellschaft ihren Männerbünden zivile Übertretungen durchläßt, sie gelegentlich auch dazu ermutigt, desto wahrscheinlicher ist ein Phänomen wie der Sextourismus.

These 7

Gesellschaften, die sexuelle Gewalt gegen Kinder zulassen und fördern, definieren die Ungleichheit zwischen den Geschlechtern als sexuelles Vergnügen.

Die US-amerikanische Rechtsprofessorin Catharine MacKinnon analysiert die Zusammenhänge zwischen Sexualität, Sexismus, Dominanz und Gewalt vor allem im Hinblick auf das Verhältnis zwischen Männern und Frauen. Ihre Analyse läßt sich ebenfalls auf sexuelle Gewalt gegen Kinder beziehungsweise Kinderprostitutionstourismus übertragen. »Frauen werden unterdrückt und unterworfen, behindert, belästigt, vergewaltigt und objektiviert. Alle diese Gewaltzusammenhänge werden definiert als das, was Sexualität für Frauen ist, als das, was Weiblichkeit bedeutet und inhaltlich umfaßt. Diese von Männern definierte Sexualität ist in den Zweite-Klasse-Status von Frauen eingeprägt. Frauen fahren auf diese Art von Gewalt nicht ab, ob sie mittels Sexualität daherkommt oder nicht. Aber Männer, die Frauen und Kinder sexuell ausbeuten, genießen ihre Handlungen als sexuelle. Es ist Sexualität für sie.«[371] Die Ungleichheit der Geschlechter führe auf diese Weise dazu, daß Männer Gewalt als Lust erleben und Frauen ihre Unterordnung als sexualisiert. »Da die Ungleichheit als sexuelles Vergnügen definiert wird, erscheint die Ungleichheit als beiderseitig erwünscht. Dies erklärt die Dauerhaftigkeit der männlichen hegemonialen Dominanz und erklärt zum Teil die auf den ersten Blick irritierenden Formen weiblicher Kollaboration oder Anpassung.«[372] Ebenso, wie Frauen sexuelle Gewalt als normale (weil männlich definierte) Sexualität erleben, »reiht sich auch die sexuelle Gewalt gegen Kinder durch Touristen in diese männliche Perspektive ein. Die Gewalt, die auf Ungleichheit und Dominanz aufbaut, wird genossen. Die ausgebeuteten Kindern erfahren die Gewalt als herrschende Sexualität«[373].

Hypothese

Je stärker Sexismus und sexuelle Gewalt mit Sexualität schlechthin gleichgesetzt werden, desto naheliegender sind auch sexuelle Gewaltübergriffe gegen Kinder durch Touristen.

Alberto Godenzi schließt seine Überlegungen mit einem utopischen Gedankenspiel ab, das sich sowohl im Hinblick auf die gegenseitige Verwiesenheit von Krieg und Kinderprostitution als auch auf die daraus resultierenden Wirkungen sexueller Gewalt deuten läßt. »Ein Charakteristikum, ein Merkmal, umfaßt jede kindspezifische Annäherung an und Interpretation von Welt: das Spiel. Kinder (zumindest noch die ganz kleinen) machen aus jeder Situation, jeder Herausforderung, jedem Dialog ein Spiel. Diese schier unerschöpfliche und phantastische Energie ist eindrücklich beschrieben in einem Buch von James Garbarino über Kinder in Kriegssituationen, also in der feindlichsten aller Lebenswelten. Das Leben der Kinder im Kontext von Sextourismus hat insofern Ähnlichkeit mit kriegerischen Situationen, als auch Ausweglosigkeit, Zwang, Verletzung, Leben und Tod inbegriffen sind. Meine Utopie ist, auch diese Kinder könnten wieder frei von Angst, Dominanz und Ausbeutung Spiele spielen.«

Was tun mit den Tätern?

Die Frage »Was tun mit den Tätern?« soll hier nur skizziert werden, da diese in einem späteren Kapitel über »Maßnahmen gegen Kinderprostitutionstourismus« nochmals ausführlich erörtert wird. Beispielhaft soll hier jedoch auf die Münchner Kampagne *Aktiv gegen Männergewalt* hingewiesen werden, die sich insbesondere mit den »Strategien gegen Gewalt im Geschlechterverhältnis« befaßt, wobei diese Gewalt, wie wir gesehen haben, sich sowohl gegen Frauen als auch gegen Kinder richten kann. Alberto Godenzi jedenfalls konstatiert in diesem Zusammenhang vier verschiedene Formen, die den gesellschaftlichen Umgang mit Tätern kennzeichnen:

1. Wir schauen weg und lassen diejenigen, die ungeschickterweise doch erwischt werden, wieder laufen.
2. Wir können sie erforschen.
3. Wir können sie bestrafen
4. Wir können sie zu therapieren versuchen.[374]

In seinen Überlegungen, in denen er die Frage nach den Tätern aus der Sicht von Frauen zu beantworten versucht, plädiert Alberto Godenzi schließlich für eine »kollektive Entkopplung« des Täters von der Gesellschaft, und zwar »im Sinne eines temporären Aufenthalts in gewaltfreieren, gesellschaftsegalitären Nischen, bis sich die Gesellschaft in dem Sinne verändert hat oder verändern ließ, daß der männliche Teil der Bevölkerung wirksam daran gehindert wird (vor allem auch durch »empowerment« von Frauen), oder wenigstens nicht länger darin unterstützt wird, im sozialen Nahraum (und selbstverständlich auch außerhalb dieses Bereichs) den weiblichen Teil der Bevölkerung (wie auch Kinder; G.W.) zu mißhandeln»[375].

Die von KOFRA, dem *Kommunikationszentrum für Frauen zur Arbeits- und Lebenssituation,* vorgelegten Analysen lassen sich auch als Hinweis darauf lesen, daß die bisher entwickelten Ansätze (Notruf, Frauenhäuser etc.) gegen Gewalt gegen Frauen zu kurz greifen beziehungsweise den Staat als Garant des Rechts nicht genügend fordern. »Unser gegenwärtiger Umgang mit Gewalt im Geschlechterverhältnis verkennt«, so Carol Hagemann-White, »daß die Opfer nicht nur einen Anspruch auf Hilfe, sondern einen gleichrangigen Anspruch auf Gerechtigkeit haben. Den Täter zur Verantwortung zu ziehen hieße, Vertrauen in das Gemeinwesen und in eine Welt wiederherzustellen, in der eine Frau nicht Angst haben muß, mit einem männlichen Wesen zu leben ...; eine Welt auch, in der ein Kind das Recht hat, sich dem Stärkeren anzuvertrauen. Unser alltägliches Vertrauen in die Welt ist mit einem gemeinschaftlich geteilten, legitimierten Rechtsempfinden verwoben. Wenn sie erleben, daß der Täter zur Verantwortung gezogen wird, können die Opfer beginnen, ihre Erschütterungen und Verletzungen heilen zu lassen, indem ihnen eine Gemeinschaft konkret vorstellbar wird, die Gewalt unmißverständlich ablehnt.«[376]

Pornographie mit Kindern

»Wer solche Bilder je gesehen hat, kann mit dem Begriff »Pornographie« nichts mehr anfangen, denn mit Pornographie hat das nichts zu tun.«

Monika Gerstendörfer

Pornographische Mißhandlungen von Kindern

Kinderprostitutionstourismus geht häufig einher mit der Produktion und Vermarktung pornographischer Mißhandlungen. Die Nachfrage nach Kindern und der Konsum von sogenannter Kinderpornographie scheinen sich geradezu gegenseitig zu bedingen. So äußern sich ExpertInnen besorgt darüber, daß die Nachfrage nach »Sex« mit Kindern durch das Verlangen nach Pornographie mit Kindern noch angeheizt wird.[377] »Ein anderes Verbrechen gegen ausländische Kinder ist die Erstellung von Päderasten-Pornos mit thailändischen Kindern, die besonders häufig über Händler im Rheinland vertrieben werden[378]. Wahrscheinlich hat der Sextourismus diese Form der sexuellen Ausbeutung stark verbreitet, da besonders in Thailand das Ansteigen der Kinderprostitution Sorge bereitet.«[379]

Für die Produzenten beziehungsweise Konsumenten von Pornographie mit Kindern scheint es nahezuliegen, »im Urlaub« Kinder für die Produktion von Kinderpornographie zu benutzen. »Es ist einfacher und weniger riskant, in Thailand oder auf den Philippinen Mädchen oder Jungen für Pornovideos zu finden. Mehr als 80 Prozent der Kinderpornos, die in Deutschland vorwiegend über den privaten Weg gehandelt werden, zeigen thailändische oder philippinische Kinder, die von weißen Männern zu sexuellen Handlungen gezwungen werden.«[380] Prostitutionstouristen »schießen« Fotos, um sich jederzeit ihrer Eroberungen vergewissern zu können. Diese Fotos bilden die Trophäen eines aufregenden Trips fernab der reglementierten Normalität, an denen sie sich ergötzen, die sie aber zugleich auch vervielfältigen können, um daraus Profit zu schlagen. Immer häufiger werden zwischenzeitlich auch Cam-Recorder eingesetzt, da bewegliche Bilder den Genuß der Handlungen wie den des Anschauens noch zu erhöhen vermögen. Zudem lassen sich Filme auf dem Pornomarkt noch profitabler vermarkten als Fotos.

»Pornographie«, so die Analyse der Schweizer *Kampagne gegen Kinderprostitution,* »ist die konsequente bildliche Umsetzung der patriarchalen Gesellschaft und ihrer simplen digitalen Denkschemata. Es gibt ein Oben und ein Unten, Starke und Schwache, das passiv-weibliche und aktiv-männliche Element: Jeder Herr braucht seine Sklavin, und jede Sklavin sehnt sich nach ihrem Herrn. Auch die Kinderpornographie entgeht diesem Schema nicht. Sie ist lediglich eine der perversesten und grausamsten Varianten des Motivs von Unschuld und Lüsternheit, von stark und schwach. Die Verführung und Vergewaltigung der Unschuld gehört zu den gängigsten sexuellen Phantasien. Sie lassen sich nirgends besser ausleben als an kindlichen unbehaarten Körpern.«[381]

Pornographie mit Kindern inszeniert und rechtfertigt die Anwendung sexualisierter Gewalt an Kindern in verschiedenster Hinsicht. Und sie ist nicht zuletzt ein »Bomben«-Geschäft. Schätzungen des Bundeskriminalamtes gehen davon aus, daß sich mindestens 30 000 Kunden auf dem (Porno-) Markt bedienen, der jährlich mehrere hundert Millionen Mark umsetzt. So sprach die Abgeordnete der FDP-Bundestagsfraktion, Ingrid Walz, auf dem Kongreß der Kampagne *End Child Prostitution in Asian Tourism (ECPAT)* in Bangkok von einem Marktvolumen von 400 Millionen Mark allein für die Bundesrepublik Deutschland. »In seinem Bericht an die Menschenrechtskommission der UNO vom Januar dieses Jahres (1993) stellt der UN-Sonderberichterstatter Vitit Muntarbhorn fest, daß der Konsum von Kinderpornographie in den industrialisierten Ländern erschreckend zugenommen hat.«[382]

Trotz alledem ist das Thema Pornographie mit Kindern hierzulande nach wie vor »ein Thema, das in der öffentlichen Diskussion über den sexuellen Mißbrauch von Kindern bislang nur selten Beachtung fand. In der Fachliteratur wird – wenn überhaupt – nur am Rande erwähnt, daß neben der Kinder- und Jugendprostitution auch Kinderpornographie eine spezielle Form der sexuellen Gewalt darstellt. Ursache und Wirkung sowie gesellschaftliche Hintergründe bleiben dabei weitestgehend unberücksichtigt. Dieser Mangel an Literatur ist sicherlich darauf zurückzuführen«, so Renate Sänger, die Leiterin des Reichenspergerhauses in Köln, in ihren Ausführungen über den Zusammenhang von »Kinderpornographie und Frühprostitution«, »daß das Ausmaß sowie eine reale Vorstellung davon, was der Begriff ›Kinderpornograhie‹ beinhaltet, bislang noch nicht ins öffentliche Bewußtsein gelangt ist«[383].

Dieses noch andauernde Nicht-Begreifen mag schließlich auch damit zusammenhängen, daß mit der pornographischen Ausbeutung von Kindern zwei Tabus zugleich verletzt werden: das Tabu des sexuellen Mißbrauchs ebenso wie das Tabu des Konsums von Kinderpornographie. »Ein Tabu beinhaltet stets, nicht nur das

Gebot zu unterlassen, sondern auch das Gebot, nicht darüber zu sprechen. Folglich wird die Kinderpornographie, die gleich zwei Tabus verletzt, erst recht verschwiegen.«[384] Pornographisch mißhandelte Kinder sind damit einem doppelten Schweigen unterworfen. Zwar wird nicht jedes Kind, das sexuell mißhandelt wird, auch pornographisch mißhandelt, doch gehen sowohl Interpol als auch bundesdeutsche Ermittlungsbehörden davon aus, »daß der Anteil von Kindern, die pornographisch mißbraucht werden, sehr hoch ist«[385]. So ergaben nicht zuletzt auch die von Ann Thönissen und Klaus Meyer-Andersen angestellten Recherchen über »Das geheime Geschäft mit der Kinderpornographie«, daß ein erheblicher Teil der pornographischen Erzeugnisse nicht professionell, sondern privat realisiert wird: von Touristen ebenso wie von Vätern, Eltern oder sonstigen Gelegenheits-Pornographen, die ihr Klientel zumeist über Kleinanzeigen oder BTX suchen.

Häufig wird Pornographie mit Kindern als »Schmuddelkram« abgetan. »In der virtuellen Welt der Bildschirmoberfläche und der Lebenswirklichkeit solcher Kinder«, so Monika Gerstendörfer in einem Beitrag über »Sexualisierte Gewalt auf CD-ROM und in den weltweiten Netzen«, »geht es jedoch nur um eines: um die Darstellung einer tatsächlich stattgefundenen Mißhandlung ... Wer solche Bilder je gesehen hat, kann mit dem Begriff ›Pornographie‹ in diesem Zusammenhang nichts mehr anfangen, denn mit Pornographie hat das nichts zu tun.«[386] Tatsächlich produziere der Markt zunehmend nicht nur Primär-, sondern auch Sekundär- und Tertiär-Opfer, »nämlich:

- Kinder, die zum Zeitpunkt der Erstellung der Bilder mißhandelt werden,
- Kinder und Jugendliche, die solche Bilder im Netz ›entdecken‹,
- Heranwachsende, die als Kinder für die Herstellung solcher Bilder mißhandelt wurden und mit dem Wissen um die Verbreitungsmöglichkeiten und die Existenz dieser sogenannter Pornos leben müssen,
- Erwachsene, die als Kinder für Pornovideos mißhandelt wurden und mittlerweile wissen, daß man mit solchen Materialien auch interaktive Spiele auf CD-ROM herstellen kann (...) beziehungsweise eine raum-zeitlich weitere Verbreitung über die Netze besteht.«[387]

Nachdrücklich weist darum auch Renate Sänger darauf hin, wie wichtig es sei zu begreifen, daß Pornographie mit Kindern zwar einen Teilaspekt des sexuellen Mißbrauchs darstellt[388], aber nicht allein mit den dafür entwickelten Maßnahmen und Hilfen zu bewältigen sei. »Vielmehr muß unserer Ansicht nach für eine effektive Lösung dieser spezifischen Problematik eine Anzahl weiterer Faktoren berücksichtigt werden, denn, wie ich bei der Bearbeitung der Thematik feststellen konnte:

- Kinder werden hier nicht nur als Objekt für die sexuelle Befriedigung (Erwachsener; G.W.) mißbraucht, sie werden auch für die finanzielle Bereicherung ausgebeutet.
- Eine wesentliche Rolle bei der Kinderpornographie spielen nicht nur die Täter in Form der Hersteller, die Kinder für pornographische Zwecke mißbrauchen, sondern insbesondere auch die Konsumenten, für die das Material überhaupt erst hergestellt wird. Der Hersteller kann jedoch auch selbst Konsument sein.
- Der sexuelle Mißbrauch von Kindern ist nicht nur Voraussetzung für die Herstellung des pornographischen Materials, sexueller Mißbrauch ist häufig auch Folge des Konsums.«[389]

Obwohl sich diese Ausführungen nicht auf die pornographische Ausbeutung von Kindern durch deutsche Prostitutionstouristen beziehen, lassen sich wesentliche Übertragungsmomente erkennen, die auch für diese Tätergruppe kennzeichnend sind. Es bleibt allenfalls zu ergänzen, daß Kinderprostitutionstouristen, die ihre Opfer fotografieren oder filmen, ihre Absichten mit einem noch geringeren Risiko in die Tat umsetzen können. Dieses geringere Risiko bezieht sich sowohl auf das »Aufreißen« der Opfer als auch auf die Produktion und Vermarktung pornographischer Erzeugnisse. Ein Identifizieren und (Wieder-) Erkennen der Opfer kann weitgehend ausgeschlossen werden, während die Täter ihre eigenen Gesichter nur unkenntlich machen oder der Kamera abwenden müssen, um nicht erkannt zu werden. Der »Reiz« dieser kinderpornographischen Erzeugnisse liegt ohnehin nicht in ihrer ästhetischen, sondern häufig sogar in ihrer laienhaften Ausgestaltung, der besondere Kick in dem exotischen Ambiente, auch wenn es sich dabei in der Regel nur um ein Hotelzimmer europäischen Standards handelt. Was zählt, ist das nackte Kind auf dem Bettlaken.

Im März 1990 fand aus Anlaß der von Ann Thönissen und Klaus Meyer-Andersen recherchierten Erkenntnisse über Kinderpornographie eine Anhörung im Deutschen Bundestag statt, auf der auch nach den Tätern gefragt wurde. »Wie Elisabeth Trube-Becker im Rahmen der ExpertInnenanhörung darlegte, entspricht nach ihren Erfahrungen die Beschreibung der Tätergruppe bei sexuellem Mißbrauch weitgehend der Tätergruppe bei pornographischem Mißbrauch. In den ihr bekannten Fällen waren meist entweder Mitglieder aus der Familie oder Personen aus dem sozialen Umfeld die Täter.«[390] Daß die Täter(gruppen) als weitgehend identisch angenommen werden können, bestätigten auch die Ausführungen des Jugendschutzbeauftragten der Kreispolizeibehörde Köln. »Nach Reiner Laschet läßt sich feststellen, daß insbesondere für die private Produktion von Kinderpornographie häufig Väter und Stiefväter ihre Kinder pornographisch mißbrauchen.«[391] Dennoch bleibe jedoch die Frage, ob beim pornographischen Mißbrauch die Zahl der Fremdtäter im Vergleich zum sexuellen Mißbrauch ohne pornographische Ausbeutung nicht doch größer sei, weiterhin offen – eine Frage, die im Hinblick auf die pornographische Ausbeutung von Kindern im Kontext von Kinderprostitutionstourismus als absolut zutreffend zu bezeichnen ist.

Pornographie mit Kindern erfüllt jedoch nicht nur die Funktion, »geile« Bilder zu besitzen oder zu vermarkten. Sie dient den Produzenten-Konsumenten auch als Druckmittel. »Mit der Drohung, diese zum Beispiel Fremden oder Familienmitgliedern zu zeigen, zwingen sie das Kind zur weiteren Mitwirkung und verpflichten es gleichzeitig zum Schweigen.«[392] Es ist anzunehmen, daß die von Kinderprostitutionstouristen hergestellten pornographischen Erzeugnisse in gleicher Weise dazu benutzt werden, die angebliche »Freiwilligkeit« des Opfers zu dokumentieren – gegenüber den Opfern ebenso wie gegenüber »Gesinnungsgenossen«.

»Die Kleinen«, schwärmt der mit dem verdeckt recherchierenden Journalisten Klaus Meyer-Andersen verabredete Kinderprostitutionstourist, der sich in einer Kleinanzeige als »seriöser Geschäftsmann und Lolitafan« empfohlen hatte, »sind herrlich. Bei denen hat noch keiner was kaputt gemacht. Die reagieren unten noch ganz spontan.«[393]

Vorstellbar aber auch, daß die in der Drohung verborgene Angst vor Entdeckung bei dieser Tätergruppe (noch) gar nicht ausgebildet ist: Schließlich hat Mann das Kind ja gekauft, mit Haut und Haaren, zur freien Verfügung. Eine »Ware« besitzt keine Rechte. Eine »Ware« wird konsumiert, solange sie frisch ist.

Die Opfer

Voraussetzung für die Herstellung von Pornographie mit Kindern ist die sexuelle Mißhandlung eines Kindes, wobei das Alter des Kindes keiner Grenze zu unterliegen scheint. »Das wesentliche Kriterium für die Auswahl von Kindern zur Herstellung von Kinderpornographie scheint zu sein, daß aus der körperlichen Gestalt und dem Gesichtsausdruck der DarstellerInnen eindeutig hervorgeht, daß es sich um Kinder handelt und nicht um Jugendliche oder Erwachsene, die lediglich in die Rolle eines Kindes geschlüpft sind.«[394] Dabei sinkt die Profitrate des pornographischen Erzeugnisses, je deutlicher die geschlechtliche Reife des Kindes erkennbar ist. Da »schlanke«, »unbehaarte« und »flachbrüstige« Kinder jedoch nicht ohne weiteres zur pornographischen Mißhandlung zur Verfügung stehen, wird von den Produzenten-Konsumenten vorzugsweise auf Kinder aus sozial schwachen Familien zurückgegriffen[395], unter diesen auch Kinder aus Asylbewerberheimen oder aus Familien sogenannter Spätaussiedler. Darüber hinaus werden – auf Wunsch – auch Kinder aus Osteuropa, vor allem aus Polen und Tschechien, in die Bundesrepublik eingeführt, wo sie für einen Abend oder für ein Wochenende zur sexuellen beziehungsweise pornographischen Mißhandlung zur Verfügung gestellt werden.[396]

Frauke Haumann von *Wildwasser Berlin* hat keinen Zweifel daran, daß die Auswirkungen des sexuellen Mißbrauchs durch die zusätzliche pornographische Ausbeutung noch verhängnisvoller werden. »Sie begründet ihre Vermutung damit, daß Kinder, die pornographisch mißbraucht wurden, nach ihrer Erfahrung vom Täter im wahrsten Sinne des Wortes ›zum Schweigen abgerichtet werden‹, denn das Bild oder der Film würde bei einer Aufdeckung die Täterschaft eindeutig belegen.«[397] Repräsentative Untersuchungen über pornographisch mißhandelte Kinder liegen gleichwohl bis heute nicht vor. Aus der praktischen Arbeit mit betroffenen Kindern beziehungsweise Frauen läßt sich jedoch ableiten, »daß Opfer, die pornographisch mißbraucht wurden, häufig extrem ängstlich reagieren, wenn jemand versucht, Fotos oder Videoaufnahmen von ihnen zu machen ... Sie schämen sich für die Aufnahmen und wissen gleichzeitig, daß die Verbreitung bis weit in die Zukunft andauern kann und sie in keiner Weise darauf Einfluß nehmen können«[398]. Das Wissen um die Existenz von Fotos (Filmen) führt dazu, daß eine Beendigung der pornographischen Mißhandlung bei den Opfern keine Erleichterung auszulösen vermag, da die Fotos (Filme) ihre vermeintliche »Freiwilligkeit« und »Schuld« weiterhin »beweisen«. Manche Kinder versuchen daher alles, um in den Besitz dieser Fotos (Filme) zu kommen. »Nach Angaben von Mitarbeiterinnen des Vereins *Frauen lernen leben* kann es jedoch auch vorkommen, daß Kinder ihre Mitwirkung an pornographischen Aufnahmen aus dem Bewußtsein verdrängen. Selbst bei einer Konfrontation mit den Aufnahmen verleugnen sie ihre Mitwirkung. Sie erkennen sich selbst nicht wieder.«[399]

Soweit die pornographischen Erzeugnisse daher als Beweismittel für die sexuelle Mißhandlung ausländischer Kinder im Ausland gerichtlich anerkannt werden, bleibt abzuwarten, ob die dargestellten Mißhandlungen von den betroffenen Kindern überhaupt bestätigt werden (können). Nicht zuletzt hängt die Überlebensfähigkeit betroffener Kinder schließlich auch davon ab, inwieweit es ihnen gelingt, das tatsächlich Geschehene aus ihrem Bewußtsein abzuspalten. Für die von Kinderprostitutionstouristen mißhandelten Kinder kommt noch hinzu, daß sie einem permanenten Wechsel von Kunden (Tätern) unterliegen, deren Gesichter möglicherweise irgendwann keine klaren Konturen mehr aufweisen. Die Scham, die das Wissen um diese Fotos beziehungsweise Filme den Opfern auszulösen imstande ist, mag nur noch vergleichbar sein mit dem Entsetzen, daß vorstellbar ist, wenn die betroffenen Frauen oder Kinder oder auch deren (unwissende) Eltern erfahren, daß sie beziehungsweise deren Kinder nicht nur sexuell mißhandelt, sondern darüber hinaus auch pornographisch vermarktet wurden.

Die Wirkung von Kinderpornographie

Wie wirkt Pornographie mit Kindern auf ihre Konsumenten? Wie auf Kinder, denen vor laufender Kamera mißhandelten ebenso wie denen, die von den Konsumenten gezwungen werden, Kinderpornographie anzuschauen?

»Die Wirkung von Pornographie auf Konsumenten (ist verbunden mit der Frage nach dem Zweck):

- um sich selbst zu befriedigen/stimulieren;
- Einleitung realer sexueller Ausbeutung (früher oder später werden Konsumenten Täter, das heißt Hemmschwellen werden herabgesetzt);
- alle dargestellten Handlungen werden übernommen;
- Kaufmöglichkeiten, Videos, Magazine bestätigen die Richtigkeit dieser Bedürfnisse, erzeugen Massenphänomen-Gefühle;
- Konsument gewinnt nach und nach die Überzeugung (verdrängte Realität), Kinder wünschen sexlüsterne Handlungen (Kinder sehen auf Videos, Fotos nicht gequält aus[400]),
- Sammler von Videos – Kommunikationsmöglichkeit, Wir-Gefühl – kämpfen angeblich um die sexuelle Befreiung der Kinder.

Wirkung auf Kinder:

- Abbau von Widerstand;
- Hemmschwellen werden herabgesetzt (insbesondere durch Gruppendruck gleichaltriger, die in kinderpornographischen Filmen mitmachen);
- Desorientierung (in Richtung, was ist normales sexuelles Verhalten);
- über Fotos wird ihre scheinbare Freiwilligkeit dokumentiert = Druckmittel;
- über Fotos wird ein ›Mißbrauch‹ ein für allemal festgehalten und dem Kind immer wieder vor Augen geführt.

Maßnahmen:

- Aufklärung der Bevölkerung/Öffentlichkeitsarbeit;

- präventive Maßnahmen, zum Beispiel in Kindergärten, Schulen, Fernsehen;
- methodische Arbeitsweisen (Rollenspiel, Geschichten vorlesen, Selbstbehauptungs-Training; lernen, den eigenen Gefühlen zu trauen);
- Fortbildung und Schulung bestimmter Berufsgruppen (Lehrer, Erzieher, Ärzte, Richter, Staatsanwälte etc.);
- rechtliche Maßnahmen;
- wissenschaftliche Grundlagenarbeit;
- gezielte Maßnahmen für Konsumentengruppen, zum Beispiel Pädophile.«[401]

»Dazu gehört auch«, so Monika Gerstendörfer, »daß Begriffe wie »Kinderpornographie« und »Kinderprostitution« ersetzt werden, weil sie sich viel zu sehr auf eine »harmlose« Kategorie beziehen, nämlich »Sexualität«. Tatsächlich handeln die Bilder aber weder von Sexualität noch von Prostitution oder Pornographie. Es ist pure, teils bestialische Gewalt, die dort gezeigt wird und die ja ausgeübt wurde, um die entsprechenden Bilder oder Videosequenzen erstellen zu können.»[402]

Die Vermarktung von Kinderpornographie

In seinen Recherchen über die Vermarktung von Kindern im Kontext von »Kinderprostitution und Kinderpornographie« kommt der Journalist Manfred Karremann zu dem Ergebnis, daß in den letzten Jahren ein regelrechter »Boom« in der kinderpornographischen Vermarktung insbesondere thailändischer und philippinischer Kinder zu verzeichnen sei. Dabei habe er feststellen können, daß sowohl die Zahl der professionellen Produzenten von Kinderpornographie als auch Überschneidungen im Bereich Pornographie und Drogenhandel zu erkennen waren.[403] Seine Recherchen führten ihn auch nach Thailand. »Er war in geschlossenen Bordellen, wo zwölf- bis dreizehnjährige Mädchen angeboten wurden. Die Mädchen hatten Angst, über ihr Schicksal zu sprechen. Man hat sie mißhandelt und gedroht, sie mit Rasierklingen umzubringen. Es wurden schon Mädchen umgebracht oder sind verschollen. In solche Bordelle gehen auch viele deutsche Männer. Deutsche treten nicht nur als Kunden auf, Pattaya ist eine Hochburg deutscher Bar- und Bordellbesitzer. Für die Mädchen gibt es ›Ausbildungszentren‹ im Norden des Landes, wo sie für das Leben im Bordell trainiert werden. Ein Kunde zahlt pro Nacht zirka 30 Mark ...«[404]

Die Grenzen zwischen Prostitution und Pornographie sind in diesem Milieu wahrscheinlich kaum noch zu ziehen. Anzunehmen ist, daß, wer bezahlt, auch das Recht hat, seine Kamera draufzuhalten. Wer professionell filmen will, wird Kinder mieten, um seinen Film in eigener Regie zu drehen.

Pornographie ist ein Geschäft unter Männern. Das Wort »Kinderporno« wird von den Händlern selbst jedoch nicht benutzt. Ihre Geschäfte vollziehen sich weitgehend unbeachtet von der Öffentlichkeit. Wie bei allen anderen Geschäften gibt es auch im Bereich der Pornographie mit Kindern Großhändler, Zwischenhändler und Kleinhändler, wobei letztere zumeist auch die Produzenten der von ihnen vertriebenen pornographischen Erzeugnisse sind. Die Händler sind untereinander international vernetzt. Filme und andere kinderpornographische Erzeugnisse werden zwar in der Bundesrepublik Deutschland hergestellt und angeboten, der Kunde bestellt jedoch bei einem Postfach in Holland oder Dänemark. Die Ware wiederum wird in der Bundesrepublik selbst verschickt. Diese internationale Vernetzung stellt die Lebensader der Kinderpornographie dar, und zwar sowohl hinsichtlich der Opfer als auch hinsichtlich der Vermarktung beziehungsweise der Konsumenten.

Die Konsumenten von Pornographie mit Kindern sind – wie die Kinderprostitutionstouristen auch – keiner besonderen sozialen Klasse oder Berufsgruppe zuzuordnen. Es ist anzunehmen, daß die Gruppe der Pädosexuellen auch unter den Konsumenten von Kinderpornographie die dominierende Gruppe ist, doch dürfte auch die Zahl derer, die nur gelegentlich Kinderpornographie konsumiert, erheblich sein. »Die Kunden sind in der Regel Dauerabnehmer. Es kommen aber immer neue dazu. Das Verbotene scheint den Reiz zu erhöhen. Das Bundeskriminalamt vermutet 30 000 Kunden, die Kinderpornos sammeln. Es gibt andere Schätzungen, die weit darüber liegen.«[405] Konsumiert wird zumeist im »stillen Kämmerlein« oder unter »Gesinnungsgenossen«, getauscht mit »Interessenten« oder »Sammlern«. Der Reiz des Verbotenen wird durch die in der Szene gepflegte Diskretion offenbar noch gesteigert. Kinderpornographen – Produzenten, Händler und Konsumenten – bilden eine verschworene Gemeinschaft.

Die Vertriebswege der Pornographie mit Kindern sind nach Ansicht von Reiner Laschet, Kripo Köln, zum Teil »organisiert wie im Betäubungsmittel-Handel, vor allen Dingen dann, wenn deutsche Händler im Ausland operieren. Es ist ein lukratives Geschäft, bei dem kommerzielle Hersteller und Vertreiber große Gewinne erzielen. Kinder werden zur Herstellung der Filme und Videos wie gewerbliche Ware behandelt. Standbilder aus diesen Videos werden wiederum zu Magazinen verarbeitet«[406].

Das Spektrum der kinderpornographischen Erzeugnisse umfaßt alle nur denkbaren Variationen. »Dazu gehören einmal Videokassetten und Super-8-Filme sowie Fotoserien und Fotomontagen. In den Filmen werden pornographische Abläufe mit Mädchen und Jungen dargestellt. Die sexuellen Handlungen werden dabei von Kindern an sich selbst, von Kindern untereinander, von Erwachsenen an Kindern oder von Kindern an Erwachsenen vorgenommen. Die Handlungen reichen von Manipulation der Geschlechtsteile bis zu vorgetäuschtem oder auch durchgeführtem vaginalen, analen oder oralen Verkehr. In Fotoserien und Fotomontagen werden Kinder in zum Teil eindeutigen Stellungen abgebildet, ihre Geschlechtsteile stehen dabei meist im Vordergrund. Oben genannte Abbildungen sind auch in Magazinen enthalten, meist mit schriftlicher Kommentierung. Zudem werden in einschlägigen Zeitschriften auch Informationen speziell für Pädophile publiziert. So wird zum Beispiel beschrieben, wo und wie in einzelnen Ländern sexuelle Kontakte zu Kindern hergestellt werden können. Im Bereich der literarischen Darstellungen werden einschlägige Bücher und Briefe mit ›Erlebnisberichten‹ gehandelt. Des weiteren werden auch Tonbandkassetten und Schallplatten/CDs zum Verkauf angeboten, die beispielsweise die Schilderung der Defloration eines Mädchens enthalten.«[407]

Die zuvor geschilderten Formen materialisierter sexueller Gewalt gegen Kinder stellen daher womöglich nur die Spitze des Eisberges dar, da neben der einschlägigen Pornographie mit Kindern auch Material vertrieben wird, das gemeinhin als »Kindererotika« bezeichnet wird. »Dazu gehören einfache Kinderfotos, schlichte Aktdarstellungen und auch Ausschnitte aus Wäschekatalogen sowie Literatur über Kinder und Pädophile«[408] – nicht zu vergessen der reiche Schatz an Motiven, den die Werbung frei Haus liefert.[409]

Die Herstellung von Pornographie mit Kindern realisiert sich, darauf wurde bereits hingewiesen, sowohl kommerziell als auch privat, wobei die Grenzen zwischen der kommerziellen und privaten Produktion fließend sind. Die Aussicht auf finanzielle Bereicherung ist auch in der Motivlage »privater« Produzenten virulent, zumal der Markt von einer steigenden Nachfrage nach Kinderpornographie profitiert. »Die private Herstellung von Kinderpornographie erfolgte ursprünglich nur für den eigenen Konsum. Ein Merkmal dieser Produkte ist nach Tim Tate[410], daß der Hersteller meist nur ein einzelnes Kind zur Befriedigung seiner sexuellen Bedürfnisse mißbraucht und den Mißbrauch gleichzeitig aufnimmt[411]. Amateurfilme oder sonstige auf diese Art von Nichtprofis hergestellte Materialien werden vor allem unter Interessenten getauscht. Allerdings sind sie zunehmend auch im kommerziellen Handel zu finden ...«[412] Diese »garantiert echten Privatvideos« kursieren vor allem unter den »Sammlern« kinderpornographischer Erzeugnisse, die für den pornographischen Mitschnitt zum Beispiel einer »Entjungferung einer Achtjährigen« oder »Anale Lusterlebnisse mit einem zarten Knaben« mehrere tausend Mark zahlen.[413]

Sofern es nicht die eigenen oder – im Kontext von Kinderprostitutionstourismus – ausländische Kinder sind, die für pornographische Zwecke benutzt werden, werden diese über Kleinanzeigen gesucht oder auf der Straße angesprochen »und durch Geschenke und Versprechungen an zunächst harmlose, später aber an Brisanz zunehmende Aufnahmen herangeführt«[414]. Darüber hinaus sind Fälle bekannt geworden, in denen Kinder aus der Dritten Welt in Begleitung ihrer Mütter in die Bundesrepublik eingeführt wurden, um hier – ohne deren Wissen – pornographisch ausgebeutet zu werden. Von den pornographisch mißhandelten Kindern von Asylbewerbern war bereits die Rede.[415]

Ralf Mittler, Kripo Bensheim, stellte bei seinen Ermittlungen fest, »daß Herstellung und Vertrieb von Kinderpornographie zum Teil von organisierten Gruppen durchgeführt werden. Dabei haben sich einzelne Mitglieder jeweils auf bestimmte Aufgabengebiete spezialisiert. So übernimmt eine Person die Kontaktaufnahme und Betreuung der Kinder, während eine zweite Person lediglich für Film- und Fotoaufnahmen zuständig ist. Eine dritte Person übernimmt dann die Vervielfältigung des Materials und eine vierte Person schließlich den Vertrieb der Produkte«[416].

Pornographie mit Kindern wird vorzugsweise über Chiffreanzeigen, Postlagerkennummern, Postlagercodewörter und zunehmend auch BTX angeboten, wobei die einschlägigen Informationen verschlüsselt werden, um eine Identifizierung der Produzenten beziehungsweise Händler kinderpornographischer Angebote zu erschweren. Die Interessenten können nichtsdestotrotz Produktlisten anfordern, in denen die kinderpornographischen Erzeugnisse detailliert beschrieben werden. »Die Lieferung der Ware erfolgt dann meist ebenso auf dem Postweg. Um der Strafverfolgung zu entgehen, wird die Ware vor dem Verkauf häufig ins Ausland exportiert und von dort dem Konsumenten zugesandt.«[417]

In sogenannten »Sex-Shops« sind diese Erzeugnisse in der Regel nicht erhältlich, da diese der öffentlichen Kontrolle unterliegen. Der kinderpornographische Markt hat sich außerhalb oder neben diesen »Sex-Shops« entwickelt: unter den Theken einschlägiger Treffpunkte und zum Beispiel an Autobahn-Tankstellen. Seine geheimbündlerische Struktur steht den kalkulierten Profiten dennoch nicht entgegen. Da Produktion und Handel mit Kinderpornographie verboten sind, bleiben die Opfer für die Öffentlichkeit weithin unsichtbar. Sichtbar sind sie nur für jene, die Kinderpornographie herstellen, vermarkten, konsumieren oder in anderer Weise begünstigen. Insofern ist das öffentliche Schweigen über Pornographie mit Kindern auch ein quasi »verschwiegenes« Sehen der zu diesem Zwecke sexuell mißhandelten Kinder. Darin liegt meines Erachtens die tiefe Bitternis pornographischer Bilder: Sie macht die Opfer nur sichtbar für jene, die sie benutzen. Das Tabu erweist sich als bester Schutz für die Pornographen.

Gesetze sind, wie es scheint, nicht mehr als kalkulierbare Risiken. »Ersttäter«, so der Leiter des Sittendezernats bei der Kölner Kriminalpolizei, Peter Schnieders, auf einer Pressekonferenz der Beratungsstelle *Zartbitter* am 4. Dezember 1995 in Köln, »die wegen Vertriebs von Kinderpornographie verurteilt werden, haben nicht mehr zu befürchten als ein in öffentlichen Verkehrsmitteln erwischter Schwarzfahrer«[418]. Die auch in strafrechtlicher Hinsicht vorherrschende Freizügigkeit im Bereich der Kinderpornographie führt mit der Aussicht auf die zu erzielenden Gewinne dazu, daß immer mehr Drogenhändler in das Geschäft mit der Kinderpornographie einsteigen, zumal mehrjährige Haftstrafen, wenn überhaupt, allenfalls wegen Steuerhinterziehung, nicht jedoch wegen pornographischer Mißhandlung von Kindern verhängt werden. Der Staat kennt keinen Spaß, wenn seine Bürger Steuern hinterziehen.[419]

Kinderpornographie im Internet

Wer einen Computer besitzt, kann Pornographie mit Kindern auch online konsumieren, anbieten, bestellen und sogar selbst herstellen. Der Computer besitzt nämlich nicht nur die Funktion eines Mediums, sondern zugleich auch die Funktion eines Werkzeugs. »Die technische Entwicklung bringt nämlich nicht nur technische Artefakte hervor, also: Multimedia, immer bessere Grafikprogramme, direkte Manipulation und ›touch screens‹ ...; vielmehr bringt uns die Informationstechnologie (IT) mit all diesen technischen Möglichkeiten eine neue Art der Pornographie, wo virtuelle (künstliche) Frauen (und Kinder; G.W.) grafisch aufbereitet und direkt manipuliert werden können. Interaktivität ist hier der Schlüsselbegriff, und das bedeutet, daß Frauenbilder (ebenso wie die von Kindern; G.W.) nicht nur gezeichnet, fotografiert und angeschaut werden, sondern Ganzkörperkonstruktionen zu (wenn auch virtuellen) Verhaltensweisen gezwungen werden. Ein Zwang, der durch (Vor-) Programmierung möglich wird.«[420]

Der Redakteur der »Augsburger Allgemeinen«, Detlef Drewes, fördert in »Kinder im Datennetz« einen grenzenlosen weltweiten Markt zutage, in dem sich Jugendliche und Computerfreaks ebenso wie Pädosexuelle und »gewöhnliche« Kinderpornographen Eintritt in die digitale Welt der sexuellen und pornographischen Kindesmißhandlung zu verschaffen wissen.[421] Der Eintritt in das *World Wide Web (www)* wird von ihm als »Kinderspiel« beschrieben. Benötigt wird lediglich ein Personalcomputer (PC) sowie ein Modem, mit dem der Rechner an die Telefonbuchse angeschlossen wird. »Die technische Entwicklung hat die Preise der Modems derart fallen lassen, daß die einfachsten heute bereits beim Kauf eines PC oder eines Laptops draufgelegt werden. Der beiliegende Antrag muß unterschrieben an die Telekom zurückgesandt werden, acht Tage später ist die zwölfstellige Anschlußkennung da: Die Eintrittskarte in das Telekom-Netz, das künftig Telekom-Online heißen soll und noch unter dem Titel »Datex-J« (J steht für: jedermann) firmiert. Von dort aus gibt es längst sogenannte Gateways, Querverbindungen, ins Ausland und in andere Netze wie Internet. Von dort wiederum kann man sich mit etwas Übung problemlos weiterwählen – ob Fidonet oder CompuServe, die Datenwelt kennt kaum Grenzen.»[422]

Damit aber steht Pornographie mit Kindern allen »Usern« (NutzerInnen) dieser Technologie offen. Wer wissen will, auf welchen »Brettern«, »Foren« oder »Newsgroups« Kinderpornographie abgelegt wurde, muß nur gezielt suchen. »Zunächst wählt man ein Pseudonym, das willkürlich sein kann. Ob »Maria 23« nun wirklich Maria heißt und 23 Jahre alt ist oder ob sich dahinter ein 50jähriger Mann verbirgt, wird niemand erfahren. Auf diese Weise bleibt dem lüsternen Kunden auch verschlossen, ob er nicht sogar in Wirklichkeit mit einem der Animatoren »tickert« beziehungsweise »chattet«, die fast jeder Anbieter einsetzt, um – wie es offiziell heißt – »das Spiel reizvoller zu gestalten«[423]. Um so länger der Kunde bei Laune gehalten werden kann, um so mehr verdient der Anbieter. »Neben den monatlichen Anschlußgebühren von acht Mark für Datex-J Telekom-Online und einer Nutzungsgebühr von 0,04 Mark Normaltarif (0,02 Mark Billigtarif) plus 23 Pfennig Telefonkosten für sechs Minuten Verbindung verlangen die Betreiber der Sex-Dienste nämlich zusätzlich sogenannte Anbietervergütungen. Diese liegen zwischen zehn Pfennig und 1,30 Mark pro Minute. Wer da auf eine Antwort mal zehn Minuten warten muß, bezahlt seine Geduld somit mit bis zu 13 Mark an den Betreiber, 78 Mark die Stunde...«[424]

Wer Pornographie mit Kindern sucht, wird sich von Telefongebühren jedoch wohl kaum abschrecken lassen. Denn wer dranbleibt, kann sich Dienste erfreuen, die außerhalb der virtuellen (Männer-) Welt nur mit gewissen Risiken für die eigene Person zu erhalten sind. »Wer sich ein aufreizendes Pseudonym gewählt hat«, so Detlef Drewes in seinen einführenden Erläuterungen zum Gebrauch des pornographischen Netzes, »bekommt auf der nächsten Seite die Möglichkeit, seine Vorlieben oder Vorzüge auf einer Visitenkarte einzutragen. Dann erst landet er sozusagen in der Eintrittshalle des Dienstes, in der man sich nun entscheiden muß, ob man in den Online-Dialog eintritt, seinen Briefkasten studiert oder in eines der sogenannten Foren geht, die häufig geschlossenen Gruppen vorbehalten sein sollen. Im Dialog findet der Nutzer dann eine Bildschirmseite mit 20 anderen Pseudos je Seite (meist sind so viele online dabei, daß deren Pseudonyme bis zu 20 Seiten füllen), deren Visitenkarte er (dies häufig bereits gegen Gebühr) studieren kann, um sich zu entscheiden, wer seinen Vorlieben am nächsten kommt. Diesen kann er dann anschreiben – live und online von seiner Tastatur aus. Wenig später signalisiert der Bildschirm, daß eine Antwort vorliegt. Auch jetzt bleibt es wieder jedem überlassen, ob er den Dialog aufnimmt oder nicht.«[425]

Was sich für Außenstehende wie eine Geisterbahn darstellt, wird von den Usern beziehungsweise Kunden von Pornographie mit Kindern als aufregendes Abenteuer erlebt, das sich mit einem einfachen Klick fortsetzen läßt, ohne daß Mann befürchten muß, entdeckt zu werden. »Zu den Besonderheiten gehört dabei die Anonymität. In zunehmend mehr Dialogen kann der Nutzer nämlich entscheiden, ob er ›Einwohner‹, also sozusagen Stammgast, wird. In diesem Fall bleibt sein Pseudonym für einige Wochen geschützt. Er wird in einer Einwohnerliste geführt, ist also für jeden relativ einfach wieder auffindbar. Während einige Anbieter diesen Eintrag automatisch vornehmen, überlassen andere dies dem Nutzer. Dieser kann somit nicht nur völlig anonym, sondern auch völlig unerkannt bleiben, da er nach Ausstieg aus dem Dialog im wahrsten Sinne des Wortes von der Bildfläche wieder verschwindet. Auch das Pseudonym wird nicht gespeichert.«[426]

Wenn es schon schwierig ist, die online vernetzten privaten Anbieter und Kunden von Pornographie mit Kindern im Datex-J zu identifizieren, so ist es praktisch unmöglich, diese in den weitverzweigten internationalen Netzen oder Mailboxen aufzuspüren. »In den internationalen Netzen ist eine Nachforschung oder gar Identifizierung noch schwieriger. Pornographie jeder Art wird beispielsweise bevorzugt über Internet ausgetauscht. Da der Absender sich entweder hinter einer Zahlenkombination oder einer Buchstabenkolonne plus einem Pseudonym verstecken kann, ist es leicht möglich, seinen Standort und seine Identität zu verschleiern.«[427] Dabei ist eine Mailbox technisch nichts als ein Rechner, der mit einem größeren Speicher ausgestattet ist, um Daten aller Art – auch Bilder – ablegen beziehungsweise abrufen zu können. »Wer ein Modem besitzt, hat dafür schon alles, was er braucht, denn das zum Anwählen notwendige Programm ist in jedem Betriebssystem enthalten. Man gibt die Telefonnummer ein, wählt den Rechner an und kann dann im Datenbestand stöbern.«[428] Wer pornographische Bilder anbieten oder nachfragen will, teilt dem Mailbox-Betreiber, dem »Sysop« (System-Operator), lediglich mit, daß man diesen – in der Regel geschützten Bereich – nutzen will und nicht minderjährig ist. Zur Bestätigung dieser Angaben fügt der interessierte Nutzer eine Kopie seines Personalausweises bei. Minderjährige Nutzer greifen in diesen Fällen üblicherweise auf den Personalausweis des Vaters oder eines älteren Bruders oder Freundes zurück.

»ErmittlerInnen, die einen Täter dingfest machen wollen, herausfinden möchten, was er anzubieten hat, müssen beispielsweise in einen Online-Dialog mit ihm treten. Sie müssen ihn locken, damit er sein Angebot erweitert, mehr Material herausrückt und so weiter. Das funktioniert üblicherweise nach der ›Tit-for-Tat‹-Methode. Zum Beispiel: ›Gibst du mir Bilder mit Tieren und Kindern, geb ich dir meine Kiddie-Pornos.‹ Nun darf die Polizei gemäß unseren netzwerk-inkompatiblen Gesetzen solchen Individuen aber keine Pornos anbieten, da sie sich sonst selbst strafbar macht, nämlich wegen Verbreitung von Kinderpornographie ...«[429]

Dem Journalisten Detlef Drewes gelang es im Sommer 1997 dennoch, einen Anbieter von »Kindersex« vor Gericht zu bringen. Ihm waren von einem Paar, das sich im Netz als »Sado-Henker« und »Leder-Hexe« vorgestellt hatte, ein zehn- bis vierzehnjähriges Mädchen »für sadistische Folterspiele im schalldichten Raum« angeboten worden, wobei der Tod des Opfers offenbar bereits einkalkuliert wurde. Wenn dieses »zum Schluß kaputt« sei, stelle dies kein Problem dar. »Du kriegst einen Sack zur Entsorgung, den du danach stehen läßt«, soll die Frau dem Journalisten im telefonischen Kontakt mitgeteilt haben. Als Gegenleistung verlangte das Paar 12 000 Mark.[430] Die Angeklagten hatten sich aufgrund dessen vor der Staatsanwaltschaft wegen Verabredung zum gemeinschaftlichen Mord, Menschenraub, sexuellem Mißbrauch von Kindern und Vergewaltigung zu verantworten. Sie stritten die ihnen zur Last gelegten Verbrechen ab und behaupteten, mit ihren Dialogen im Netz nur ihren eigenen sado-masochistischen Neigungen nachgegangen zu sein. Das Angebot zur sexuellen Mißhandlung eines Mädchens sei daher nur eine verbal-erotische Variante. Das Landgericht Traunstein verurteilte das Paar schließlich zu einer Bewährungsstrafe wegen »Untreue« und Verstoßes gegen das Prostitutionsverbot. Alle anderen Anklagepunkte wurden – entgegen der Forderung der Staatsanwaltschaft – fallengelassen. »Hauptstreitpunkt zwischen Anklage und Verteidigung war der rechtliche Begriff der Verabredung zum Verbrechen. Die Staatsanwältin sah den Tatbestand durch die ihrer Ansicht nach geschäftsmäßigen ›Kindersex‹-Angebote als erfüllt an, die Verteidigung vermißte den konkreten Nachweis.«[431] Der Bundesgerichtshof verwarf den Revisionsantrag der Staatsanwaltschaft (Az.: 1 StR 801/97) und bestätigte den vom Landgericht ausgesprochenen Freispruch in allen Hauptanklagepunkten, weil es, wie dieses, keinen Beweis für die Ernsthaftigkeit des Angebots sah.

Der eben beschriebene Dialog stellt allenfalls ein bizarres, keineswegs jedoch einzigartiges Beispiel der Szenerie dar. Tatsächlich tummelt sich im eng verknüpften Netz der Kinderpornographie alles, was die sexuelle und pornographische Mißhandlung von Kindern sucht, anbietet, sammelt, handelt, kauft, verkauft oder produzieren will: Pädosexuelle, Väter und Kinderprostitutionstouristen ebenso wie (Gelegenheits-) Kinderhändler und professionelle Pornographen.

Anfang 1995 fand sich eine Anfrage nach »scharfer Kinderpornographie und Kontakten zu Mädchen, schön jung!!« im Internet, die als Testfall konzipiert worden war. »Es dauerte nicht einmal 24 Stunden, bis Antworten aus den USA, Thailand und Tschechien vorlagen. In einem Fall riet man, eine bestimmte Mailbox in den USA anzuwählen – »erstklassiges, privat hergestelltes Material mit echten Kids«. Im anderen Fall gab es Tips für Kontakte in und außerhalb Deutschlands, wo Kinder »zu haben sind«[432].

Wem Anfragen dieser Art zu mühsam sind, der schlägt einfach in den »Internet Yellow Pages« nach, das wie ein Telefonbuch benutzt werden kann. Dort werden unter dem Stichwort »Sex« auch sogenannte Newsgroups geführt, die sich auf der Suche nach Kontakten zu Kindern beziehungsweise Leuten, die Kinder vermitteln, als »aufgeschlossen und kenntnisreich«[433] erweisen. Auf diese Weise ist es den Interessenten von Kinderpornographie ohne große Umstände möglich, Bestellungen zu tätigen und ihre Ware geliefert zu bekommen, ohne daß sie auch nur einen Schritt vor die Tür setzen müssen. »Und wer nicht warten will, lädt sich einfach ein paar Kinderpornos aus einer Mailbox herunter. Es gibt genügend, die nicht einmal die gesetzlich vorgeschriebene Kontrolle (siehe oben) installiert haben. Das Risiko, entdeckt zu werden, scheint nahe Null zu sein.«[434]

Dialog im Datennetz

Im Datennetz werden jedoch nicht nur kinderpornographische Fotos, Fotoserien, Super-8-Filme oder Videos angeboten, sondern auch reale Kinder und Frauen zum, wie es heißt, »Lutschen«, »Ficken« und »Spielen«.[435]

»Daß was zustande kommt, ist kein Problem. Was suchst du denn genau?«
»Na, eine nette Elf- bis Dreizehnjährige. Kannst du da was kriegen?«
»Wo bist du denn her. Die Fahrt und alles mußt du natürlich bezahlen.«
»Das ist klar. Ich wohne im Raum ..., wo kannst du sie denn hinbringen? Woher kommt sie denn?«
»Von meinen Freunden in Polen.«
»Und wie soll das Ganze ablaufen?«
»Ich komme mit dem Auto zu ihr. Ich muß sie natürlich am Bahnhof abholen.«
»Okay. Wie geht es jetzt konkret weiter?«
»Um alles klarzumachen, brauche ich drei Tage. Und du mußt im voraus bezahlen.«
»Und was soll das kosten? Wie kann ich sicher sein, daß du ehrlich bist?«
»Du mußt halt meinem Wort vertrauen. Die Hälfte, bevor ich sie abhole, und die andere, wenn ich sie dir abliefere.«
»Wieviel? Und wie lange kann ich sie dafür behalten?«
»500 Mark plus Spesen – für einen Tag.«
»Und wann geht es?«
»Du kannst sie am Mittwochmorgen am Bahnhof ... abholen und bringst sie am Donnerstagmorgen wieder an die gleiche Stelle zurück. Die Hälfte des Geldes muß ich vorher an meine Freunde bezahlen.«
»Wie kriegst du das Geld?«
»Das Geld holt ein Freund von mir aus ... bei dir ab. Ihr könnt euch anonym am Bahnhof treffen.«
»Einverstanden. Freitag zehn Uhr, Gleis ... Geldübergabe. Mittwoch neun Uhr an gleicher Stelle das Mädchen.«
»Was für eine willst du – schlankere oder reifere?«
»Schlanke.«
»Außer Mißhandlungen und SM (zur Erklärung: SM steht für sado-masochistische Praktiken) kannst du alles mit ihr machen. Aber die Fahrt ist bei den 500 Mark noch nicht mit drin. Und die Spesen auch nicht.«
»Okay. Wann bist du mit dem Mädchen wo?«
»Freitag zehn Uhr: 250 Mark Anzahlung. Samstag neun Uhr, gleiche Stelle, übernimmst du die Kleine. Noch mal: Keine Mißhandlungen, ansonsten Sex ohne Grenzen.«

»Klar.«
»Ich kann sie dir aber nicht ohne Pfand überlassen. 1000 Mark, bis ich sie am Sonntag zurückhabe.«
»Sehe ich ein. Geht klar.«
»Also, alles klar, du wirst mit dem Spielzeug zufrieden sein.«[436]

Kontrolle des Datennetzes

Im Hinblick darauf, daß Pornographie mit Kindern verboten ist, mag die Offenheit überraschen, mit der die Interessenten und Anbieter von sexuell mißhandelten Kindern beziehungsweise Kinderpornographie online miteinander kommunizieren. »Der Kontakt zwischen Vertreiber und Interessenten ist dabei keineswegs so schwierig, wie viele glauben. Im deutschen Netz gibt es immer mehr Anbieter, die nicht nur deutschen Verbalerotikern Freiräume zum Austoben bieten, sie schalten Gleichgesinnte aus der Schweiz und den Niederlanden gleich dazu. Auf diese Weise ist es für den, der Bescheid weiß, nahezu ohne Hindernisse möglich, Bestellungen zu tätigen beziehungsweise Kontakte zu Herstellern von Kinderpornographie zu knüpfen. Die Recherchen zeigen, daß man lediglich etwas Geduld braucht, alles andere ergibt sich – häufig sogar sehr rasch.«[437]

Das Netz bietet den Vätern, Pädosexuellen und Pornographen jedoch nicht nur die treffliche Gelegenheit, Kinderpornographie anzubieten oder nachzufragen, sondern auch, in ebenso selbstgefälliger wie schaulustiger Weise über ihre Phantasien und Taten zu schwadronieren oder »Tips« auszutauschen. So können sich Täter auf der – natürlich anonymen – Homepage »No more Victims« nach Lust und Laune »über sich selbst, über ihre Lust an den Kindern, darüber, wie sie damit zu leben versuchen, manchmal auch mit Hilfe der Pornographie«, auslassen, ohne für sich selbst irgendwelche Konsequenzen befürchten zu müssen.

»Die meisten Beiträge werden veröffentlicht. Am 22. April 1993 erschien die erste Ausgabe. ›Small Beginnings‹ heißt der erste Artikel, später folgt ein Gedicht über einen Vater und seinen mißbrauchten Sohn: ›Du und ich, wir warten nur darauf, daß es wieder geschieht‹ (›Waiting‹).«[438] In der »taz« wurde das pädophile »Forum« http://www.cast.com/NMV/html/nmv.html. gar als »Selbsthilfe«-Forum präsentiert. Schwer vorstellbar, daß sich etwa Rassisten über ihr emotionales Empfinden beim Mißhandeln schwarzer oder ausländischer Opfer austauschen, ohne daß irgendwer daran Anstoß nehmen würde. Im Falle von sexuellen und pornographischen Mißhandlungen von Kindern wird dies jedoch nicht nur toleriert, sondern sogar noch mit einem therapeutischen Zweck überhöht. »Daß auf diese Weise aber das eigentlich Undenkbare denkbar wird und dann schließlich realisierbar erscheint, wird dabei nur allzu oft übersehen. Die Sucht nach Kindern zur sexuellen Befriedigung erscheint nach dem Talk mit Gleichgesinnten immer mehr als etwas Normales, die Tips und Schilderungen eigener Erlebnisse erleichtern den kleinen Schritt zu der Überzeugung, man dürfte durchaus, was andere auch schon getan haben ...«[439]

Tatsächlich steht der Realisierung des »sexuellen Mißbrauchs« im Netz praktisch nichts im Wege. Es bietet seinen Benutzern die absolute Freiheit, zu sagen und zu tun, was immer sie sagen und tun wollen. Dabei ist von Rechts wegen eigentlich geregelt, was als regelungsbedürftig erkannt wird. Auch das Datennetz der Telekom, das bei seiner Errichtung im Jahre 1983 noch in der Händen der Deutschen Bundespost lag, schwebt keineswegs im rechtsfreien Raum. Tatsächlich erhielt die Deutsche Bundespost von der Politik ausdrücklich lediglich den Auftrag, ein Datennetz zu installieren, daß »jedermann« zugänglich sein sollte. Die Post übernahm, wie von der Politik vorgegeben, nur den technischen Part, während die Verantwortung für den Inhalt den Bundesländern übertragen wurde. Die Ministerpräsidenten der Länder wiederum überantworteten die inhaltliche Ausgestaltung des sogenannten BTX-Staatsvertrages den laut Landesrecht zuständigen Verwaltungsbehörden. ExpertInnen der Landeskriminalämter oder anderer Strafverfolgungsbehörden wurden gar nicht erst hinzugezogen. »Mit anderen Worten: Man übertrug auch die Einhaltung der Strafgesetze durch Anbieter oder Nutzer nicht Kriminalisten, sondern Verwaltungsbeamten.«[440]

Durch die Recherchen von Ann Thönissen und Klaus Meyer-Andersen wurden die Defizite in der Kontrolle des Netzes offenbar, weshalb der Staatsvertrag um einige Jugendschutzbestimmungen ergänzt wurde. Seither sind »Angebote unzulässig«, wenn diese »zum Rassenhaß aufstacheln oder grausame oder sonst unmenschliche Gewalttätigkeiten« schildern, den »Krieg verherrlichen«, »pornographisch« oder »offensichtlich geeignet sind, Kinder und Jugendliche sittlich schwer zu gefährden«.[441] Das Recht des Kindes, nicht sexuell oder pornographisch ausgebeutet zu werden (Art. 34 der UN-Kinderrechtskonvention), findet in diesem Zusammenhang nicht einmal Erwähnung.

Eine wichtige Vorschrift findet sich allerdings in Paragraph 2 des zwischenzeitlich von der Telekom übernommenen Vertrages. »Darin wird festgehalten, daß der Anbieter für die Einhaltung der Bestimmungen des Staatsvertrages auch dann verantwortlich bleibt, wenn er Dritten die Verbreitung allgemein abrufbarer Mitteilungen ermöglicht. Damit wird – mit anderen Worten – die Zuständigkeit der Anbieter festgeschrieben, alle seine Angebote auf Jugendgefährdung, Kriegsverherrlichung etc. zu überprüfen. Wer jedoch einen Sex-Dialog im Datex-J-Netz anwählt, wird in den Geschäftsbedingungen der Anbieter stets auf folgenden Passus stoßen: ›Die Teilnehmer sind für die Inhalte der Dialoge und Anzeigen selbst verantwortlich.‹ Ein offener Verstoß gegen den BTX-Staatsvertrag, an dem sich bis heute niemand gestört hat ... «[442] Die Verantwortung dafür, was zwischen dem Anbieter und dem Nutzer gesprochen oder vereinbart wird, liegt damit irgendwo: bei den Ländern, bei den Anbietern (Telekom, CompuServe, American Online, MicroSoft Network), bei den Nutzern, bei der Verwaltung, bei der Staatsanwaltschaft, bei der Bundesregierung oder sonstwo.

»Fassen wir den rechtlichen Status quo zusammen, wie er sich derzeit darstellt:

Die Telekom stellt das Netz zur Verfügung, geht gegen Anbieter von Kinderpornographie nach eigenen Angaben nur dann vor, wenn etwas publik wird. Das seit Mai 1995 arbeitende Gremium zur Selbstkontrolle geht nur öffentlich gewordenen Vorwürfen nach; eigene Initiativen oder Kontrollen gibt es nicht, auch wenn es ernsthafte Bemühungen gibt, eine Art selbstverpflichtenden Ehrenkodex zu entwerfen.

Die Anbieter wären zur Einhaltung der Telekom-Geschäftsbedingungen sowie der gesetzlichen Strafvorschriften verpflichtet, glauben aber die Verantwortung durch eigene Geschäftsbedingungen auf die Nutzer abwälzen zu können.

Die Bundesregierung kann eigentlich gar nichts tun, weil Datex-J und auch alle anderen internationalen Netzwerke Ländersache sind. Sie konstatiert aber immerhin einen Bedarf an zusätzlichen Klarstellungen beziehungsweise Präzisierungen in einzelnen Regelwerken. Von den Strafvorschriften zum Schutz der sexuellen Selbstbestimmung ganz zu schweigen.

Die Länder haben den neuen Staatsvertrag um Jugendschutzbestimmungen erweitert, die Aufsicht aber nicht der Polizei, sondern nachgeordneten Verwaltungsbehörden übergeben.

Die öffentliche Verwaltung ist personell mit der Kontrolle überfordert und von der Sache her völlig ungeeignet, um dem breiten und versteckten Angebot Herr zu werden. Technisch sind die Ämter zum Teil ungenügend ausgerüstet. Bei einer Umfrage im Vorfeld der ersten Veröffentlichungen[443] zeigte sich, daß einige mit der Aufsicht über Datex-J beauftragte Ämter nicht einmal einen BTX-Anschluß hatten.

Die Staatsanwaltschaft greift von sich aus überhaupt nicht ein und harrt der Anzeigen, die da aus dem Nutzerkreis kommen oder nicht kommen.«[444]

Inzwischen wurde die Staatsanwaltschaft in einem Fall von sich aus gegen die Verbreitung von Kinderpornographie aktiv, in deren Folge der US-amerikanische Provider CompuServe 200 Foren sperrte – eine Maßnahme, die von seiner Kundschaft (»Usern«) heftig kritisiert wurde.[445] In dem Gerichtsverfahren berief sich der damalige Geschäftsführer von CompuServe darauf, daß es ihm schon wegen der quantitativen Dimension der Informationsdichte unmöglich sei, die Verbreitung von Pornographie zu unterbinden. Im übrigen stelle der Anbieter nur die Technik bereit und sei daher nicht für die Inhalte verantwortlich zu machen sei. Ob das Urteil (zwei Jahre Haft auf Bewährung) tatsächlich Bestand haben wird, scheint fraglich. Die dagegen erhobenen rechtlichen Bedenken scheinen nicht unerheblich zu sein. Seine Signalwirkung liegt dessen ungeachtet darin, daß die Anbieter (»Boten«[446]) mit diesem Urteil erstmalig in die Verantwortung dafür genommen werden, Kinderpornographie zu unterbinden.[447]

Wer jedoch meint, Pornographie mit Kindern im Netz mit dem Hinweis auf »Meinungsfreiheit«, »Technik« oder »Standort-Deutschland«-Argumenten[448] verteidigen zu müssen, muß sich fragen lassen, auf welche andere Weise sie die Kinder vor sexueller Ausbeutung im Netz schützen wollen. Unter denen von »Die Woche« befragten Expertinnen und Experten fand sich jedenfalls nur einer, der sich nicht an der Urteilsschelte beteiligte: Ludwig Stiegler, der stellvertretende Vorsitzende des Bundestags-Rechtsausschusses, SPD: »Die Ureinwohner des Internet glauben bis heute, das Netz sei ein rechtsfreier Raum, der allenfalls von der Netiquette beherrscht wird. Das ist aber ein Irrtum. Wer sich potentiell an alle wendet, muß die Grenzen beachten, die ihm das Strafgesetzbuch setzt. Kinderpornographie und Kinderhandel sind Schwerverbrechen. Der Rechtsstaat darf nicht kapitulieren, nur weil vielleicht noch nicht alle technischen Mittel verfügbar sind, die gebraucht werden. Die Rechtspolitik muß Forschung und Entwicklung bemühen, Mittel und Wege finden, die der Kriminalitätsbekämpfung im Netz dienen. Die Provider, auch die Access-Provider, müssen dabei mit in die Pflicht genommen werden. Es kann Software entwickelt werden, die kriminelle Inhalte aufspürt und national wie international Strafverfolgung oder Unterdrückung solcher Inhalte ermöglicht. Im bescheidenen Umfang ist dies bei der individuellen Kindersicherungs-Software schon gegeben. Die Strafverfolgung muß im Netz nicht langsamer sein als die Straftäter. Ich danke deshalb dem Münchner Richter, daß er ein Zeichen gesetzt hat.[449]

Reiner Laschet von der Kriminalpolizei Köln weiß um die Grenzen des Rechts. So hat sich der Handel mit Kinderpornographie zwar als internationales Unternehmen etablieren können, die entsprechenden Rechtsnormen sind jedoch national ausgerichtet, so daß das Delikt nicht einheitlich verfolgt werden kann. Differenzen bestehen darüber hinaus auch in den Schutzbestimmungen, die für das Alter der betroffenen Kinder gelten. Aus diesem Grunde formuliert er folgende »Forderungen an den Gesetzgeber:

- Zumindest europaweite Ausgleichung der Rechtsnormen und des Schutzalters.
- (Der) Schutz der Kinder vor sexueller Ausbeutung und Gewalt hat Vorrang vor (dem) Recht des Tatverdächtigen auf informelle Selbstbestimmung.

Im nationalen Bereich:

- Vertrauensvolle Zusammenarbeit mit den jeweiligen Jugendämtern und anderen sozialen Einrichtungen, in denen Erkenntnisse über den sexuellen Mißbrauch in Verbindung mit der Herstellung von KiPo (Kinderpornographie; G.W.) anfallen.
- Kontaktpflege mit privaten Institutionen und Organisationen, die sich hauptsächlich mit der Thematik der Ausbeutung von Kindern befassen.«[450]

Politik und Recht im Bereich der Kinderpornographie

Die entscheidenste Änderung in der Politik der Bundesregierung findet sich im 27. Strafrechtsänderungsgesetz (27. StrÄndG) vom 31. Juli 1993, das nunmehr nicht mehr nur die Herstellung und den Vertrieb von Pornographie mit Kindern, sondern auch ihren Besitz unter Strafe stellt.[451] Der vom damaligen Bundesjustizminister Kinkel vorgelegte Gesetzentwurf[452] korrigiert damit die zuvor geltende Rechtslage, nach der straflos blieb, wer Kinderpornographie besaß – obwohl der Besitz die Herstellung und den Vertrieb von Kinderpornographie voraussetzt. Im Kontext der gesetzlichen Neufassungen von »Straftaten gegen die sexuelle Selbstbestimmung« wurde § 184 StGB wie folgt geändert:

»a) In Absatz 3 werden die Wörter ›wird mit Freiheitsstrafe bis zu einem Jahr oder mit Geldstrafe bestraft‹ durch die Wörter ›wird, wenn die pornographischen Schriften den sexuellen Mißbrauch von Kindern zum Gegenstand haben, mit Freiheitsstrafe von drei Monaten bis zu fünf Jahren, sonst mit Freiheitsstrafe bis zu einem Jahr oder mit Geldstrafe bestraft‹ ersetzt.

b) Nach Absatz 3 werden folgende Absätze 4 und 5 eingeführt:

(4) Haben die pornographischen Schriften (§ 11 Abs. 3) in den Fällen des Absatzes 3 den sexuellen Mißbrauch von Kindern zum Gegenstand und geben sie tatsächlich Geschehenes wieder, so ist die Strafe Freiheitsstrafe von sechs Monaten bis zu fünf Jahren, wenn der Täter gewerbsmäßig oder als Mitglied einer Bande handelt, die sich zur fortgesetzten Begehung solcher Taten verbunden hat.

(5) Wer es unternimmt, sich oder einem Dritten den Besitz von pornographischen Schriften (§ 11 Abs. 3) zu verschaffen, die den sexuellen Mißbrauch von Kindern zum Gegenstand haben, wird, wenn die Schriften ein tatsächliches Geschehen wiedergeben, mit Freiheitsstrafe bis zu einem Jahr oder mit Geldstrafe bestraft. Ebenso wird bestraft, wer die in Satz 1 bezeichneten Schriften besitzt ...«[453]

Die Parlamentsdebatten zum 27. StrÄndG fanden in der 111. Sitzung am 9. Oktober 1992 und in der 163. Sitzung am 17. Juni 1993 statt.[454] Die Entscheidung des Parlaments, das Strafmaß im Bereich der Kinderpornographie zu erhöhen und zukünftig auch den Besitz von Kinderpornographie unter Strafe zu stellen, war einmütig, hatte man sich doch – im Kontext der Recherchen über »Das geheime Geschäft mit der Kinderpornographie«[455] – bereits auf einen interfraktionellen Antrag verständigt, der weitgehende »Maßnahmen gegen Kinderpornographie« vorsah.[456] Es gab allerdings auch Stimmen, die den Besitz von Kinderpornographie nicht unter das Strafrecht gefaßt sehen wollten. So vertrat etwa Claudia Burgsmüller in ihrer Expertise über den rechtlichen »Schutz von Kindern vor sexueller Ausbeutung« die Auffassung: »Ich halte es nicht für notwendig, den Besitz von Kinderpornographie unter Strafe zu stellen. Es gilt, den Akt der Herstellung – die Auslieferung der Kinder durch zum größten Teil Sorgeberechtigte an Mißbraucher und Produzenten – durch Stärkung der Kinderrechte unsicherer zu machen, ihr Tun öffentlich zu ächten und vor allem eine Fülle von Unterstützungsangeboten für Kinder bereitzustellen ...«[457] Sie hielt das Zivilrecht ergänzt durch ein Antidiskriminierungsgesetz für geeigneter als das Strafrecht, um gegen (Kinder-) Pornographie wirksam zu werden.

Aus kriminologischer Sicht wurde hingegen geltend gemacht, daß der Straftatbestand des Besitzes von Pornographie mit Kindern eine notwendige Voraussetzung für die Strafverfolgung von pornographischer Kindesmißhandlung sei. »Aus meiner Tätigkeit sind mir Fälle bekannt«, beschreibt Rainer Laschet von der Kriminalpolizei Köln das Dilemma, »in denen große Mengen von Kinderpornographie beschlagnahmt werden konnten. Anhand der Umstände drängte sich zwar der Eindruck auf, daß hiermit Handel getrieben werden sollte, jedoch konnte die Einlassung der Betroffenen (Kinderpornographen; G.W.), sie besäßen das Material zu privaten Zwecken, in keinem Falle widerlegt werden. Das Material mußte freigegeben werden mit der als sicher anzunehmenden Folge, daß es weiter verbreitet wird.«[458] Seit der Strafrechtsänderung ist es der Polizei nunmehr nicht nur möglich, im Verdachtsfalle als »agent provocateur« tätig zu werden, sie muß das von ihr beschlagnahmte Material auch nicht mehr zurückgeben.

Strafverfahren gegen Kinderpornographen scheinen jedoch auch nach der Änderung des 27. Strafrechtsänderungsgesetzes nicht häufiger geworden zu sein. Haftstrafen werden offenbar nur in den Fällen verhängt, wo eine jahrelange pornographische Mißhandlung der Kinder nachgewiesen werden kann. »Mir ist aus dem Kölner Bereich aus den letzten zehn Jahren nur ein einziger Fall bekannt«, so Reiner Laschet, »wo ein Täterpaar neben einer Geldstrafe auch zu einer Haftstrafe von mehreren Monaten verurteilt wurde...«[459]

Einen der »krassesten Fälle« verhandelte das Göttinger Landgericht im Frühjahr 1992. Dort waren zwei Mädchen im Alter von neun und zwölf Jahren sowohl von ihren Eltern als auch von einem »Darsteller« pornographisch schwer mißhandelt worden. Das Landgericht verurteilte alle Beteiligten zu mehrjährigen Haftstrafen.[460] In einem anderen Fall verurteilte das Landgericht Wuppertal einen Mann, »der jahrelang brutale Pornos mit seinen eigenen Kindern gedreht hatte«, wegen sexuellen Mißbrauchs zu sechs Jahren Haft. Seine damalige Ehefrau erhielt eine Bewährungsstrafe von neun Monaten. Verurteilt wurde in diesem Zusammenhang auch ein »guter Bekannter« des Ehepaares, der die Kinder sowie weitere Kinder »über mehrere Jahre hinweg« pornographisch mißhandelt hatte.[461] Wegen des Handels mit Pornographie mit Kindern hat sich vor Gericht auch ein 23jähriger Informatikstudent verantworten müssen, in dessen Wohnung 5 000 kinderpornographische Erzeugnisse sichergestellt wurden. Der wegen »sexuellen Mißbrauchs« vorbestrafte Mann soll die kinderpornographischen Bilder und Texte »über einen Rechner der Universität Ulm auf der Datenautobahn an Interessenten aus aller Welt verbreitet haben«[462]. Einem Polizeisprecher zufolge wurden die Ermittlungen daher auch auf die USA, Großbritannien, die Schweiz, Jamaica, die Niederlande, Australien, Kanada und Hongkong ausgedehnt.

Bedeutung wird dem Straftatbestand des Besitzes von Pornographie mit Kindern insbesondere beizumessen sein im Hinblick auf die Strafverfolgung von Kinderprostitutionstouristen, zumal die im Reisegepäck mitgeführten Fotos oder Filme häufig ein erster, vielleicht sogar einziger Anhaltspunkt für die vorausgegangene sexuelle Mißhandlung von Kindern im Ausland sein dürften. In wenigstens 15 anhängigen Fällen waren es tatsächlich die im Gepäck verstauten Fotos oder Filme, die zur Überführung beziehungsweise Festnahme von Tätern geführt haben.[463]

Wie viele Fälle sexueller beziehungsweise pornographischer Mißhandlungen in letzter Zeit angezeigt wurden, ließ sich leider nicht ermitteln, doch weisen die zurückliegenden Jahre nach Angaben von Peter Schnieders (Kripo Köln) eine deutlich steigende Tendenz auf (1993: 17 Fälle, 1994: 44 Fälle).[464] Hinsichtlich der Interventionsmöglichkeiten »im Netz« sei jedoch mit Blick auf das Urteil gegen CompuServe darauf hingewiesen, daß eine wesentliche Voraussetzung zuvor gegeben sein müßte beziehungsweise noch zu schaffen wäre: nämlich die unbedingte Ächtung von Kinderpornographie. So ließen sich nämlich die teilweise wütenden Reaktionen auf die im Zuge der von der Münchener Staatsanwaltschaft eingeleiteten Ermittlungen von CompuServe gesperrten Foren auch dahingehend interpretieren, daß im *World Wide Web* die als »Meinungsfreiheit« gefeierte Möglichkeit, Kinderpornographie zu verbreiten, höher geachtet wird als der Schutz von Kindern vor pornographischer Ausbeutung.[465] Die aufgebrachte Szene beruhigte sich im übrigen erst, nachdem CompuServe 195 der 200 zuvor gesperrten Foren wieder freigegeben hatte.[466]

Es wäre illusorisch zu glauben, daß man Kinder vor pornographischer Ausbeutung im Datennetz schützen könne, in dem man – im Zuge von Ermittlungen – Foren sperrt. Fraglich bleibt zudem, ob sich »das Netz« technisch überhaupt kontrollieren läßt. Sogenannte Software-Filter, zum Beispiel »Parental Controls«[467], mögen geeignet sein, Kinder vor dem Konsum von Kinderpornographie zu schützen, solange diese mit dem Computer weniger geübt sind als ihre Eltern. Doch schützen sie kein einziges Kind davor, pornographisch mißhandelt zu werden. Die Befürchtung, daß am Ende Zensur herrschen könnte, wird indes auch von nachdenklichen Nutzern geteilt. Sie wollen den Kinderpornographen, Rassisten und Antisemiten im Netz mit einer eigenen Netzethik ins Wort fallen, der sogenannten »Netiquette«, nach der »zugemüllt« wird, wer rassistische, antisemitische oder kriegsverherrlichende Informationen verbreitet.

Pornographie mit Kindern, soviel kann jedenfalls festgestellt werden, gehört nicht zu den Themen, gegen die man sich bisher engagiert zur Wehr gesetzt hätte. Dies mag auch ein Hinweis darauf sein, daß in der »oligarchischen Gemeinschaft« des Internet, worauf Karin Gabbert in einer kritischen Kommentierung hinweist, Menschen vor allem männlich sind: männlich, weiß und auf jeden Fall reich(er) als andere Menschen, irgendwo sonst auf der Welt, ohne Computer. 71 Prozent der »User« leben in den USA, 90 Prozent von ihnen sind weiße Männer im Alter von 26 bis 35 Jahren, »meist mit Hochschulabschluß und überdurchschnittlichem Einkommen«[468].

In der vorgegebenen Verquickung von Nachfrage und Desinteresse, von Meinungsfreiheit und sexueller Gewalt, von Technik und Selbstverliebtheit läßt sich Pornographie mit Kindern freilich trefflich vermarkten. Daß es dabei nicht zuletzt auch um Geld geht, um Profite, Märkte und Ausbeutung, wurde von den Usern bislang kaum zur Kenntnis genommen. Insofern ist ihre Empörung über die zeitweilig gesperrten Foren nur ein heuchlerischer Akt, der die »Meinungsfreiheit« von Pornographen schützt, nicht jedoch die Rechte von Kindern. »Nur wer über Möglichkeiten nachdenkt, die Netiquette auch durchzusetzen – notfalls mit dem Staatsanwalt –, hat«, so Karl-Heinz Karisch in seinen Kommentar über Staatsanwälte im Internet, »die Legitimation, die noch herrschende Basisdemokratie im Internet zu verteidigen.«[469]

»Der Hinweis«, so auch Detlef Drewes, »daß eine totale Kontrolle der Netze weder möglich noch wünschenswert ist, enthebt ja Politik, Sicherheitsbehörden, Anbieter, Netzwerk-Betreiber und Nutzer nicht von der Verpflichtung, das, was möglich ist, auch zu tun. Niemand käme auf die Idee, nur deswegen, weil nicht alle alkoholisierten Autofahrer auf den Straßen festzustellen sind, gleich die Einstellung der Polizeikontrollen generell zu fordern. In punkto Pornographie und Prostitution von Kindern in Datennetzen läuft die Diskussion bisweilen genau so. Schließlich seien solche Vorfälle ja nur ein Bruchteil der insgesamt seriösen Dienste und Angebote. Auch wenn dies richtig ist und kinderpornographische Anzeigen und Dialoge nur eine kleine Rolle spielen, bleiben sie gerade deswegen eine Praxis, mit der man sich nicht abfinden darf, weil die, die sie betreiben, gerade mit solchen Entschuldigungen und Freibriefen rechnen. Die Frage, was man denn über einen erhöhten Fahndungsdruck und eine Ergänzung oder Korrektur der Rechtsvorschriften hinaus tun könne, ist deswegen zentral. Die Lösung kann nicht Schweigen oder Übergehen heißen. Sie lautet – im Gegenteil – darüber reden, das Thema enttabuisieren. Das wird deutlich, wenn man überlegt, wer die Opfer und wer die Täter sind und welche Struktur diesen Mißbräuchen zugrunde liegt.«[470]

Tatsächlich blieben die Kunden und Nachfrager von Pornographie mit Kindern in der öffentlichen Debatte bislang weitgehend außen vor. Dabei werden in der rechtspolitischen Debatte längst Überlegungen angestellt, die darauf abzielen, den Nachfrager von Kinderpornographie mit dem Anbieter rechtlich gleichzustellen, »da beide gleichermaßen den Markt in Gang halten, notwendige Teilnehmer am Geschehen sind und sich aus dieser Perspektive deshalb an der Gefährdung der Volksgesundheit sowie an den durch organisierte Kriminalität und anderen Folgeproblemen zurechenbar beteiligen«[471]. Ob es im Falle von Kinderpornographie jedoch, wie eingewendet wird, eine »Unverhältnismäßigkeit« darstellt, den Nachfrager rechtlich ebenso zu verfolgen wie den Anbieter, mag von Männern und Frauen, von Usern und Nicht-Usern, von Konsumenten und Nicht-Konsumenten, von desinteressierten und interessierten Zeitgenossen unterschiedlich bewertet werden. Wenn aber selbst aus engagierten Kreisen, so vom *Forum InformatikerInnen für Frieden und gesellschaftliche Verantwortung (FIfF),* die Forderung erhoben wird, nicht die Anbieter, sondern die Nutzer von Kinderpornographie zu verfolgen[472], wird man wohl auch darüber nachdenken müssen, wo die Grenzen eines Mediums liegen, das sich selbst als grenzenloses anbietet.

Zwar wird es mit speziellen Software-Programmen zunehmend möglich sein, Pornographie mit Kindern aufzuspüren, doch bleibt ihre Funktion – angesichts der realen Präsenz von (Kinder-)Pornographie im Netz – wahrscheinlich begrenzt. »Wenn sie von einer Million Angebote 100 000 herausfischen, erreichen sie eigentlich nichts«, könnte das kritische Urteil lauten, das derartige Ansätze begleitet. Daß nichtsdestotrotz auf den »Schneeballeffekt« gesetzt werden muß, rechtfertigt meines Erachtens dennoch jeden Versuch, Kinderpornographie aufzudecken und öffentlich zu machen.[473]

Nicht zuletzt deswegen ist unter den Usern selbst eine Debatte darüber zu führen, welches Verhältnis man – als Nutzer, als Computerfreak, als Verteidiger der »Meinungsfreiheit« – zu Kinderpornographie im Netz einnimmt. Erste Ansätze der Selbstkritik[474] könnten von den Initiativen gegen sexuelle Gewalt gegen Kinder dafür genutzt werden, den Kampf gegen Pornographie mit Kindern auch im *World Wide Web* zu verankern. Schließlich ist das Netz nur ein Spiegelbild dessen, was die Gesellschaft sich an Kinderpornographie glaubt zubilligen zu können.

Politik und Recht

„Jegliche Verbesserung der Rechtsstellung von Kindern schafft ein Bewußtsein von der wachsenden Autonomie der Kinder und wertet Haltungen ab, die den Objektstatus von Kindern erhalten wollen."

Claudia Burgsmüller

Parlamentarische Anfragen

Die Bundesregierung hat in den vergangenen Jahren immer wieder zum Phänomen des Prostitutionstourismus, des Menschenhandels mit Frauen und Mädchen sowie der Menschenrechtsverletzungen an Kindern Stellung genommen beziehungsweise Stellung nehmen müssen. Im folgenden sollen daher die in den zurückliegenden Jahren eingereichten bzw. durchgeführten parlamentarischen Anfragen, Symposien, Anhörungen, Gesetzesreformen sowie internationale Abkommen und Initiativen dargestellt werden, soweit sie sich auf die sexuelle Ausbeutung von Frauen und Kindern beziehen beziehungsweise diese zum Ausgangspunkt ihrer Überlegungen machen.

Die Bundesregierung hat die an sie gerichteten parlamentarischen Anfragen über viele Jahre hinweg regelmäßig stereotyp und offensichtlich desinteressiert beantwortet. Es ist deutlich erkennbar, daß sie im Hinblick auf die von Männern ausgeübte sexuelle Gewalt an Frauen und Kindern keinen Handlungsbedarf sah oder übernehmen wollte. Die vorliegenden parlamentarischen Anfragen lassen sich daher auch als Hinweis interpretieren, wie wenig der Bundesregierung daran gelegen war, die gegen Frauen und Kinder ausgeübte sexuelle Gewalt im Ausland ebenso wie im eigenen Land zu unterbinden. Erst das massive Auftreten der *Kampagne gegen Kinderprostitution im Sextourismus* führte zu einer Änderung dieser Politik der ignoranten Nichtbeachtung, weshalb die späteren Antworten auch deutlich weniger stereotyp und bagatellisierend ausfallen. Zunächst jedoch die früheren:

Antwort der Bundesregierung auf die Kleine Anfrage der Fraktion Die Grünen über Prostitution in Südostasien – Mädchenhandel mit ostasiatischen Frauen (Drucksache 10/1498)

Die vorliegende vom Bundesminister des Auswärtigen beantwortete Anfrage vom 24. Mai 1984 gibt keine Anhaltspunkte über Menschenhandel mit Kindern zum Zwecke der sexuellen Ausbeutung. Gefragt wird nach Touristenankünften für Thailand, Philippinen, Südkorea, Taiwan und Hongkong, gefragt wird aber auch danach, ob die Bundesregierung möglicherweise beabsichtigt, gegen die »mehr oder weniger offene Werbung für die südostasiatische Prostitution« deutscher Touristikunternehmen vorzugehen. Hierzu gibt die Bundesregierung lediglich an, daß die Prostitutionswerbung nach § 120 Abs. 1 Nr. 2 OWiG eine Ordnungswidrigkeit darstelle, die ein Bußgeldverfahren ermögliche, und zwar unabhängig davon, »ob die Werbung in anstößiger oder nur in »verbrämter« Form vorgenommen wird.[475]

Gefragt wird darüber hinaus jedoch auch nach einem gesetzlichen Regelungsbedarf hinsichtlich der kommerziellen Vermittlung ausländischer Frauen an deutsche Männer (Heiratshandel). In diesem Zusammenhang verweist die Bundesregierung auf bereits bestehende gesetzliche Bestimmungen, die von ihr als ausreichend erachtet werden (§ 181 StGB Menschenhandel, § 120 Abs. 1 Nr. 2 OWiG) sowie auf »eine Reihe internationaler Übereinkommen zum Schutze gegen Mädchenhandel«, die auch in der Bundesrepublik Geltung erlangt haben:

- Internationales Übereinkommen zur Gewährung wirksamen Schutzes gegen den Mädchenhandel vom 18. Mai 1904, BGBl. 1972 II, S. 147 ff.;
- Internationales Übereinkommen zur Bekämpfung des Mädchenhandels vom 4. Mai 1910, BGBl. 1972 II, S. 1082 ff.;
- Übereinkommen zur Unterdrückung des Frauen- und Kinderhandels vom 30. September 1921, BGBl. 1972 II, S. 1490 ff.[476]

Antwort der Bundesregierung auf die Kleine Anfrage der Fraktion Die Grünen über Zwangsprostitution in der Bundesrepublik Deutschland (Drucksache 10/2187)

Diese vom Bundesminister des Innern im Einvernehmen mit dem Bundesminister der Justiz und dem Bundesminister für Jugend, Familie und Gesundheit am 24. Oktober 1984 beantwortete Anfrage zeichnet sich im wesentlichen ebenfalls durch Desinteresse aus. Über das Ausmaß von »Zwangsprostitution« hat die Bundesregierung keine Kenntnis, Vorliegende Untersuchungen werden von ihr in ihren Schlußfolgerungen angezweifelt. Die Bundesregierung legt dar, warum sie es ablehnt, die »Konvention zur Unterdrückung des Menschenhandels und der Ausbeutung durch Prostitution« von 1949 zu ratifizieren:[477]

»Die Konvention würde es der Bundesrepublik Deutschland unter anderem zur Pflicht machen, jede Anmietung von Räumen zum Zweck der Prostitution unter Strafe zu stellen. Dies haben alle Bundesregierungen seit 1949 abgelehnt, da mit Mitteln des Strafrechts nur solche Handlungen bekämpft werden sollten, die darauf abzielen, Frauen zur Prostitution zu bringen oder als Prostituierte persönlich oder wirtschaftlich auszubeuten. Entsprechende Strafvorschriften finden sich in den §§ 180 bis 181a des Strafgesetzbuches.«[478]

Darüber hinaus werden nochmals die bereits oben zitierten Übereinkommen genannt, wobei zusätzlich auf das »Zusatzübereinkommen über die Abschaffung der Sklavenhalterei, des Sklavenhandels und sklavenähnlicher Einrichtungen und Praktiken vom 7. September 1956« hingewiesen wird:

»In diesem Zusammenhang verweist die Bundesregierung außerdem auf ihren Gesetzentwurf zu dem Übereinkommen vom 18. Dezember 1979 zur Beseitigung jeder Form von Diskriminierung der Frau (Drucksache 10/955), der am 12. April 1984 von Deutschen Bundestag in Erster Lesung behandelt wurde. Artikel 6 dieses Übereinkommens enthält ebenfalls die Verpflichtung, den Frauenhandel und die Ausbeutung der Prostitution von Frauen durch alle geeigneten Maßnahmen zu unterbinden.«[479]

Antwort der Bundesregierung auf die Große Anfrage der Fraktion der SPD über Menschenhandel mit ausländischen Mädchen und Frauen, besonders aus Entwicklungsländern, sogenannte Heiratsvermittlung und sogenannter Prostitutionstourismus (Drucksache 10/3753)

Diese vom Bundesminister für Justiz formulierte Antwort vom 26. August 1985 enthält keine konkreten Anhaltspunkte für Kinderprostitutionstourismus, doch ist sie insofern aufschlußreich, als die Bundesregierung sich nunmehr darüber informiert zeigt, daß »diese anstößige und bedauerliche Form des Fremdenverkehrs mit seinen wenig erfreulichen Begleitumständen existiert und auch in den Ländern der Dritten Welt wahrgenommen wird«[480]. Nichtsdestotrotz glaubt die Bundesregierung allerdings Hinweise dafür zu erkennen, daß die Prostitution nicht selten zu einer »nachhaltigen Verbesserung des Familieneinkommens« geführt habe, weshalb in den betroffenen Regionen sogar eine »leicht erhöhte Sozialadäquanz der Prostituierten« zu verzeichnen sei.[481] Auf die Frage, welche Folgerungen die Bundesregierung aus den bereits zahlreich vorliegenden Berichten über Prostitutionstourismus gezogen habe, verweist die Bundesregierung auf die ihrer Meinung nach dafür zuständigen gesellschaftlichen Institutionen, wobei sie die individuelle Verantwortung des (Prostitutions-)Touristen hervorhebt:

»Eine Aufklärung unter moralischen und humanitären Gesichtspunkten über das Phänomen der Prostitution – im eigenen Land oder in fremden Ländern – ist in erster Linie Aufgabe der dazu berufenen, zu eindeutigen ethischen Wertungen legitimierten gesellschaftlichen Institutionen, wie insbesondere Kirchen, soziale Gruppen, aber auch Schule und Elternhaus. Die Bundesregierung geht weiterhin davon aus, daß der mündige Bürger für sein Verhalten auch im Urlaub die volle Verantwortung selbst trägt. Keine gesellschaftliche Institution und kein wirtschaftliches Unternehmen kann und soll ihm diese Verantwortung abnehmen.«[482]

Darüber hinaus thematisiert die Anfrage insbesondere Fragen des Heiratshandels und Menschenhandels, wobei nicht zuletzt auch danach gefragt wird, welche Möglichkeiten der Beratung und Hilfe die Bundesregierung den betroffenen Frauen bietet. Die Bundesregierung gibt hierzu an, die von Frauenhandel betroffenen Länder für das Problem sensibilisieren zu wollen. »Zur Zeit prüfen diese Länder, welchen Beitrag sie zur Abstellung oder wenigstens Eindämmung dieses Übelstands leisten können.«[483]

Diese Politik – die Überantwortung des Problems an die betroffenen Länder – zieht sich wie ein roter Faden durch nahezu alle bis dahin vorliegenden Antworten und Erklärungen der Bundesregierung, während die gesellschaftlichen und politischen Rahmenbedingungen – die Nachfrage, der Markt, die bestehende Ungleichheit – hinter der immer wieder gleichen Auflistung bereits bestehender und von der Bundesregierung als ausreichend erachteter Strafrechtsnormen nahezu zum Verschwinden gebracht werden.[484] Allenfalls die Antwort auf die Frage, in welcher Weise die Bundesregierung auf der Weltfrauenkonferenz der Vereinten Nationen in Nairobi (1985) auf das vorgezeichnete Problem Bezug nehmen wolle, läßt Hoffnung auf bessere Zeiten aufkommen:

»Die Bundesregierung hat einer Empfehlung der Frauenrechtskommission zugestimmt, daß die zukünftigen Strategien für die Förderung der Frau einen Abschnitt über Zwangsprostitution und Menschenhandel enthalten sollen. Entsprechend dieser Empfehlung enthält der erste Entwurf des Generalsekretärs über die zukünftigen Strategien für die Förderung der Frau, die auf der Weltfrauenkonferenz behandelt werden sollen, einen entsprechenden Abschnitt. Darin werden die Regierungen aufgefordert, sich um eine Kooperation mit nicht-staatlichen Organisationen zu bemühen, um Rehabilitationsprogramme zu erstellen. Es wird weiterhin festgestellt, daß die internationale Dimension der Prostitution verschiedenartige und schwerwiegende Probleme von Ausbeutung und Gewalt verursacht, die verstärkte Anstrengungen von Interpol und anderen Polizeiagenturen notwendig machen, um Menschenhandel und Prostitution auf internationaler Ebene wirksam zu bekämpfen.«[485]

Mit dieser von der Bundesregierung zustimmend zur Kenntnis genommenen Empfehlung der Frauenrechtskommission deutet sich nunmehr ein Wendepunkt wenigstens in der politischen Wahrnehmung des Phänomens an, die den Weg zu weitergehenden politischen Maßnahmen und Erkenntnissen ebnete.

Antwort der Bundesregierung auf die Große Anfrage über Menschenrechtsverletzungen an Frauen (Drucksache 11/3250)

Die vom Bundesminister für Jugend, Familie, Frauen und Gesundheit (BMJFFG)[486] am 2. November 1988 beantwortete fraktionsübergreifende Anfrage weiblicher Bundestagsabgeordneter ging auf eine Initiative von *amnesty international* zurück, mit der auf die gravierenden Menschenrechtsverletzungen an Frauen hingewiesen werden sollte. Thematisiert werden unter anderem die Bereiche Flucht und Asyl sowie Heiratshandel und Zwangsprostitution, wobei die Anfrage explizit darauf abzielt, den besonderen Schutzbedürfnissen von Frauen und Mädchen dadurch Rechnung zu tragen, indem sie als Verfolgte im Sinne einer »Zugehörigkeit zu einer bestimmten sozialen Gruppe« (Flüchtlingskonvention) anerkannt werden, ein Anliegen, für das die Bundesregierung allerdings – bis heute – »kein sachliches Bedürfnis« zu erkennen vermag.[487]

Wie der Anfrage weiter zu entnehmen ist, beabsichtigt die Bundesregierung auch weiterhin, Frauenhandel vorrangig mit ausländerrechtlichen Instrumentarien zu unterbinden, die in der Konsequenz allerdings allein darauf abzielen, die betroffenen Frauen und Mädchen abzuschieben und Verfahren gegen die Täter – Frauenhändler ebenso wie Bordellbesitzer und Freier – schwerer, wenn gar unmöglich zu machen.

Die Problematik der Kinderprostitution wird im Kontext dieser Anfrage nicht berührt.

Antwort der Bundesregierung auf die Kleine Anfrage der Fraktion Die Grünen über die Einführung des Visums für südostasiatische Länder (Drucksache 11/3257) und II (Drucksache 11/3817)

Die vom Bundesministers des Innern am 3. November 1988 beziehungsweise 9. Januar 1989 vorgelegte(n) Antwort(en) beziehen sich im wesentlichen auf eine im Schengener Übereinkommen aufgenommene Bestimmung, nach der die Vertragsstaaten sich verpflichten, ihre Sichtvermerkspolitik gegenüber nicht-europäischen Drittstaaten »zu harmonisieren«. Da bestimmte Argumentationsmuster jedoch auf das Phänomen Prostitutionstourismus übertragbar sind, soll die Position der Bundesregierung im folgenden wenigstens skizziert werden.

Wie der Antwort (Drucksache 11/3257) zu entnehmen ist, erhofft sich die Bundesregierung, »die Einschleusung von Frauen, die im Bundesgebiet der Prostitution nachgehen sollen«, mit Einführung des Visums für südostasiatische Länder[488] zu erschweren.[489] Interessant ist in diesem Zusammenhang vor allem die Frage, ob nicht die bisher geübte Praxis in der Anwendung der gesetzlichen Regelungen die Opfer faktisch zu Tätern mache, weil diese mit Inhaftierung und Abschiebung bestraft würden, während die Händler und Zuhälter ihre Geschäfte davon nahezu »unbeeindruckt« fortsetzen könnten, die wie folgt beantwortet wurde: »Die Bundesregierung teilt diese Auffassung nicht. Ausländer, die ohne die erforderliche Aufenthaltserlaubnis ins Bundesgebiet einreisen und sich hier aufhalten, verwirklichen den Straftatbestand § 47 Abs. 1 Nr. 2 AuslG; insoweit sind sie Täter und nicht Opfer...«[490] Im übrigen sei es Sache der Strafgerichte, zu entscheiden, ob sich die betroffenen Frauen tatsächlich in einer Zwangslage befunden haben, die dazu berechtigt, von einer Verwirklichung des Straftatbestandes abzusehen.

Wie sich derartige Strafverfahren gegen Menschenhandel in der Praxis darstellen, ließ sich in den vergangenen Jahren unter anderem in Ulm (1990) und Essen (1992) beobachten. Der im Essener Gericht vollzogene Rollentausch nämlich ließ die Zeuginnen, »die im Gerichtsjargon nur ›die Mädchen‹ hießen«[491], als Angeklagte erscheinen, die weniger als Opfer von Menschenhandel denn über ihre Einkünfte als Prostituierte befragt wurden.[492] »Kein Verständnis zeigte der Vorsitzende dagegen für die Opfer«, so Tippawan Duscha (agisra) in ihrem Bericht über den Prozeß, in dem sich vier deutsche Männer wegen Menschenhandel, Förderung der Prostitution, Zuhälterei, Freiheitsberaubung und Vergewaltigung zu verantworten hatten. »Da die Frauen bereits vorher (vor ihrer Anwerbung als sogenannte Go-Go-Girls; G.W.) der Prostitution nachgegangen waren, galten sie nicht als glaubwürdig.«[493]

Die Fraktion der Grünen sah sich nach der ihr vorliegenden Antwort jedenfalls veranlaßt, ihre Anfrage über die »Einführung des Visums für südostasiatische Länder« nochmals zu präzisieren. Die Anfrage II (Drucksache 11/3817) vom 9. Januar 1989 thematisiert vor allem die fatale Abhängigkeitssituation zwischen den hier illegal eingereisten beziehungsweise lebenden Frauen und ihren Zuhältern beziehungsweise Händlern. Die von den Selbsthilfegruppen geäußerte Befürchtung, daß der von der Bundesregierung angestrebte Visazwang die finanzielle Abhängigkeit der betroffenen Frauen noch verschärfen wird, wird von der Bundesregierung jedoch zurückgewiesen.[494] Sie will den Visazwang für südostasiatische Länder vielmehr als »Präventivfunktion« gegen den internationalen Frauenhandel verstanden wissen, ohne jedoch gleichzeitig Maßnahmen zu veranlassen, die es den betroffenen Frauen erlauben würde, sich der Hilfe des Staates zu vergewissern, wenn sie sich aus der (erzwungenen) Prostitution beziehungsweise Illegalität befreien wollen.[495] Im Zuge einer wachsenden Zahl von Flüchtlingen aus Kriegs- und Krisengebieten wird die Bundesregierung diese »Präventivfunktion« vielmehr auch auf unbegleitete Kinderflüchtlinge unter 16 Jahren ausdehnen.

Antwort der Bundesregierung auf die Kleine Anfrage der Fraktion Die Grünen über Visumpflicht für Kinder und Jugendliche unter 16 Jahren (Drucksache 11/4592)

Diese ebenfalls vom Bundesminister des Innern beantwortete Anfrage vom 20. Mai 1989 fand ihren Auslöser in einer Meldung, nach der die deutsche Botschaft in Colombo (Sri Lanka) angewiesen worden sei, eine sichtvermerksähnliche Einreisegenehmigung für alleinreisende Kinder in die Bundesrepublik Deutschland zu verlangen. Wie die Bundesregierung in ihrer Antwort erläutert, solle damit sichergestellt werden, »daß gegen den Aufenthalt dieser Personen (gemeint sind Kinder und Jugendliche unter 16 Jahren; G.W.) keine aufenthaltsrechtlichen Bedenken bestehen, die gemäß § 18 Abs. 1 Satz 2 in Verbindung mit § 10 AuslG zur Zurückweisung an der Grenze führen können«[496]. In diesem Sinne seien mehrere Auslandsvertretungen angewiesen worden, »die dortigen Fluggesellschaften zu bitten, elternlos reisende Jugendliche unter 16 Jahren nur dann zu befördern, wenn sie eine formlose Bescheinigung über die Unbedenklichkeit der Einreise in das Bundesgebiet vorweisen können«[497].

Nach den Gründen gefragt, warum nunmehr auch Kinder unter 16 Jahren ein Visum vorweisen müßten, um in die Bundesrepublik Deutschland einreisen zu können, wird erklärt, daß »die Maßnahme erforderlich (ist), um die seit 1988 ständig zunehmende illegale Zuwanderung unbegleitet einreisender ausländischer Kinder zu beenden. Sie dient gleichzeitig der Bekämpfung international organisierter Einschleusungen von Kindern und Jugendlichen zu Adoptions- und Prostitutionszwecken«[498] – ein Tatbestand, der in späteren Anfragen, insbesondere der über das »Problem privater und kommerzieller Adoptionsvermittlung in der Bundesrepublik Deutschland« (Drucksache 11/7618) vom 27. Juli 1990, von der Bundesregierung stets in Abrede gestellt worden ist. Offenbar werden die kriminellen Motive der Kinderhändler in diesem Zusammenhang instrumentalisiert, um die Zurückweisung unbegleitet einreisender Kinder und Jugendlicher politisch legitimieren zu können.

Antwort der Bundesregierung auf die Große Anfrage der Fraktion der SPD über Menschenhandel mit ausländischen Mädchen und Frauen, sogenannte Heiratsvermittlung und Prostitutionstourismus (Drucksache 10/3580)

Diese vom Bundesminister für Jugend, Familie, Frauen und Gesundheit (BMJFFG) am 30. November 1988 beantwortete Anfrage schreibt die bereits zitierte Große Anfrage »Menschenhandel mit ausländischen Mädchen und Frauen, besonders aus Entwicklungsländern, sogenannte Heiratsvermittlung und sogenannter Prostitutionstourismus« (Drucksache 10/3753) fort. In ihrer Einleitung deutet die Bundesregierung den Menschenhandel mit ausländischen Mädchen und Frauen nunmehr als »eines der bedrückendsten Beispiele der Unterdrückung und des Mißbrauchs von Frauen ...«[499].

»Sie verdeutlicht in ihrer Antwort aber auch die Grenzen für zusätzlich sinnvolle und erfolgreiche Maßnahmen. So reicht zum Beispiel das bestehende rechtliche Instrumentarium grundsätzlich aus, und die Bundesregierung kann sich insoweit auf ihre Ausführungen zu vergleichenden früheren parlamentarischen Anfragen beziehen.«[500]

Folgerichtig finden sich in den weiteren Ausführungen - und obwohl die betroffenen Frauen einleitend »als Opfer des Menschenhandels« bezeichnet wurden[501] - keine Anhaltspunkte dafür, daß die Bundesregierung über mögliche Ansätze der Rehabilitation der Opfer wenigstens gesprächsbereit wäre. Erneut wird statt dessen der Vorwurf zurückgewiesen, der Deutsche Reisebüro-Verband e.V. würde durch organisierte »Sextourismus-Reisen« an der Not von Frauen verdienen. Erneut wird auch auf das Ordnungswidrigkeitsgesetz (OWG) hingewiesen, das den zuständigen Verwaltungsbehörden der Länder die Möglichkeit gäbe, Bußgeldverfahren wegen Prostitutionswerbung durchzuführen.[502] Darüber hinaus bestünde »nach §§ 1 und 3 des Gesetzes gegen den unlauteren Wettbewerb (UWG) die Möglichkeit, gegen Werbemaßnahmen, die gegen die guten Sitten verstoßen oder irreführend sind, unter anderem Unterlassungsansprüche geltend zu machen. Hierzu sind gemäß § 13 Abs. 2 UWG Mitbewerber, die Verbände zur Förderung gewerblicher Interessen, die Verbraucherverbände, die Industrie- und Handelskammern sowie die Handwerkskammern berechtigt«[503]. Der Hinweis auf das Gesetz gegen den unlauteren Wettbewerb ist an dieser Stelle jedoch irreführend, legt er doch nahe, daß Sanktionsmöglichkeiten gegeben sind, wo allenfalls eine Klagebefugnis vorliegt. Im übrigen sei es Sache der Strafverfolgungsbehörden, zu prüfen, »ob Unternehmer, die sogenannte Sextourismus-Reisen in Länder der Dritten Welt organisieren, durch konkretes Verhalten im Einzelfall den Tatbestand (Förderung der Prostitution; G.W.) einer der genannten Strafvorschriften[504] erfüllen«[505]. Daß deren Urteile wiederum auf Gesetzen basieren, die von der Exekutive vorgegeben wurden, findet schon gar keine Erwähnung mehr.

Wie in den früheren Antworten rekurriert die Bundesregierung auch diesmal auf das Individuum beziehungsweise auf jene, die ihrer Ansicht nach dazu »berufen« sind, moralische Orientierungen zu bieten.

> »Die Bundesregierung begrüßt das Bemühen aller dazu berufenen Institutionen und Personen, moralische Orientierungen für dieses Verhalten zu geben. Sie selbst jedoch maßt sich nicht an, einen Verhaltenskodex mit moralischen Maßstäben aufzustellen oder gar dessen Einhaltung zu überwachen.«[506]

Hinsichtlich der von der Bundesregierung ausgeführten strafrechtlichen Möglichkeiten läßt sich auch in dieser Antwort erkennen, daß die polizeilichen und Strafverfolgungsmaßnahmen gegenüber den Tätern (Schleusern, Zuhältern, Händlern) außerordentlich begrenzt sind[507], während die Opfer mit den ebenso einschlägigen wie effektiven Bestimmungen des Ausländerrechts regelmäßig identifiziert und in Abschiebehaft genommen werden.[508]

Darüber hinaus weist die Anfrage keine weiteren Bezüge zum Komplex Mädchenhandel beziehungsweise Kinderprostitutionstourismus auf.

Antwort der Bundesregierung auf die Große Anfrage der Fraktion Die Grünen über Menschenrechtsverletzungen an Kindern der Dritten Welt (Drucksache 11/5667)

Aufschlußreicher ist in dieser Hinsicht die vom Bundesminister des Auswärtigen beantwortete Anfrage der Fraktion »Die Grünen« vom 14. November 1989, die über »Kinder als Opfer der Verelendung der Dritten Welt« infolge der Schuldenkrise[509] hinaus auch die Bereiche eines weltweiten »Kinderhandels« thematisiert, die als neue Formen der Sklaverei bezeichnet werden[510]. Darüber hinaus wird in der Anfrage auch nach »Kindern in kriegerischen Auseinandersetzungen«[511], »Kindern als Flüchtlinge«[512] sowie nach »inhaftierten, gefolterten und ›verschwundenen‹ Kindern«[513] und nach »Kindern unter der Apartheid«[514] gefragt, womit sich der gegen Kinder gerichtete Ring der Gewalt thematisch schließt. In ihrer Einleitung vermerkt die Bundesregierung dazu:

> »Jeder Mensch hat ohne Unterschied Anspruch auf alle Rechte und Freiheiten, die in der Allgemeinen Erklärung der Menschenrechte vom 10. Dezember 1948 verkündet und in den beiden großen Menschenrechtspakten verbrieft sind. Dieser Anspruch beruht auf der Würde des Menschen. Die Menschenrechte sind unteilbar, sie gelten für Männer, Frauen wie für Kinder. Für uns in der Bundesrepublik ist dies eine Selbstverständlichkeit, in manchen anderen Staaten leider durchaus nicht.«[515]

Wie sich diese in der Bundesrepublik vermeintlich selbstverständliche Praxis der Menschenrechte am Beispiel von Kinderprostitution und Kinderpornographie konkret darstellt, soll im folgenden en détail ausgeführt werden.[516]

1. Welche Erkenntnisse hat die Bundesregierung über die erwähnte Produktion von »Kinderpornofilmen« in der Bundesrepublik Deutschland?

2. Liegen der Bundesregierung Daten über den illegalen Handel mit Kinderpornofilmen in der Bundesrepublik Deutschland beziehungsweise über die Bundesrepublik ins Ausland vor, und welche politischen Maßnahmen wurden bisher in diesem Zusammenhang ergriffen?[517]

»Über die Produktion von und den illegalen Handel mit kinderpornographischen Filmen in der Bundesrepublik Deutschland beziehungsweise über die Bundesrepublik Deutschland ins Ausland liegen der Bundesregierung keine konkreten Ergebnisse vor. Aufnahme, Produktion und Vorführung von kinderpornographischen Filmen entziehen sich, da sie in der Illegalität stattfinden und nur selten zur Anzeige führen, einer statistischen Erfassung. Einige Verdachtsmomente deuten jedoch darauf hin, daß deutsche Pornographieanbieter über Postfächer im europäischen Ausland auch den Versand von Kinderpornographie in die Bundesrepublik Deutschland betreiben. Das Bundeskriminalamt hat in den vergangenen zwei Jahren im Rahmen von INTERPOL-Konferenzen nachdrücklich auf die Bedeutung eines verstärkten Informationsaustausches bei der Bekämpfung von Kinderpornographie hingewiesen.«[518]

3. Trifft es zu, daß Bundesbürger sogenannte Sextourismus-Reisen in Länder der Dritten Welt häufig dazu nutzen, Pornofilme mit Kindern in diesen Ländern zu produzieren und in Europa zu vermarkten?

»Der Bundesregierung liegen hierzu keine Erkenntnisse vor.«[519]

4. Wird die Bundesregierung die geplante norwegische Initiative in den Vereinten Nationen und das Expertenkomitee im Europarat, das sich um Informationsaustausch und Auslieferungsabkommen bemühen will, aktiv unterstützen?

»Von einer geplanten norwegischen Initiative im Rahmen der Vereinten Nationen ist der Bundesregierung nichts bekannt ...«[520]

5. Welche Maßnahmen wird die Bundesregierung zwecks Umsetzung des erwähnten Beschlusses der Justizminister der Mitgliedstaaten des Europarats treffen?

»Die Bundesregierung nimmt hierzu auf ihre Ausführungen in der Antwort auf die Große Anfrage der Abgeordneten Schmidt (Nürnberg), Adler u. a. und der Fraktion der SPD (Drucksache 11/3580) Bezug.«[521]

6. Welche Daten und Prognosen liegen der Bundesregierung über die Verbreitung der Immunschwächekrankheit Aids und das Auftreten von Todesfällen im Zusammenhang der Kinderprostitution vor?

»Der Bundesregierung liegen hierzu keine Erkenntnisse vor.«

7. Welche Projekte für arbeitende, verlassene und auf der Straße lebende Kinder, die diesen andere Wege des Broterwerbs als die Prostitution ermöglichen, unterstützt die Bundesregierung derzeit und mit welchen finanziellen Beitrag?

»Projekte, die ausschließlich dem in der Frage angesprochenen Zweck dienen sollen, wurden bisher nicht durchgeführt ...«

8. Ist der Bundesregierung bekannt, daß der sogenannte Sextourismus wesentlich zu einer Zunahme der Kinderprostitution in den Entwicklungsländern beiträgt, und welche Maßnahmen wird sie ergreifen, um das Angebot von Reisen dieser Art aus der Bundesrepublik Deutschland zum Beispiel in asiatische Länder zu unterbinden?
»Der Bundesregierung liegen hierzu keine Erkenntnisse vor.«[522]
9. Weshalb kann sich die Bundesregierung nicht zur Unterzeichnung der Konvention zur Beendigung des Menschenhandels und der Ausbeutung der Prostitution anderer Personen entschließen, und weshalb hat sie auf das Schreiben des UN-Generalsekretärs vom 23. November 1987 mit der Bitte um eine Stellungnahme bisher nicht reagiert?
»Die Bundesregierung hat hierzu bereits in der Antwort auf Frage 27 der Großen Anfrage der Abgeordneten Schmidt (Nürnberg), Adler u.a. und der Fraktion der SPD (Drucksache 11/3580) Stellung genommen.«[523]

Zu einer Zeit also, als sich Kinderprostitution längst als Realität des internationalen Ferntourismus institutionalisiert hatte, zu einer Zeit, als die Recherchen über »Das geheime Geschäft mit der schmutzigen Pornographie«[524] bereits abgeschlossen waren, zu einer Zeit, als sich die politischen Gremien bereits international und hochoffiziell mit dem Phänomen Kinderprostitutionstourismus und Kinderpornographie befaßten und INTERPOL bereits ausdrücklich auf die Notwendigkeit eines verstärkten Informationsaustausches bei der Bekämpfung von Kinderpornographie hingewiesen hatte, antwortet die Bundesregierung kurz und knapp oder gar nicht. Deutlich wird daran erneut, daß sie sich für Menschenrechtsverletzungen an Kindern politisch nicht und auf gar keinen Fall in die Verantwortung nehmen lassen will.[525]

Antwort der Bundesregierung auf die Große Anfrage der Gruppe Bündnis 90/Die Grünen über Menschenrechtsverletzungen an Kindern und Jugendlichen in Brasilien (Drucksache 12/5244)

In dieser ebenfalls vom Bundesminister des Auswärtigen formulierten Antwort vom 24. Juni 1993 geht es ausschließlich um die soziale Lage von Kindern und Jugendlichen in Brasilien, von denen immer mehr »Opfer brutaler Gewalt seitens der Polizei und sogenannter Todesschwadrone (werden), während Hunderttausende für die Öffentlichkeit kaum sichtbar alltäglich die Verletzung ihrer elementaren Rechte und ihrer Menschenwürde erfahren und erdulden müssen«[526]. Gefragt wird darüber hinaus auch nach »Kinderprostitution und Sextourismus«[527], weshalb die dazu von der Bundesregierung in diesem Zusammenhang erteilten Antworten hier ausgeführt werden sollen:

19. Welche Informationen liegen der Bundesregierung über das Ausmaß der Kinderprostitution in Brasilien vor?
»Der Bundesregierung sind Berichte über Kinderprostitution in Brasilien bekannt. Sie decken sich mit den Berichten unserer Auslandsvertretungen. So soll es allein in Recife Anfang 1993 zirka 1500 jugendliche Prostituierte gegeben haben.«
20. Wie beurteilt die Bundesregierung die Tatsache, daß sich vor allem immer mehr Straßenkinder ihr Überleben durch Prostitution sichern?
»Die Bundesregierung ... kennt die Zusammenhänge zwischen den sozioökonomischen Rahmenbedingungen (unter anderem große Armut in den Familien, fehlende Schulen) und dem hieraus resultierenden Überlebenskampf von Kindern, die gezwungen sind, für ihren eigenen Unterhalt aufzukommen oder zum Unterhalt ihrer Familie beitragen zu müssen und dadurch keine Chancen zu einer Schul- und Berufsausbildung haben ...« Sie sei bestrebt, diese Situation »neben den bereits erwähnten entwicklungspolitischen Maßnahmen unter anderem durch das von ihr maßgeblich finanzierte Programm der Internationalen Arbeitsorganisation zur Beseitigung der Kinderarbeit (IPEC)[528] zu verbessern und Rahmenbedingungen zu schaffen, die es den Kindern langfristig ermöglichen, eine ihren Fähigkeiten entsprechende Ausbildung zu erhalten und eine spätere Berufstätigkeit zu finden«[529].
21. Welche Einrichtungen unterstützt die Bundesregierung in Brasilien, die sich der minderjährigen Prostituierten annehmen und versuchen, ihnen vor allem aus der wirtschaftlichen und sozialen Not herauszuhelfen?
»Die kirchlichen Zentralstellen und der Deutsche Entwicklungsdienst finanzieren mit Unterstützung der Bundesregierung Frauenprogramme, die verhindern sollen, daß Mädchen und Frauen in die Prostitution abgleiten. Diese Programme helfen auch ehemaligen Prostituierten, sich wieder in die Gesellschaft einzugliedern. Die kirchlichen Zentralstellen für Entwicklungshilfe arbeiten in diesem Bereich unter anderem mit ›SOS-Corpo‹, Recife, dem ›Centro de Mulheres‹ in Cabo/Pernambuco und ›Rede de Defesa de Espécie Humana‹ in Rio de Janeiro zusammen.«[530]
22. Was beabsichtigt die Bundesregierung zu tun, um bei deutschen Fluggesellschaften, Brasilientouristen und in der hiesigen Öffentlichkeit auf die Probleme des Sextourismus in Brasilien aufmerksam zu machen?
»Im Rahmen der in der Antwort zu Frage 18 erwähnten entwicklungspolitischen Bildungsarbeit werden auch die Probleme des Sextourismus thematisiert.«[531] Darüber hinaus wird auf die vom Bundesgesundheitsministerium in Auftrag gegebene Studie über »Aids und (Sex-) Tourismus« hingewiesen, auf deren Grundlage überlegt werden müsse, wie Reisende stärker zu sensibilisieren sind, wobei die Bundesregierung »in diesem Bereich auf die Mitwirkung der Tourismusunternehmen angewiesen« sei.[532]

Auf die abschließende Frage, welche Maßnahmen die Bundesregierung für geeignet hält oder anstrebt, um konkrete Verhaltensänderungen bei deutschen Touristen und Brasilienbesuchern zu erreichen, deutet sich erstmals eine Relativierung der von ihr bisher vertretenen Position an, nach der die gegebenen rechtlichen Instrumentarien als ausreichend erachtet wurden.

»Außer Bildungsarbeit kommt eine gesetzliche Maßnahme in Betracht. Die Bundesregierung hat im Dezember 1992 einen Gesetzentwurf (Drucksache 12/4584) beschlossen, der die bislang in den beiden Teilen Deutschlands noch unterschiedlichen Strafvorschriften zum Schutz der sexuellen Selbstbestimmung Jugendlicher vereinheitlichen soll ... «[533]

Damit zeigt sich die Bundesregierung nach den Jahren des Duldens, Negierens und Beschwichtigens endlich willens und bereit, sich des Phänomens Kinderprostitutionstourismus politisch anzunehmen und darüber hinaus empirische Untersuchungen zu fördern, die ihre zukünftigen Entscheidungen begründen helfen sollen. Daß diese Zeitenwende nicht zuletzt durch das entschlossene Auftreten der *Kampagne gegen Kinderprostitution im Sextourismus* herbeigeführt wurde, soll an dieser Stelle, wenn es die Bundesregierung denn schon versäumt, zumindest angemerkt werden.

Antwort der Bundesregierung auf die Kleine Anfrage der Fraktion der SPD über Prostitutionstourismus nach Thailand und auf die Philippinen (Drucksache 12/2278)

Tatsächlich war es der Kampagne zwischenzeitlich gelungen, das Phänomen Kinderprostitutionstourismus gesellschaftlich in einer Weise sichtbar zu machen, die es der Bundesregierung nicht mehr erlaubte, sich unwissend zu stellen. Dies wird auch in ihrer vom Bundesminister für Frauen und Gesundheit beantworteten Anfrage vom 13. März 1992 deutlich, in der nunmehr ganz selbstverständlich davon ausgegangen wird, daß die Prostitution von Frauen und Kindern bereits »von Reiseveranstaltern und internationalen Hotelketten als ›touristische Serviceleistung‹ in Reiseangeboten nach Thailand und auf die Philippinen integriert« worden sei, weshalb »Sex mit ›exotischen‹ Frauen zu einer leicht käuflichen Ware und nicht selten der Hauptbeweggrund für eine Reise nach Thailand und auf die Philippinen« geworden ist.[534] In ihrer Vorbemerkung hält sich die Bundesregierung infolgedessen auch nicht mehr weiter damit auf, sich allgemein über die Entstehungsursachen und Beweggründe von Prostitutionstourismus auszulassen, sondern verweist statt dessen auf die Ergebnisse zweier Studien, die das Bundesministerium für Frauen und Jugend in Auftrag gegeben hatte, um die Hintergründe und Ursachen des Phänomens zu erhellen. Es sind dies eine von *agisra (Arbeitsgemeinschaft gegen internationale sexistische und rassistische Ausbeutung)* erhobene Bestandsaufnahme über »Frauenhandel und Prostitutionstourismus« (1990) sowie eine von der Katholischen Universität Eichstätt durchgeführte Untersuchung über »Umfeld und Ausmaß des Menschenhandels mit ausländischen Mädchen und Frauen« (1992), die im Rahmen dieser Studie bereits mehrfach Erwähnung fand.

Wegen des Umfangs der Anfrage sollen hier nur einige wesentliche beziehungsweise weiterführende Erkenntnisse und Ausführungen dargestellt und auf ihre Schlußfolgerungen hin beleuchtet werden.

1. Welche Erkenntnisse hat die Bundesregierung über das Ausmaß der Prostitution, insbesondere der Kinderprostitution in Thailand und auf den Philippinen?
2. Wie hoch schätzt die Bundesregierung die Zahl derjenigen deutschen männlichen Touristen, die jährlich nach Thailand und auf die Philippinen fahren und sich dort der Prostituierten »bedienen«?
3. Gibt es einen Zusammenhang zwischen dem dramatischen Anstieg der Prostitution in den letzten Jahren, speziell der Frauen- und Kinderprostitution, in den betroffenen Ländern und den deutschen Fernreisen?

Die Bundesregierung bestätigt in ihrer Antwort, daß die für Thailand getroffenen Schätzungen »von einer Million Prostituierten im ganzen Land realistisch sein (dürften), zumal sich viele im Dienstleistungsbereich beschäftigte junge Frauen und Männer nebenberuflich prostituieren. Die Zahl der Prostituierten ist parallel zu den Touristenzahlen gestiegen«. Wie viele Kinder in Thailand zur Prostitution gezwungen werden, vermag sie allerdings nicht zu sagen, doch weist sie auf Schätzungen hin, nach denen in Thailand wenigstens 30 000, wahrscheinlich jedoch 200 000 bis 800 000 Kinder zur Prostitution gezwungen werden. Als sicher scheint jedoch angenommen werden zu können, daß 50 bis 70 Prozent der deutschen Touristen »erstrangig wegen der sexuellen Kontakte« nach Thailand fahren.[535] Hinsichtlich der Philippinen beruft sich die Bundesregierung auf die von der *Kampagne gegen Kinderprostitution im Sextourismus* angestellten Schätzungen, denen zufolge mit wahrscheinlich 500 000 Prostituierten zu rechnen sei. »Von 28 228 Deutschen, die nach der philippinischen Statistik 1991 einreisten, waren 51 Prozent Touristen. Die Zahl der deutschen Männer, die aus sexuellen Gründen in die Philippinen reisen, dürfte demnach kein entscheidender Faktor für das Ausmaß der Prostitution sein.«[536]

4. Wie bewertet die Bundesregierung die Tatsache, daß in Reiseführern und Reiseprospekten nach wie vor in direkter oder versteckter Form für den Sextourismus nach Thailand und auf die Philippinen geworben wird?

Die Bundesregierung erklärt zunächst, daß sie jede Form von Werbung für Prostitutionstourismus mißbillige. Darüber hinaus wird auch nicht mehr abgestritten, daß in Reiseführern und Reiseprospekten für Prostitutionstourismus geworben wird. So habe eine Auswertung von 24 Reiseprospekten im Rahmen der Studie »Umfeld und Ausmaß« ergeben, daß sieben Prospekte entsprechende Hinweise enthielten. »Deutliche Werbung für Prostitutionstouristen war allerdings auch in einigen Urlaubsbroschüren zu finden, die nach erfolgter Buchung an die Kunden verschickt werden. Hier ist offensichtlich eine Verlagerung der Werbung erfolgt.«[537]

5. Welche Fälle sind der Bundesregierung bekannt, in denen Reiseveranstalter und Verlage nach § 120 Abs. 1 Nr. 2 OWiG wegen Werbung für die Prostitution und nach § 180a Abs. 3 bis 5 StGB und § 181 StGB in Verbindung mit § 6 Nr. 4 StGB wegen Förderung der Prostitution rechtskräftig verurteilt worden sind?

»Statistische Erkenntnisse über rechtskräftige Verurteilungen von Reiseveranstaltern und Verlegern wegen Straftaten nach § 180a Abs. 3 bis 5 (Förderung der Prostitution) und § 181 StGB (Menschenhandel) i.V.m. § 6 Nr. 4 StGB liegen der Bundesregierung nicht vor. Die Strafverfolgungsstatistik enthält keine Angaben über den Beruf der Verurteilten. Zu § 120 Abs. 1 Nr. 2 OWiG liegen der Bundesregierung ebenfalls keine statistischen Unterlagen vor.«[538]

6. Ist die Bundesregierung der Auffassung, daß die gesetzlichen Grundlagen ausreichend sind, um die Werbung für den Sextourismus nach Thailand und auf die Philippinen zu unterbinden?

Hierzu führt die Bundesregierung in deutlicher Abkehr zu ihrer früher vertretenen Meinung aus, daß sich die Tatbestände nach §§ 119 und 120 OWiG allerdings leicht umgehen lassen, da Werbung für Prostitutionstourismus »ohne weiteres in einer Weise erfolgen (kann), die sich von anderer Werbung für Tourismusreisen nicht unterscheidet«[539], ein im übrigen deutlicher Hinweis auf die Sexualisierung von Werbung schlechthin, egal, ob es sich dabei um Reisen, Parfums oder Instantsuppen handelt. »Insofern erscheint es letztlich nicht möglich, Werbung für Prostitutionstourismus in einer rechtsstaatlichen Anforderungen genügenden und zugleich praktikablen Weise mit Mitteln des Straf- oder Bußgeldrechts wirksam zu unterbinden«[540], zumal »andererseits teilweise gefordert wird, die Schwelle für Ordnungswidrigkeiten bei diesen Vorschriften anzuheben, die Vorschriften also abzuschwächen.«[541]

7. Welche Kenntnis hat die Bundesregierung über Zahlen von Aids(HIV; G.W.)-infizierten Prostituierten in Thailand und auf den Philippinen, von Aids(HIV; G.W.)-infizierten bundesdeutschen Sextouristen und hier lebenden Prostituierten?
»Weder der Bundesregierung noch der Weltgesundheitsorganisation (WHO) liegen Zahlen über die HIV-infizierten Prostituierten in Thailand und auf den Philippinen vor. Insgesamt geht man in Thailand von 200 000 bis 400 000 infizierten Personen aus, wobei der Anteil, der auf die Prostituierten entfällt, nicht klar ist ... «[542] Dies gelte ebenso für die Philippinen. »Zahlen für die HIV-infizierten bundesdeutschen Prostitutionstouristen beziehungsweise hier lebende ausländische Prostituierte können ebenfalls nicht gegeben werden, da das in der Bundesrepublik Deutschland geltende anonyme Laborberichtsverfahren keine solche Rückschlüsse erlaubt.«[543]

(Die zu diesem Zeitpunkt noch nicht vorliegende Studie »Aids, Sex und Tourismus« kommt in diesem Zusammenhang allerdings zu der alarmierenden Schlußfolgerung: »Resümiert man die Ergebnisse der hier vorgelegten Studie unter dem Gesichtspunkt der Identifizierung (dringend) erforderlicher Präventionsbedarfe und der Identifizierung zukünftig wichtiger Zielgruppen für aids-präventive Maßnahmen, so ist zunächst noch einmal festzuhalten, daß tatsächlich eine beträchtliche Zahl deutscher Reisender im Urlaub sexuelle Beziehungen zu vorher unbekannten Partnern aufnimmt und daß etwa ein Drittel dieser Kontakte *unsafe* beziehungsweise zumindest inkonsistent *safe* verlaufen. Ein Risiko für eine HIV-Infektion war damit bei nahezu jedem dritten Urlaubskontakt gegeben ... «[544])

8. Auf die Frage, ob seitens der Bundesregierung mit der thailändischen beziehungsweise philippinischen Regierung über
a) das Problem der Prostitution generell und speziell der Kinderprostitution,
b) die Werbung für den Tourismus,
c) die Illegalität und die damit verbundene Kriminalisierung der Prostituierten in den Heimatländern,
d) die eventuelle Korruption von Beamten
gesprochen wurde, verweist die Bundesregierung lediglich auf regelmäßige Gespräche zwischen der deutschen Botschaft und den »mit der Problematik befaßten Persönlichkeiten, insbesondere den zuständigen Ministern der thailändischen Regierung«[545]. Darüber hinaus gibt sie zur Kenntnis,

daß die thailändische Regierung zwischenzeitlich ein Gesetz erlassen habe, das »die Prostituierten entkriminaliseren und regelmäßige medizinische Überwachung fördern (soll). Dagegen sollen Zuhälter und Betreiber von Vergnügungsstätten der Sexindustrie stärker als bisher bestraft werden ...« Leider erfahren wir nicht, in welcher Weise die Bundesregierung die betroffenen Länder – in diesem Fall Thailand – darin zu unterstützen gedenkt, der Nachfrage nach Prostitutionstourismus beziehungsweise Kinderprostitution im eigenen Land entgegenzuwirken. Darüber hinaus zeigt sich die Bundesregierung überzeugt davon, daß sich auch die philippinische Regierung »der Problemlage, die durch ineffiziente Verwaltung und einen teilweise korrupten Polizei- und Strafverfolgungsapparat verschärft wird, durchaus bewußt« sei[546], eine Aussage, die den Eindruck erwecken könnte, als hätte sich die Bundesregierung der geschilderten »Problemlage« gegenüber bislang politisch als irgendwie effizient oder auch nur »bewußt« erwiesen.

9. und 10. Wie aus der Antwort auf die Frage nach bereits initiierten oder geplanten Projekten zur Bekämpfung des Prostitutionstourismus beziehungsweise Kinderprostitution hervorgeht, hat sich die Bundesregierung bisher nicht veranlaßt gefühlt, »spezielle Entwicklungsprojekte zur Bekämpfung der Prostitution und des Prostitutionstourismus« durchzuführen oder zu planen. Die bilaterale Zusammenarbeit mit Thailand und den Philippinen orientiere sich vielmehr an dem »Oberziel« der Armutsbekämpfung. »Kinder sind in der Regel keine eigene Zielgruppe, sie sind in integrative oder frauenspezifische Projekte einbezogen, da es ihnen nur besser gehen kann, wenn sich die Lebensbedingungen ihrer Mütter/Eltern verbessern.«[547] Die Tatsache, daß Prostitution sich für immer mehr Frauen und Kinder als einziger noch verbleibender Weg aus der Armut anbietet, wird damit ebenso negiert wie die Tatsache, daß Kinderprostitution nicht zuletzt auch einer Nachfrage folgt, die der Ferntourismus mit sich bringt.[548]

11. Arbeitet die Bundesregierung zur Bekämpfung der oben genannten Probleme mit Kirchen, Frauenverbänden und nicht-staatlichen Organisationen zusammen? Wenn ja, wie sieht diese Zusammenarbeit aus?

»Die Bundesregierung arbeitet sowohl vor Ort als auch in Deutschland zur Situation von Frauen in den Entwicklungsländern mit den genannten Institutionen zusammen.«[549] Im Zusammenhang mit der Problematik des Prostitutionstourismus habe die Bundesregierung auf die speziellen Kenntnisse und Erfahrungen »insbesondere von (kirchlichen) Frauenverbänden und anderen Frauengruppen« zurückgreifen können, wobei jedoch lediglich die von *agisra* und der Katholischen Universität Eichstädt erstellten Untersuchungen Erwähnung finden.

12. Auf die Frage, welche Maßnahmen die Bundesregierung zu ergreifen beabsichtigt, um die Prostitutionstouristen beziehungsweise potentiellen Kunden sexueller Dienstleistungen über die Situation der betroffenen Frauen in den von ihnen bereisten Ländern aufzuklären, weist die Bundesregierung darauf hin, daß sie Ansatzpunkte dafür in einer entsprechenden

Öffentlichkeitsarbeit in der Aids-Aufklärung sehe. »In Zusammenarbeit von Bund und Ländern wird gegenwärtig ein Präventionskonzept gegen die Ansteckung mit HIV auf Reisen erarbeitet. Punktuell wird bereits heute die Kooperationsbereitschaft einzelner Reiseveranstalter zur Durchführung von gemeinsamen Präventionsmaßnahmen genutzt«[550], wobei allerdings unerwähnt bleibt, worin sich diese Kooperationsbereitschaft konkret materialisiert.

Im Hinblick auf die von den deutschen Botschaften ergriffenen Maßnahmen und Hilfen »hinsichtlich ausreisewilliger Frauen«[551] (13.) wird auf dort ausgelegte Broschüren und Faltblätter verwiesen, mit denen Antragstellerinnen über mögliche »Gefahren und Probleme einer Reise in die Bundesrepublik Deutschland (Prostitution, Entfremdung)« informiert werden sollen. In bezug auf Thailand findet sich darüber hinaus noch der bemerkenswerte Zusatz, daß »der Prostitution minderjähriger Thailänderinnen und Thailänder in der Bundesrepublik Deutschland durch besonders strenge Vorschriften für die Erteilung von Sichtvermerken (unter anderem Einwilligung beider Elternteile) vorgebeugt« werde.[552]

Antwort der Bundesregierung auf die Kleine Anfrage der Fraktion der SPD über Sextourismus und Kinderprostitution (Drucksache 13/1019)

Wie zäh sich der weitere Fortgang der Entwicklungen ausnahm, läßt sich an dieser vom Bundesministerium für Justiz in Abstimmung mit dem Bundesministerium für Familie, Senioren, Frauen und Jugend, dem Auswärtigen Amt, dem Bundesministerium des Innern, dem Bundesministerium für Gesundheit, dem Bundesministerium für Wirtschaft und dem Bundesministerium für Wirtschaftliche Zusammenarbeit und Entwicklung gemeinsam erarbeiteten Antwort vom 20. April 1995 erkennen. Zwischen ihr und der vorherigen liegen drei Jahre, in denen die *Kampagne gegen Kinderprostitution im Sextourismus* durch eine ebenso gezielte wie erfolgreiche Lobby- und Öffentlichkeitsarbeit dafür gesorgt hatte, daß das Thema Kinderprostitutionstourismus nicht im Sog der tagespolitischen Ereignisse zum Verschwinden gebracht wurde. So zeichnet sich die vorliegende Anfrage durch äußerst präzise Fragestellungen aus. Während jedoch die Fragen qualifiziert gestellt sind und »harte« Fakten fordern, zeichnet sich die Antwort – obwohl sieben Bundesministerien daran beteiligt waren – nach Ansicht der Abgeordneten Erika Simm (SPD) vor allem dadurch aus, »daß sie die Dimensionen von Sextourismus und Kinderprostitution nicht begriffen hat oder nicht begreifen will«[553].

I. Rechtshilfeverkehr mit Zielländern des Sextourismus

1. So ergab die Antwort der Bundesregierung auf die Frage, welche Hauptzielländer des Prostitutionstourismus zwischenzeitlich darüber in Kenntnis gesetzt worden waren, daß sich deutsche Staatsbürger nach der am 1. September 1993 erfolgten Neuregelung des § 5 Nr. 8 StGB nunmehr auch für sexuelle Mißhandlung(en) von Kindern unter 14 Jahren strafbar machen, wenn diese im Ausland begangen werden, daß bislang lediglich die Philippinen, Thailand, Sri Lanka, Brasilien und Taiwan informiert worden waren, während anderen von Kinderprostitution betroffene Ländern, zum Beispiel Kenia, der Dominikanischen Republik, Vietnam und der Tschechische Republik - anderthalb Jahre nach der Neuregelung des Strafrechtsparagraphen -, diese Strafrechtsänderung noch nicht einmal mitgeteilt worden war.[554]

2. Auf die Frage, welchen Wortlaut diese Mitteilung gehabt habe, teilt die Bundesregierung mit:

»Die deutschen Botschaften in den Zielländern des sogenannten Sextourismus haben die jeweiligen Regierungen über den Inhalt und die praktischen Auswirkungen des 27. Strafrechtsänderungsgesetzes (StrÄndG) unterrichtet und dies mit der Bitte verbunden, auf dem diplomatischen Geschäftswege die deutschen Strafverfolgungsbehörden über etwaige einschlägige Straftaten Deutscher - möglichst unter Beifügung von Beweismitteln - in Kenntnis zu setzen ... «[555]

3. Wie haben die angesprochenen Länder darauf reagiert?

»Die Regierungen von Thailand, den Philippinen, Sri Lanka und Brasilien haben die deutsche Gesetzesänderung positiv aufgenommen und ihre Bereitschaft zur Zusammenarbeit auf diesem Gebiet zum Ausdruck gebracht.«[556]

4. Ausgesprochen einsilbig ist indes die Antwort gehalten, mit welchen Ländern bereits bilaterale Rechtshilfeverträge geschlossen wurden:

»Zwischen der Bundesrepublik Deutschland und den vom Kinderprostitutionstourismus betroffenen Ländern bestehen keine bilateralen Verträge über die sonstige Rechtshilfe in Strafsachen.«

5. Die Bundesregierung sieht, entgegen der einhelligen Meinung der internationalen ExpertInnenschaft, ihrerseits nach wie vor »keinen Bedarf, solche bilateralen Verträge mit den genannten Ländern abzuschließen. Sie ist der Auffassung, daß durch den Abschluß von

Rechtshilfeverträgen mit den betroffenen Staaten die Verfolgung des sexuellen Mißbrauchs im Ausland nicht effektiver gestaltet werden könnte«[557]. Es bleibt unerfindlich, warum die Bundesregierung sich in dieser Frage von den Argumenten der Expertinnen und Experten dermaßen unbeeindruckt zeigt und fast trotzig darauf besteht, daß bilaterale Verträge nichts zur Lösung des Problems beitragen könnten. Daß die praktischen Schwierigkeiten bei der Verfolgung der Straftat groß sind[558], wird von den Befürworterinnen und Befürwortern bilateraler Verträge keineswegs bestritten. Nichts deutet indes darauf hin, daß der Abschluß bilateraler Verträge die Strafverfolgung deutscher Täter im Ausland in irgendeiner Weise erschweren, stören oder sogar unmöglich machen würde. Um so unverständlicher bleibt die beharrlich vorgetragene Weigerung der Bundesregierung, den Abschluß derartiger Rechtshilfeabkommen nicht doch wenigstens anzustreben.[559]

7. und 8. Es überrascht daher nicht, daß die Bundesregierung auch von etwaigen Problemen in der Zusammenarbeit mit den Justiz-, Polizei- oder anderen mit der Bekämpfung von Kinderprostitution befaßten Behörden und Organisationen in den betroffenen Ländern nichts wissen will. »Probleme bei der justitiellen Zusammenarbeit mit Behörden der Zielländer des Kindersextourismus sind der Bundesregierung nicht bekannt geworden«[560], heißt es in der Antwort auf die Frage, wie eng die Zusammenarbeit zwischen den einzelnen Behörden sei. Nachgefragt, wie die Bundesregierung diese Zusammenarbeit »im einzelnen« bewerte, muß sie allerdings einräumen, daß »wegen der relativ kurzen Zeitspanne seit dem Inkrafttreten des 27. StÄndG im Rechtshilfeverkehr mit den betroffenen Staaten auf diesem Gebiet noch keine für eine abschließende Bewertung ausreichenden Erfahrungen gesammelt werden« konnten. Die bisherige Zusammenarbeit lasse jedoch auf eine positive Entwicklung hoffen ...[561]

II. Einschlägige Strafverfahren in der Bundesrepublik Deutschland

Auf eine gegenläufige Realität weisen allerdings die Antworten auf jene Fragen hin, die nach den Erfolgen und Maßnahmen im Kampf gegen Kinderprostitutionstourismus fragen.

1. Sind in der Bundesrepublik Deutschland bereits Strafverfahren wegen sexuellen Mißbrauchs ausländischer Kinder im Ausland gegen deutsche Täter eingeleitet worden?

»Der Bundesregierung liegen hierzu keine statistischen Angaben vor, da Fälle des sexuellen Mißbrauchs ausländischer Kinder durch Deutsche im

Ausland weder in der polizeilichen Kriminalstatistik noch in der Strafverfolgungsstatistik gesondert ausgewiesen werden. Eine Befragung der Länder kam schon allein wegen der Kürze der für die Beantwortung der Kleinen Anfrage zur Verfügung stehenden Zeit nicht in Betracht.«[562] Allerdings habe die Bundesregierung Kenntnis vom Verdacht solcher Straftaten erlangt.[563]
2. Wie hoch ist gegebenenfalls die Zahl der Anzeigen, der Verfahrenseinstellungen und der Verurteilungen?
»Siehe Antwort zu Frage II.1.«[564]
3. Aus welchen Gründen sind gegebenenfalls Einstellungen erfolgt?
»Siehe Antwort zu Frage II.1.«[565]

Mit anderen Worten: Die Bundesregierung kann in den vorgezeichneten Fällen zu diesem Zeitpunkt auf keinerlei konkrete Ermittlungserfolge oder Strafverfahren hinweisen.

III. Zwischenstaatliche Zusammenarbeit/Maßnahmen

Nicht viel anders verhält es sich auch hinsichtlich einer Zusammenarbeit zwischen der Bundesregierung und den von Kinderprostitutionstourismus betroffenen Ländern.
1. Gibt es einen internationalen Informations- und Erfahrungsaustausch zwischen der Bundesrepublik Deutschland und anderen Ursprungsländern des »Sextourismus«?
»Auf der Ebene der Regierungen gibt es einen solchen Erfahrungsaustausch nicht.«[566]
2. Sieht die Bundesregierung Möglichkeiten, im Rahmen der Verfolgung von Auslandstaten wie dem sexuellen Mißbrauch von Kindern durch Touristen auf den Einsatz von INTERPOL zurückzugreifen?
»Bereits heute wird in über 90 Prozent aller länderübergreifenden Maßnahmen, die unter Einschaltung des Bundeskriminalamtes abgewickelt werden – so auch bei der Verfolgung von Auslandstaten wie dem sexuellen Mißbrauch von Kindern durch Touristen –, auf den Einsatz von INTERPOL zurückgegriffen.«[567]
3. Bestehen Überlegungen hinsichtlich der Ausweitung bestehender Befugnisse?
»Eine Ausweitung des bestehenden Instrumentariums erscheint aus Sicht der Bundesregierung nicht erforderlich ...«[568]
4. und 5. Ist die Bundesrepublik Deutschland in der Arbeitsgruppe zur sexuellen Ausbeutung von Kindern bei INTERPOL (»offences against minors«) vertreten?
»Ja.«[569]
6. Werden sogenannte »Liaison-Officers« in den Zielländern nach dem Vorbild der nordeuropäischen Länder eingesetzt?
»Nein ...«[570]
7. Wenn nein, warum nicht?

»Eine ständige Entsendung eines ›Liaison-Officers‹ erscheint aus der Sicht der Bundesregierung nicht erfolgversprechend. Probleme liegen unter anderem in der mangelhaften Kooperationsbereitschaft der lokalen Polizei.«[571]

Hiervon war bislang keine Rede gewesen. Tatsache ist indes, daß die wenigen zu verzeichnenden Erfolge in der Strafverfolgung von Tätern auf »Liaison-Officers« beziehungsweise Kriminalbeamten zurückgehen, die mit lokalen Polizei kooperieren, um Täter zur Identifizierung zu bringen.[572]

8. und 9. Auf die Frage, ob in diesem Zusammenhang eine Zusammenarbeit mit anderen Staaten wie zum Beispiel den nordeuropäischen Ländern angestrebt wird, verweist die Bundesregierung lediglich darauf, daß »in der AG INTERPOL ›offences against minors‹ neben der Bundesrepublik Deutschland unter anderem auch die nordeuropäischen Staaten vertreten« sind.[573] Weitergehende Schlußfolgerungen oder Erkenntnisse scheinen sich daraus jedoch nicht ableiten zu lassen.
10. Unbeantwortet bleibt auch die Frage, wie die Erfahrungen des schwedischen »Liaison-Officers«, der für Schweden, Norwegen und Dänemark in Bangkok tätig ist, zu bewerten seien: »Erfahrungsberichte liegen der Bundesregierung nicht vor...«[574]
11. und 12. Sie hat auch keine Kenntnis darüber, daß die schwedische Regierung im August 1996 einen »Weltkongreß gegen die kommerzielle sexuelle Ausbeutung von Kindern« durchführen wird.[575] Insofern erübrigt sich beinahe auch, danach zu fragen, wie sich die Bundesregierung auf diesen Kongreß vorbereitet: »Siehe Antwort zu Frage III.11.«[576]

Insgesamt überwiegt, wie Erika Simm (SPD) in ihrer Presseerklärung feststellte, der Eindruck, daß »die Bundesregierung auch in Zukunft keine geeigneten Maßnahmen gegen Sextourismus und Kinderprostitution ergreifen« wird.[577]

IV. Präventivmaßnahmen der Bundesregierung

Wie zuvor setzt die Bundesregierung vorrangig auf die »Vernunft, Einsicht und Mitwirkungsbereitschaft der Betroffenen«[578]. Die Tatsache, daß die Bundesregierung Prostitutionstouristen als Betroffene und nicht als Täter bezeichnet, läßt nicht erwarten, daß hinsichtlich ihrer strafrechtlichen Verfolgung energisches Handeln erwartet werden darf. Wäre da nicht die Gefährdung durch HIV/Aids, die Bundesregierung sähe sich wohl kaum veranlaßt, auf »Verhaltensänderungen in bezug auf das Sexualverhalten« von Prostitutionstouristen einzuwirken.[579]

Interessant ist in diesem Zusammenhang allerdings der Hinweis, »daß der Deutsche Reisebüro-Verband (DRV) und seine Mitglieder, die deutschen Reiseveranstalter, eine öffentliche Erklärung abgegeben haben, den Kampf gegen Kinderprostitution zu unterstützen, indem sie diejenigen Hotels aus ihrem Reiseangeboten streichen werden, die nachweislich Kinderprostitution dulden oder fördern«[580]. Daß diese Erklärung den Reiseveranstaltern von der Kinderrechtsorganisation *terre des hommes* abgerungen wurde und nicht etwa von der Bundesregierung[581], läßt sich nur zwischen den Zeilen erkennen.

Darüber hinaus mag die Bundesregierung jedoch weder »die Aufnahme von dem öffentlichen Interesse dienenden Aufklärungspflichten über die Strafbarkeit verschiedener Verhaltensweisen«[582] noch ein »Wettbewerbsverbot für den Sextourismus«[583] befürworten, doch findet sich der Hinweis, daß, »soweit speziell für Kindersextourismus geworben werden sollte, auch eine Strafbarkeit nach § 111 StGB (Öffentliche Aufforderung zu Straftaten) in Betracht zu ziehen« sei.[584]

Eine erkennbare Neubestimmung scheint sich jedoch in der Projektierung von Maßnahmen zur Bekämpfung der Ursachen und Folgen von Prostitutionstourismus abzuzeichnen. »Zur Bekämpfung der Folgen des Kindersextourismus bereitet das Bundesministerium für Wirtschaftliche Zusammenarbeit und Entwicklung ein Pilotprojekt in Kenia vor, das sich ausschließlich an Frauen, Jugendliche und Kinder wendet, die der (insbesondere tourismusbedingten) Prostitution nachgehen. Das Vorhaben zielt darauf ab, eine nichtstaatliche Hilfe- und Beratungsstruktur aufzubauen und in Zusammenarbeit mit vor Ort tätigen lokalen Nicht-Regierungsorganisationen (NRO) diesem Personenkreis – auf freiwilliger Basis – Hilfe anzubieten, eine Lebensführung außerhalb der Prostitution unter anderem durch Aus- und Fortbildung, berufliche Qualifizierung, Rechtsberatung, Gewährung von Zuschüssen und Darlehen zur Existenzgründung zu ermöglichen.«[585] Über Konzept und Dauer des mit 500 000 DM (1995) ausgestatteten Projekts gibt die Bundesregierung keine Auskunft. Es darf angenommen werden, daß das Projekt in enger Abstimmung mit *Solwodi (Solidarität für Frauen in Not)* geplant wurde, einer von der deutschen Ordensschwester Lea Ackermann gegründeten Selbsthilfeinitiative mit Sitz in Mombasa.

Antwort der Bundesregierung auf die Kleine Anfrage der Fraktion Bündnis 90/Die Grünen zum Internationalen Kongreß »The Commercial Sexual Exploitation of Children« 27. bis 31. August 1996 in Schweden (Drucksache 13/2848)

Die letzte der hier erörterten Anfragen datiert auf den 6. November 1995. In der vom Bundesministerium für Familie, Senioren, Frauen und Jugend vorgelegten Antwort wird die Bundesregierung danach gefragt, welche Ministerien an der Vorbereitung der Konferenz beteiligt beziehungsweise federführend sind; ob ein Vorbereitungskomitee geplant ist oder bereits gebildet wurde; ob vorgesehen ist, Nicht-Regierungsorganisationen (NRO) und gegebenenfalls Reiseveranstalter in die Vorbereitungen einzubeziehen; ob angestrebt sei, eine mit den Ländern der Europäischen Union abgestimmte Position zu formulieren und, last not least, warum das Bundesministerium für Wirtschaftliche Zusammenarbeit und Entwicklung (BMZ) es abgelehnt habe, »den Kongreß durch die Übernahme von Reisekosten für Teilnehmer aus Entwicklungsländern zu fördern«.[586]

Der Antwort der Bundesregierung ist zu entnehmen, daß sich ihr Kenntnisstand über den in Stockholm geplanten Weltkongreß gegen Kinderprostitutionstourismus zum Zeitpunkt der Anfrage auf ein ihr vorliegendes Faltblatt beschränkt, »das in die Problematik einführt und auf die Veranstalter und auf Kontaktanschriften hinweist«, dem jedoch keine näheren Informationen über das geplante Programm zu entnehmen seien. »Die Position der Bundesregierung einschließlich der Frage der Federführung wird daher zu bestimmen sein, sobald Struktur und Inhalt der Konferenz näher konkretisiert sind.«[587] Obwohl also bereits in der Anfrage über »Sextourismus und Kinderprostitution« (Drucksache 13/1019) nach dieser Konferenz gefragt worden war[588], sieht sich die Bundesregierung auch sieben Monate später nicht in der Lage, mehr zu sagen als das, was ihr durch ein Faltblatt ins Haus getragen wurde. Man hätte annehmen dürfen, daß sie sich selbst um Informationen bemüht hätte, man hätte vielleicht sogar annehmen dürfen, daß sie diese Konferenz bereits im Vorfeld dazu nutzen würde, ihren in vielen Anfragen bemühten guten Willen politisch zu nutzen, um gegen die sexuelle Ausbeutung von Kindern durch deutsche Touristen einzutreten. Lediglich die Antwort auf die Frage, warum die Bundesregierung die Teilnahme von Expertinnen und Experten aus »Entwicklungsländern« nicht fördert, läßt aufhorchen.

Fachkongresse, so erfahren wir an dieser Stelle, »haben in der Reihe der entwicklungspolitischen Instrumente eine untergeordnete Bedeutung. Entsprechend streng sind im Rahmen der haushaltsrechtlichen Bestimmungen die Kriterien für ihre Förderung. Grundsätzlich gilt, daß es sich um Veranstaltungen handeln muß, die einen eindeutigen entwicklungspolitischen Bezug haben und daß diese Veranstaltungen entweder in einem Entwicklungsland oder in der Bundesrepublik Deutschland stattfinden«[589].

Daß das Thema Kinderprostitutionstourismus als entwicklungspolitisch relevantes Thema anzuerkennen ist, darf in diesem Fall als unbestritten angenommen werden. Die Tatsache allein, daß der Kongreß nicht in der Bundesrepublik - warum eigentlich nicht? -, sondern in Schweden stattfindet, wäre daher Anlaß genug gewesen, unbürokratisch nach Lösungen zu suchen, die eine Übernahme der Reisekosten für Teilnehmerinnen und Teilnehmer aus den betroffenen Ländern - auch im Interesse der Bundesrepublik - gestattet hätte. Nicht zuletzt hätte das BMZ, wie ich meine, erkennen müssen, daß »die Nachfragedämpfung in den Heimatländern der Touristen sowie eine wirksamere Strafverfolgung«[590] eine wichtige Voraussetzung dafür darstellt, den von Prostitutionstourismus betroffenen Frauen und Kindern Wege aus der Misere zu eröffnen, die nicht unweigerlich in den Hotelbetten deutscher (europäischer, amerikanischer, australischer, japanischer...) Prostitutionstouristen enden.

Anhörungen

Anhörungen, in denen sich die Fraktionen beziehungsweise Ausschüsse des Deutschen Bundestags über Ausmaß und Erscheinungsformen des Prostitutionstourismus zu informieren suchten, haben über die Jahre hinweg verschiedentlich stattgefunden. Den Auftakt bildete ein aus Verärgerung über die bereits zitierte Antwort der Bundesregierung auf die Große Anfrage über »Menschenhandel mit ausländischen Mädchen und Frauen, insbesondere aus Entwicklungsländern, sog. Heiratsvermittlung und sog. Prostitutionstourismus«[591] initiiertes Verbandsgespräch der Fraktion der SPD am 21. März 1986 in Bonn. Ziel dieser Anhörung war es, im Gespräch mit den geladenen Verbänden und Gruppen eine qualifizierte Position zu erarbeiten, mit der die Bundesregierung, so Herta Däubler-Gmelin, »zu einer klaren Stellungnahme« gezwungen werden sollte.[592] Das Thema »Prostitutionstourismus und Menschenhandel« fand auch auf einer Anhörung der CDU/CSU-Fraktion (Gruppe der Frauen) am 13. Juli 1988 in Bonn Beachtung, wobei der Schwerpunkt ihrer Erörterungen eher auf die Situation ausländischer Frauen in der Bundesrepublik gelegt wurde. Die Anhörung fand im Anschluß einer Reise statt, auf der sich die Abgeordneten Ursula Männle, Doris Pack und Hannelore Rönsch »über die Probleme des Prostitutionstourismus und des Handels mit Frauen« kundig machen wollten.[593] Der Ausschuß für Frauen und Jugend wiederum widmete seine am 1. Dezember 1993 durchgeführte Anhörung vorrangig dem Problem des Frauenhandels, wobei die rechtliche Situation ausländischer Ehefrauen im Mittelpunkt stand.[594] Da diese Anhörungen darüber hinaus keine weitergehenden Erkenntnisse über das Phänomen Kinderprostitutionstourismus erkennen lassen, soll es hier genügen, lediglich auf sie hinzuweisen.

Symposium »Sexueller Mißbrauch ausländischer Kinder durch Deutsche im Ausland« (22. bis 24. November 1995)

Diese vom Bundesjustizministerium ausgerichtete Anhörung befaßte sich erstmals und explizit mit den Ursachen und Folgen des

Kinderprostitutionstourismus als politisches Problem. Die Tatsache, daß sich Bundesjustizministerin Leutheusser-Schnarrenberger zu einem solchen Symposium entschloß, konnte sich die *Kampagne gegen Kinderprostitution im Sextourismus* auf ihre Fahnen schreiben, die in den zurückliegenden Monaten und Jahren praktisch nichts unversucht gelassen hatte, »dieses bisher tabuisierte Thema zum Gegenstand der Diskussion zu machen«[595]. Dabei ging es für die anwesenden Nicht-Regierungsorganisationen (NRO)[596] im wesentlichen um die Frage: Wie können wir dafür sorgen, daß Deutsche, die im Ausland Kinder sexuell mißbraucht haben, tatsächlich vor Gericht gestellt und bei entsprechender Beweislage auch tatsächlich abgeurteilt werden?[597]

»Bisher«, so Burghard Gnärig (terre des hommes) mit Blick auf die weitgehend wirkungslos gebliebene Novellierung des § 5 Ziffer 8 Strafgesetzbuch, »sind in der Bundesrepublik Deutschland nur sehr vereinzelt Ermittlungsverfahren bekannt geworden, die aufgrund der Aufhebung des Tatortprinzips für den angesprochenen Deliktbereich aufgenommen wurden. Staatsanwältinnen und Staatsanwälte haben ebenso wie das Bundeskriminalamt öffentlich bekundet, wie schwierig die Ermittlungsarbeit derzeit ist, und den Abschluß bilateraler Rechtshilfeabkommen mit den Fernreisedestinationen als einen wesentlichen Schritt zur Umsetzung der Gesetzesvorgabe bezeichnet.«[598] Die von Burghard Gnärig vertretene Position, die Zusammenarbeit der Strafverfolgungsbehörden durch den Abschluß bilateraler Rechtshilfeabkommen zu verbessern, wurde auf dem Symposium von allen NRO und Delegierten mitgetragen. Dieses Abkommen müsse

- den zeitnahen Informationsaustausch im Deliktbereich sexueller Ausbeutung zwischen den zuständigen Ermittlungsbehörden im In- und Ausland regeln, und dazu
- den Instanzenweg deutlich verkürzen,
- die Ermittlungs- und Verfahrensdauer erheblich senken,
- die Anforderungen an Beweismittel und Zeugenaussagen für die Gerichtsbarkeit in einem deutschen Strafverfahren sichern und
- die besondere Situation der betroffenen Kinder in einem solchen Verfahren angemessen berücksichtigen.[599]

Die Kinderrechtsorganisation rannte mit diesen Forderungen – zumindest unter den anwesenden Expertinnen und Experten – offene Türen ein. So bot ein thailändischer Staatsanwalt der überraschten Bundesjustizministerin an, »durch direkte telefonische Kontakte das komplizierte formale Verfahren bei einem Rechtshilfegesuch –

für Hin- und Rückweg sind bis zu 18 Behörden beteiligt – zu beschleunigen. Auch der Einsatz von deutschen Verbindungsbeamten wurde besprochen«[600].

Leider muß festgestellt werden, daß auch von diesem Symposium keine Signale ausgingen, die auf eine Erfüllung der vorgenannten Forderungen schließen ließen. Wie die Bundesjustizministerin gegenüber der Presse erklärte, sah sie sich im Ergebnis in ihrer Auffassung bestätigt, daß »die in den letzten Jahren in der Bundesrepublik getroffenen Maßnahmen richtig sind. Sie müssen jetzt konsequent umgesetzt werden«[601].

Dabei richteten sich die auf dem Symposium diskutierten Probleme, Defizite und Versäumnisse staatlicher Politik weniger auf das, was getan wurde, sondern auf das, was noch getan werden müßte. Als notwendig wurde lediglich angesehen, die Aufklärungsarbeit und den Informationsaustausch zwischen den zuständigen Behörden zu verbessern, wobei »besonderer Wert darauf gelegt werden (sollte), daß deutsche Behörden frühzeitig Informationen über dort laufende Ermittlungen aus den Reiseländern bekommen«[602]. Der an die Behörden der betroffenen Länder gerichtete Appell vermag jedoch nicht darüber hinwegzutäuschen, daß es Aufgabe der deutschen Behörden ist, sich um frühzeitige Information zu bemühen, zumal die entsprechenden Ressourcen, auch in technologischer Hinsicht, in den von Prostitutionstourismus betroffenen Ländern eher als unzureichend zu bezeichnen sind. Zu ungewiß war darüber hinaus der Hinweis, daß die Bundesjustizministerin beabsichtige, Bundesinnenminister Kanther auf die Möglichkeit anzusprechen, »das Wissen, die Erkenntnisse und Erfahrungen der vor Ort in den Reiseländern tätigen deutschen Verbindungsbeamten stärker bei der internationalen Zusammenarbeit, zur Prävention und Aufklärung dieser schändlichen Straftaten zu nutzen«.[603] Solange nicht verbindlich erklärt wird, daß sich das Bundesjustizministerium dafür einsetzen wird, für Kapazitäten zu sorgen, die eine Observierung und Strafverfolgung (potentieller) Täter sicherstellen, wird nicht davon auszugehen sein, daß sich an den geschilderten Ermittlungsverfahren irgend etwas ändern wird.

Daß der Rechtshilfeverkehr zwischen den betroffenen Ländern beschleunigt werden muß, fand allgemein Zustimmung, doch erfüllte sich damit nicht die von den NROs erhobene Forderung nach bilateralen Rechtshilfeabkommen. Die Bundesjustizministerin blieb dieser Forderung gegenüber verschlossen. Statt dessen sollten »alle Möglichkeiten ausgelotet werden, mit den Reiseländern so schnell wie möglich zu Absprachen zu kommen, die – ähnlich effektiv wie förmliche Rechtshilfeverträge – in erheblich kürzerer Zeit in Kraft gesetzt werden können und darüber hinaus erlauben, flexibler auf Bedürfnisse des Einzelfalls zu reagieren«.[604] Die rigorose Haltung, mit der formelle Rechtshilfeverträge gegenüber informellen Absprachen zurückgewiesen werden, erscheint angesichts des zwischenzeitlichen Standes der Diskussion ebenso unverständlich wie fragwürdig. Der zwischenzeitlich vollzogene Wechsel im Bundesjustizministerium läßt zudem befürchten, daß dennoch erkennbare Zeichen politischen Handelns mit dem Rücktritt der Ministerin ebenfalls »zurückgetreten« werden.[605]

Internationale Übereinkommen

Die rechtliche Ausgestaltung nationaler Gesetze begründet sich nicht zuletzt auch in internationalen Abkommen, deren Bestimmungen - sofern die Bundesregierung ihnen beitritt - vom deutschen Recht aufgenommen beziehungsweise umgesetzt werden müssen. Im folgenden sollen die wichtigsten Konventionen gegen Menschenhandel mit Mädchen und Frauen, Prostitution und Menschenrechtsverletzungen an Kindern aufgeführt und erläutert werden, soweit diesen für den Bereich Kinderprostitution Bedeutung zukommt oder beizumessen wäre:

- Internationales Übereinkommen zur Gewährung wirksamen Schutzes gegen den Mädchenhandel vom 18. Mai 1904;
- Internationales Übereinkommen zur Bekämpfung des Mädchenhandels vom 4. Mai 1910;
- Übereinkunft zur Unterdrückung des Frauen- und Kinderhandels vom 30. September 1921;
- Übereinkommen zur Unterdrückung des Menschenhandels und der Ausbeutung durch Prostitution vom 2. Dezember 1949;
- Zusatzabkommen über die Abschaffung der Sklavenhalterei, des Sklavenhandels und sklavereiähnlicher Einrichtungen und Praktiken vom 7. September 1956.

Diese Übereinkommen bilden das internationale Instrumentarium gegen Menschenhandel mit Frauen und Kindern, Prostitution sowie Sklaverei beziehungsweise sklavereiähnlicher Verhältnisse. Wie bereits ausgeführt, hat sich die Bundesregierung niemals bereiterklärt, dem Übereinkommen zur Unterdrückung des Menschenhandels und der Ausbeutung durch Prostitution beizutreten. Ihre in der parlamentarischen Anfrage der Fraktion Die Grünen über »Zwangsprostitution in der Bundesrepublik« ausgeführte Begründung enthält jedoch eine durchaus bedenkenswerte Formulierung. Dort weist sie nämlich darauf hin, daß »weitergehende strafrechtliche Maßnahmen nicht nur die der Prostitution nachgehenden Frauen in die Illegalität abdrängen und sie in stärkerem Umfang milieutypischen Repressionen aussetzen (würden), sondern auch schwerer kontrollierbare Erscheinungsformen, so insbesondere die Straßenprostitution, begünstigen«[606]. Es mag einer genaueren rechtlichen Betrachtung überlassen bleiben, ob dieser Interpretation tatsächlich zuzustimmen wäre. Unter diesem Blickwinkel wären dann jedoch auch alle anderen von der Bundesregierung getroffenen oder unterlassenen Maßnahmen, insbesondere ausländerrechtlicher und familienrechtlicher Art, dahingehend zu prüfen, ob sie unter Umständen in die Illegalität führen oder die Prostitution von Frauen (und Kindern) begünstigen.

Da die hier genannten Übereinkünfte nur mittelbar auf das – bis dahin unbekannte – Phänomen Kinderprostitutionstourismus Bezug nehmen, sei an dieser Stelle nurmehr auf die entsprechenden amtlichen Protokolle und Abkommen hingewiesen.

Übereinkommen über die Rechte des Kindes vom 5. Dezember 1989

Die von den Vereinten Nationen 1989 beschlossene Kinderrechtskonvention beruht auf jenen Bestimmungen, die »in der Genfer Erklärung von 1924 über die Rechte des Kindes und in der von der Generalversammlung am 20. November (1989) angenommenen Erklärung der Rechte des Kindes ausgesprochen und in der Allgemeinen Erklärung der Menschenrechte, im Internationalen Pakt über bürgerliche und politische Rechte (insbesondere in den Artikeln 23 und 24), im Internationalen Pakt über wirtschaftliche, soziale und kulturelle Rechte (insbesondere in Artikel 10) sowie in den Satzungen und den in Betracht kommenden Dokumenten der Sonderorganisation und anderen internationalen Organisationen, die sich mit dem Wohl des Kindes befassen, anerkannt wurden«[607]. Die Bundesrepublik Deutschland trat dieser Konvention – allerdings mit einer Vorbehaltserklärung[608] – erst am 5. April 1992 bei. Die für den Bereich Kinderprostitutionstourismus relevanten Bestimmungen finden sich in den folgenden Artikeln:

Artikel 34: Die Vertragsstaaten verpflichten sich, das Kind vor allen Formen sexueller Ausbeutung und sexuellen Mißbrauchs zu schützen. Zu diesem Zwecke treffen die Vertragsstaaten insbesondere alle geeigneten innerstaatlichen, zweiseitigen und mehrseitigen Maßnahmen, um zu verhindern, daß Kinder
a) zur Beteiligung an rechtswidrigen sexuellen Handlungen verleitet oder gezwungen werden;
b) für die Prostitution oder andere rechtswidrige Praktiken ausgebeutet werden;
c) für pornographische Darbietungen und Darstellungen ausgebeutet werden.

Artikel 35: Die Vertragsstaaten treffen alle geeigneten innerstaatlichen, zweiseitigen und mehrseitigen Maßnahmen, um die Einführung und den Verkauf von Kindern sowie den Handel mit Kindern zu irgendeinem Zwecke und in irgendeiner Form zu verhindern.
Artikel 36: Die Vertragsstaaten schützen das Kind vor allen sonstigen Formen der Ausbeutung, die das Wohl des Kindes in irgendeiner Weise beeinträchtigen.

Angesichts der für den Kinderprostitutionstourismus beschriebenen Ausbeutungs- und Gewaltverhältnisse, angesichts der Zahl von Männern, die Kinderprostituierte aufsuchen und – nicht zuletzt – angesichts der Zahl sexuell und pornographisch mißhandelter Kinder[609] muß an dieser Stelle ausdrücklich festgestellt werden, daß die Bundesrepublik nicht nur nicht alle geeigneten Maßnahmen getroffen hat, um die nach Artikel 34 bezeichnete sexuelle Ausbeutung von Kindern zu unterbinden, sondern daß sie sich zudem dem Vorwurf aussetzen muß, das Wohl des Kindes zugunsten eines möglichst störungsfreien Verhältnisses zwischen männlichen Individuen (Bürgern, Touristen, Tätern) und Staat zu vernachlässigen und seine fortwährende Beschädigung – wenn nicht billigend, so doch desinteressiert – in Kauf zu nehmen. Um so dringender stellt sich auf diesem Hintergrund das Verlangen, die Schlußakte der Haager Konferenz für Internationales Privatrecht »unverzüglich zu ratifizieren und zur Ausführung zu bringen«.[610]

Haager Übereinkommen über die internationale Zusammenarbeit und den Schutz von Kindern auf dem Gebiet grenzüberschreitender Adoption vom 29. Mai 1993

Die Haager Konvention findet ihre Bedeutung vor allem im Bereich grenzüberschreitender Adoptionen. Dennoch kommt dieser Konvention auch hinsichtlich der sexuellen Ausbeutung von Kindern Bedeutung zu, da sie insbesondere den grenzüberschreitenden Aspekt aufgreift, der auch zum Zwecke der sexuellen Ausbeutung von Kindern erfolgen kann. Darüber hinaus schreibt die Haager Konvention die UN-Kinderrechtskonvention fort, indem sie insbesondere auf die Verantwortung des Staates hinweist, für das Wohl des Kindes Sorge zu tragen. Diesem Leitsatz hat sich die Bundesregierung mit ihrer Unterschrift verpflichtet, und darum muß alles, was die Bundesregierung in diesem Bereich tut oder unterläßt, an diesem Leitsatz Bestand haben.

Gesetzliche Bestimmungen

Strafrechtsreform § 5 Abs. 8 StGB vom 1. September 1993

Einen Meilenstein glaubte die *Kampagne gegen Kinderprostitution im Sextourismus* erreicht zu haben, als sich Bundesjustizministerin Leutheusser-Schnarrenberger infolge der anhaltenden Debatte über die Straflosigkeit der Täter schließlich veranlaßt sah, den vom Staat gewährten Schutz der Kinder vor sexueller Ausbeutung neu zu regeln. Bis dahin nämlich gingen Deutsche, die sich der sexuellen Mißhandlung von ausländischen Kindern im Ausland schuldig gemacht hatten, in der Bundesrepublik straffrei aus, da das Tatortprinzip eine Verurteilung nicht zuließ. Diese faktisch als Täterschutz wirkende Regelung war von der Kampagne heftig attackiert worden, schien sie doch der treffenste Beweis dafür zu sein, daß Kinderprostitutionstourismus - allen Bekundungen zum Trotz - nach wie vor als »Kavaliersdelikt« wahrgenommen wurde.[611] Mit dem am 1. September 1993 verabschiedeten Gesetz gegen den sexuellen Mißbrauch ausländischer Kinder im Ausland macht sich nunmehr strafbar, der - unabhängig vom Ort des Geschehens - ausländische Kinder unter 14 Jahren sexuell mißhandelt.[612]

»Technisch sieht diese minimalistische Reform wie folgt aus: § 5 (Auslandstaten gegen inländische Rechtsgüter) wurde dahingehend geändert, daß das deutsche Strafrecht, unabhängig vom Recht des Tatorts auch bei sexuellem Mißbrauch von Kindern gilt, ›wenn der Täter Deutscher ist und seine Lebensgrundlage im Inland hat‹ (§ 5 Nr. 8b).«[613]

Diese international dennoch vielbeachtete Strafrechtsreform hat sich in der Praxis bislang als weitgehend wirkungslos erwiesen, da sie im wesentlichen auf einer Kooperation unterschiedlichster Behörden unterschiedlichster Länder basiert, die (noch) gar nicht existiert. Die Rechtswissenschaftlerin Monika Frommel geht in ihrer Würdigung der Neuregelung daher mit der Politik hart ins Gericht. »Die Einführung des oben genannten Wohnortprinzips bei sexuellem Mißbrauch von Kindern ist eine Beschwichtigungsstrategie angesichts einer mehr oder weniger hilflosen bis untätigen Haltung der Regierung und Justiz gegenüber einem nicht mehr zu übersehenden Problem. PolitikerInnen aber können derartige sinnlose Gesetzesänderungen über Presseerklärungen als Maßnahmen zum ›Kampf‹ gegen etwas, das man noch nicht einmal analysiert hat, ausgeben.«[614]

Christa Dammermann beschrieb das damit bezeichnete Problem einmal am Beispiel eines fiktiven Falles, um anschaulich zu machen, welche Odyssee vor den Ermittlungsbehörden liegt, wenn sie im Sinne des neu geschaffenen Straftatbestandes tätig werden beziehungsweise tätig werden müssen:

Susanna, eine zwölfjährige Kinderprostituierte, wird von einem deutschen Prostitutionstouristen sexuell mißhandelt. Als dieser längst wieder in die Bundesrepublik zurückgekehrt ist, wird Susanna im Zuge einer Razzia verhaftet. Sie kann der Polizei jedoch aufgrund eines glücklichen Zufalls den Namen ihres Peinigers nennen und die ihr von ihm zugefügten sexuellen Mißhandlungen nachweisen.

»Betrachten wir den oben beschriebenen Fall von Susanna und legen wir zugrunde, daß Otto S. seine Taten nach dem 1. September 1993 beging. Die philippinische Polizei oder eine Person/Organisation, die Susanna kennt, könnte die deutschen Ermittlungsbehörden informieren, die die Suche nach Otto S. einleiten. Da Susanna unter 14 Jahre alt ist, ist die Staatsanwaltschaft zur Aufnahme von Ermittlungen verpflichtet. Zu prüfen ist, ob die von den philippinischen Behörden vorgelegten Beweise überhaupt korrekt sind. Wer hat die Übersetzungen der medizinischen Befunde gemacht? Unter welchen Adressen sind die Zeuginnen und Zeugen zu finden und wo das Opfer? Um diese und weitere Fragen klären zu können, beginnt der Weg durch die Instanzen in Deutschland.

Von der Staatsanwaltschaft über die Generalstaatsanwaltschaft zum Landesjustizministerium, zum Bundesjustizministerium, zum Auswärtigen Amt und schließlich zur deutschen Botschaft in Manila ist ein langer Weg. Und dann folgen die entsprechenden Instanzen in den Philippinen. Wann eine Antwort zu erwarten ist, kann niemand sagen. Aber das allein kann bereits entscheidend auf die Frage der Verfahrenseröffnung wirken.«[615]

Wie alt wird Susanna schließlich sein, wenn es tatsächlich zu einer Eröffnung des Verfahrens kommen sollte? Wie sicher und genau kann sie sich dann noch an die einzelnen Details ihrer sexuellen Mißhandlungen durch Otto S. erinnern? Wie energisch und problembewußt wird die Staatsanwaltschaft das Betreiben des Angeklagten zu unterbinden wissen, sein Opfer als haltlos, verdorben und rachsüchtig zu denunzieren?

Aus allen diesen Gründen bleibe daher die immer wieder erhobene, jedoch ebenso oft abgewiesene Forderung nach bilateralen Rechtshilfeabkommen unverzichtbar. Wie es scheint, reichen die bestehenden Gesetze nicht hin, die Täter tatsächlich vor Gericht zu bringen. Solange die Bundesregierung jedoch den Beweis schuldig bleibt, daß Rechtshilfeabkommen – wie sie vorgibt – nichts dazu beizutragen vermögen, die sexuelle Mißhandlung ausländischer Kinder im Ausland zu unterbinden oder doch wenigstens strafrechtlich belangen zu können, steht sie – Artikel 34 der Kinderrechtskonvention – in der Schuld, nicht alle geeigneten innerstaatlichen, zweiseitigen oder mehrseitigen Maßnahmen ergriffen zu haben, die der sexuellen Ausbeutung von Kindern, welcher Art und wo auch immer, entgegenwirken. Dieser Vorwurf wirkt um so schwerer, als die Bundesregierung auf eigene Initiative hin im Sommer 1994 ein bilaterales Abkommen mit Thailand schloß, um die Möglichkeiten und Bedingungen für den Austausch von Straftätern zu vereinfachen. Es ist schwer verständlich, wieso die Bundesregierung zum Schutz inhaftierter beziehungsweise rechtskräftig verurteilter deutscher Staatsbürger beziehungsweise Täter bilaterale Rechtshilfeabkommen abschließt, die sie sich zum Schutz der Opfer weigert herbeizuführen.[616]

Tatsächlich war noch im September 1994, ein Jahr nach Inkrafttreten des Gesetzes, kein einziger Mann/Kinderprostitutionstourist vor Gericht gestellt worden[617], obwohl – wie die Kampagne gegen Kinderprostitutionstourismus ECPAT nachweisen konnte[618] – allein in Asien 160 Festnahmen zu verzeichnen waren, unter diesen auch deutsche Täter.[619] Selbst ein Jahr darauf war hierzulande immer noch keine Verurteilung ausgesprochen, doch wußte die Koordinatorin der deutschen *Kampagne gegen Kinderprostitution im Sextourismus,* Ute Kreckel (terre des femmes), immerhin von 15 Fällen zu berichten, in denen gegen deutsche Kinderprostitutionstouristen wenigstens ermittelt wurde. »Aber zu einer Anklage vor Gericht ist es noch nicht gekommen«, so Ute Kreckel in einem am 24. November 1995 geführten Interview, »obwohl im Ausland gegen Dutzende Deutsche Verfahren laufen.«[620]

1995 war der Presse jedoch erstmals zu entnehmen, das die deutsche Staatsanwaltschaft Ermittlungen gegen zwei Deutsche aufgenommen hatte, die sich in Sri Lanka der sexuellen Mißhandlung an Kindern schuldig gemacht hatten.[621] Der Hauptbeschuldigte des Verfahrens, Günter Platzdasch, leitete in Sri Lanka ein Jugendwohnheim. »Besucher aus Deutschland, die für das Heim gespendet hatten, haben offenbar eindeutige Beobachtungen gemacht und nun belastende Aussagen zu Protokoll gegeben.«[622] Bei der Identifizierung spielte »Kommissar Zufall«[623] allerdings eine nicht eben geringe Rolle, sofern nicht, wie ebenfalls geschehen, deutsche Kriminalbeamte einen Teil ihres Jahresurlaubs opfern, um eindeutig identifizierte Straftäter bei ihrer Rückkehr in die Bundesrepublik festnehmen zu können. Kenner der Szene sind längst überzeugt davon, daß der Einsatz speziell ausgebildeter Kriminalbeamter – ähnlich wie bei der Drogenfahndung – vieles bewirken könnte, was heute noch mühsam oder gar vergeblich versucht wird: Täter dingfest zu machen.[624] Der Frankfurter Oberstaatsanwalt Peter Köhler unterstützt daher ausdrücklich die von der Kampagne wiederholt erhobene Forderung nach Rechtshilfeabkommen: »Ein solches Abkommen würde vieles erleichtern, etwa die Zeugenbefragung durch deutsche Richter im Ausland.«[625] Auf ein Urteil wie in Norwegen (1990)[626] und Schweden (1995)[627] hoffte man hierzulande lange vergeblich.[628]

Erst 1996, zwei Jahre nach Inkrafttreten des Gesetzes, kam es in der Bundesrepublik Deutschland zu einer Verurteilung. Zur gleichen Zeit wurde ein deutscher Kinderprostitutionstourist, der 38jährige Bernd Karlheinz N., wegen der sexuellen Mißhandlung von vier Jungen im Alter von elf und vierzehn Jahren in Sri Lanka zu einer Haftstrafe von 43 Jahren verurteilt.[629]

Vor dem Frankfurter Landgericht wurde der Fall eines Fernmeldetechnikers verhandelt, dem die sexuelle und pornographische Mißhandlung eines zehnjährigen weiblichen Kindes in Thailand zur Last gelegt wurde. Der Prozeß kam nur zustande, weil ein deutscher Kriminalbeamter den ihm einschlägig bekannten Kinderpornographen am Urlaubsort beschattet und den deutschen Behörden gemeldet hatte. »In einem an die zehn Minuten langen Film, dessen Abscheulichkeit sich schon in den Standfotos, die dem Angeklagten noch einmal aufgeblättert werden, derartig mitteilen muß, daß sowohl Verteidiger als auch Staatsanwalt es abgelehnt haben, ihn in Gänze anzusehen.«[630] Das gegen ihn verhängte Urteil von zwei Jahren wurde jedoch in der Berufung auf 20 Monate ohne Bewährung herabgesenkt.[631]

1997 wurde vor dem Amtsgericht Iserlohn der Fall eines 32jährigen Kaufmanns verhandelt, der für schuldig befunden wurde, während seines Urlaubs in Manila zwei elf- und vierzehnjährige Mädchen sexuell mißbraucht und die Tat gefilmt zu haben. In diesem Prozeß war es vielleicht nur der Anwesenheit der beiden Zeuginnen zu verdanken, daß das Gericht eine empfindliche Strafe, dreieinhalb Jahre Gefängnis, verhängte.[632] Ob der Verurteilte ebenfalls in die Berufung ging, entzieht sich meiner Kenntnis.

»Potentielle Täter«, so der Parlamentarische Staatssekretär Heinrich L. Kolb (FDP) in der Bundestagsdebatte gegen die sexuelle Ausbeutung von Kindern im Ausland, »müssen vor Gericht gebracht werden können. Dies zu gewährleisten, ist die feste Absicht der Bundesregierung.«[633]

Man darf dies bezweifeln. Denn die Schwierigkeit, den im Ausland straffällig gewordenen Mann – trotz einschlägiger Gesetze – gerichtlich zu belangen, wird noch verschärft durch die Einfachheit, mit der diese sich im Urlaubsland (Tatort) mit zum Teil tatkräftiger Unterstützung ihrer vor Ort ansässigen Botschaften der Strafverfolgung entziehen können. So ermittelte »Die Woche« am 16. Februar 1996 im Zuge ihrer Recherchen über die »Sonderbare Solidarität« deutscher Vertretungen im Ausland gleich drei Fälle, in denen sich deutsche Straftäter mit Hilfe der deutschen Botschaft absetzen oder vor Strafverfolgung schützen konnten:

»In Bangkok verweigerte die deutsche Botschaft einem ZDF-Journalisten nach dessen Aussage jede Hilfe beim Versuch, den inzwischen inhaftierten Päderasten und Kindersexhändler Norbert Karl Voigt zu überführen; Beamte des Bundeskriminalamtes (BKA) durften, weil nach Ansicht der Botschaft nicht zuständig, ebenfalls nicht eingreifen ...
In Manila konnte sich der Kindersextourist Andreas Friedrich L., dem eine hohe Haftstrafe drohte, absetzen, weil ihm seine Papiere anstandslos von der deutschen Botschaft ausgehändigt wurden. Sie hatte die Dokumente von der philippinischen Staatsanwaltschaft bekommen, allerdings, wie es im AA (Auswärtigen Amt; G.W.) heißt, ›unverständlicherweise ohne Auflagen‹.
In Kuala Lumpur erhielt der aus Manila geflohene Thomas B. am 4. Februar einen drei Tage gültigen Paß, mit dem er nach Deutschland reisen konnte. Was die deutsche Botschaft in Malaysia nicht wissen konnte oder wollte: Dem 32jährigen Iserlohner drohen auf den Philippinen bis zu 51 Jahre Haft, weil er ein neunjähriges Mädchen mehrfach mißbraucht haben soll. B. war im Januar unter der Auflage, sich für den Prozeß bereitzuhalten, gegen Kaution von etwa 10 600 DM freigelassen worden.«[634]

Da der oberste Dienstherr, das Auswärtige Amt in Bonn, sich nicht entschließen konnte, das Verhalten der deutschen Vertretungen zu mißbilligen beziehungsweise die Botschafter der betreffenden Länder zu ermahnen, sah sich die Bundestagsabgeordnete der SPD,

Ulla Schmidt, veranlaßt, die Bundesregierung aufzufordern, ausdrücklich klarzustellen, »daß die gesetzliche Verpflichtung des Auswärtigen Dienstes, ›Deutschen im Ausland Hilfe und Beistand zu leisten‹, nicht bedeuten könne, diese vor Strafverfolgung wegen Verbrechen zu schützen wie beispielsweise Menschenhandel, Vergewaltigungen oder sexuelle Gewalt gegen Kinder«[635].

Gesetze brauchen den Willen, diese auch zur Anwendung zu bringen. Auf Schaufensterreden in Parlamenten und Talkshows kann verzichtet werden. Worauf es ankommt, ist allein, den Tätern nichts mehr durchgehen zu lassen – nicht hier und nicht andernorts. Der Rechtsstaat dürfte da kein Hindernis darstellen.

Neuregelung §§ 176, 182 StGB (sogenannter sexueller Mißbrauch)

Die Neuregelung des § 176 StGB erfolgte im Zusammenhang mit der Neuregelung des § 182 StGB, mit der der frühere § 175 StGB aufgehoben und eine Schutzvorschrift geschaffen wurde, die weibliche und männliche Jugendliche unter 16 Jahren vor sexueller Gewalt schützen soll. § 182 StGB hat folgenden Wortlaut:[636]

»(1) Eine Person über 18 Jahren, die eine Person unter 16 Jahren mißbraucht, indem sie diese
1. unter Ausnutzung einer Zwangslage oder
2. durch Versprechen oder Gewährens eines Entgelts oder vergleichbaren Vorteils
dazu bestimmt, sexuelle Handlungen an ihr vorzunehmen oder an sich von ihr vornehmen zu lassen, wird mit Freiheitsstrafe bis zu drei Jahren oder mit Geldstrafe bestraft.
(2) Ebenso wird eine Person über 21 Jahren bestraft, die eine Person unter 16 Jahren mißbraucht, indem sie diese unter Ausnutzung ihrer Unreife dazu bestimmt, sexuelle Handlungen an ihr vorzunehmen oder an sich von ihr vornehmen zu lassen.
(3) In den Fällen des Absatzes 2 wird die Tat nur auf Antrag verfolgt, es sei denn, daß die Strafverfolgungsbehörde wegen des besonderen öffentlichen Interesses an der Strafverfolgung ein Einschreiten von Amts wegen für geboten hält.«

Dabei folgt die für weibliche und männliche Jugendliche einheitlich bestimmte Schutzaltersgrenze von 16 Jahren der Erkenntnis, »daß bis zum 14. Lebensjahr die körperliche Reife in der Regel abgeschlossen ist; daran schließt sich ein sozialer und psychologischer Reifeprozeß an, in dem Jugendliche den Umgang mit Sexualität und das Eingehen von Partnerbeziehungen erlernen. Bei Jugendlichen ab dem 16. Lebensjahr ist dabei nach heutigem Erkenntnisstand die geistige und seelische Reife in der Regel so weit entwickelt, daß sie im sexuellen Bereich eigenverantwortlich zu handeln in der Lage sind«[637]. Bei Jugendlichen zwischen 14 und 16 Jahren handele es sich demgegenüber um eine Altersgruppe, »bei der der noch nicht abgeschlossene Reifeprozeß und die noch fehlende sexuelle Autonomie dazu führen können, daß sexueller Mißbrauch durch Erwachsene nachteilige Folgen für die sexuelle Entwicklung des Jugendlichen haben kann«[638].

Diese an idealtypischen Maßstäben angelegte Beschreibung läßt allerdings unberücksichtigt, daß sexuelle Mißhandlungen in der Familie in der Regel bereits im frühkindlichen Stadium, jedenfalls vor Beginn der geschlechtlichen Reifung, beginnen. Und sie läßt weiterhin außer acht, daß derartige Zuschreibungen unter den zuvor dargestellten Bedingungen des Kinderprostitutionstourismus nahezu jeder realistischen Beurteilung entbehren. Um so schwerer fällt ins Gewicht, daß die Schutzaltersgrenze der im Ausland sexuell mißhandelten (ausländischen) Kinder auf 14 Jahre festgelegt wurde, wodurch die 14- bis 16jährigen Kinderprostituierten rechtlich nur höchst unzureichend geschützt sind.

§176 StGB beinhaltet folgende Handlungen:

»(1) Wer sexuelle Handlungen an einer Person unter 14 Jahren (Kind) vornimmt oder an sich von dem Kind vornehmen läßt, wird mit Freiheitsstrafe von sechs Monaten bis zu zehn Jahren, in minder schweren Fällen mit Freiheitsstrafe bis zu fünf Jahren oder mit Geldstrafe bestraft.

(2) Ebenso wird bestraft, wer ein Kind dazu bestimmt, daß es sexuelle Handlungen an einem Dritten vornimmt oder von einem Dritten an sich vornehmen läßt.

(3) In besonders schweren Fällen ist die Strafe Freiheitsstrafe von einem Jahr bis zu zehn Jahren; ein besonders schwerer Fall liegt vor, wenn der Täter
1. mit dem Kind den Beischlaf vollzieht oder
2. das Kind bei der Tat körperlich schwer mißhandelt.

(4) Verursacht der Täter durch die Tat leichtfertig den Tod des Kindes, so ist die Strafe Freiheitsstrafe nicht unter fünf Jahren.

(5) Mit Freiheitsstrafe bis zu drei Jahren oder mit Geldstrafe wird bestraft, wer:
1. sexuelle Handlungen vor einem Kind vornimmt,
2. das Kind dazu bestimmt, daß es sexuelle Handlungen vor ihm oder einem Dritten vornimmt, oder

3. auf ein Kind durch Vorzeigen pornographischer Abbildungen oder Darstellungen durch Abspielen von Tonträgern pornographischen Inhalts oder durch entsprechende Reden einwirkt,
um sich, das Kind oder einen anderen hierdurch sexuell zu erregen.
(6) Der Versuch ist strafbar; dies gilt nicht für Taten nach Abs. 5 Nr. 3.«[639]

Im Hinblick auf den im Ausland begangenen »sexuellen Mißbrauch« kommt erschwerend hinzu, daß dem Täter nachgewiesen werden muß, daß er über das Alter des Kindes informiert war. »Zum Streitpunkt vor Gericht könnte dann werden, ob ein 13jähriger Junge wie ein 15jähriger aussah oder nicht. Paragraph 176 regele, wird der Stuttgarter Oberstaatsanwalt Wentzell zitiert, »nur den sexuellen Mißbrauch von kleineren Kindern eindeutig. Doch in dem Augenblick, in dem Kinder in die Pubertät kommen, also im Alter zwischen 12 und 16 Jahren, seien sie fast ungeschützt«[640].

Das Gesetz ist damit höchst unzureichend ausgestaltet. Es nimmt die 14- bis 16jährigen Kinder praktisch aus und bietet den Tätern zudem die Möglichkeit, vorzugeben, das Alter des Kindes nicht gekannt zu haben. Kein Gesetz verlangt von ihnen, Kinder nach ihrem Alter zu fragen, bevor sie sich ihrer bedienen. Prostitutionstouristen, die in Südostasien Kinder sexuell mißhandeln, können sich zudem damit herausreden, daß im Urlaubsparadies irgendwie alle wie Kinder aussehen. Claudia Burgsmüller mißt diesem Strafrecht daher nur insoweit Bedeutung zu, als »man sich über den Strafunwert der einzelnen Handlungen im klaren ist sowie über das Ziel und den Prozeß der Strafverfolgung«[641]. Die eigentliche Bedeutung liege vor allem darin, »einen Täter davon abzubringen, in Zukunft Kinder zu mißbrauchen«, wobei jedoch sicherzustellen sei, daß das betroffene Kind eine Strafverfolgung dieses einen Täters auch selbst wünsche.[642] Gewarnt wird in diesem Zusammenhang vor Stellvertreterprozessen.

26. Strafänderunggesetz zur Neugestaltung der §§ 180b, 181 StGB (Menschenhandel)

Prostitution ist in der Bundesrepublik Deutschland nicht strafbar. Strafbar ist allein die Förderung der Prostitution, Zuhälterei (§§ 180a, 181a StGB) sowie die Prostitution von Minderjährigen, wobei betont wird, daß insbesondere die Ausbeutung der Prostituierten strafbewehrt sei. Die einschlägigen Bestimmungen geben vor, die Prostituierten vor Gefahren schützen zu wollen – ebenso ihre persönliche Freiheit –, doch führen sie im konkreten Fall häufig in die entgegengesetzte Richtung: nämlich in die Illegalität, in die Abhängigkeit, in Verhältnisse jedenfalls, die von Gewalt gekennzeichnet sind. »Die Halblegalität ihres Berufs drängt Prostituierte in Ausbeutungs- und Zwangsabhängigkeitsverhältnisse. Dagegen hält das Strafrecht keinen wirksamen Schutz bereit. Mehr noch, es erlaubt unwürdige Arbeitsbedingungen und verhindert angenehme Formen der Berufsausübung.«[643]

Diese im wesentlichen für deutsche beziehungsweise unter legalen Bedingungen arbeitende Prostituierte beschriebenen Defizite in der Schutzfunktion des Strafrechts wirken sich für die ausländischen oder unter illegalen Bedingungen tätigen Prostituierten geradezu verheerend aus. So ergab eine im Auftrag des Bundesministeriums für Frauen und Jugend erstellte Untersuchung des Frankfurter Instituts für Frauenforschung (FIF), daß der derzeit geltende Schutz gegen Menschenhandel für ausländische Mädchen und Frauen nahezu wirkungslos sei. Im Hinblick auf die genannten Defizite wurde nachdrücklich eine Änderung des § 181 StGB gefordert, die eine Übernahme der Kosten für eine Nebenklagevertreterin, einen wirksamen Zeuginnenschutz sowie eine Unterstützung der Opfer bei zivilrechtlichen Verfahren zu gewährleisten habe, die den betroffenen Frauen auch einen Anspruch auf Schmerzensgeld zubillige. Darüber hinaus wurde die Bundesregierung aufgefordert, bilaterale Rechtshilfeabkommen abzuschließen, um der Strafverfolgung von Menschenhändlern ausländischer Mädchen und Frauen effektiver nachkommen zu können[644], eine bereits im Hinblick auf die Verfolgung von Kinderprostitutionstouristen stets zurückgewiesene Forderung.

Die Frauenministerin des Landes Nordrhein-Westfalens übernahm schließlich die Initiative und veranlaßte den Bundesrat erfolgreich, einen Gesetzentwurf zur »Verbesserung des strafrechtlichen Schutzes insbesondere ausländischer Mädchen und Frauen vor sexueller Ausbeutung« zu veranlassen.[645] Dieser als Entwurf eines Strafrechtsänderungsgesetzes[646] verabschiedete Gesetzentwurf wurde von Bundesjustizminister Kinkel öffentlich ausdrücklich begrüßt. »Bisher machte sich nur strafbar«, begründete der Justizminister das vom Frauenministerium NRW vorangetriebene Vorhaben, »wer gewerbsmäßig Frauen anwirbt, um sie zur Prostitution zu bringen. Künftig soll es schon ausreichen, eine Frau zum Beispiel mit falschen Versprechungen zur Prostitution zu bestimmen. Der Täter braucht also nicht mehr wie bisher gewerbsmäßig zu handeln. Es reicht aus, wenn er auch nur in einem einzigen Fall aus dem Menschenhandel mit Frauen Kapital ziehen will.«[647] In der Beschlußempfehlung des Rechtsausschusses des Deutschen Bundestages wird die Zielsetzung des Gesetzes nochmals zusammengefaßt. Es wird deutlich, daß die Forderungen des Frankfurter Instituts für Frauenforschung dort nur zum Teil Aufnahme fanden:

»In das Strafgesetzbuch wird unter Einbeziehung und Erweiterung des bestehenden § 180a Abs. 3 bis 5 ein neuer § 180b ›Menschenhandel‹ eingefügt. § 181 StGB wird unter der Überschrift ›Schwerer Menschenhandel‹ neu gefaßt.
Statt des gewerbsmäßigen Anwerbens in § 180a Abs. 3 StGB genügt es künftig, daß der Täter seines Vermögensvorteils wegen auf das Opfer einwirkt, um es in Kenntnis einer Zwangslage zur Prostitution zu bestimmen. Frauen, deren auslandsspezifische Hilflosigkeit ausgenutzt wird, sollen den gleichen Schutz vor der Bestimmung zur Prostitutionsausübung genießen wie Personen unter 21 Jahren. Außerdem wird der Schutz solcher Personen, die zur Tatzeit bereits der Prostitution nachgehen und zu deren Fortsetzung bestimmt werden sollen, sowohl in dem neuen § 180b als auch in dem neugefaßten § 181 StGB verbessert. Schließlich sollen ausländische Frauen vor sexueller Ausbeutung außerhalb der Prostitution geschützt werden (›Heiratstourismus‹).«[648]

Da sich das 26. Strafrechtsänderungsgesetz im wesentlichen auf die Abwehr von Menschenhandel zum Zwecke der sexuellen Ausbeutung von Frauen bezieht, soll seine inhaltliche Ausgestaltung hier nicht weiter erörtert werden. Immerhin findet sich dieses Gesetz in der rechtswissenschaftlichen Literatur »als Produkt einer aktionistischen Gesetzgebung« kritisiert.[649] Tatsache ist, daß die Neugestaltung der Strafrechtsbestimmungen §§ 180b, 181 für die betroffenen Frauen praktisch bedeutungslos blieb. Genau an diesem Punkt werden jedoch die Bezüge zur Strafverfolgung von Kinderprostitutionstouristen sichtbar. »Der Menschenhandel ist ein exotischer Tatbestand, den kann man nicht so einfach nachvollziehen, auch die Gerichte nicht.«[650]

Verfahren, die Auslandsermittlungen notwendig machen, werden wegen ihrer oft vorhersehbaren Aussichtslosigkeit eher eingestellt denn tatsächlich durchgeführt. Menschenhändler sind ihrerseits peinlichst darauf bedacht, nicht mit dem Straftatsbestand »Menschenhandel« in Konflikt zu geraten. »Es gibt viele Möglichkeiten, die Tatbestandsmäßigkeit zu vermeiden«[651] und dennoch an der sexuellen Ausbeutung ausländischer Frauen (und Kinder) zu verdienen. Zudem bereitet es den Tätern ein leichtes Spiel, die betroffenen Frauen (und Kinder) vor Gericht unglaubwürdig zu machen.

Weigern sich etwa Zeuginnen, gegen die Täter auszusagen, weil sie Repressionen befürchten oder ohnehin abgeschoben werden, wozu das Ausländerrecht dem Staat (dem Zuhälter, dem Ehemann, dem Heiratshändler) alle Handhabe bietet, werden die Verfahren in der Regel eingestellt. »Wenn die Frau nicht mehr da ist, hat der Verteidiger ja die besten Chancen, die Vernehmung total zu zerreißen, weil er immer wieder neue Sachen des Beschuldigten einbringen kann, die anschließend ohne die Zeugin gar nicht widerlegt werden können. Dies ist für viele Staatsanwälte der Grund zu sagen, dann lassen wir es lieber fallen.«[652]

Die von Hans-Jörg Albrecht im Auftrag des Bundesministeriums für Justiz erstellte Studie über Kinderhandel zum Zwecke der Adoption befaßt sich ebenfalls mit dieser besonderen Problematik des deutschen Strafrechts. »Menschenhandel mag zwar von den Motivausprägungen der Nachfrageseite sehr unterschiedlich gelagert sein, wird jedoch im wesentlichen dominiert durch die wenig greifbaren – und insbesondere durch die individuellen Zurechnungsbedingungen des Strafrechts kaum erfaßbaren – strukturellen Zwänge, die die Opfer nicht sofort als Opfer unmittelbaren, wiederum auf Menschen verweisenden Zwangs erscheinen (lassen), sondern gar im Gegenteil als dem Handel zustimmende Partei ...«[653] Daher wiesen Prozesse gegen Menschenhandel häufig Merkmale auf, die denen von »opferlosen« Delikten äußerst ähnlich seien. Da sich nämlich das Strafrecht, die Strafverfolgungsbehörden und die Strafjustiz als reaktives System entwickelt haben, bleibe die Initiierung von Strafverfahren ganz überwiegend den Opfern selbst überlassen. Ausländische Frauen, die in der Bundesrepublik Deutschland zur Prostitution gezwungen werden, »sind ebenso erpreßbar wie Arbeitssuchende, die außerhalb der Ausländer- und Arbeitsgesetzgebung in Arbeitsverhältnisse oder zur Immigration vermittelt werden. Sie fallen deshalb für die Funktion des Opfers als Anzeigenerstatter (hier eigentlich: Anzeigenerstatterin; G.W.) aus. Im Falle des Kinderhandels ist das eigentliche Opfer, nämlich das Kleinkind, wie im Falle der Kindesmißhandlung, aus physischen Gründen, handelt es sich um ältere Kinder, aus Gründen mangelnder Kompetenz und sozialer Unterlegenheit gegenüber Erwachsenen, nicht in der Lage, eine Anzeige zu erstatten oder die Unterstützung formeller Sozialkontrolle in Anspruch zu nehmen. Die hieraus resultierenden Defizite für die Strafverfolgung, teilweise auch als Implementationsdefizit benannt, können sich Ausbeuter in Form von Reduzierung des Strafverfolgungsrisikos zunutze machen.«[654] Lebt dieses Kind noch dazu im Ausland, gar in einem Land der Dritten Welt, mag man allmählich eine Ahnung davon bekommen, wie sicher sich die Täter fühlen können, wenn sie sich auf die Reise machen, um (einmal mehr) ein Kind sexuell zu mißhandeln.

Hinsichtlich der Prostitution Minderjähriger bleibt hinzuzufügen, daß die zuvor geschilderten Strafbestimmungen und Vorschriften ebenfalls dazu führen, daß minderjährige Prostituierte in die ungeschütztesten und gefährlichsten Zonen (Straßen, Bahnhöfe, Parkplätze, Fußgängerunterführungen) abgedrängt werden und – wie die ungeschützten ausländischen Frauen – weitgehend unter illegalen Bedingungen arbeiten müssen. Minderjährige müssen dort arbeiten, wo Prostitution verboten ist – schließlich machen sich Bordellbesitzer strafbar, wenn bei ihnen Minderjährige entdeckt werden. Sperrgebietsverordnungen tragen ein weiteres dazu bei, die Bewegungsfreiheit der minderjährigen Prostituierten einzuschränken. »Werden minderjährige Prostituierte im Sperrgebiet angetroffen, müssen sie mit der Polizei zur Wache. Da Hamburg zum Beispiel (glücklicherweise, möchte man hinzufügen; G.W.) keine geschlossenen Heime mehr hat, werden die Mädchen oder Jungen nicht in ein Jugendheim zwangseingewiesen, sondern dem Kinder- und Jugendnotdienst überstellt.«[655] Von dort kehren die Kinderprostituierten dann wieder auf den Strich zurück. So kehrt sich der Versuch, Kinder und Jugendliche vor Prostitution zu schützen, in sein Gegenteil um.

Strafbar macht sich nach § 180a (2) allein, »wer einer Person unter 18 Jahren zur Ausübung der Prostitution Wohnung, gewerbsmäßig Unterkunft oder gewerbsmäßig Aufenthalt gewährt« oder wer »(4) eine Person unter 21 Jahren der Prostitutionsausübung zuführt oder auf sie einwirkt, um sic zur Aufnahme oder Fortsetzung der Prostitution zu bestimmen«, wobei mit der Neuregelung des § 180a Abs. 3 bis 5 nunmehr das Einwirken genügen soll. Handelt es sich in diesem Fall um eine ausländische Prostituierte, soll Menschenhandel zukünftig mit bis zu zehn Jahren geahndet werden, wobei diese Bestimmung nach der Strafrechtsreform auch für ausländische Frauen über 21 Jahren gelten soll. Da es jedoch, wie Insider wissen, viele Möglichkeiten gibt, um die Tatbestandsmäßigkeit zu vermeiden, mag bezweifelt werden, ob die strafrechtliche Neufassung der Paragraphen 180, 181 StGB überhaupt dazu geeignet ist, den von Menschenhandel betroffenen (ausländischen) Frauen und Kindern Schutz zu gewähren.[656]

Kommentierungen

Um die rechtlichen Möglichkeiten auszuloten, beauftragte die *Kampagne gegen Kinderprostitution im Sextourismus* die Rechtsanwältin Claudia Burgsmüller, eine Expertise zu erstellen, die die geltende Rechtslage detailliert darstellt und Hinweise darauf gibt, »ob und wie ein verbesserter Schutz von Kindern gegen ihre Ausbeutung durch (fast ausschließlich) männliche Touristen auf rechtlichem Gebiet zu erreichen ist«[657]. Die 1992 vorgelegte Studie beinhaltet – neben einer kritischen Würdigung der Hilfskonzepte von sexueller Gewalt betroffener Kinder – detaillierte Ausführungen zur »Verbesserung der rechtlichen Stellung von in der Kinderprostitution ausgebeuteten Kinder«, darunter die Forderung nach einem aktiven Verfahrensstatus des Kindes, die Schaffung einer Nebenklagebefugnis und eines Strafantragsrechts sowie eine Klagebefugnis der Kampagne im Zivilrecht, sämtlich Maßnahmen, die darauf abzielen, den Rechtsstatus des betroffenen Kindes zu stärken. Darüber hinaus werden auch Schmerzensgeld- und Schadensersatzansprüche der sexuell mißhandelten Kinder nach §§ 823, 847 BGB angeregt, die es den Opfern erlauben sollen, Heilbehandlungskosten für erlittene körperliche wie auch psychische Verletzungen beziehungsweise Schmerzensgeld oder Verdienstausfall einklagen zu können. In ihren Schlußfolgerungen betont Claudia Burgsmüller allerdings, »daß es konsequenter Umdenkungs- und Veränderungsprozesse auf vielen Rechtsgebieten bedarf, um Kindern in der Kinderprostitution ein Überleben zu sichern und effektiv die sie ausbeutenden erwachsenen Männer zu sanktionieren. Eine verschärfte Strafverfolgung einzelner von ihnen oder auch nur die Pönalisierung[658] des Besitzes von entsprechendem pornographischen Material greift dabei zu kurz«[659].

Im einzelnen werden folgende Aspekte, Thesen und Forderungen in Erwägung gezogen:

»1. Jegliche Verbesserung der Rechtsstellung von Kindern und Jugendlichen in der Bundesrepublik Deutschland, insbesondere solche Initiativen, die ihnen den Status eines Rechtssubjekts einräumen und sie aus

Gewaltverhältnissen befreien, schafft ein Bewußtsein von der wachsenden Autonomie der Kinder und wertet Haltungen ab, die den Objektstatus von Kindern erhalten wollen.

2. Erst eine deutsche Rechtsordnung, die einerseits der körperlichen, geistigen und seelischen Unversehrtheit von Mädchen und Jungen sowohl in der Verfassung als auch im Zivil- und Strafrecht und in den Verfahrensordnungen (zum Beispiel FGG) Achtung und effektiven Schutz zukommen läßt, und auf der anderen Seite die Ausbeutung von Kindern, die Übertretung der kindlichen Grenzen mit gesellschaftlichen Sanktionen belegt, wird ein Klima schaffen, in dem ein Bedürfnis nach Benutzung von Kindern als Prostituierte zu einem Gesichtsverlust der ausbeutenden Männer führt ...[660]

3. Nur durch rechtspolitischen Druck auf den Gesetzgeber wird ein internationales Rechtsabkommen wie die UNO-Kinderrechtskonvention, und insbesondere der darin enthaltende Artikel 34 (Schutz vor sexuellem Mißbrauch), über die dortige Formulierung von postulierten Zielen hinausgehenden und auf der einen Seite in innerstaatliches Recht der einzelnen Vertragsstaaten transformiert und auf der anderen Seite durch internationale Verträge konkretisiert werden.

4. Mädchen und Jungen in der sogenannten Kinderprostitution haben für sich eine Überlebensstrategie geschaffen, die ... mit Hilfe von Beratung und Unterstützung sorgfältig ersetzt, modifiziert und ergänzt werden muß. Hilfsstrategien, auch solche auf rechtlichem Gebiet, die eine Bevormundung, eine Kolonisierung von Körper, Seele und Verstand der Kinder intendieren, sind abzulehnen.

5. Repressive Maßnahmen (zum Beispiel Strafverfolgung der Täter oder gar der Kinder selbst), die zur Illegalisierung und Kriminalisierung der Prostitution (hier wie im Ausland) führen, senken die Kontrollmöglichkeiten des Milieus, und vor allem erhöhen sie die Gefährdung der Kinder. Auch würden durch sie niederschwellige Hilfsangebote verhindert, die Kindern das Überleben ermöglichen...

6. Die Kampagne muß eine Position dazu gewinnen, ob sie sich nicht nur gegen die Illegalisierung und Kriminalisierung der Prostitution wenden will, sondern ob sie gleichzeitig offensiv für eine Legalisierung und Entkriminalisierung (von Prostitution; G.W.) eintreten will ...[661]

7. Aus einer Analyse des materiellen Strafrechts der Bundesrepublik Deutschland folgt, daß dort weder der Schutz der sexuellen Selbstbestimmung von Frauen noch der Schutz einer ungestörten psychosexuellen Entwicklung von Mädchen und Jungen garantiert ist. Es ist eine eindeutige rechtspolitische Entscheidung zu treffen, wie der Schutz der oben genannten Rechtsgüter effektiv sichergestellt werden kann ...[662] Aus der Gesetzesformulierung muß deutlich werden, daß die alleinige Verantwortung für die Aufnahme sexueller Beziehungen beim ausbeutenden Erwachsenen liegt, der aufgrund seiner strukturellen Machtstellung die Definitionsgewalt über die Situation inne hat.

8. Unter den Defiziten des geltenden Strafrechts sticht derzeit insbesondere das Strafverfolgungshindernis der Verjährung hervor. Die einschneidenste Forderung ist die der Wildwasser-Gruppen nach einer vollständigen Aufhebung der Verjährung in diesem Bereich. Sie trägt der Tatsache Rechnung, daß Frauen und Mädchen sich in unterschiedlichen Lebensphasen mit dem Erlebten konfrontieren und die Wahlmöglichkeit auch für die Strafverfolgung haben sollten ...[663]

9. In den Strafverfahren nach geltendem und zu schaffendem Recht muß sexuell ausgebeuteten Mädchen und Jungen über die Nebenklage, deren Kosten generell die Justizkasse zu übernehmen hat, die Möglichkeit zur Teilnahme als Subjekte des Verfahrens mit eigenen Rechten eingeräumt werden. Hierzu gehört das Recht, während der gesamten Hauptverhandlung anwesend zu sein ...[664] Ein absolutes Beweiserhebungs- und Verwertungsverbot ist hinsichtlich aller Fragen nach dem sogenannten sexuellen Vorleben der Geschädigten in die Strafprozeßordnung aufzunehmen.
In bezug auf Minderjährige ist folgendes zu fordern: Sie sollen ein eigenständiges Recht auf Anschluß als NebenklägerInnen und für die Bevollmächtigung einer Rechtsanwältin erhalten, das weder von der Zustimmung der jeweiligen Sorgeberechtigten noch von der eines Ergänzungspflegers abhängig ist (so der jetzige Rechtszustand). Bei der Beteiligung kindlicher ZeugInnen: Die Anzahl ihrer Vernehmungen sollte auf eine einzige beschränkt bleiben; das heißt auch, daß generell bei den Strafkammern der Landgerichte angeklagt werden sollte, damit dem Angeklagten eine weitere Tatsacheninstanz (Berufungsverhandlung unter Wiederholung aller Zeugenaussagen) genommen wird. Falls erforderlich, sollten psychologische Sachverständige schon bei der ersten Vernehmung der Kinder anwesend sein, damit diesen eine Exploration erspart bleibt.
Grundsätzlich muß sich die Erkenntnis durchsetzen, daß Kinder in diesen Deliktbereichen nicht lügen; sogenannte Glaubwürdigkeitsgutachten sollten überflüssig werden.

10. Die vorgenannten Verfahrensrechte für Geschädigte von sexueller Ausbeutung müssen auch in den Ländern, in denen die Kinder leben, verwirklicht werden. Dies ist eine beispielhafte Aufgabe für eine Transformation der UN-Kinderrechtskonvention in innerstaatliches Recht.

11. Da in den Strafverfahren, die nach dem Gesetzentwurf der Bundesregierung zukünftig auch gegen die nach vollzogenem sexuellen Mißbrauch in Drittweltländern heimgekehrten Touristen geführt werden können, die Kinder regelmäßig nicht anwesend sein werden, sie zu gespenstischen ›opferlosen Verfahren‹ werden, ist die Forderung nach einer Nebenklagebefugnis für Vereine und Verbände wie die Kampagne ebenso zu erheben wie die nach einem entsprechenden Strafantragsrecht.

12. Die Strafbestimmungen, die die Herstellung und den Vertrieb von Kinderpornographie unter Strafe stellen, halte ich für ausreichend. Der derzeitige unbefriedigende Zustand einer kaum spürbaren, höchstens in spektakulären Fällen an die Öffentlichkeit dringenden, Strafverfolgungsintensi-

tät liegt darin begründet, daß den JugendmedienschützerInnen bei den Staatsanwaltschaften nicht genügend Ressourcen materieller und personeller Art zur Verfügung gestellt werden; letzteres hat seinen Grund vornehmlich in einer anderen rechtspolitischen Prioritätensetzung ...«[665]
Die Möglichkeiten und Grenzen des Rechts sind jedoch in jedem Fall aus der Perspektive des betroffenen Kindes wahrzunehmen: »Es ist darauf zu achten, daß nicht im Rahmen der Hilfe erneut Gewalt ausgeübt wird, das heißt, daß sich jemand über die Wünsche und das Wollen von Kindern hinwegsetzt.«[666]

Claudia Burgsmüller plädiert also für eine Stärkung der Rechte der Kinder und einer forcierten Auseinandersetzung und Konfrontation mit der Selbstverständlichkeit des »sexuellen Mißbrauchs« beziehungsweise sexuellen und pornographischen Mißhandlung von Kindern. Schärfere Gesetze lehnt sie aus durchaus überzeugenden Gründen ab. Der alte Streit, ob normatives Recht nicht auch Bewußtsein und Haltungen prägt oder verändern kann, könnte an dieser Frage also erneut geführt werden. Er hätte sich allerdings daran zu messen, ob er dazu beiträgt, die Rechte von Kindern zu stärken oder (erneut) dem Willen von Erwachsenen unterzuordnen.

Rechtslage in den von Kinderprostitution betroffenen Ländern

Die von Kinderprostitutionstourismus betroffenen Länder zeigen sich zunehmend entschlossen, die sexuellen Mißhandlungen von Kindern durch Ausländer beziehungsweise Prostitutionstouristen nicht länger hinzunehmen. So haben beispielsweise die Philippinen ihre gesetzlichen Bestimmungen zum Schutz von Kindern und Jugendlichen bereits 1992 »drastisch verschärft«.[667] Dort genügt seither das Zusammentreffen eines ausländischen Erwachsenen mit einem einheimischen Kind im Hotelzimmer, um ein Verfahren gegen den Ausländer einzuleiten. »Er kann das Land erst verlassen, wenn er seine Strafe verbüßt hat, und er bekommt nie wieder ein Einreisevisum für die Philippinen.« Seit 1994 kann für »sexuelle Verbrechen« an Minderjährigen auch die Todesstrafe verhängt werden.[668] So saß zwischenzeitlich ein 32jähriger Deutscher ein, dem vorgeworfen wurde, zwei neun und vierzehn Jahre alte weibliche Kinder »mittels Bezahlung zu sexuellen Aktivitäten gezwungen und diese auf Video aufgezeichnet zu haben«.[669] Es darf angenommen werden, daß die deutsche Botschaft in Manila beziehungsweise das Auswärtige Amt sich darum bemühen werden, daß der Täter nach seiner Verurteilung in die Bundesrepublik Deutschland überführt wird.[670]

In Thailand wurde das absolute Schutzalter für Kinder unlängst auf 15 Jahre (in der Bundesrepublik: 14 Jahre) heraufgesetzt.[671] Im Juli 1994 legte das Kabinett dem Parlament darüber hinaus einen Gesetzentwurf zur Entscheidung vor, nach dem sich zukünftig vor allem die »Kunden« minderjähriger Prostituierter, Zuhälter und Bordellbesitzer zu verantworten haben. »Ihnen drohen zwischen einem und sechs Jahren Haft und bis zu 120 000 Baht (seinerzeit 7 300 Mark) Geldstrafe«.[672]

Auch in Sri Lanka sah man sich – aufgrund einer Initiative der dortigen *Kampagne gegen Kinderprostitution im Sextourismus* – inzwischen veranlaßt, sich parlamentarisch mit den Folgen des Kinderprostitutionstourismus zu befassen.[673] Ein entsprechendes Gesetz verbietet nunmehr die sexuelle Ausbeutung von Kindern.

Touristen, die sri-lankische Kinder sexuell mißhandeln, können eine Haftstrafe bis zu 15 Jahren erwarten.[674]

In dem Maße, wie die »klassischen« Länder des Prostitutionstourismus das Phänomen Kinderprostitutionstourismus politisch thematisieren und sich um eine Strafverfolgung der Täter bemühen, werden sich diese – die vorgezeigten Trends und neuen Märkte belegen es bereits – umorientieren und ihr Augenmerk so lange auf die Kinder anderer Länder lenken, bis sich diese ebenfalls entscheiden, der sexuellen Mißhandlung ihrer Kinder Einhalt zu gebieten. Das lange Zögern der Bundesregierung hat dieser Haltung durchaus Vorschub geleistet. Wenn in den vergangenen Jahren überhaupt etwas erreicht wurde, dann ist dies der Verdienst derer, die sich vor Ort und in der *Kampagne gegen Kinderprostitution im Sextourismus* für die Rechte und Unversehrtheit von Kindern stark gemacht haben.

»Was grundsätzlich erreicht wurde«, so Maureen Seneviratne aus Sri Lanka, »ist, daß zum erstenmal in der Geschichte der Frauen Nord und Süd in einem gemeinsamen, erfolgreichen Programm zusammengebracht werden konnten, in dem die Aufmerksamkeit auf die schreckliche Situation der sexuell ausgebeuteten Kinder gelenkt wurde, Kinder, die für kommerzielle Zwecke wirklich ausgebeutet werden. Der größte Wert der Kampagne besteht darin, daß Länder aus den Herkunftsgebieten des Tourismus wie auch aus den Zielgebieten zum erstenmal an einer gemeinsamen Sache zusammenarbeiten, zu der beide Seiten einen Bezug haben und welche wir glücklicher- oder unglücklicherweise in beträchtlichem Umfang mit dem Tourismus in Verbindung bringen müssen.«[675]

Maßnahmen gegen Kinderprostitutionstourismus und Kinderpornographie

»Gezielt bekämpft werden sollte das Verhalten, das zur Ausbeutung von Frauen und Kindern in der Dritten Welt und hier führt.«

Zentrum für Entwicklungsbezogene Bildung

Was muß getan werden?

Die im Rahmen dieser Studie zitierten Expertinnen und Experten, Studien, Befragungen und Aktivistinnen der *Kampagne gegen Kinderprostitution im Sextourismus* haben eine Vielzahl ebenso detaillierter wie grundsätzlicher Überlegungen angestellt, wie dem Phänomen Kinderprostitutionstourismus von der Bedarfsseite her entgegengewirkt werden könnte. Dabei herrscht Einigkeit darüber, daß die geltenden Gesetze nicht verschärft, sondern allenfalls präzisiert und – vor allem – energischer zur Anwendung gebracht werden sollen.

Die Forderung nach Abschluß von bilateralen Rechtshilfeabkommen hat die Bundesregierung bis heute nicht eingelöst. Nichtsdestotrotz soll nochmals darauf hingewiesen werden, daß die Strafverfolgung deutscher Täter im Ausland nach übereinstimmender Ansicht aller hier zu Rate gezogenen Juristinnen, Staatsanwälte und Kriminalbeamten ohne bilaterale Rechtshilfeabkommen nahezu folgenlos bleiben wird.

Auf die von Claudia Burgsmüller gutachterlich ausgeführten Möglichkeiten und Grenzen des rechtlichen Schutzes von Kindern vor sexueller Ausbeutung wurde in diesem Zusammenhang bereits hingewiesen. Die im folgenden dargestellten Überlegungen und Schlußfolgerungen sollen nunmehr aufzeigen, welche Maßnahmen und Schritte vorgeschlagen beziehungsweise ergriffen werden müssen, um die sexuelle Mißhandlung von Kindern, was das Ziel sein sollte, langfristig gesellschaftlich unmöglich zu machen.

Aids, Sex und Tourismus (hg. vom Bundesministerium für Gesundheit)

»Bezugnehmend auf die Ergebnisse unserer Untersuchung erscheint es dringend geboten, darauf hinzuwirken, die ökonomischen Ursachen der Kinderprostitution (= Armut) zu beseitigen, alle Möglichkeiten der internationalen Zusammenarbeit zur Pönalisierung (Strafbewährtheit; G.W.) des Mißbrauchs zu nutzen, der zum Teil systematisch organisierten Zuführung von Kindern zur Prostitution ein Ende zu setzen und zudem alle Möglichkeiten zur individuenbezogenen Verhaltensbeeinflussung zu nutzen.

Bereits ergriffene Maßnahmen, wie zum Beispiel (wünschbare) gesetzliche Vorschriften, die das Verhalten von Urlaubern im Zielgebiet zum Gegenstand haben, sind hinsichtlich ihres Beitrages zu tatsächlichen Verhaltensänderungen erst noch abzuschätzen. Eine Pönalisierung des Sextourismus, insbesondere aber des sexuellen Mißbrauches Minderjähriger in den Reiseländern, bedarf geeigneter Instrumente zur wirkungsvollen Aufdeckung solcher Straftatbestände in den Zielländern...«[676]

»Angesichts der beschriebenen Situation ist es verständlich, daß die Aktivitäten zur Pönalisierung des Sextourismus – auch auf gesetzlicher Ebene – zunehmen. Der Erfolg aller Maßnahmen dürfte allerdings wesentlich davon abhängig sein, wie gut es gelingt, das ökonomische Gefälle zwischen den Ländern zu beseitigen, wie gut es insbesondere gelingt, zum ›Empowerment‹ der Frauen und zum Präventionsbewußtsein der Männer beizutragen.«[677]

Tourismus – Prostitution – Aids (hg. vom Zentrum für Entwicklungsbezogene Bildung)

»Gezielt bekämpft werden sollte das Verhalten, das zur Ausbeutung von Frauen und Kindern in der Dritten Welt und hier führt. Damit eng verknüpft ist die Forderung nach einer umfassenden strukturellen Veränderung der Bedingungen, die solches Verhalten erst möglich machen. Angesprochen sind hier besonders das enorme wirtschaftliche und soziale Gefälle zwischen Erster und Dritter Welt und die Stellung der Frau in unserer Gesellschaft, die von einer sozialen Gleichstellung noch immer weit entfernt ist.«[678]

Der Forderungskatalog umfaßt eine ganze Reihe von Empfehlungen für die einzelnen Interventionsebenen. Diese Empfehlungen bestehen zum Teil aus sehr konkreten Vorschlägen für Maßnahmen und Aktionen, beziehen sich andernorts auf mittel- und längerfristig angelegte Handlungsstrategien. Es folgen darüber hinaus weitere Empfehlungen für die Aids-Prävention[679], den Gesundheits- und sozialpolitischen Bereich[680], den entwicklungspolitischen[681] und rechtspolitischen Bereich[682], für den Bereich Tourismus[683] sowie für den Informations-[684] und Forschungsbereich[685].

Umfeld und Ausmaß des Menschenhandels mit ausländischen Mädchen und Frauen (hg. vom Bundesministerium für Jugend und Frauen)

»Es ist sehr schwierig, zum Bereich Prostitutionstourismus praktikable, mittelfristig erfolgversprechende Maßnahmen vorzuschlagen. Im Grunde müßten kulturelle Grundmuster unserer Gesellschaft verändert werden, um dem Prostitutionstourismus die gesellschaftliche Legitimation und Duldung zu nehmen. Zu nennen sind hier zum Beispiel die Verdinglichung menschlicher Beziehungen, die Dominanz der Konsumtion, die sich auf alle Lebensbereiche erstreckt, und der Massentourismus, der bedingt, daß unsere Leitwerte die traditionellen Werte der Bereisten überformen...

Wir empfehlen, über die negativen Folgen des Prostitutionstourismus aufzuklären und einen engen argumentativen Zusammenhang zwischen Frauenprostitution und Kinderprostitution in der Dritten Welt herzustellen. Beides ist nicht voneinander zu trennen, bedenkt man, daß in Thailand mindestens ein Drittel der Prostituierten Kinder sind beziehungsweise der überwiegende Teil der Frauen, die sich prostituieren, als Kinder damit beginnen mußten. In diesem Zusammenhang muß auch eine unterstellte ›freie Entscheidungsmöglichkeit‹ zur Prostitution relativiert werden, und zwar sowohl bei den Frauen wie auch bei den Kindern...
Vielleicht könnten gemeinsame Symposien zum Thema Frauen- und Kinderprostitution, getragen von staatlichen und kirchlichen Stellen und Vertretern der Tourismusindustrie, zu folgenden Initiativen führen...«[686]
Es folgen einige Empfehlungen, die der Akzeptanz und Förderung des Prostitutionstourismus insgesamt entgegenwirken sollen.[687]

Ron O'Grady (ECPAT-Kampagne »End Child Prostitution in Asian Tourismus«): Gebrochene Rosen – Kinderprostitution und Tourismus in Asien

»1. Als erstes muß der pädophilen Psychologie und Motivation viel größere Beachtung geschenkt werden. Es besteht ein überraschender Mangel an ausführlicher Information zu diesem Thema, was wahrscheinlich den Wunsch der Pädophilen, anonym zu bleiben, reflektiert, und den Wunsch der Öffentlichkeit, zu glauben, daß es dergleichen nicht gibt...
2. Aufklärung und Bewußtseinsbildung bei Touristen ist längst überfällig ... Die rücksichtslose Art, wie die kulturellen und religiösen Gefühle der Menschen dort von den Touristen ignoriert werden, kann durch Aufklärung verändert werden. In der Frage von Prostitutionstourismus für Touristen wird es notwendigerweise Auseinandersetzungen geben, doch in der Frage der Kinderprostitution dürften keine Einwände vorgebracht werden. Kein Erwachsener aus Übersee hat das Recht (weder gesetzlich noch moralisch), sexuelle Beziehungen zu einem Kind aus der Dritten Welt zu haben, und das muß den Touristen vor ihrer Ankunft klargemacht werden. Die Aufklärung der Touristen schließt auch die Reisebüros und die Reiseleiter ein. Jedem Reisebüro, das in seiner Werbung bewußt anzeigt oder andeutet, daß der Tourist sexuelle Beziehungen mit Kindern haben kann, sollte die Lizenz entzogen werden.
3. In jüngster Zeit haben mehrere amerikanische und europäische Fernsehgesellschaften begonnen, Filme über Kinderprostitution in Asien zu machen. Solche Filme können durchaus ein positiver Beitrag zur Veränderung der öffentlichen Meinung sein, doch müssen sie mit Einfühlsamkeit und mit Respekt vor den Rechten der gefilmten Kinder gemacht werden. Die Zielsetzung der Medien allgemein sollte sein, die Situation der Kinder mit dem Ansatz des Aufklärens und nicht der Sensationsmache zu machen...
4. Es müssen konzertierte internationale Bemühungen unternommen werden, um die Prostitution von Kindern zu einem Verbrechen gegen die

Menschlichkeit zu erklären oder zu einem Verbrechen gegen die Gesellschaft. Wenn es gelingt, dieses Verbrechen international zu verfolgen, ergibt sich die Möglichkeit, daß Personen in ihrem eigenen Land für ein Verbrechen, das sie in einem anderen Land begangen haben, verurteilt werden ...[688]
5. Kinderpornographie fördert, daß Kinder zu Opfern von sexuellem Mißbrauch werden, und es müssen strengere Gesetze zur Verhinderung der Produktion und Verbreitung von Kinderpornographie geschaffen werden. Die meisten in der Jugendarbeit tätigen Personen sind sich einig über die Verbindung zwischen dem sexuellen Mißbrauch von Kindern und Kinderpornographie ...«[689]

Gebunden in Schweigen (hg. von der Schweizer Kampagne gegen Kinderprostitution)

»Die Stärkung der Rechtsstellung des Kindes im Sinne ihrer Anerkennung als Subjekte von Rechten führt zu einer Schwächung der rechtlichen und gesellschaftlichen Position derjenigen Personen, die Kinder als Objekte ihrer Machtgier mißbrauchen ...« Auf diese Weise kann das Recht dazu beitragen, »daß die gesellschaftlichen Verhältnisse, die Gewalt gegen Kinder hervorrufen, beseitigt werden und daß die gewaltsamen Akteure nicht länger im Dunkeln der Anonymität handeln und sich dabei noch finanziell bereichern können«[690]. Ziel jeder Intervention sollte es nach Ansicht der VerfasserInnen sein, »die Handlungsmöglichkeiten von betroffenen Kindern zu unterstützen und zu erweitern. Das heißt aber auch, die von ihnen gewählte Überlebensstrategie zu respektieren«[691].
Es folgen einige bedenkenswerte Anregungen zur Verbesserung des Rechtsstatus der im Ausland sexuell mißhandelten ausländischen Kinder.

Sextourismus und »Dritte Welt« (hg. vom Verein ehemaliger Entwicklungshelferinnen und Entwicklungshelfer)

»Zu fordern ist, daß der sexuelle Mißbrauch von Kindern ein Verbrechen ist, wenn er fortwährend (in der Familie und häuslichen Umgebung) oder gegen Entgelt stattgefunden hat. Ferner ist ein insbesondere auch für kindliche Zeuginnen passender Zeugenschutz zu gewährleisten.«[692]

Prostitution: Überleben der Sklaverei (Internationaler Kongreß der Internationalen Abolitionistischen Föderation 1994)

»Abgesehen von den Bemühungen um eine Vereinheitlichung der Gesetzgebungen der einzelnen Länder sehen die Vereinten Nationen erzieherische und aufklärerische Maßnahmen vor, um die Weltöffentlichkeit von dieser Art der Sklaverei in Kenntnis zu setzen.[693] Manche Länder schlugen eine Überwachung der Einhaltung der mit der Unterzeichnung der Konvention von 1949 eingegangenen Verpflichtungen sowie internationale Strafen vor. Man dachte auch an die Möglichkeit, Staaten, die diese Verpflichtungen nicht einhalten, vor den Internationalen Gerichtshof zu bringen. Darüber hinaus sollten die Vereinten Nationen alle Fälle von Sklaverei öffentlich machen ...

Hier wäre noch ein Punkt erwähnenswert, der vielleicht Gegenstand einer eingehenden Untersuchung sein könnte. Es handelt sich um die Möglichkeit, das Verschwinden von Kindern ebenso wie das Verschwinden von Personen aus politischen Gründen unter Diktaturen als Verbrechen gegen die Menschheit zu definieren. Gemäß dem Völkerrecht gelten nämlich im Falle eines Verbrechens gegen die Menschheit bestimmte Schutzeinrichtungen nicht mehr (Flüchtlingsstatut, Asylrecht ...) ...«[694]

Prostitutionstourismus nach Sri Lanka und auf die Philippinen (hg. von der Vereinigten Evangelischen Mission)

»Mit Blick auf das Ausmaß menschlichen Unrechts und Leids, das der Prostitutionstourismus mit sich bringt, sind ›Schritte zu einer Begrenzung des Übels‹[695] oft nur mit Mühe als Erfolge anzusehen. Und doch wären andere Zielsetzungen als diese im heutigen Stadium illusionär. Die Abschaffung des jahrtausendalten Patriarchats, der sozialen und rassistischen Knechtung von Menschen und des Raubbaus an der Natur sind langfristige Ziele, die nur in Etappen erreicht werden können. Die Ziele für die Zwischenschritte sind den langfristigen Zielen zu- und nicht untergeordnet. Es kommt jedoch darauf an, jeweils Strategie und Taktik gut miteinander zu verbinden ...

Mit Blick auf die gesamte bundesdeutsche Bewegung gegen den Prostitutionstourismus müßten unter anderem folgende Aufgaben- und Kooperationsfelder hinzugefügt werden: Initiativen zur Anbindung an Netzwerke, die sich mit den unter a) bis e) aufgezeichneten Themen beschäftigen[696] (zum Beispiel Umwelt- und VerbraucherInnenorganisationen, gesundheitspolitische Initiativen) und die Themen der Verschuldung der Zweidrittelwelt, der unfairen internationalen Handelsbedingungen und Investitionskodices für Transnationale Konzerne in der Zweidrittelwelt bearbeiten. Da grundsätzliche Veränderungen langfristig nur mit Interventionen zu erzielen sind, die an den strukturellen Bedingungen ansetzen, wäre eine stärkere Einbindung dieser Arbeit in die Tagespolitik der Gruppen wünschenswert ...

Als kurzfristige Maßnahmen[697] müssen

a) Frauen/Kinder in der Zweidrittelwelt und in der Bundesrepublik besser geschützt werden;

b) die Strafverfolgung gegen kriminelle Praktiken effektiviert werden;

c) systematische Präventivmaßnahmen ergriffen werden ...[698]

Diese Maßnahmen müßten, so *agisra,* durch Forschungsarbeit gestützt werden. Studienvorhaben sollten untersuchen:

- die Kapitalverknüpfungen deutscher Investoren in der Sextourismusindustrie des Zweidrittelwelt-Landes;

– die Ausbeutung von Frauen in Niederlassungen bundesdeutscher Firmen im Zweidrittelwelt-Land;
– die Motivation von Sextouristen, Heiratskandidaten und Freiern in der Bundesrepublik;
– wie ein realistisches Bild nicht nur über die Bundesrepublik in den Herkunftsländern, sondern auch über die Zielländer in der Bundesrepublik aufzuzeigen ist.

Abgesehen von diesen Maßnahmen und Vorhaben hält *agisra* eine Verknüpfung mit der langfristigen Arbeit für eine strukturelle Abkehr von Patriarchat und Kapitalismus für unerläßlich.«[699]

Internationaler Frauenhandel (hg. vom Ministerium für die Gleichstellung von Frau und Mann des Landes Nordrhein-Westfalen)

Die Studie[700] nennt »erste Umrisse einer Strategie zur langfristigen Bekämpfung des Frauenhandels«, die auf verschiedenen Ebenen angesiedelt sind:

1. Direkte Intervention. Dazu zählen die Autorinnen insbesondere den Aufbau von Beratungsstellen für ausländische Frauen ebenso wie für ausländische Prostituierte, der als »unbedingt notwendig« bezeichnet wird. »Die Ausstattung sollte so bemessen sein, daß Ausgaben für mehrsprachiges Informationsmaterial, kurzfristige Unterstützung der Frauen und das Hinzuziehen von Dolmetscherinnen problemlos zu decken sind.«[701] Darüber hinaus seien Fluchthäuser oder Fluchtwohnungen für jene ausländischen Prostituierten einzurichten, »die entweder aussteigen wollen oder von der Polizei bei Razzien aufgegriffen werden«[702].
2. Prävention durch Erweiterung von Handlungsmöglichkeiten für ausländische Frauen und rechtliche Schritte. »Parallel zum Aufbau der Beratungsstellen und des Fluchthauses müßten Überlegungen initiiert werden, wie der Handlungsspielraum für betroffene ausländische Frauen erweitert werden kann, so daß sie sich von der durch den Frauenhandel geschaffenen extremen Abhängigkeit freimachen können. Dies wird auch den Frauenhandel langfristig treffen.«[703]
3. Sensibilisierung und Förderung eines Einstellungswandels

– in den Behörden: »Die bisherigen Informationen verweisen darauf, wie wichtig ein Bewußtseinswandel in den verschiedenen mit Frauenhandel direkt oder indirekt befaßten Behörden ist. Dazu müßten allerdings auch das Vorwissen und die Einstellungen dort genauer untersucht werden. Ein wichtiger Schritt wären regelmäßige Fort- und Weiterbildungsmaßnahmen. Dafür müßten Konzepte unter Einbeziehung von Beratungsstellen und engagierten Gruppen behördenspezifisch erarbeitet werden.«
– in der deutschen Öffentlichkeit: »Da sich in der Befragung der Gleichstellungsbeauftragten herausstellte, daß sich für viele Frauen der Zugang zum Thema Frauenhandel über den Themenkomplex ›Gewalt gegen

Frauen‹ herstellte, wäre es sinnvoll, zukünftig Frauenhandel in diese Kampagnen und Vernetzungen mit aufzunehmen.«

– Angebote für ausländische Frauen: »Wir nehmen aufgrund der Expertise an, daß Institutionen und Behörden sich an der Prävention und Intervention gegen den Frauenhandel auf verschiedenen Ebenen beteiligen können und daß uns dazu auch eine große Bereitschaft bei den frauenpolitischen Einrichtungen im weiten Sinne (Gleichstellungsbeauftragte, Beratungsstellen, engagierte Gruppen) und bei manchen anderen Behörden (unter anderem Landeskriminalamt) besteht...«[704]

Presseerklärung der Bundestagsabgeordneten Erika Simm (SPD)

»Die Möglichkeiten der internationalen Zusammenarbeit müssen stärker genützt werden. Dringend erforderlich ist ein weitgehender Informations- und Erfahrungsaustausch mit anderen Ursprungsländern des Sextourismus. In diesem Zusammenhang sollte auch der Einsatz eines deutschen Verbindungsbeamten für Fälle sexuellen Mißbrauchs durch deutsche Touristen im Ausland (zum Beispiel für Südostasien) ernsthaft erwogen werden.«[705]

Save the Children Overseas Department Working Paper

»Die sexuelle Ausbeutung von Kindern ist ein weitverbreitetes Problem, das die meisten, wenn nicht sogar alle Kinder betrifft. Die Zunahme des internationalen Tourismus als Folge der großen Einfachheit des Reisens und, zu einem gewissen Grad, wegen der Art (nature) des Tourismus nach ›exotischen‹, sich entwickelnden Ländern, trägt zu einer Zunahme der sexuellen Ausbeutung von Kindern in den untersuchten Ländern – Sri Lanka, Philippinen, Thailand, bei...

Die sexuelle Ausbeutung durch Touristen findet jedoch nicht isoliert statt. Die Hinweise aus Sri Lanka sind weniger eindeutig, aber auf den Philippinen und in Thailand findet diese im Rahmen einer umfassenderen Ausbeutung der Kinder – sexueller wie anderer Art – statt. Maßnahmen zur Einschränkung der sexuellen Ausbeutung durch Touristen und international Reisende sind daher nur ein Teil wesentlich umfangreicherer Maßnahmen gegen die zugrundeliegende Ursachen dieser Ausbeutung in den betroffenen Ländern ...

Maßnahmen zur Einschränkung des Marktes, der ausländischen Touristen und anderen Zugang zu Kindern zum Zwecke der sexuellen Ausbeutung (acces to children for sex) gewährt, sind unbedingt erforderlich. Bestehende Gesetze zum Schutz der Kinder vor sexueller Ausbeutung müssen Anwendung finden, neue und wirksame Gesetze müssen unter Umständen erlassen, Bestechung und Verdunkelung unter Strafe gestellt werden. Wird den Aktivitäten derjenigen, die an der sexuellen Ausbeutung von Kindern (finanziell) interessiert sind – angefangen bei den Kupplern und

Zuhältern über korrupte Polizisten und Beamte bis hin zu den Kunden –, nicht wirksam entgegengetreten, gibt es kaum Aussicht darauf, daß anderweitige Interventionen in den Herkunftsländern der Touristen oder international irgendeine Wirkung zeigen werden. Wichtig ist, daß Maßnahmen auf dieser Ebene auch den Vorteil hätten, Ausbeutung aus jeder Quelle, ob lokal oder international, einen Riegel vorzuschieben...
Die Studie hat bestätigt, daß es zuverlässige Beweise für die Beteiligung westlicher Pädophiler an der sexuellen Ausbeutung von Kindern in den untersuchten Ländern gibt. Die Kontrolle über die Aktivitäten dieser Personen obliegt dem Bereich der Gesetzgebung und -durchsetzung, und zwar sowohl in ihrem Herkunftsland als auch in ihrem ›Gastgeber‹-Land. Kampagnen zur Änderung der Einstellung oder deren Beeinflussung werden aller Wahrscheinlichkeit nach bei dieser Zielgruppe keinerlei Wirkung zeigen. Benötigt werden daher bessere Gesetze, Verbrechensaufdeckung, Gesetzesanwendung und eine international angelegte Zusammenarbeit der Gesetzesorgane...
Die zunehmende Aktivität der Pädophilen in den Entwicklungsländern (developing countries) nimmt den Weg des geringsten Widerstandes oder, aus deren Sicht, den Weg der größten Möglichkeiten: Das internationale Reisen ist so einfach, daß sie sich in die Länder begeben werden, in denen sie mit der geringsten Einschränkung und Störung tätig sein können. Gelingt es, die Einschänkungen zu verstärken und ihre Aktivitäten auf den Philippinen, in Sri Lanka oder in Thailand damit in den Griff zu bekommen, müssen wir damit rechnen, daß dasselbe Problem in Vietnam, Kambodscha, China und anderen Ländern entstehen wird. Dafür gibt es bereits jetzt viele Anhaltspunkte. Zusammenarbeit auf internationaler Ebene ist daher absolut notwendig, um allen Ländern zu helfen, dieses potentielle Problem zu erkennen und mit ihnen Methoden zur Begegnung des Problems zu entwickeln...
Ein Hauptaspekt dieser Studie war der Versuch, Erkenntnisse zu sammeln, in welchem Ausmaß internationale Reisen und Tourismus selbst die Gelegenheit zum sexuellen Mißbrauch von Kindern bietet beziehungsweise erleichtert. Es gibt viele Hinweise dafür, daß dies tatsächlich der Fall sein könnte, wobei Gelegenheitsmißbrauch und -ausbeutung vorwiegend in der ausgedehnten (extensiven) Sexindustrie auf den Philippinen und in Thailand stattfindet. Davon ausgehend, daß Gelegenheitsmißbrauch weniger zwanghaft ist, besteht eher die Möglichkeit, diese Tätergruppe (group) durch Bewußtseinsbildung zu beeinflussen, vor allem, wenn solche Maßnahmen durch gezielt placierte Meldungen über Festnahmen und Anklagen von Ausländern (involved in the use of children for sex) begleitet werden...
Die sexuelle Ausbeutung von Kindern ist ein internationales Problem – nicht nur wegen der Beteiligung von Touristen und international Reisenden, sondern auch wegen des damit verbundenen Handels (trafficking) innerhalb der nationalen Grenzen und darüber hinweg. Zusammenarbeit auf internationaler Ebene ist unbedingt erforderlich, um allen Ländern zu

helfen, das Ausmaß und die Art des Problems und mögliche Methoden zur Bekämpfung des Problems zu erkennen...
Maßnahmen in Schweden und anderen europäischen Ländern zeigen, daß viel getan werden kann, wenn diejenigen, die in den Herkunftsländern der Touristen tätig sind, bei der Bekämpfung des Problems mitwirken. Damit solche Hilfe wirksam ist, müssen jedoch die Verantwortlichen in der Reise- und Tourismusindustrie in diesen Ländern (tourist sending countries) anerkennen, daß es sich dabei um ein echtes Problem (genuine problem) handelt, das einer Anstrengung wert ist...
Zu den Maßnahmen könnten zählen:

– Bewußtseinsbildung in der Tourismus- und Reiseindustrie sowie in der reisenden Bevölkerung (einschließlich Geschäftsreisende und Militärpersonal);
– gesteigerte Zusammenarbeit mit den touristenempfangenden Ländern zwecks Hilfe bei der Identifizierung von und Anklage gegen Bürger des Vereinigten Königreichs (die Studie bezieht sich hier ausschließlich auf Großbritannien; G.W.), die sich der sexuellen Ausbeutung von Kindern in diesen Ländern schuldig gemacht haben (darunter auch Überlegungen einer Änderung von Gesetzen im Vereinigten Königreich, um die Kinder in Übersee vor der Ausbeutung durch Bürger des Vereinigten Königreiches zu schützen);
– beidseitige Hilfeleistungen, darunter die Möglichkeit von Entwicklungshilfe zur Unterstützung von Maßnahmen zur Behebung der sexuellen und wirtschaftlichen Ausbeutung von Kindern;
– die Verfolgung dieser Angelegenheit durch Regierungen ebenso wie durch regierungsunabhängige Organisationen in geeigneten internationalen Foren, damit alle Regierungen das Problem der sexuellen Ausbeutung von Kindern erkennen und damit eine verbesserte (greater) internationale Zusammenarbeit herbeiführen.

Letztendlich tragen alle Länder, die die UN-Konvention über die Rechte der Kinder unterschrieben und angenommen haben, die Verantwortung, gemäß Artikel 34 ›das Kind vor allen Formen der sexuellen Ausbeutung und des sexuellen Mißbrauchs zu schützen‹, und haben sich verpflichtet, zu diesem Zweck ›alle geeigneten nationalen, bilateralen und multilateralen Maßnahmen zu ergreifen‹. Es bleibt noch viel zu tun, um diese Verpflichtung Wirklichkeit werden zu lassen.«[706]

Susanne Lipka, Kinderprostitution und Tourismus (hg. von der Kampagne gegen Kinderprostitution im Sextourismus)

Ansatzpunkte im Hinblick auf die Täter und die Ursachenbekämpfung in der Gesellschaft

»Sexuelle Mißhandlungen müssen gesellschaftlich sanktioniert werden. Gleichgültigkeit, Schweigen und Tabuisierung führen dagegen zur weiteren Ausbreitung der Probleme. Ansatzpunkte im Hinblick auf die Täter und die Ursachenbekämpfung in der Gesellschaft:

– Forschung zu Sexualstraftaten und den gesellschaftlichen Ursachen ist dringend erforderlich.
– Männer- und Frauenrollen müssen im Hinblick auf die Bedeutung der Sexualität überprüft werden – zum Beispiel der Einfluß in Schulbüchern, Medien etc. – und entsprechende Schritte der Änderung vollzogen werden.
– Wir brauchen neue Formen der Jugendarbeit, neue Geschlechtsrollen und Vorbilder.
– Eine entsprechende systematische Sensibilisierung von Lehrern, Sozialpädagogen und anderen ist unerläßlich.
– Auch im Bereich von Polizei und Justiz ist Sensibilisierung notwendig und soll zum Beispiel in Form von Fortbildungen praktiziert werden. Sonderdezernate müssen bei der Polizei und Justiz eingerichtet werden.

Zur Strafverfolgung von Sextouristen sind flankierende Maßnahmen zu den bestehenden Gesetzen nötig, damit die Täter in der Bundesrepublik auch strafrechtlich belangt werden können (bilaterale Abkommen mit den betroffenen Ländern, Zusammenarbeit von Polizei und Behörden; was bei der Bekämpfung der Drogenkriminalität teilweise möglich ist, muß auch bei sexueller Kindesmißhandlung möglich sein). Gruppen und Einrichtungen, die die betroffenen Kinder betreuen, müssen finanziell unterstützt werden ... Sexualstraftäter, die eine Therapie machen wollen, sollen auch die Möglichkeit dazu bekommen ... Sexuelle Mißhandlungen müssen gesellschaftlich sanktioniert werden. Die öffentliche Auseinandersetzung mit den Problemen muß verstärkt werden.«[707]

Einflußnahme auf die deutsche Entwicklungspolitik

»Nicht fehlende Entwicklung, sondern eher eine an problematischen Zielen ausgerichtete Entwicklung ist in vielen Fällen Ursache für die Verelendung von Familien und für die Not, die Kinder in die Prostitution bringt. Im Rahmen der Strukturanpassungsprogramme erfolgten in der Mehrzahl der Staaten der Dritten Welt Kürzungen sozialer Maßnahmen wie Lebensmittelsubventionen und Einsparungen im Gesundheits- und Schulwesen. Dramatische Preissteigerungen waren die Folge von Maßnahmen zur Währungsstabilisierung, die von internationalen Institutionen zur Bedingung für neue Regierungskredite gemacht werden. Eine der Konsequenzen ist der Anstieg der Prostitution ...
In bezug auf Maßnahmen der Entwicklungshilfe forderte die *Kampagne gegen Kinderprostitutionstourismus* bei Programmen der ländlichen Entwicklung besonders den Bedürfnissen von Kindern Rechnung zu tragen und über die Agrar- und Sozialpolitik der Abwanderung von ländlichen, kleinbäuerlichen und landlosen Haushalten vorzubeugen. Gezielte Maßnahmen gegen Kinderprostitution sind erforderlich und schließen spezielle Förderungsprogramme und die Verbesserung von Ausbildung und Berufschancen von Mädchen, aber auch Jungen ein. Einheimische Nicht-Regierungsorganisationen, die präventive Arbeit mit Kindern und Jugendlichen leisten, Rehabilitationsmaßnahmen durchführen, Maßnahmen zur

alternativen Arbeitsbeschaffung und Aufklärung durchführen oder auch präventiv im ökologischen Bereich arbeiten, sollen verstärkt gefördert werden. Kinderprostitution muß als besonders negative Folge des Tourismus bereits bei der Planung von touristischen Vorhaben bedacht und entsprechende Gegenmaßnahmen sollten vorgesehen und finanziell getragen werden. Dies gilt auch für Infrastrukturmaßnahmen wie den Bau von Staudämmen zur Stromversorgung, von denen unter anderem die Tourismusbranche mit ihrem hohen Energiebedarf profitiert, die jedoch zur Entwurzelung und Vertreibung von Hunderttausenden führen und das Massenelend in den Städten vergrößern ...«[708]

Darüber hinaus wurde von der Kampagne gefordert, verstärkt zu überprüfen, ob die zu fördernden Tourismusmaßnahmen mit anderen Politikbereichen wie Landwirtschaft, Umwelt, Armutsbekämpfung nicht im Widerspruch (zueinander) stehen. Bei der Beurteilung der Förderungswürdigkeit touristischer Vorhaben dürften nicht nur ökonomische Aspekte Berücksichtigung finden, sondern auch soziale, kulturelle und ökologische Auswirkungen sowie die wirtschaftlichen Auswirkungen für sozial schwache Haushalte müssen in die Bilanz miteingehen. Bei der Tourismusförderung sollten daher die Kriterien der »Tourism Bill of Human Rights« angelegt werden:

– »die Beachtung der Menschenrechte der von Tourismus betroffenen einheimischen Bevölkerung;
– die Partizipation dieser Bevölkerung an Entscheidungen zur touristischen Infrastruktur;
– den Zugang der Bevölkerung zu mit dem Tourismus verbundenen Verdienstmöglichkeiten;
– die Neuorientierung der Tourismuskonzepte weg von der kurzfristigen Ausbeutung von Regionen um den Preis ihrer soziokulturellen und ökologischen Zerstörung hin zu langfristig tragbaren Modellen«[709].

Detlef Drewes, Kinder im Datennetz

»Deshalb muß deutlich gemacht werden,

– daß sexueller Mißbrauch, Kinderpornographie und -prostitution keine Einzelfälle sind, sondern ein weltweiter Markt die Bedürfnisse zu befriedigen sucht,
– daß die gesetzlichen Mittel und die juristische Praxis keineswegs geeignet sind, Kinder ausreichend zu schützen, ihre ungestörte affektiv-sexuelle Entfaltung zu garantieren und den Mißbrauch im internationalen Datennetz wirksam zu bekämpfen – zumindest dort, wo man ihn feststellen kann;
– daß Kindesmißbrauch in diesen globalen Netzen keineswegs ein rein verbaler Spaß für verklemmte Gewalttäter ist, sondern der erste Schritt zur realen Tat,
– daß es nicht ausreicht, Gesetze zu ändern, Strafen zu verschärfen und den Kampf gegen den Mißbrauch von Kindern der Polizei zu überlassen,
– daß es durchaus Ansätze gibt, den kleinen Opfern auch noch ein Stück Mitschuld am Mißbrauch zuzuschieben,

– daß man das Problem nicht dadurch bekämpfen kann, daß man die Täter ausgrenzt und einsperrt, daß sexueller Mißbrauch, Kinderpornographie und -prostitution keineswegs im luftleeren Raum entstehen oder nur ein Delikt perverser Triebtäter ist, daß es uns alle angeht,
– daß Eltern sehr wohl etwas im Vorfeld und zur Verhinderung des Mißbrauchs tun können,
– daß Eltern, Kindergärtnerinnen, Lehrerinnen und Lehrer, Ärztinnen und Ärzte, Nachbarn und Freunde sich nicht mit dem Ruf nach mehr oder besserer Polizei aus der Verantwortung verabschieden dürfen.«[710]

Abschließendes Statement der Nicht-Regierungsorganisationen zum Symposium »Sexueller Mißbrauch ausländischer Kinder durch Deutsche im Ausland«[711]

»Zu den Forderungen, die sich für uns aus dem Gehörten und Erarbeiteten des Symposiums ergeben und die wir in zwei Zeitebenen einteilen möchten:

1. Notwendige kurzfristige Veränderungen adressiert an die Bundesregierung

a) an das Bundesministerium des Innern:

– Erweiterung der Vereinbarung zum Einsatz von Verbindungsbeamten ...;
– Überprüfung aller Möglichkeiten zur personellen Aufstockung der Gruppe von Verbindungsbeamten, die bisher ›nur‹ im Rahmen des organisierten Verbrechens tätig sind, zumal diese Beamten auch an der Schulung und dem Informationsaustausch mit den KollegInnen im Zielland wichtige Funktionen übernehmen müssen;
– Prüfung der Modelle, die die Zusammenarbeit zwischen in- und ausländischen Ermittlungsbehörden ohne Einhaltung des diplomatischen Weges ermöglichen ...[712]

b) an das Bundesministerium der Justiz:

– Schaffung der (finanziellen) Voraussetzungen zum Austausch von PraktikerInnen aus der staatsanwaltschaftlichen Arbeit, um die Kommunikation zu verbessern und Wege der weiteren Zusammenarbeit zu erproben;
– unverzügliche Schaffung der ›central authority‹ mit tatsächlichen Kompetenzen und dazu die enge Kooperation aller angesprochenen Ministerien - auch der Bundesländer - als interministerielle Fachstelle.

2. Notwendige mittelfristig durchzusetzende Veränderungen

a) durch das Bundesministerium der Justiz

– Anwendung der ›Model Treaty on Mutual Assistance in Criminal Matters‹, an deren Erarbeitung das Bundesministerium für Justiz beteiligt war;
– Abschluß von multilateralen Abkommen in diesem Zusammenhang und, falls dies nicht gelingen sollte,
– Abschluß bilateraler Abkommen, die auf den auf diesem Symposium angesprochenen Themenbereich begrenzt abgeschlossen werden (wir

wissen, daß dazu kreative Ideen gefragt sind, die sicher von den hier anwesenden Ministeriumsvertretern gefunden werden können)...

Wir halten es für unerträglich, daß Täter im genannten Verbrechensbereich in einem bundesdeutschen Gerichtsverfahren ihre Verteidigung auf dem angeblichen Unwissen über das tatsächliche Alter des mißbrauchten Kindes aufbauen können. Hier müssen die entsprechenden Paragraphen des Strafgesetzbuches einer Revision unterzogen werden.

– Im Rahmen der seit Jahren anstehenden Novellierung des Sexualstrafrechts muß dem besonderen Schutz der Opfer aus dem hier diskutierten Themenbereich Rechnung getragen werden. Dazu gehören auch Fragen der qualifizierten Begleitung eines Kindes/Jugendlichen in einem deutschen Strafverfahren und der Schmerzensgeldregelungen.[713]

b) durch das Auswärtige Amt

– Prüfung aller Möglichkeiten, die zur Verweigerung eines Ausweisersatzpapiers für Täter, die auf Kaution freigelassen wurden, bestehen oder eingesetzt werden können...

Wir möchten Ihnen vorschlagen, einen Runden Tisch (eine Arbeitsgruppe) mit VertreterInnen aller befaßten Ministerien einzurichten, unter Beteiligung von ParlamentarierInnen der zuständigen Bundestagsausschüsse und der NGOs. Dieser Vorschlag zur weiteren Zusammenarbeit in Deutschland soll dem Ziel der tatsächlichen Verbesserung der Möglichkeiten zur internationalen Zusammenarbeit dienen. Der hier vor allem von den Delegationen des Südens gezeigten Flexibilität in der Lösung praktischer Probleme muß Rechnung getragen werden...

Wir erwarten nach den gehörten Einlassungen der Staatsanwälte eine Überprüfung der Möglichkeiten zur Einführung der Schutzaltersgrenze im Bereich der Pornographie, wie sie die UN-Kinderrechtskonvention vorgibt. Dies um so mehr, als aus den Beiträgen der Delegationen des Südens deutlich wurde, daß die Betrachtung und Nutzung der Kinderpornographie als ›Werbung‹ auch für den sexuellen Mißbrauch von Kindern im Ausland angesehen wird. Der von den VertreterInnen der philippinischen Delegation geforderte Präventionsarbeit zur Verhinderung von Straftaten im Deliktbereich der kommerziellen sexuellen Ausbeutung von Kindern muß große Bedeutung beigemessen werden. Wir halten weitere Informationskampagnen und Anstrengungen der Bundesregierung, der Reiseveranstalter und der NGOs für unerläßlich.«[714]

Das Bonner Symposium liegt zwischenzeitlich - ergänzt durch den Aktionsplan des Weltkongreß in Stockholm[715] - als Dokumentation vor.[716]

Adolf Gallwitz/Manfred Paulus, Grünkram – Die Kinder-Sex-Mafia in Deutschland

»Es zeigt sich, daß Menschenhandel, Kinderhandel, Frauenhandel auf allen Seiten der Beteiligten mit sexueller Gewalt zu tun hat. Die strukturellen Hintergründe der Kriminalität und der Handelspraktiken in diesem Bereich entsprechen genau der strukturellen Problematik der Sexualität in

unserer Gesellschaft. Es geht um Dominanz, Macht, Gewalt, Aggression, Erniedrigung. Und für dieses Spiel werden ständig Schwache gesucht. Kinder, Mädchen und Frauen sind angeborene Schwache in unserer Gesellschaft. Sie werden degradiert zum Opfer der Problembewältigung, Sozialisation, Erziehung, aber auch die Pornographie und Medien prägen männliches Dominanzverhalten und aggressives Sozialverhalten.
Der Widerspruch zwischen dem männlichen Idealbild, Macht, Stärke, Potenz, der Widerspruch zwischen dem Anspruch, Alleinversorger und Schützer zu sein, und einem durch zunehmende Unsicherheit und Entbehrlichkeit geprägten Selbstbild, führt zu grundlegenden Konflikten in unserer Gesellschaft. Hier müssen wir ansetzen.«[717]
»Die angefangene Diskussion muß weitergeführt und auf breiter Ebene vorangetrieben werden, damit die Auseinandersetzung mit der Tätermotivation und der Bekämpfung der Ursachen (von Kinderprostitutionstourismus; G.W.) in Zukunft intensiver geführt werden kann ... In diesem Zusammenhang ist darauf hinzuwirken, daß sich die Forschung ernsthaft mit dem Problem der Entstehung von sexuell gewalttätigem Verhalten gegenüber Kindern befaßt. Es fehlen Untersuchungen über fördernde und verursachende Einflüsse des sozialen Umfeldes auf sexuelle Gewalt. Aufgabe für die Zukunft bleibt es ebenfalls, die kritische Auseinandersetzung mit den Auswirkungen des (Sex-) Tourismus zum festen Bestandteil der Ausbildung von Tourismusexperten zu machen. Die Reiseveranstalter müssen ihre Verantwortung in diesem Bereich ernst nehmen und entsprechend handeln. *Terre des hommes* hat durch die ›Reiseveranstalteraktion‹ wichtige Schritte in diese Richtung erreichen können. Der Dialog muß fortgesetzt, die Einhaltung der geschlossenen Vereinbarungen überprüft werden. Vorangebracht werden muß auch die im Rahmen der Kampagne ursprünglich beabsichtigte, aber kaum realisierte Zusammenarbeit mit anderen Gruppen und Verbänden wie zum Beispiel großen Wirtschaftsunternehmen und Verbänden oder Gewerkschaften.«[718]

Schlußfolgerungen

Wie es scheint, war die Anzeige »Ich wende mich entschieden gegen die Prostitution von Kindern und sehe mit Sorge, daß sie immer mehr zunimmt. Der sexuelle Mißbrauch von Kindern durch Touristen in Asien, Südamerika, Afrika und anderen Teilen der Welt muß beendet werden« in der Bundesrepublik Deutschland nicht so erfolgreich, wie man hätte annehmen dürfen. Trotzdem sollten öffentliche Anzeigen, in denen namentlich genannte Personen des politischen, kulturellen und öffentlichen Lebens ihre Haltung erklären, in ihrer Wirkung auf andere nicht unterschätzt werden. Ich erinnere an die von 374 Frauen namentlich unterstützte Selbstbezichtigungsaktion »Ich habe abgetrieben«[719], die als Auslöser der Neuen Frauenbewegung gelten kann.[720] Nun wird man nicht erwarten können, daß sich Männer öffentlich als Pädosexuelle beziehungsweise »Kunden« (Mißhandler) von Kinderprostituierten zu erkennen geben. Da wir aber mit ihnen leben, arbeiten, Sport treiben und Politik machen, wäre es an der Zeit, ihnen zu verstehen zu geben, daß wir sexuelle Gewalt gegen Kinder nicht billigen. Die Anzeige könnte vielleicht lauten: »Männer, die in ihrem Urlaub Kinder sexuell mißhandeln, können nicht mit unserer Solidarität rechnen« und von RichterInnen, GewerkschafterInnen, PolitikerInnen, SchauspielerInnen, Talkmaster, SportlerInnen und anderen Personen des öffentlichen Lebens unterzeichnet werden.[721] Die Solidaritätsbekundungen mit HIV-Infizierten könnte hier ebenfalls beispielgebend sein. Alles, was dazu angetan ist, die Solidarität (das Schweigen) gegenüber den Tätern öffentlich aufzukündigen, arbeitet nach meinem Dafürhalten den Zielen der internationalen *Kampagne gegen Kinderprostitution im Sextourismus* nur zu.

Darüber hinaus ist die Initiative zu unterstützen, die – wie auf der 26. Rotkreuz-Konferenz in Genf 1995 einstimmig beschlossen – fordert, daß sexuelle Gewalt gegen Frauen, insbesondere Vergewaltigungen im Verlauf von Kriegshandlungen, zukünftig als Kriegsverbrechen anzusehen ist. Unter Umständen könnte diese sogar als Verbrechen gegen die Menschlichkeit gewertet werden. »Die Frage der sexuellen Gewalt in Kriegen gelangte wegen der Berichte über Massenvergewaltigungen im Bosnien-Konflikt auf die Tagesordnung der Konferenz. Im humanitären Völkerrecht sind Vergewaltigungen nicht ausdrücklich als Kriegsverbrechen angeführt. Eine Resolution der Rot-Kreuz-Gesellschaften hat zwar nicht den Stellenwert eines internationalen Vertrages, trägt aber zur Schaffung eines sogenannten Gewohnheitsrechts bei. Der Konferenzbeschluß wird gewichtiger durch die Teilnahme von VertreterInnen der 168 Staaten, die den Genfer Konventionen von 1949 beigetreten sind.«[722]

Unterstützt werden sollten darüber hinaus auch alle Bestrebungen humanitärer und Kinderrechtsorganisationen, die darauf abzielen, die sexuelle Mißhandlung von Kindern – gleich, ob ziviler oder militärischer Art – als Verbrechen gegen die Menschlichkeit einstufen.[723] So bietet der geplante Weltgerichtshof Anlaß und Möglichkeit für die Forderung, spezifische Kinderrechte beziehungsweise Kinderrechtsverletzungen in das Statut des Internationalen Strafgerichtshofes aufzunehmen. Kinderrechtsfragen, die jetzt nicht gestellt werden, werden nach den Beratungen über das Statut nur noch schwer durchsetzbar sein.

Im Hinblick auf das gesamte Feld sexueller Ausbeutung von Kindern ist die Basis empirischer Daten und Fakten dringend zu verbessern. Forschungen (Studien, Befragungen, Fallgeschichten) sind jedoch kostspielige Maßnahmen, für die der Kampagne kaum Mittel zur Verfügung standen. Nichtsdestotrotz wird es zunehmend nötig(er) werden, die eigenen Forderungen und Absichten auch empirisch zu begründen. Die Initiativen sollten daher alle Möglichkeiten ausloten, um Forschungen anzuregen, zu beantragen oder zu übernehmen, die wissenschaftlich jenes Wissen untersuchen, das bisher noch weitgehend auf Erfahrung und Schätzungen beruht. In diesem Zusammenhang scheinen Forschungen über die psychosoziale Struktur von Pädophilen besonders notwendig zu sein, zumal sich diese Tätergruppe jeder selbstkritischen Reflexion gegenüber völlig abwehrend verhält. Hier ist insbesondere auch die Politik gefordert, Fördermittel bereitzustellen, um das empirische Wissen über die Tat (»sexueller Mißbrauch«) und die Täter zu verdichten.[724]

Interessante Perspektiven könnten sich auch aus der (punktuellen) Verknüpfung ähnlich gelagerter Projekte ergeben. So bemühte sich beispielsweise das Frankfurter Männerzentrum darum, ein wissenschaftlich begleitetes Modellprojekt zu beantragen, das dafür plädiert, Sexualstraftäter nicht in Haft zu nehmen, sondern statt dessen psychotherapeutisch zu betreuen. »Mit seinem an das Justizministerium gerichteten Vorschlag, therapeutische Gruppen zu fördern, um bei straffälligen Männern und Jungen gewaltgeprägte Einstellungen und Verhaltensmuster zu ändern, will das Männerzentrum die ›Präventionsarbeit‹ mit den Tätern stärker in den Blickpunkt rücken.«[725] Daß eine Therapie ohne Strafverfolgung gewalttätige Männer tatsächlich davon abbringen kann, gewalttätig zu sein, wird jedoch bezweifelt.[726] Die Initiativen gegen sexuelle Gewalt gegen Frauen und Kinder sollten die Kompetenz der Männerberatungsstellen gleichwohl nutzen, man könnte auch sagen: in die Pflicht nehmen. Das von den Pädosexuellen gepflegte (Selbst-) Bild des »verlorenen Jungen« scheint sich als Ansatzpunkt für eine von Männern angeleitete Therapie jedenfalls anzubieten.[727] Es führt kein Weg daran vorbei: Männer müssen sich mit sich selbst auseinandersetzen.[728]

So, wie die Kompetenz der Männerberatungsstellen genutzt werden sollte, sollten auch die Gleichstellungsstellen und Initiativen gegen Männergewalt, zum Beispiel die Münchner *Kampagne gegen Männergewalt an Frauen und Mädchen/Jungen*[729], verstärkt angefragt und unterstützt werden. Dabei scheint der Mann als Täter mehr und mehr in den Mittelpunkt ihrer Arbeit zu rücken. So nahm etwa im Dezember 1995 das »Berliner Interventionsprojekt gegen häusliche Gewalt« seine Arbeit auf, das es sich zum Ziel gesetzt hat, »Hilfe für die Frauen, verhaltenstherapeutische Arbeit mit den Tätern und staatliches Eingreifen miteinander zu verbinden«[730].

Wie auch immer man zu einer therapeutischen Arbeit mit Tätern steht: Solange die Therapie den Täter selbst zur Verantwortung zieht, scheint hier, neben dem Strafrecht, eine Chance zu liegen, Täter davon abzuhalten, immer wieder gewalttätig zu werden beziehungsweise Kinder sexuell zu mißhandeln. Da die Therapie jedoch ein (Schuld-) Bewußtsein über die begangenen Tat(en) voraussetzt oder erreichen muß, dürften zumindest im Falle pädophiler Täter nicht zu hohe Erwartungen an den Erfolg derartiger Angebote gerichtet werden. Vorrangig sollten die Initiativen daher Kontakte mit jenen Projekten knüpfen, die bereits Erfahrungen in der Arbeit mit Prostituierten oder jugendlichen Gelegenheitsprostituierten sammeln konnten, zum Beispiel das BASIS-Projekt in Hamburg für männliche (Kinder-) Prostituierte oder das Mädchencafe »Mäc-up« in Köln, um von ihren Erfahrungen zu lernen. Nicht zuletzt könnten auch die in den Notruf- und anderen Selbsthilfeinitiativen gegen sexuelle Gewalt beziehungsweise sexuelle Mißhandlung (Zartbitter, Wildwasser und andere) gesammelten Erfahrungen für die noch zu entwickelnden Rehabilitationsmaßnahmen für betroffene Kinder beziehungsweise Kinderprostituierte in der Dritten Welt hilfreich sein - und umgekehrt -, auch wenn diese langfristig ihre jeweils eigene Konzepte und Ansätze finden müssen.

Die Vereinbarung mit den Reiseveranstaltern sollte auf ihre Ergebnisse hin überprüft und gegebenenfalls fortgeschrieben werden, wobei die Anforderungen nicht hinter den bereits getroffenen Vereinbarungen zurückfallen sollten. Insbesondere wegen der Gefährdung von Kindern innerhalb der Hotelanlagen könnte eventuell eine Idee des niederländischen *Verbandes der Relax-Betriebe (VER)* in Appeldoorn aufgegriffen werden, die anhand bestimmter Kriterien (zum Beispiel keine Beschäftigung für Minderjährige, keine sexuellen Dienstleistungen ohne Kondom, saubere wie sichere Arbeitsverhältnisse für die Prostituierten) ein besonderes Gütezeichen für Bordelle entwickelt haben, die diese Kriterien überprüfbar erfüllen.[731] Die Reiseveranstalter befinden sich hinsichtlich dieser Vereinbarung in einer Bringschuld, entsprechend offensiv sollten die Defizite und Versäumnisse thematisiert werden. Sofern die Kräfte es zulassen, sollte auch versucht werden, auch die Gewerkschaften dafür zu gewinnen, entsprechende Vereinbarungen und Aufrufe zu unterstützen. Vielleicht sind sie ja dafür zu mobilisieren, ihre Kampagnen gegen Rassismus (»Mach meinen Kumpel nicht an!«) und gegen Sexismus (»Mach meine Kollegin nicht an!«) mit einem Aufruf gegen Kinderprostitutionstourismus zu erweitern.

Lohnenswert scheint mir auch zu sein, die Medienberichterstattung zum Thema Prostitutionstourismus einmal sprachkritisch zu untersuchen, sind es doch nicht zuletzt auch die (Print-) Medien, die die (potentiellen) Prostitutionstouristen für einen Urlaub jenseits der Schamgrenze scharf machen. Wenn das Magazin »Focus« einen Bericht über »ein neues Liebesziel« unter der Rubrik »Modernes Leben« lanciert, so dürfte auch der dümmste Zeitgenosse merken, daß nunmehr »Recife in Brasilien« angesagt ist, wenn nicht gar Fortaleza, »Charterflüge aus Italien sind bereits im Gespräch«. Der als Lockruf verfaßte Bericht[732] kommt bereits in der Überschrift »Flug ins El-Sexorado« zur Sache, und natürlich werden die Prostituierten »Mädchen« genannt. Man wähnt sich unter Gleichgesinnten. Ebenso selbstverständlich werden die einschlägigen Treffs genannt, die Flugpreise und was man als »Sex-Tourist« tun muß, um kostenlos zu seinem Vergnügen zu kommen. Selbstredend werden die fotografierten Männer (Kinderprostitutionstouristen) durch technische Verzerrungen unkenntlich gemacht, während die zumeist weiblichen Kinderprostituierten präsentiert werden wie Trophäen. Der »Focus«-Bericht soll hier nur als Beispiel genannt sein, Beiträge des »Stern« (»Urlaubsziel SEX«)[733] ebenso wie des »Spiegel« (»Natascha, komm ins Bett!«)[734] lesen sich in ganz ähnlicher Weise.

In diesem Zusammenhang könnte auch der Kontakt mit der IG Medien gesucht oder intensiviert werden, um einen ethischen Leitfaden über die Berichterstattung, ihre Sprache und Bilder zu entwickeln. Der Deutsche Medienrat könnte für dieses Anliegen möglicherweise ebenso gewonnen werden. Erinnert sei an dieser Stelle an die öffentlich außerordentlich wirksame Aktion gegen die Darstellung von Frauen in den Medien am Beispiel des »Stern«, mit dem die klagenden Frauen (Alice Schwarzer, Inge Meysel, Margarethe von Trotta und andere) vor Gericht immerhin einen moralischen Sieg erringen konnten.

Sinnvoll könnte es auch sein, an den Zentralausschuß der Werbewirtschaft (ZAW) in Bonn heranzutreten, um diesen für die Problematik des Kinderhandels zum Zwecke der sexuellen Ausbeutung zu sensibilisieren. Der Verband kann zwar keine Sanktionen festsetzen und wird auch nicht von sich aus aktiv, doch besitzt er Klagebefugnis gemäß § 13 UWG, wodurch es ihm erlaubt ist, eine von ihm als sittenwidrig angesehene Werbung von staatlichen Gerichten auf ihre Sittenwidrigkeit im Sinne von § 1 UWG überprüfen zu lassen. Hinsichtlich der Werbung mit Kindern beziehungsweise der Werbung mit Kindern als erotische Objekte wäre eine Verständigung mit dem Zentralausschuß vielleicht sogar effektiver als eine Verschärfung beispielsweise des § 35 der Gewerbeordnung, zumal keine Kontrollinstrumente zur Verfügung stehen, die eine entsprechende Anzeige aussichtsreich erscheinen lassen. Darüber hinaus gibt es zu wenig Gewerbcaufsichtsämter, die personell in der Lage wären, die Einhaltung der Verfahrensordnung zu gewährleisten oder doch wenigstens regelmäßig zu prüfen.

Nach allem, was wir wissen, scheuen die Täter nichts so sehr wie Öffentlichkeit. Sicher fühlen sie sich nur unter Gleichgesinnten, wobei die historisch geschweißten Männerbünde dafür sorgen, daß der eine dem anderen – wie es unter Krähen üblich sein soll – kein Auge aushackt. Man mag darüber streiten, ob es in Fällen sexueller Mißhandlung nicht auch gerechtfertigt ist, sogenannte Kundenkarteien oder Namen überführter Täter öffentlich zu machen, die im Zuge von Razzien oder Festnahmen – wie im Januar 1996 in der Wohnung eines Deutschen in thailändischen Pattaya, der seinen deutschen Kunden seit Jahren Kinderprostituierte zugeführt hatte[735]

– von den Strafverfolgungsbehörden beschlagnahmt wurden beziehungsweise in Kenntnis der Kampagne gelangen.[736] Unbestritten ist, daß Täter sich solange hinter ihrer Anonymität und häufig genug wohlbehüteten bürgerlichen Existenz zu verstecken wissen, wie (buchstäblich) davon abgesehen wird, ihnen eine Identität zu geben. Anonymität schützt Täter. Ent-Solidarisierung könnte darum auch bedeuten, ihnen diesen Schutz zu nehmen. Alles, was Täter schützt, ist radikal in Frage zu stellen. Als interessanter Hinweis liest sich in diesem Zusammenhang auch ein Urteil des Bundesverfassungsgerichts (Az.: 1 BvR 131/96), mit dem ein Urteil des Oberlandesgerichts (OLG) in Celle korrigiert wurde, das einer als Kind von ihrem Vater sexuell mißhandelten Frau die Auflage gemacht hatte, über diesen »Mißbrauch« nur unter Angabe eines falschem Namens sprechen zu dürfen. »In der Begründung heißt es, das OLG habe nur den Persönlichkeitsschutz des Vaters gewürdigt, das allgemeine Persönlichkeitsrecht des Opfers und sein Grundrecht auf Meinungsfreiheit jedoch ›nicht genügend berücksichtigt‹.«[737]

Anzuregen wäre auch, die auf pädophile Sehgewohnheiten zugeschnittene »Mini-Playback-Show« (RTL) einmal unter dem Gesichtspunkt der sexuellen Gewalt zu analysieren. Wenn es schwerfällt, sich vorzustellen, daß (arme) Eltern ihre Kinder in die Prostitution verkaufen, so mag es vielleicht leichter sein, zu begreifen, was wohlhabende Eltern dazu treiben mag, ihre eigenen Kinder in dieser schaustellenden Weise vor einem Millionenpublikum in Szene zu setzen. Das gleiche bietet sich im übrigen auch für den Bereich der Werbung an, in der weibliche Kinder oder Kind-Frauen (wie zum Beispiel Kate Moss) benutzt werden, um die Produkte kommerziell an den Mann oder die Frau zu bringen.[738]

Es mangelt, wie wir gesehen haben, nicht an Problembewußtsein, nicht an Ideen, nicht an Analysen. Gleichwohl übersteigt es die Kräfte aller, auf allen Ebenen zugleich tätig zu werden. Dies ist – wenn überhaupt – nur möglich, wenn es gelingt, das Anliegen der internationalen *Kampagne gegen Kinderprostitutionstourismus* »gesellschaftsfähig« zu machen. Die Chancen dafür sind durchaus gegeben. Der Über-Macht der Institutionen wären allerdings eine Vielzahl freier, ungebundener, kreuz-und-quer-liegender Strukturen und AkteurInnen entgegenzusetzen, die fest entschlossen sind, sich mit den Prostitutionstouristen – den Unterdrückern, den Tätern, den Profiteuren – öffentlich anzulegen.

Dringend geboten scheint mir allerdings zu sein, das Thema sexuelle Gewalt gegen Kinder nicht mehr mit dem verharmlosenden

Begriff »Sex« (Kindersex, Sextouristen, Sexfilme etc.) zu verbinden, da die sexuelle Mißhandlung eines Kindes nichts mit Sex, aber alles mit Gewalt zu tun hat. Auch sollte in diesem Zusammenhang nicht mehr von Mädchen und Jungen oder gar Knaben gesprochen werden, sondern von weiblichen und männlichen Kindern und Jugendlichen beziehungsweise weiblichen und männlichen Kinderprostituierten. Von Mädchen und Jungen sollte jedenfalls nur die Rede sein, wenn diese auch als solche gemeint sind.

Auch ist darauf zu achten, daß die Gesichter der Opfer in den Medien geschützt werden. Zu fordern ist, diese – wie es in der Regel bei den Tätern geschieht – durch Balken oder ähnliches unkenntlich zu machen.

Nicht zuletzt ist von dem verheerenden Begriff des »Kinderschänders« Abstand zu nehmen. Kinder werden nicht geschändet, sondern vergewaltigt, mißbraucht, gefoltert, pornographisch ausgebeutet. Die Dinge beim Namen zu nennen und darauf zu bestehen, daß falsche Wörter nicht mehr benutzt werden, ist ein erster Schritt, falsche Vorstellungen zu korrigieren und richtige Maßnahmen zu ergreifen – zum Schutze der Kinder. Dazu gehört, einer Anregung Ursula Enders (Zartbitter Köln) folgend, nicht mehr von Kinderprostitution zu sprechen, sondern von Prostitution an Kindern, nicht mehr von Kinderpornographie, sondern von Pornographie mit Kindern, nicht mehr von Pädophilen, sondern von Pädosexuellen, um den Blick auf das zu richten, was mit den Kindern geschieht. Monika Gerstendörfer wiederum schlägt vor, im Falle von Pornographie mit Kindern gar nicht mehr von Pornographie zu sprechen, weil es nicht pornographisch sein kann, Kinder sexuell zu mißhandeln.

Worum es also geht: Systeme sozialer Kontrolle zu entwickeln, die es Männern, nicht mehr erlauben, Frauen und Kinder sexuell auszubeuten: durch ihre Art, über Frauen und Kinder zu sprechen, durch ihre Art, über Frauen und Kinder zu verfügen, durch ihre Art, sich ihrer Verantwortung zu entziehen. Die Räume der Gewalt öffnen, durch eine andere Sprache, durch Solidarität, durch Kontrolle. Alles andere wäre die Fortsetzung dessen, was Gewalt gegen Frauen und Kinder möglich macht.

Projektarbeit in den von Kinderprostitutionstourismus betroffenen Ländern

So wichtig, wie es ist, international nach Lösungen zu suchen, die dazu geeignet sind, Kinderprostitutionstourismus gesellschaftlich unmöglich zu machen, so wichtig ist es, den betroffenen Kindern/Jugendlichen vor Ort Räume und Möglichkeiten anzubieten, die es ihnen erlauben, sich zu regenerieren beziehungsweise dem Milieu zumindest zeitweilig zu entkommen. Rehabilitationsmaßnahmen für Kinderprostituierte sind vordringlich, daneben wird es jedoch zunehmend auch darum gehen, Projekte zu entwickeln, die den (potentiellen) Kinderprostituierten eine Perspektive außerhalb der Prostitution bieten. Das Kinderhilfswerk *terre des hommes* zum Beispiel hat in den vergangenen Jahre einige Projekte initiiert oder unterstützt, die diesem Ziel zuarbeiten.

Thailand

In Thailand bietet das Projekt *ECONORTH* gefährdeten Mädchen aus den armen Regionen des Nordens die Möglichkeit, ihre Schulzeit zu verlängern und gegebenenfalls eine Ausbildung zu absolvieren. »Die Mädchen aus armen und damit besonders prostitutionsgefährdeten Familien erhalten nach Abschluß der sechsjährigen Schulpflicht – in der Regel sind sie dann zwölf Jahre alt – ein Stipendium, das ihnen den weiteren Schulbesuch ermöglicht. So haben sie eine Alternative zur Abwanderung in die Bars und Bordelle der Städte.«[739]

In diesem Projekt findet sich die Forderung nach Bildung für Mädchen in beispielhafter Weise verknüpft mit dem Versuch, eine Abwanderung in den Süden beziehungsweise in die Prostitution zu verhindern. Um so älter die Mädchen werden und um so besser sie ausgebildet sind, um so größer ist die Chance, daß sie nicht in die Prostitution gezwungen werden – weder von ihren Eltern noch von der Armut. »Mit einem Beitrag von 2 000 Baht jährlich, das sind zirka 134 Mark, können die Mädchen die Schulgebühren,

Kleidung und Ernährung finanzieren.«[740] Die Zahl der Mädchen, die ihre Dörfer verließen oder verlassen mußten, um als Prostituierte zu arbeiten, ist seit Beginn des Projekts um 70 Prozent zurückgegangen.[741]

Philippinen

Amihan Abueva, die Präsidentin der philippinischen Kinderschutzorganisation *SALINLAHI,* weiß über die Probleme, die der Kampf der Kinder in den betroffenen Ländern mit sich bringt.[742] »Zunächst bieten wir den Kinder Zuflucht und direkte Überlebenshilfe. Dann versuchen wir aufgrund unserer praktischen Erfahrungen aus der Basisarbeit mit den Kindern Aktivitäten, Bildungskampagnen und bedürfnisorientierte Programme zu entwickeln. Ein weiterer Bereich ist die Öffentlichkeitsarbeit, mit der wir die Eltern auf die Gefahren der Kinderprostitution aufmerksam machen.«[743] Da die Kinderschutzorganisation *SALINLAHI* über bessere finanzielle Mittel verfügt, kann sie – über die betroffenen Kinder hinaus – auch die Öffentlichkeit und vor allem die Eltern in ihre Arbeit einbeziehen. Die kleineren Projekte werden unter anderem von *terre des hommes* und der *Caritas* unterstützt, die größeren von *US-AID,* doch ziehen die philippinischen Projektträger es vor, mit den kleineren Hilfswerken zu kooperieren, weil diese ihnen eine größere Autonomie gewähren.[744]

Als Beispiel für eine gelungene Kinderarbeit nennt Amihan Abueva das Projekt *Bahay Tuluyan* (auf deutsch: Das Haus, in das man gehen kann), das sich insbesondere an Straßenkinder wendet. »Ursprünglich war es im Projekt nicht vorgesehen, die Kinder zu beherbergen oder ihnen Mahlzeiten zu verteilen ... Doch unterdessen verbringen die Kinder immer mehr Zeit im Zentrum; einige von ihnen haben sogar aufgehört, nachts auszugehen. Das ist ja gut, denn so gehen sie zumindest in der Nacht nicht mehr der Prostitution nach ... Wir mußten also den Schwerpunkt unserer Arbeit verlagern: Heute geht es also vermehrt darum, für die Kinder neue Arbeitsmöglichkeiten zu schaffen.«[745]

Darüber hinaus unterstützt *terre des hommes* ein Schutzzentrum für Kinder in Manila. »Im Zentrum von *Bahay Tuluyan* können Straßenkinder übernachten und sich Rat und Hilfe holen, bekommen etwas zu essen und werden versorgt, wenn sie krank sind. Die Mitarbeiterinnen und Mitarbeiter unterstützen die Kinder, wenn es darum geht, einen Platz in der Schule zu suchen oder die Familie ausfindig zu machen.«[746]

Chile

Ein ähnliches Projekt findet sich auch in Chile. Dort bietet *CERSO,* das Zentrum für psychosoziale Studien und Rehabilitation, Straßenkindern beziehungsweise (sexuell) mißhandelten Kindern ein neues Zuhause. »Das Heim in Lomas Colorada liegt auf einem Hügel und besteht aus sieben kleinen Holzhäuschen, in denen jeweils etwa acht Mädchen ihre ›neue Familie‹ gegründet haben. Sie besuchen die örtliche Schule, wo sie manchmal mit Diskriminierung zu kämpfen haben – aber die Gemeinschaft stärkt.«[747] Die Mitarbeiterinnen und Mitarbeiter von *CERSO* sind jedoch auch als Streetworker unterwegs, um insbesondere denen zu helfen, die in Gefahr stehen, drogensüchtig, kriminell oder in die Prostitution gezwungen zu werden.

Indien

In Indien wiederum gibt es *PERENA,* ein Projekt für die Kinder von Prostituierten in Kamathipura, dem größten Rotlichtviertel Bombays. Dort arbeiten 10 000 Frauen; 30 000 Kinder leben mit ihnen. »Wenige Straßen entfernt liegt ein altes Schulgebäude mit einem schattigen Innenhof ... Hier schlafen jede Nacht über 100 Kinder, deren Mütter als Prostituierte arbeiten. Am späten Nachmittag bringen die ersten Frauen ihre jüngeren Töchter und Söhne ins Zentrum. Die Älteren kommen bei Einbruch der Dunkelheit und meist allein. Alle Kinder und Jugendlichen essen gemeinsam im Zentrum zu Abend ... Am Morgen verlassen die Kinder wieder das Zentrum, um in die Schule, den Kindergarten oder die Krabbelgruppe zu gehen. Anschließend werden sie von ihren Müttern abgeholt oder gehen direkt nach Hause, in eines der Bordelle von Kamathipura.«[748]

PERENA hat sich jedoch nicht nur den Kindern der Prostituierten verschrieben, sondern arbeitet auch mit den Frauen selbst. »Unser wichtigstes Ziel ist, zusammen mit den Frauen Wege zu finden, wie sie die Verantwortung für sich und ihre Kinder übernehmen und das auch durchhalten können«, erklärt eine Mitarbeiterin das Anliegen des Zentrums.[749]

Sexuelle Gewalterfahrung haben viele der Kinder, die im Zentrum von *PERENA* übernachten. »Körperliche und sexuelle Gewalt bestimmen das Leben in den Straßen, und die Kinder nehmen ihre Umgebung deutlich wahr, auch wenn sie selbst keine direkte Gewalt erleiden müssen.«[750]

Brasilien

»Wir können den Mädchen keine wirkliche Alternative bieten«, so die Mitbegründerin des *Casa de Passagem,* einem Übergangsheim für Mädchen in Recife im Norden Brasiliens. »Wir haben keine Möglichkeit, ihnen Arbeit, ein eigenes Dach über dem Kopf oder eine gründliche Ausbildung zu verschaffen. Wir sprechen sehr offen darüber, die Mädchen wissen selber gut Bescheid. Wir können lediglich das Selbstbewußtsein der Mädchen stärken, ihnen zeigen, daß es Alternativen gibt, und sei es nur zwischen der Straße und unserem Haus. Sie können selber entscheiden. So lernen sie, daß sie letztlich die Macht haben, die sozialen Normen in Frage zu stellen. Vielleicht werden so eines Tages auch gesellschaftliche Veränderungen möglich.«[751]

Indem das *Casa de Passagem* den Mädchen Essen und Respekt bietet, lernen diese zugleich, »für ihren Körper zu sorgen, ihn zu respektieren und gern zu haben«[752], ein für sexuell mißhandelte Mädchen vermutlich unschätzbares Körpergefühl. Die jüngsten Mädchen im *Casa* sind sechs, die ältesten 20 Jahre alt; junge Frauen, die ihre Hoffnungen manchmal darauf setzen, schwanger zu werden, um mit ihrem Kind ein besseres Leben zu führen. Andere haben lebensgefährliche Abtreibungen hinter sich, Vergewaltigungen in Polizeigewahrsam, Jahre auf der Straße. »Am härtesten sind die Kinder betroffen, die sich allein durchschlagen müssen. Sie tun alles, stehlen und prostituieren sich. Sie bezahlen mit ihrer Kindheit, ihrer Gesundheit, ihrem Körper und oft mit ihrem Leben.«[753] Das *Casa de Passagem* soll ihnen ein Übergangsheim sein, ein Übergang zum Himmel, »nicht morgen, sondern jetzt«[754]. Das Projekt erhält staatlicherseits nur eine geringe Unterstützung (1991: zehn Prozent der Betriebskosten), es lebt daher vor allem von Spenden und »indem wir dasselbe machen wie die Regierung: wir kürzen die Löhne«[755].

Fazit

Projekte wie die hier beschriebenen sind überlebensnotwendige Hilfen für Kinderprostituierte beziehungsweise für die von Prostitution bedrohten Mädchen und – vor allem in Sri Lanka – Jungen. Ihre Konzepte basieren im wesentlichen aus den in den »Mutter-Kind«- und »Straßenkinder«-Projekten bereits seit Jahren gewonnenen Erfahrungen, doch benötigen sie darüber hinaus spezifische, auf die Lebensbedingungen und Verletzungen (potentieller) Kinderprostituierte abgestimmte Inhalte und Maßnahmen, wobei zugleich auch auf eine politische Partizipation der betroffenen Kinder hinzuarbeiten wäre. Es gibt frühe Projekte zum Beispiel in Nicaragua, wo die Sandinisten mit Prostituierten des Somoza-Regimes eine Frauenkooperative gründeten, die diesen eine Perspektive aus der Prostitution eröffnen sollte.[756] In Kolumbien arbeiten Ordensfrauen der *Religiosas Adoratrices* im Stadtteil Barrio 20 de Julio in Bogotá an dem gleichen Ziel, wobei das Kloster für die weiblichen Kinderprostituierten als Zuflucht und Ausbildungsstätte genutzt werden kann.[757] Es sind, auch an anderen Orten, vor allem Frauen und Kirchen(männer)[758], die sich der Kinderprostituierten annehmen.

Wofür ich plädieren möchte: die Anzahl und Ausgestaltung opferbezogener Projekte zu stärken, und zwar nicht nur in den von Prostitutionstourismus betroffenen Ländern, sondern auch im eigenen Land. »Cafe Mimikri« und der Beratungsbus am Bahnhof Zoo in Berlin, »Papa Carlo« und »Cafe Sperrgebiet« in Hamburg, »Cafe Mäc-up« in Köln, »Cinderella« in Düsseldorf, »Hydra« und andere Huren-Selbsthilfeprojekte, um nur einige zu nennen, sie reichen nicht aus, um dem Schutzbedürfnis der wachsenden Zahl der ausländischen Frauen und Mädchen, der weiblichen Kinderprostituierten und der Stricher auch nur im entferntesten gerecht zu werden. Dabei sollte verstärkt auf Stützpunkte in Ostdeutschland geachtet werden, das sich ganz offenbar als Schwerpunktgebiet für den Ost-West-Mädchenhandel zu profilieren scheint. Last not least sollte dringend mit den osteuropäischen Frauengruppen Kontakt aufgenommen und intensiviert werden, soweit diese mit Prostituierten arbeiten oder zumindest mit dem Phänomen Prostitution befaßt sind.[759] Interessante Impulse könnten auch von einem aus der holländischen *Stichting tegen Vrouwenhandel* heraus entwickelten Trainingsworkshops ausgehen, mit denen tschechische Beraterinnen und Streetworkerinnen im Rahmen des EU-Phare-Programms für ihre Arbeit mit Prostituierten ausgebildet werden.[760] Letztendlich wird es vor allem darum gehen, das aus der Kampagne resultierende Wissen zu verbreitern, zu vertiefen und widerstandsfähig zu machen.

Was aber vor allen Dingen Not tut, ist die Ent-Solidarisierung von den Tätern. Männer, die Kinder sexuell mißhandeln, dürfen nicht länger mit unserer Solidarität rechnen – indem wir schweigen oder nicht wahrhaben wollen, Verständnis zeigen oder Desinteresse, indem wir ihnen glauben, wenn sie behaupten, es sei eigentlich gar nichts gewesen, oder unsere Empörung nach innen lenken, gegen uns selbst. Männer, die Kinder sexuell mißhandeln, sollen wissen, daß sie ein Verbrechen begehen, ein Verbrechen, für daß sie die Verantwortung zu tragen haben – persönlich, gesellschaftlich und nicht zuletzt auch gegenüber den Kindern.

Der Kampf gegen Prostitution mit Kindern wird sich nicht zuletzt auch daran entscheiden, inwieweit sich die Frauen, die Gesellschaft, die Öffentlichkeit nicht mehr scheuen, für etwas, das sie zweifellos ablehnen, offen einzutreten: im privaten ebenso wie im politischen, im Urlaub ebenso wie im Büro, durch Ablehnung ebenso wie durch Auseinandersetzung. Männer, die Kinder sexuell mißhandeln – in der Familie, auf den Strich, im Urlaub –, müssen sich fragen lassen, was sie eigentlich dazu treibt. Wir sind unserer philippinischen Mitstreiterin noch eine Antwort schuldig.

Der Weltkongreß gegen kommerzielle sexuelle Ausbeutung von Kindern – und die Folgen

„Diese moderne Form der Sklaverei muß gestoppt werden.“

Königin Silvia von Schweden in ihrer Rede auf dem Stockholmer Weltkongreß

Der Stockholmer Kongreß

Vom 27. bis 31. August 1996 fand in Stockholm auf Initiative der internationalen Kampagne gegen Kinderprostitutionstourismus ein »Weltkongreß gegen kommerzielle sexuelle Ausbeutung von Kindern« statt, der als »internationale Antwort auf eine unmenschliche Wachstumsindustrie« gedacht war.[761] Tatsächlich gelang es den InitiatorInnen der Veranstaltung nicht nur, eine große Zahl nationaler Regierungen und Kinderrechtsorganisationen zu diesem Kongreß zu bewegen, sondern darüber hinaus auch alle für Kinder relevanten Institutionen der internationalen Staatengemeinschaft: den United Nations Childrens Fund (UNICEF), den Hochkommissar für Menschenrechte, die Internationale Arbeitsorganisation (ILO), die Weltgesundheitsorganisation (WHO), die UN-Organisation für Erziehung, Wissenschaft und Kultur (UNESCO), den Hochkommissar für Flüchtlingsfragen (UNHCR), die Internationale Polizei (INTERPOL) und andere mehr.

Der Kongreß, der als »offenes Forum« konzipiert worden war, um möglichst vielen Delegierten und Staaten die Möglichkeit zu geben, das Wort zu ergreifen, konzentrierte sich vor allem auf drei Bereiche: Kinderprostitution, Handel und Verkauf von Kindern zu diesem Zwecke sowie Kinderpornographie. Um diese Bereiche der Ausbeutung von Kindern systematischer erfassen zu können, befaßte sich der Kongreß mit folgenden Themen: sexuelle Ausbeutung, Kinder in der Pornoindustrie, Tourismus und sexuelle Ausbeutung, Gesundheit, Rechtsreform und Rechtsvollzug, Prävention und psychosoziale Rehabilitation, Erziehung, Medien und – last not least – Menschenrechte.[762] Dabei orientierte sich die Diskussion im wesentlichen an der UN-Kinderrechtskonvention, mit deren Ratifizierung sich die nationalen Regierungen – so auch die Bundesregierung – verpflichtet haben, Kinder vor sexueller Ausbeutung zu schützen, und zwar

– vor »jeder Form körperlicher oder geistiger Gewaltanwendung, Schadenszufügung oder Mißhandlung einschließlich des sexuellen Mißbrauchs« durch die eigenen Eltern oder andere Familien-

angehörige, eines Vormunds oder anderen gesetzlichen Vertreters oder einer anderen Person, die das Kind betreut (Art. 19);
- vor »wirtschaftlicher Ausbeutung und vor der Heranziehung zu einer Arbeit, die Gefahren mit sich bringt und die Erziehung des Kindes behindert oder die Gesundheit des Kindes oder seine körperliche, geistige, seelische, sittliche oder soziale Entwicklung schädigen könnte« (Art. 32);
- vor der »Beteiligung an rechtswidrigen sexuellen Handlungen, zu denen sie verleitet oder gezwungen werden, vor der Ausbeutung für die Prostitution und anderen rechtswidrigen Praktiken, vor der Ausbeutung durch pornographische Darbietungen und Darstellungen« (Art. 34) sowie
- vor dem »Verkauf von Kindern sowie dem Handel mit Kindern zu irgendeinem Zweck und in irgendeiner Form« (Art. 35).[763]

Die drei Formen sexualisierter Gewalt gegen Kinder, mit denen sich der Kongreß insbesondere befaßte, werden in dcn einschlägigen Dokumenten der Vereinten Nationen wie folgt definiert:

1. Kinderprostitution: »Kinderprostitution ist das Handeln und Anbieten von Diensten eines Kindes zu sexuellen Handlungen für Geld oder andere Gegenleistungen mit dieser Person oder einer anderen Person.«[764]

2. Handel und Verkauf von Kindern zum sexuellen Mißbrauch, sowohl grenzübergreifend als auch innerstaatlich: Die Zusatzkonvention von 1956 über die Abschaffung der Sklaverei, den Sklavenhandel und die Institutionen, die sich mit Sklaverei beschäftigen, definiert den Handel und Verkauf von Kindern als »den Transfer eines Kindes von einem Ort zu einem anderen zu welchem Zweck auch immer, im Austausch mit finanzieller oder anderer Kompensation«[765].

3. Kinderpornographie: Kinderpornographie materialisiert sich in »der visuellen Abbildung eines Kindes, das an einer sexuellen Handlung mitwirkt, real oder simuliert, oder der unzüchtigen Darstellung der Genitalien zur sexuellen Befriedigung des Benutzers, und beinhaltet die Produktion, Verteilung und/oder den Gebrauch solchen Materials«[766].

Im Deklarationsentwurf zum ersten »Weltkongreß gegen kommerzielle sexuelle Ausbeutung von Kindern« betonen die InitiatorInnen, daß es in erster Linie die Staaten dieser Welt seien, die in der

Pflicht stünden, ihre Kinder vor sexualisierter Ausbeutung zu schützen. Und sie versäumen auch nicht, darauf hinzuweisen, daß viele Länder zwar über Gesetze, politische Ansichten und Programme verfügten, die sich gegen die sexuelle Ausbeutung von Kindern richteten, daß aber vor allem politischer Wille, eine effektive Umsetzung und die entsprechende Zuteilung von Mitteln benötigt würden, um Geist und Buchstaben dieser Gesetze wirksam werden zu lassen.[767] Die nachfolgende Verpflichtung faßt die Ziele des Kongresses zusammen:

»Der Weltkongreß wiederholt seine Verpflichtung gegenüber den Rechten des Kindes im Bewußtsein der Konvention über die Rechte des Kindes und ruft alle Staaten zur Kooperation mit nationalen und internationalen Organisationen und der Gesellschaft auf:

- hohe Übereinstimmung in bezug auf Aktionen gegen kommerzielle sexuelle Ausbeutung von Kindern herzustellen und adäquate Mittel für diese Absicht bereitzustellen;
- stärkere Zusammenarbeit zwischen den Staaten und allen Sektoren der Gesellschaft zu unterstützen, um Kinder vor dem Einstieg in den Sexhandel[768] zu bewahren und die Rolle der Familien zum Schutz vor kommerzieller sexueller Ausbeutung von Kindern zu stärken;
- die kommerzielle sexuelle Ausbeutung von Kindern ebenso wie andere Formen der sexuellen Ausbeutung von Kindern zu kriminalisieren und alle Täter zu verurteilen und zu bestrafen, egal ob sie Einheimische oder Ausländer sind, und sicherzustellen, daß kindliche Opfer dieser Taten nicht bestraft werden;
- Gesetze, Politik, Programme und Praktiken zur Beendigung von kommerzieller Ausbeutung von Kindern zu überprüfen und zu verändern, wo es notwendig ist;
- Gesetze, Politik und Programme zum Schutz von Kindern vor kommerzieller sexueller Ausbeutung durchzusetzen und die Kommunikation und Kooperation zwischen Ermittlungsbehörden zu stärken;
- Gesetze, Politik und Programme, die durch relevante regionale, nationale oder lokale Mechanismen unterstützt werden, zu übernehmen, zu implementieren und zu verbreiten;
- umfassende geschlechtsspezifische Pläne und Programme zur Vorbeugung kommerzieller sexueller Ausbeutung von Kindern zu entwickeln und zu unterstützen sowie die Opfer zu schützen, ihnen zu helfen und ihnen die Wiederherstellung und Reintegration in die Gesellschaft zu erleichtern;
- durch Bildung, gesellschaftliche Mobilisierung und Entwicklungsaktivitäten ein Klima zu schaffen, daß Eltern und andere rechtlich Verantwortliche absichert und sie in die Lage versetzt, ihre Rechte, Pflichten und Verantwortlichkeiten wahrzunehmen und Kinder vor kommerzieller sexueller Ausbeutung zu schützen;

– politische und andere Partner, nationale und internationale Zusammenschlüsse, zwischenstaatliche Organisationen und NRO (Nicht-Regierungsorganisationen; G.W.) zu mobilisieren, um Ländern bei der Beendigung von kommerzieller sexueller Ausbeutung von Kindern behilflich zu sein; und
– die Rolle der öffentlichen Beteiligung – eingeschlossen der von Kindern – in der Vorbeugung und Beendigung von kommerzieller sexueller Ausbeutung von Kindern zu verbessern.«[769]

Wie aber hat sie reagiert, die Politik, und wie wurde der in Stockholm verabschiedete »Aktionsplan gegen die kommerzielle sexuelle Ausbeutung von Kindern« (Anhang) in den politischen Gremien der Bundesrepublik Deutschland aufgenommen, wie in die Tat umgesetzt?

Reaktionen auf den Stockholmer Kongreß

Die folgenden Ausführungen basieren auf einer Anfrage, mit der ich die Fraktionen des Deutschen Bundestages und die Ministerien der Justiz sowie für Familien, Senioren, Frauen und Jugend (BMFSFJ) um Auskunft darüber bat, was sie getan haben, um die Ergebnisse und Forderungen des Stockholmer Kongresses politisch umzusetzen.

Die Fraktionen im Deutschen Bundestag

Interfraktionelle Anträge

Aus Anlaß des Weltkongresses gegen kommerzielle sexuelle Ausbeutung von Kindern reichten die Fraktionen der CDU/CSU, SPD, Bündnis 90/Die Grünen und F.D.P. am 26. Juni 1996 einen gemeinsamen Antrag ein, in dem der Deutsche Bundestag unter anderem dazu aufforderte, im nationalen wie internationalen Kontext

- »den Kampf gegen jede Form der Ausbeutung von Kindern zum wichtigen Bestandteil der Menschenrechtspolitik zu machen«;
- »Sextourismus als übelste Form der modernen Sklaverei weltweit zu bekämpfen und in diesem Zusammenhang Gesetze wie das deutsche Strafrecht zur Bestrafung auch im Ausland begangener Straftaten wirksam umzusetzen (zum Beispiel durch Verbesserung der internationalen Zusammenarbeit im Polizeibereich)«;
- »Aufklärungs- und Präventionsprojekte über die kommerzielle sexuelle Ausbeutung zu initiieren, die psychische und physische Rehabilitation und gesellschaftliche Integration mißbrauchter Kinder zu fördern« sowie
- »geltendes materielles und prozessuales Recht zu verbessern, wie zum Beispiel im Bereich der Ermittlung in Datennetzen oder des Opferschutzes in Strafverfahren«.[770]

Anträge der Regierungskoalition

Die Koalitionsfraktionen CDU/CSU und F.D.P. brachten am 12. November 1997 einen Entschließungsantrag zum Entwurf eines Gesetzes zur Bekämpfung von Sexualdelikten und anderen gefährlichen Straftaten ein, der »die schweren Verbrechen der letzten Zeit« zum Anlaß nahm, um »die geltenden Schutzmaßnahmen auf ihre Wirksamkeit zu überprüfen«.[771] Darin werden zunächst jene Maßnahmen im Bereich der Prävention, der Strafverfolgung und des Opferschutzes gewürdigt, die zwischenzeitlich von der Bundesregierung eingeleitet oder verbessert wurden, unter anderem

- »die Erhöhung des Strafrahmens beim Tatbestand der Herstellung und Verbreitung sowie die Strafbarkeit des Besitzes kinderpornographischer Darstellungen,
- die Strafbarkeit des sexuellen Mißbrauchs von Kindern durch Deutsche im Ausland, auch wenn die Tat dort nicht strafbewehrt ist,
- die Verschiebung des Beginns der strafrechtlichen Verfolgungsverjährung für bestimmte Sexualdelikte bis zum 18. Lebensjahr des Opfers;
- die Kampagne der Bundesregierung ›Keine Gewalt gegen Kinder‹,
- die Strafbarkeit der Verbreitung von Pornographie in den neuen Medien.«[772]

Die Koalitionspartner begrüßen ausdrücklich die vom Bundesjustizminister eingebrachten Entwürfe des Gesetzes zur Bekämpfung von Sexualdelikten und des Sechsten Gesetzes zur Reform des Strafrechts. Der Schutz von Kindern vor sexueller Gewalt hänge jedoch vorrangig von Maßnahmen der Prävention ab. In diesem Zusammenhang wird auch auf eine Dunkelfeldstudie des Kriminologischen Forschungsinstituts Niedersachsen e.V. hingewiesen, nach der sexuelle Gewalthandlungen in den weitaus meisten Fällen im engen sozialen Umfeld des Opfers (Väter, Onkel, Nachbarn ...) begangen werden.[773]

Im Entschließungsantrag der CDU/CSU und F.D.P. wird darüber hinaus auf das im Juli 1997 vorgelegte »Arbeitsprogramm gegen Kindesmißbrauch, Kinderpornographie und Sextourismus« verwiesen, auf das an anderer Stelle (BMFSFJ) näher eingegangen werden soll. Die Bundesregierung wird in diesem Zusammenhang aufgefordert, das von Bundesfamilienministerin Claudia Nolte (CDU) initiierte Arbeitsprogramm »konsequent fortzuführen«. Die Bundesländer werden aufgefordert, den Präventionsbereich auszubauen und insbesondere »die Probleme der sexuellen Gewalt gegen Kinder in die Aus- und Fortbildung für Pädagogen, Ärzte, Richter, Staatsanwälte, Gutachter und Polizei deutlicher einzubeziehen«[774].

Anträge der Opposition (alphabetische Reihenfolge)

Bündnis 90/Die Grünen

Im Vorfeld des Stockholmer Kongresses legte die Bundestagsfraktion Bündnis 90/Die Grünen einen parlamentarischen Antrag vor, der zu »Maßnahmen zur wirksameren Verfolgung der sexuellen Ausbeutung von Kindern durch Deutsche im Ausland« auffordert, die den Schutz der Kinder ebenso wie die Strafverfolgung der Täter verbessern und sichern sollen.[775]

Die Vorsitzende der Kinderkommission, Rita Grießhaber (Bündnis 90/Die Grünen), brachte das damit zur Entscheidung stehende Problem mit der schlichten Frage auf den Punkt: »Wie gehen wir mit unseren Kinder um, und was sind sie uns wirklich wert?«[776]

Im einzelnen wird die Bundesregierung aufgefordert:

1. »unverzüglich Verhandlungen mit den Regierungen der Länder, die als Hauptziel des sogenannten Kindersextourismus bekannt sind, zum Abschluß von multilateralen oder bilateralen Übereinkommen zur Verbesserung der Rechtshilfebeziehungen aufzunehmen und diese alsbald abzuschließen. Wichtiges Ziel dieser Übereinkommen muß es sein, für die Fälle von sexueller Ausbeutung von Kindern eine effektive und rechtsstaatskonforme Verfolgung der Täter in der Bundesrepublik Deutschland zu ermöglichen ...;
2. in denjenigen Ländern, in denen nach Erkenntnis der einschlägig befaßten Stellen und Organisationen von deutschen Touristen Straftaten im Bereich der sexuellen Ausbeutung von Kindern begangen werden, in Kooperation mit den dortigen staatlichen Stellen und Ermittlungsbehörden speziell ausgebildete Fahnder zur Unterstützung der Aufklärung, Beweissicherung und Strafverfolgung einzusetzen;
3. im Zusammenwirken mit den Justizbehörden der oben genannten Reiseländer, mit den Reiseveranstaltern und mit deutschen und internationalen Nicht-Regierungsorganisationen (NRO), die in diesem Bereich arbeiten, eine intensive Präventionsarbeit zur Verhinderung künftiger Straftaten im Deliktbereich der sexuellen Ausbeutung und des Mißbrauchs von Kindern zu leisten;
4. darauf hinzuwirken, daß die genannten Länder der UN-Kinderkonvention beitreten beziehungsweise sie ratifizieren ... (und) auf Einhaltung und Durchsetzung der Ziele und Vorgaben der Konvention zu drängen;
5. im Rahmen der Entwicklungszusammenarbeit und der wirtschaftlichen Zusammenarbeit gemeinsam mit deutschen und internationalen NRO, die in diesem Bereich arbeiten, Programme in den oben genannten Reiseländern zu planen und durchzuführen, die Rehabilitationsmaßnahmen für medizinische und psychosoziale Betreuung, Schul- und Arbeitsplatzangebote für Kinderprostituierte umfassen, sowie den Aufbau eines staatlich finanzierten Grundschulsystems zu fördern, damit auch Kinder aus ärm-

sten Familien eine Grundschul- und Berufsausbildung erhalten können...«[777]

Im Hinblick auf die Ziele der internationalen Kampagne gegen Kinderprostitutionstourismus wird die Bundesregierung aufgefordert, in künftigen Übereinkommen »Maßnahmen zur Verbesserung der Rechtshilfe zu verankern, die die Zusammenarbeit der Justizbehörden im Bereich der kommerziellen sexuellen Ausbeutung von Kindern verbindlich gestalten. Die Zusammenarbeit sollte sich dabei insbesondere auf Unterstützungsmaßnahmen beziehen, die insbesondere die bürokratischen Wege verkürzen, Beweise sichern und gleichzeitig gewährleisten, daß mutmaßliche Täter aufgrund der Abkommen vor Ort nicht einem menschenrechtswidrigen Verfahren ausgesetzt werden«[778].

In der Begründung wird der Bundesregierung vorgehalten, daß sie bisher nichts getan hätte, um die Neufassung des § 5 Nr. 8 StGB effektiv umzusetzen. Weder sei die Zusammenarbeit mit den Gerichten der betroffenen Länder verbessert noch die deutsche Polizei vor Ort selbst tätig geworden, so daß im Falle deutscher Täter bisher auch nicht von einer systematischen Verfolgung, sondern lediglich von zufälligen Ermittlungen gesprochen werden könne. Die kommerzielle sexuelle Ausbeutung von Kindern würde daher von den Tatbeteiligten nach wie vor nicht als Unrecht angesehen.

»Daher ist eine wirksame Präventionsarbeit zur Verhinderung von Straftaten im Deliktbereich der kommerziellen sexuellen Ausbeutung von Kindern mindestens ebenso wichtig wie die konsequente Strafverfolgung. Eine solche Präventionsarbeit muß insbesondere über die Ursachen und Auswirkungen von Sexualdelikten an Kindern aufklären und sich nicht nur an die Strafverfolgungsbehörden vor Ort, sondern auch an sämtliche Reiseveranstalter und über diese an deren Kunden werden.«[779]

In der parlamentarischen Debatte zeigten sich die Rednerinnen und Redner – noch unter dem Eindruck des Sexualverbrechens an der kleinen Natalie Astner – weitgehend einig darin, daß der Schutz von Kindern vor sexualisierter Gewalt sowohl durch das Strafrecht als auch durch Verbesserungen im Bereich der Prävention und Therapie erhöht werden müsse. Der von der Fraktion Bündnis 90/Die Grünen eingereichte Antrag wurde wohlwollend erörtert, fand jedoch in der parlamentarischen Abstimmung keine politische Mehrheit.

Dem Antrag zur wirksameren Verfolgung der sexuellen Ausbeutung von Kindern folgte – nach Stockholm – der Antrag »Den Schutz von Kindern vor sexualisierter Gewalt verbessern«. Mit diesem Antrag legte Bündnis 90/Die Grünen ein weitreichendes Konzept zum Schutz von Kindern vor sexualisierter Gewalt vor, das – statt auf Strafverschärfung – vorrangig auf Intervention, Prävention und Opferschutz setzt.[780]

»Kinder«, so heißt es in der Beschlußfassung dieses Antrags, »sind in besonderem Maße darauf angewiesen, daß Staat und Gesellschaft alle Möglichkeiten ausschöpfen, um ihnen ein Aufwachsen in Geborgenheit und Sicherheit zu gewährleisten. Die psychischen und physischen Folgen sexualisierter Gewalt sind für Kinder verheerend und haben Auswirkungen auf ihr gesamtes weiteres Leben.«[781]

Längere Haftzeiten, argumentiert Bündnis 90/Die Grünen im Bundestag, erhöhten den Schutz von Kindern nur bedingt, zumal das Therapieangebot im Straf- und Maßregelvollzug nach wie vor völlig unzureichend sei. Effektiver Kinder- und Jugendschutz sei vorrangig eine gesellschaftliche und pädagogische Aufgabe. »Der Schutz von Kindern vor sexualisierter Gewalt muß an vielen Stellen ansetzen und kann nur geboten werden, wenn eine genaue Analyse der Situation stattfindet. Sexueller Mißbrauch im sozialen Nahbereich (Familie, Verwandtschaft, Nachbarn) verlangt andere Schutzmaßnahmen als sexueller Mißbrauch durch sogenannte Fremdtäter.«[782]

Prävention müsse an den Bedingungen für das Entstehen von Gewalt ansetzen. Deshalb gehöre auch das herrschende Konzept von Weiblichkeit und Männlichkeit hinterfragt. Neue Rollenbilder müßten entwickelt und gestärkt werden. »Dazu gehört wesentlich Aufklärungs- und Öffentlichkeitsarbeit, die das Recht von Mädchen und Jungen auf Selbstbestimmung zum Thema hat. Die Verantwortlichkeit der Täter muß klar benannt werden.«[783]

Mit dieser Analyse und Zielsetzung betritt die Bundestagsfraktion von Bündnis 90/Die Grünen tatsächlich parlamentarisches Neuland, auch wenn der darin zum Ausdruck gebrachte Erkenntnisstand, wie frau schnell erkannt hat, lediglich Einsichten referiert, die in der feministischen Frauenbewegung und Mädchenarbeit seit Jahr und Tag zur Allgemeinbildung gehören. Ein auf die Selbstbestimmung des Kindes rekurrierender Präventionsbegriff geht jedoch weit über das hinaus, was bisher als politischer Konsens im Bundestag vertreten wurde, beinhaltet er doch »das Recht auf eine gewaltfreie Erziehung ebenso wie den Anspruch auf eine eigene Vertretung vor Gericht, wenn es erforderlich ist, aber auch Beteiligungsrechte im unmittelbaren Lebensumfeld«. Eine so verstandene Prävention könne aber nur greifen, »wenn Kinder in allen Bereichen ihres Lebens als eigenständige Persönlichkeiten mit eigenen Rechten wahrgenommen werden.«[784]

Zur Sicherstellung des Schutzes von Kindern vor sexualisierter Gewalt werden folgende Bereiche besonders hervorgehoben:

1. Prävention und Opferbetreuung
– zum Beispiel durch eine Aufnahme des Rechts des Kindes auf gewaltfreie Erziehung in das Bürgerliche Gesetzbuch (BGB)
2. Kinderschutz im Ermittlungs- und Strafverfahren
a) Einrichtung einer Bund-Länder-Arbeitsgruppe »schutzbedürftige Zeugen«
b) Änderung des Strafprozeß- und Gerichtsverfassungsrechts
– zum Beispiel, indem bereits die erste Vernehmung des Kindes als richterliche geführt, bild- und tontechnisch aufgezeichnet und an Stelle einer weiteren persönlichen Vernehmung des Kindes in der Hauptverhandlung eingeführt werden
– und über die Prozeßkostenhilfe hinaus ein Opferanwalt eingeführt wird in Verfahren wegen des Verdachts auf schwerwiegende Straftaten gegen das sexuelle Selbstbestimmungsrecht sowie für Opfer eines versuchten Tötungsdelikts und die Angehörigen von Ermordeten
3. Änderung des materiellen Strafrechts
– zum Beispiel durch die Aufnahme des Verbrechenstatbestands des besonders schweren Falles des sexuellen Mißbrauchs in das Strafgesetzbuch, der nach § 176a StGB – neu – immer da vorläge, wenn
– »der Täter mit dem Kind den Beischlaf vollzieht oder sexuelle Handlungen an ihm vornimmt, die mit einem Eindringen in den Körper verbunden sind,
– der Täter das Kind bei der Tat schwer mißhandelt oder es durch die Tat in die Gefahr des Todes oder einer schweren Gesundheitsschädigung bringt,
– die Tat gemeinschaftlich begangen wird,
– die Tat fortgesetzt begangen wird.«[785]
4. Strafvollzug und Maßregeln
– zum Beispiel, indem der siebte Titel des StVollzG (Gesundheitsfürsorge) dahingehend ergänzt wird, »daß die in § 56 StVollzG festgeschriebene Verpflichtung der Anstalt, für die körperliche und geistige Gesundheit zu sorgen, ergänzt wird durch die Verpflichtung, ein ausreichendes und qualifiziertes Therapieangebot bereitzustellen. Die Möglichkeiten der ambulanten Nachbetreuung sind zu verbessern.«[786]

Das Problem »sexualisierte Gewalt gegen Kinder« bildet in 13. Legislaturperiode einen thematischen Schwerpunkt der Arbeit der Bundestagsfraktion Bündnis 90/Die Grünen. In einer ihrer Veröffentlichungen zieht sie daher folgendes Fazit: »Wir brauchen ein Bewußtsein dafür, daß Kinder nicht ›Sachen‹ sind, über die Erwachsene beliebig verfügen können. Wir tragen mit die Verantwortung dafür, daß sie in einer Gesellschaft leben, die Kindern Rechte zugesteht und die ihre Würde respektiert. Diese Verantwortung reicht weit über das Strafrecht hinaus.«[787]

Bleibt hinzuzufügen, daß auch dieser Antrag keine Mehrheit im Bundestag erhielt.

Von einer Politik der Strafverschärfung distanzierte sich die Bundestagsfraktion Bündnis 90/Die Grünen stets mit guten Argumenten. So forderte der rechtspolitische Sprecher der Fraktion, Volker Beck, anläßlich einer Anhörung des Rechtsausschusses zu Möglichkeiten und Strategien für einen verbesserten Schutz vor rückfälligen Sexualstraftätern am 9. Oktober 1996 von der Bundesregierung, nicht Rechte zu verschärfen, sondern die Möglichkeiten des Opferschutzes und der Therapie im Straf- und Maßregelvollzug zu verbessern, da

- die geringere Rückfallquote von Sexualstraftätern aus dem psychiatrischen Maßregelvollzug gegenüber Entlassenen aus dem Strafvollzug zeige, daß der Sicherheit der Öffentlichkeit durch eine Verstärkung der Anstrengung im Therapiebereich zu erhöhen sei;
- darüber hinaus die Praxis der Strafaussetzung zur Bewährung bei Sexualstraftätern zu überprüfen sei und eventuell bestehende Defizite auch gesetzlich beseitigt werden müßten. »Wichtig wäre hierbei etwa die Einbeziehung des Prozeßgutachters oder zumindest von externen Gutachtern«;
- die Defizite in der Psychiater- und Psychotherapeutenausbildung beseitigt werden müßten; und
- die Opfer des sexuellen Mißbrauchs durch die Zulassung der Videovernehmung im Straf- und Ermittlungsverfahren vor traumatisierenden Mehrfachvernehmungen zu schützen seien.[788]

»Wir wollen ... eine Strafrechtsreform, die den Schutz des Lebens, der körperlichen Unversehrtheit und der sexuellen Selbstbestimmung gegenüber dem Recht auf Eigentum betont und das Sanktionsrecht modernisiert. Die Harmonisierung (des Strafrechts; G.W.) muß für eine Herabsetzung der Mindest- und Höchststrafen genutzt werden ...«[789]

Der von Bundesjustizminister Schmidt-Jortzig (F.D.P.) schließlich vorgelegte Entwurf zum Sexualstrafrecht und zur Strafrechtsreform setzte demgegenüber auf umfangreiche Verschärfungen, weshalb die von ihm angestrebte Strafrechtsreform von der Bundestagsfraktion Bündnis 90/Die Grünen als »gescheitert« angesehen wurde.[790]

PDS

Im Vorfeld des Stockholmer Kongresses reichte die Gruppe der PDS eine parlamentarische Anfrage zur »Haltung der Bundesregierung zu Kinderprostitution und Prostitutionstourismus« ein, mit der insbesondere die Kooperation der Botschaften in den von Kinderprostitutionstourismus betroffenen Länder kritisch hinterfragt wurde. So wird unter anderem ein Bericht des »Handelsblatt« vom 29. Februar 1996 zitiert, der darauf aufmerksam macht, daß die Botschaften der Bundesrepublik Deutschland durch Gesetz und Konsulverordnungen gezwungen seien, »Deutsche selbst dann mit neuen Papieren auszustatten, wenn diese in asiatischen Ländern mit dem Gesetz in Konflikt kommen und die Strafverfolgungsbehörden asiatischer Länder die Pässe von Deutschen eingezogen haben«[791] Des weiteren wird Bezug genommen auf den bereits zitierten Bericht im ZDF, in dem von drei Fällen berichtet wurde, in denen deutsche Kinderprostitutionstouristen mit Hilfe der deutschen Botschaften ausreisen konnten, obwohl ihnen von seiten der einheimischen Behörden der Paß aus strafrechtlichen Gründen entzogen worden war.[792]

Die Bundesregierung bestätigt, daß das deutsche Paßgesetz eine Verweigerung des Passes oder Paßersatzes nicht zulasse: »§ 7 Abs. 4 des Paßgesetzes vom 19. April 1986 (BGBl. I S. 537) lautet: ›Ein Paß oder ein Paßersatz zur Anreise in den Geltungsbereich dieses Gesetzes darf nicht versagt werden.‹«[793]

Vom besonderer Brisanz ist in diesem Zusammenhang die Frage, welche Erfahrungen die Bundesregierung im Hinblick auf die Strafverfolgung deutscher Täter nach Änderung des Strafgesetzes (1993) gemacht habe. Sie führt hierzu aus:

»Seit 1994 wurde das Bundesministerium der Justiz in zirka zehn Fällen durch das Auswärtige Amt über Festnahmen Deutscher in Thailand, Sri Lanka, Brasilien und auf den Philippinen wegen des Verdachts des sexuellen Mißbrauchs von Kindern unterrichtet. In fünf dieser Fälle sind Ermittlungsverfahren eingeleitet worden. Ein Ermittlungsverfahren wurde mittlerweile eingestellt, weil die durchgeführten Vernehmungen der Anzeigeerstatter als Zeugen den Tatverdacht nicht bestätigt haben. Die vier anderen Ermittlungsverfahren dauern an. Zu zwei weiteren Fällen liegen dem Bundesministerium der Justiz noch keine Informationen vor...«[794]

In einer Pressemitteilung zum Stockholmer Weltkongreß unterstrichen die Abgeordneten der PDS Christina Schenk und Rosel Neuhäuser nochmals ihre Position, daß es nicht ausreiche, lediglich auf die Armut als Ursache für die Entstehung von Kinderprostitution und Kinderpornographie hinzuweisen, denn ohne Nachfrage nach »Sex mit Kindern«[795], ohne Aussicht auf Gewinne gäbe es keine sexuelle Ausbeutung von Kindern. »Solange mit der Ausbeutung von Kindern Profit gemacht werden kann, Sexualität als Ware gilt und Kinder generell nicht als Subjekte behandelt werden, sind Gesetze allein keine Lösung. Immer noch betrachten Männer Frauen und Kinder als ihr Eigentum, das sie benutzen können. Und das tun sie als Sextouristen, als Konsumenten von Kinderpornographie und als Mißbraucher in Familien.«[796]

Ebenso wie die Fraktion Bündnis 90/Die Grünen brachte auch die Gruppe der PDS einen eigenen Antrag »Zur Prävention sexualisierter Gewalt an Kindern« ein, der die Bundesregierung aufforderte, zum Schutz von Kindern unter anderem folgende Maßnahmen zu ergreifen:

- die einschlägigen Bestimmungen der UN-Kinderkonvention von 1992 in nationales Recht umzusetzen;
- eine Aufklärungskampagne gegen sexualisierte Gewalt an Kinder zu initiieren;
- die Kultusministerkonferenz dazu aufzufordern, darauf hinzuwirken, die traditionellen Geschlechterrollen aufzuheben;
- die Forschung und Ausbildung in der forensischen Psychiatrie und Psychologie auszubauen und zu intensivieren;
- die juristische Ausbildung durch Pflichtseminare über Auswirkungen und Hintergründe sexueller Gewalt zu ergänzen;
- Opfer und Täter von sexuellem Mißbrauch einen Anspruch auf Therapie zuzusprechen;
- den Opferschutz zu verbessern;
- die Rechte der Opfer im Verfahren zu erweitern;
- die Mindeststrafe für sexuellen Mißbrauch an Kindern (§ 176 StGB) auf ein Jahr zu erhöhen und
- Taten nach §§ 174 StGB (Mißbrauch von Schutzbefohlenen), 180 StGB (Förderung sexueller Handlungen Minderjähriger) und 182 StGB (sexueller Mißbrauch von Jugendlichen) in den § 78 StGB (Verjährungsfrist) einzubeziehen, damit die Verfolgungsverjährung bis zur Vollendung des 18. Lebensjahres ausgesetzt wird.[797]

»Das Signal muß ganz klar lauten: Die Gesellschaft akzeptiert sexuellen Mißbrauch an Kindern nicht!«[798]

Der Antrag der PDS fand keine Mehrheit. Die von der Koalition eingeleitete Harmonisierung des Strafrahmens beinhalte zudem lediglich Verschärfungen, die keinen wirklichen Schutz vor sexualisierter Gewalt böten.

»Ein wirklicher Schutz vor sexualisierter Gewalt«, so Christina Schenk, »ist nur durch Prävention möglich. Die verlangt jedoch nicht nach Aktionismus, sondern vor allem nach Maßnahmen zum Abbau des Machtgefälles zwischen den Geschlechtern und durch Leitbilder der Jungenerziehung, die die soziale Kompetenz und Empathie deutlich höher bewerten als gewalttätige Durchsetzungsstrategien ...«[799]

SPD

Die SPD-Bundestagsfraktion führte im Anschluß an den Stockholmer Kongreß eine öffentlichen Anhörung zum Thema »Sexuelle Gewalt gegen Kinder« durch, die sich vor allem folgenden Fragen stellte: »Wie können wir das Leid der Kinder verhindern? Wie können wir sexuelle Gewalt gegen Kinder wirksam bekämpfen? Wie gehen wir mit Tätern um? Ist die Behandlung von Tätern auch ein Beitrag zum Opferschutz?«[800]

Die Anhörung befaßte sich vorrangig mit zwei thematischen Komplexen: »Opfer und Opferschutz« und »Aufdeckung und Ermittlung sexueller Gewalttaten sowie den Umgang mit den Opfern und Tätern«. Während sich die Sachverständigen des ersten Themenkomplexes also im wesentlichen mit Fragen der gesellschaftlichen Ursachen von »sexueller Gewalt gegen Kinder« und den Möglichkeiten der Prävention befaßten, erörterten die Sachverständigen des zweiten Themenkomplexes vor allem Fragen der strafrechtlichen Beurteilung und Verfolgung. Interessant erscheint mir in diesem Zusammenhang insbesondere eine – eigentlich als Vorbemerkung – formulierte Anmerkung der Sachverständigen Monika Gerstendörfer (Forum Menschenrechte), die im Kontext von »Opfer und Opferschutz« die gängigen Begrifflichkeiten kritisierte:

»Diese Begriffe ›sexuelle Gewalt‹, ›sexuelle Handlungen‹« und so weiter gefallen mir ... überhaupt nicht, weil sie sich auf eine Kategorie beziehen, die nicht dazugehört, nämlich die Sexualität. Mir wäre es lieber, von sexualisierter Gewalt zu sprechen oder schlicht und einfach von sexualisierter Kindesmißhandlung. Die Sprache schafft und spiegelt Wirklichkeiten ... Durch diese sexualisierende Sprache wird nicht nur die Tat sexualisiert, sondern auch die angeblich sexuellen Motive der Täter. Es werden alle drei sexualisiert, auch die Opfer. Und deswegen sollten wir etwas bewußter sprechen lernen.«[801]

Darüber hinaus ergab die Anhörung auch einige bedenkenswerte Überlegungen zu den Kindheitsbildern dieser Gesellschaft, auf die der Lebensalltag der Kinder, wie der Kinderbeauftragte der Landesregierung Nordrhein-Westfalen, Reinald Eichholz, ausführte, eine »deprimierende Antwort« liefere. »Dies ist ein gesellschaftlicher Vorgang von beklemmender Gewaltförmigkeit...«[802]

Anita Heiliger (Deutsches Jugendinstitut): »Im besonderen fördert die familiale Struktur sexuelle Gewalt, in deren Abgeschlossenheit Kinder bei ausgeübter Gewalt und Machtmißbrauch vor allem deshalb völlig ausgeliefert sind, weil Gewaltanwendung von Männern gegen Frauen und Kinder hier immer noch in hohem Maße als ›private Angelegenheit‹ gilt, in die sich niemand einzumischen habe.«[803]

Daneben verhindern jedoch noch weitere, von Peter Köhler (Staatsanwaltschaft Frankfurt) in seinem Statement thematisierte Präferenzen den Schutz von Kindern vor sexualisierter Gewalt: die des Eigentums.

»Wir müssen leider erkennen, daß in einem kriminalitätsbelasteten Land wie die Bundesrepublik eben zur Zeit noch das Eigentum und andere wirtschaftliche Belange verstärkt Priorität haben, während Straftaten gegen die körperliche Integrität allgemein – das gilt nicht nur bei Kindern, sondern das gilt eigentlich auch bei Erwachsenen – nicht so in den Vordergrund gerückt werden. Denken Sie bitte daran, daß Geldfälschung schon immer ein Verbrechenstatbestand war, Kindesmißbrauch aber immer noch als Vergehen bestraft wird. Wir wissen auch, daß die Polizei und die Justiz aufgerüstet haben, um nun sämtliche Fazetten der Organisierten Kriminalität bekämpfen zu können, während gerade bei Eingriffen gegen die körperliche und sexuelle Integrität die Rechtslage und auch die Eingriffsmöglichkeiten den tatsächlichen Anforderungen nicht, zumindest oft nicht rechtzeitig, angepaßt wurden.«[804]

Die im Rahmen dieser Anhörung erörterten präventiven und strafrechtlichen Defizite und Verbesserungsvorschläge wurden in einem Antrag zusammengefaßt, den die Fraktion der SPD kurze Zeit später unter dem programmatischen Titel »30-Punkte-Programm: Gesamtkonzept zum Schutz unserer Kinder vor sexueller Gewalt« in den Bundestag einbrachte. Darin heißt es:

»Die Bundesregierung hat noch nicht zur Kenntnis genommen, daß zwischen körperlicher und sexueller Gewalt in den Familien ein enger Zusammenhang besteht. Eine gesetzliche Verankerung der gewaltfreien Erziehung ist daher dringend geboten. Prävention beginnt in der Familie, aber sie endet nicht in der Familie. Kinder brauchen eine Gesellschaft, die ihre Würde respektiert und ihnen ihre Rechte zugesteht, so daß sie unter dem Schutz und mit der Förderung aller aufwachsen...«[805]

Kindesmißbrauch und Kinderpornographie könnten nur aufgedeckt werden, »wenn das gesamte Umfeld, also nicht nur Eltern und Erzieher und

Erzieherinnen, sondern auch Ärzteschaft, Kirchen, Vereine, Sozialdienste und ähnliche Einrichtungen von ihrer Pflicht zum Einschreiten überzeugt werden. Auch Nachbarn und Verwandte dürfen nicht wegsehen. Sie können sogar moralisch zur Anzeige verpflichtet sein.«[806]

Der Deutsche Bundestag wird aufgefordert, »die folgenden in erster Linie präventiv wirkenden Maßnahmen zur Verbesserung der gesellschaftlichen Rahmenbedingungen unverzüglich einzuleiten«, unter anderem:

– die UN-Konvention über die Rechte des Kindes in vollem Umfang anzuerkennen, ihre vollständige Umsetzung zu gewährleisten und über deren Inhalte umfassend zu informieren;
– die Rechte von Kindern zum Bestandteil auch der internationalen Politik, besonders im Bereich der Menschenrechte und der Entwicklungszusammenarbeit, zu machen;
– im Rahmen der Jugendministerkonferenz und in der Bund-Länder-Kommission für Bildungsplanung und Forschungsförderung (BLK) darauf hinzuwirken, daß die Länder präventive Maßnahmen dahingehend ergreifen, daß in Kindergärten, Schulen und in den Einrichtungen der außerschulischen Jugendbildung verpflichtend eine emanzipatorische Erziehung einschließlich der Sexualerziehung sowie eine geschlechtsspezifische Förderung für Mädchen und Jungen angeboten wird;
– im Rahmen der Jugendministerkonferenz die rechtliche Voraussetzung dafür zu schaffen, daß geschlechtsspezifische Hilfen für Mädchen und Jungen über wohnortnahe Beratungsstellen zur Verfügung stehen;
– ein gesetzliches Gebot der Erziehung ohne Gewalt und seelische Verletzungen im Bürgerlichen Gesetzbuch (BGB) zu verankern sowie
– entsprechend der Forderung der Kinderkommission[807] des Deutschen Bundestages einen Bericht über Kinderprostitution in Deutschland vorzulegen.[808]

Die Bundesregierung wird im folgenden unter anderem aufgefordert,
– die Strafbarkeit des sexuellen Mißbrauchs von Kindern (§ 176 StGB) »wie folgt neu zu regeln:

a) Die Mindeststrafe für sexuellen Mißbrauch von Kindern (...) ist auf ein Jahr Freiheitsstrafe zu erhöhen, so daß dieses Delikt auch rechtstechnisch nicht mehr als ein bloßes ›Vergehen‹, sondern als ›Verbrechen‹ eingestuft ist ...

b) Im Rahmen des § 176 Abs. 1 zweiter Halbsatz StGB (minder schwerer Fall des sexuellen Mißbrauchs von Kindern) und des § 176 Abs. 5 StGB ist jeweils die Möglichkeit der Verhängung einer Geldstrafe ersatzlos zu streichen.

c) Die Höchststrafe für einen besonders schweren Fall des sexuellen Mißbrauchs von Kindern (...) ist von zehn Jahren auf 15 Jahre Freiheitsstrafe zu erhöhen ...«[809]

Darüber hinaus sei zu überprüfen, »ob es im Hinblick auf die besonderen gesetzlichen Milderungsgründe des § 49 Abs. 1 StGB ausreicht, die zunehmende ›Vermittlung‹ von Kindern (oftmals durch die eigenen Eltern) an Dritte zum Zwecke des sexuellen Mißbrauchs lediglich als Beihilfe zum

sexuellen Mißbrauch von Kindern strafrechtlich erfassen zu können, oder ob es insoweit ein gesonderter Straftatbestand geschaffen werden muß«.[810]
Der Antrag fordert weiterhin die Ausdehnung des Strafrechts (§184 StGB) auf Kinderpornographie, sofern die pornographischen Schriften (§11 Abs. 3) den sexuellen Mißbrauch von Kindern zum Gegenstand haben oder ein wirklichkeitsnahes oder tatsächliches Geschehen wiedergegeben wird. In diesem Sinne sei auch §184 Abs. 5 Satz 1 StGB zu ergänzen: »Wer es unternimmt, sich oder einem Dritten den Besitz von pornographischen Schriften (§11 Abs. 3) zu verschaffen, die den sexuellen Mißbrauch von Kindern zum Gegenstand haben, wird, wenn die Schriften ein wirklichkeitsnahes oder tatsächliches Geschehen wiedergeben, (...) bestraft«[811], womit auch die Vervielfältigung sexualisierter Gewalt gegen Kinder in Datennetzen strafrechtlich bewehrt würde.
Darüber hinaus wird die Bundesregierung aufgefordert, »sich im Rahmen der Justizministerkonferenz dafür einzusetzen, daß die Fort- und Weiterbildung von Richterinnen, Richtern, Staatsanwältinnen, Staatsanwälten, Ermittlerinnen und Ermittlern, die im Bereich der Aufklärung von Sexualstraftätern an Kindern eingesetzt werden, verbessert wird und die Voraussetzungen für eine kindgerechte und opferorientierte Vernehmungssituation geschaffen werden«[812].
Die vorhandenen und noch zu ergänzenden Therapieangebote und -möglichkeiten für Sexualstraftäter sind dem Antrag zufolge zu evaluieren und die Qualität der Begutachtung von Tätern zu verbessern. Hierzu sei insbesondere »erforderlich:
- die Ausbildung von Sachverständigen auf dem Gebiet der forensischen Psychiatrie zu verbessern sowie die Kapazitäten zu erweitern, um überhaupt in relevantem Umfang Nachwuchs heranbilden zu können;
- Forschungsaufträge über das Persönlichkeitsprofil von Sexualstraftätern zu vergeben;
- zur Verbesserung der empirischen Forschung auf dem Gebiet der Kriminologie und der forensischen Psychiatrie den Bestand der Kriminologischen Zentralstelle in Wiesbaden durch verstärkten Einsatz von Bundesmitteln zu sichern;
- die Daten des Bundeszentralregisters der kriminologischen Forschung in anonymisierter Form zur Verfügung zu stellen«[813]
  und darüber hinaus
- zu prüfen, wie im Hinblick auf die herausragende Bedeutung des kindlichen Opferschutzes die Mitteilungspflichten und Löschungsfristen in den erkennungsdienstlichen Unterlagen und polizeilichen Personenakten einschließlich der strafregister- und datenschutzrechtlichen Bestimmungen weiterentwickelt werden können;
- zu prüfen, ob die Regelung des §11 Abs. 3 StGB im Hinblick auf die internationalen Datennetze (zum Beispiel Internet) erweitert beziehungsweise neu gefaßt werden muß;
- sich dafür einzusetzen, daß zur Bekämpfung der in oder mit internationalen Datennetzen (zum Beispiel Internet) begangenen Straftaten im

Sinne des 13. Abschnitts des Strafgesetzbuchs Rechtshilfeabkommen geschlossen und im Inland speziell geschulte und technisch ausgerüstete Ermittler zur Bekämpfung dieser Straftaten eingesetzt werden sowie
– auf alle Vertragsstaaten der UN-Kinderrechtskonvention einzuwirken, daß sie ihre vertraglichen Pflichten, insbesondere zum Schutz von Kindern zum sexuellen Mißbrauch, erfüllen.[814]

Der Antrag der SPD-Bundestagsfraktion fand, wie die Anträge der Fraktion der Grünen und der PDS, keine Mehrheit. Die Bundesregierung, hieß es später verärgert, verschleppe den »Schutz unserer Kinder vor Sexualstraftätern«, ja, sie habe es noch nicht einmal geschafft, »bei der Reform des Kindschaftsrechts im Bürgerlichen Gesetzbuch den wichtigen Satz an alle Erziehungsberechtigten zu richten, daß Kinder gewaltfrei zu erziehen seien«, empört sich Ulla Schmidt nach einer von Familienministerin Claudia Nolte am 29. Juli 1997 durchgeführten Pressekonferenz zur Neufassung des Sexualstrafrechts.[815]

Die Bundesregierung sei gefordert, so ihre Kollegin Antje-Marie Steen in einem Schreiben an die BundesministerInnen Rexrodt, Kinkel, Nolte und Schmidt-Jortzig, »endlich klare und eindeutige gesetzliche Vorgaben aufzustellen, die diesem Trend (Prostitutionstourismus und Kindesmißbrauch; G.W.) Einhalt gebieten. Darunter fallen der Erlaß neuer Strafrechtsbestimmungen, die ein effizienteres Vorgehen gegen im Ausland aufgefallene Sextouristen ermöglichen, der Abschluß bilateraler Verträge und Rechtshilfeabkommen mit den betroffenen Ländern und die Einbindung der Europäischen Union durch den Erlaß extraterritorialer, weltweit geltender Verordnungen zur strafrechtlichen Verfolgung von Sexualtätern«[816], Forderungen, die bereits drei Jahre zuvor von der Abgeordneten Erika Simm im Zusammenhang einer parlamentarischen Anfrage zu Kinderprostitutionstourismus[817] erhoben wurden, womit sich zeigt, daß die politische Diskussion sich längst im Kreise dreht, obwohl die von der Opposition seither eingebrachten Anträge gegen sexualisierte Gewalt gegen Kinder genügend Anknüpfungspunkte für eine Verbesserung der Rechtslage und des Schutzes von Kindern geboten hätten.

Die Bundesministerien

Bundesministerium der Justiz

In dem Bericht des Bundesministeriums der Justiz über den »Weltkongreß gegen kommerzielle sexuelle Ausbeutung von Kindern« wurde die abschließende Erklärung (Anhang) als »Novum« bezeichnet, da es »von Regierungen, internationalen Organisationen und NROs gemeinsam verabschiedet« worden war. Nach Ansicht des Berichterstatters zeige sich darin die Bereitschaft der teilnehmenden Staaten, ihre nationalen und internationalen Anstrengungen zur Bekämpfung des Phänomens zu verstärken.[818]

In den abschließenden Bemerkungen des Berichts heißt es: »Der Kongreß hat in der Vorbereitung und während seines Verlaufs eine ungewöhnlich umfassende öffentliche Aufmerksamkeit erzeugt (in Europa durch den Fall Dutroux in Belgien verstärkt), was für die weitere nationale Behandlung der gewerbsmäßigen Ausbeutung von Kindern nützlich sein wird. Andererseits mußten die gemeinsam von Regierungen und NROs verabschiedeten Texte unverbindlich deklaratorisch bleiben und konnten im wesentlichen nur die von der Staatengemeinschaft bereits akzeptierten Positionen bestätigen.«[819]

Abgesehen von der etwas irritierenden Bemerkung, daß die in Belgien an weiblichen Kindern und jungen Frauen begangenen Verbrechen beziehungsweise das dadurch ausgelöste öffentliche Interesse für die weitere Arbeit »nützlich« ist, sei hier insbesondere auf den klaren Vermerk hingewiesen, daß die Resolution lediglich deklaratorischen Charakter besitzt, weshalb keine der beteiligten Regierungen an die darin erhobenen Forderungen gebunden sind. Dies mag erklären, warum die Ergebnisse des Stockholmer Kongresses sich zwar in vielen politischen Goodwill-Erklärungen nachlesen lassen, bisher jedoch nur zögernd als konkrete Rechte und Absichten verwirklicht wurden.

Immerhin verabschiedete der Bundestag am 4. März 1998 einen von der Regierungskoalition eingebrachten Gesetzentwurf zum »Schutz von Zeugen bei Vernehmungen im Strafverfahren« (Zeugenschutzgesetz), mit dem schließlich und endlich eine bereits seit langem geforderte Änderung der Strafprozeßordnung in die Wege geleitet wurde[820], die hierzulande nicht nur von Kinderrechtsorganisationen, sondern auch vom Verein zur Unterstützung von Kriminalitätsopfern und zur Verhütung von Straftaten e.V. (Weißer Ring) als dringend gefordert worden war.

»Der Gesetzentwurf«, so heißt es in der Begründung, »verfolgt das Ziel, durch den Einsatz der Videotechnologie sicherzustellen, daß schutzbedürftige Zeugen bei der Vernehmung weitestgehend geschont werden.«[821] Nach einer Information des Bundesministeriums der Justiz sieht das neue Zeugenschutzgesetz insbesondere folgende Regelungen vor:

»1. Erstmalig werden gesetzliche Grundlagen für Video-Vernehmungen von nicht im Gerichtssaal anwesenden Zeugen geschaffen. Auf diese Weise brauchen besonders schutzbedürftige Zeugen, zum Beispiel Kinder, nicht mehr im Gerichtssaal anwesend zu sein, sondern können an dem Gerichtsverfahren über eine ›Video-Standleitung‹ teilnehmen.
2. Zeugenvernehmungen dürfen bereits im Ermittlungsverfahren auf Video aufgezeichnet und später in der Hauptverhandlung verwertet werden. Dies macht es möglich, Kinder und andere schutzbedürftige Zeugen von belastenden Mehrfachvernehmungen zu verschonen.
3. Zukünftig können Kinder und andere schutzbedürftige Zeugen in bestimmten Fällen einen anwaltlichen Beistand erhalten. Opfer bestimmter schwerer Straftaten wird auf Antrag ein Opferanwalt zur Seite gestellt. Die Kosten dafür trägt der Staat.«[822]

Damit sei, so Bundesjustizminister Schmidt-Jortzig (F.D.P.), ein wichtiger Schritt getan, um die Opfer von Straftaten aus dem »toten Winkel« der deutschen Kriminalpolitik zu holen.[823]

Die Vernehmung von Zeuginnen und Zeugen auf Bild-Ton-Trägern beschränkt sich allerdings auf Personen unter 16 Jahren (§ 58a), ebenso wie die Beiordnung eines Zeugenbeistands nur dann zwingend vorgeschrieben ist, wenn es sich bei der Tat um ein Verbrechen, eine Sexualstraftat oder eine Mißhandlung von Schutzbefohlenen handelt. Für alle anderen Zeuginnen und Zeugen handelt es sich hier lediglich um eine Kann-Bestimmung. Darüber hinaus hat der Zeugenbeistand deutlich weniger Rechte als der Opferanwalt, da dieser nur während der Vernehmung der Zeugin oder des Zeugen tätig werden kann.

»Wirklicher Opferschutz kann dadurch nicht gewährleistet werden«, so der Vorsitzende des Weißen Ringes, Max Herberg. »Es muß daher weiterhin nachdrücklich die Forderung erhoben bleiben, daß im Verfahren gegen Jugendliche das Verbot der Nebenklage aufgehoben und auch in diesen Fällen der Opferanwalt ermöglicht wird.«[824]

Nichtsdestotrotz entlastet die Möglichkeit der Vernehmung von Kindern auf Bild-Ton-Trägern betroffene Kinder davor, in Anwesenheit Dritter auszusagen beziehungsweise diese Aussage, wenn mehrere Täter beteiligt waren, wieder und wieder machen zu müssen.

Inwieweit diese Regelung die Zeugenschaft von Kindern – insbesondere auch ausländischen Kindern – tatsächlich zu sichern vermag – eine wesentliche Voraussetzung zur Verurteilung von Tätern –, wird sich in der Praxis allerdings noch erweisen müssen.

Bundesministerium für Familie, Senioren, Frauen und Jugend

Im Juli 1997 stellte Bundesfamilienministerin Claudia Nolte (CDU) ein »Arbeitsprogramm gegen Kindesmißbrauch, Kinderpornographie und Sextourismus«[825] vor, das Maßnahmen zu den Bereichen Aufklärung und Prävention, Gesetzgebung, Internationale Strafverfolgung und Opferschutz vorsieht, die überwiegend im Bereich der Prävention angesiedelt sind.

»Die Schwerpunkte des Arbeitsprogramm liegen – neben den bereits eingebrachten Gesetzentwürfen zur Strafverschärfung, zu erweiterten Therapiemöglichkeiten und verstärkten Sicherungsmaßnahmen für Sexualstraftäter sowie zur Verbesserung des Opfer- und Zeugenschutzes – auf Aufklärung und Prävention. Dieser Bereich beinhaltet vor allem die Intensivierung des Erfahrungsaustausches im Bereich des Kinderschutzes, die Weiterentwicklung der Präventionsmethoden, die Verbesserung der gesundheitlichen Versorgung, Aufklärungs- und Informationskampagnen, Forschungsvorhaben sowie die Verbesserung der wirtschaftlichen und sozialen Infrastruktur in den Zielländern des Sextourismus.«[826]

In einer einführenden Begründung wird die Intention und Orientierung des Arbeitsprogramms ausdrücklich an die Ziele des Stockholmer Kongresses gebunden:

»Den Zielen des Weltkongresses entsprechend und in der Überzeugung, daß die sexuelle Ausbeutung von Kindern mit allen dem Rechtsstaat zur Verfügung stehenden Mitteln bekämpft werden muß, hat die Bundesregierung gemäß der Ankündigung von Frau Bundesministerin Nolte ein Arbeitsprogramm entwickelt, das sich an den drei wichtigsten Maßnahmebereichen zur Bekämpfung des sexuellen Mißbrauchs von Kindern orientiert:

Aufklärung und Prävention

1. Intensivierung des Erfahrungsaustausches im Bereich des Kinderschutzes, Weiterentwickung von Präventionsmethoden
2. Verbesserung der gesundheitlichen Aufklärung
3. Aufklärungs- und Informationskampagnen
4. Bundesweite Informations- und Dokumentationsstelle zu Kindesmißhandlung und Kindesvernachlässigung
5. Forschungsvorhaben
6. Verbesserung der wirtschaftlichen und sozialen Infrastruktur in den Zielländern des Sextourismus

Gesetzgebung
7. Strafverschärfung im Bereich der Kinderpornographie, des sexuellen Mißbrauchs und des Sextourismus, Verstärkung der sozialtherapeutischen Behandlungsmöglichkeiten von Sexualstraftätern im Strafvollzug und der Sicherungsmaßnahmen gegen rückfällige Täter
8. Hinausschieben des Beginns der Verfolgungsverjährung für gravierende Sexualstraftaten
9. Bekämpfung von (Kinder-) Pornographie und Kinderhandel in Informations- und Kommunikationsdiensten
10. Einschränkung der Verbreitung von sogenannten Kinder-FKK-Heften
Internationale Strafverfolgung und Opferschutz
11. Bilaterale und sonstige internationale Fragen der rechtlichen Zusammenarbeit
12. Engere Zusammenarbeit mit den Zielländern des Sextourismus
Internationale Zusammenarbeit mit ausländischen Strafverfolgungsbehörden
13. Schutz kindlicher Opferzeugen
14. Verbesserter Schutz in Dienststellen und bei freien Trägern im Bereich des Kinderschutzes vor ungeeigneten Mitarbeitern«[827]

Ohne Zweifel stellt Bundesfamilienministerin Claudia Nolte mit diesem Programm ihr ernsthaftes Bemühen unter Beweis, den Ergebnissen des Stockholmer Kongresses im eigenen Land beziehungsweise im Regierungslager Nachdruck zu verleihen. Andererseits gehen die von ihr vorgeschlagenen Maßnahmen kaum über das hinaus, was diese Regierung bereit ist, für Kinder zu tun. Sie riskiert mit diesem Programm keinen Krach im eigenen Haus, schöpft aber mit einer bemerkenswerten fachlichen Kompetenz die ihr politisch gestatteten Spielräume aus, um das ihr offensichtlich am Herzen liegende Thema voranzutreiben oder doch wenigstens nach Kräften zu unterstützen: »Wir alle haben die Pflicht«, heißt es an anderer Stelle, »uns im Kampf gegen die Scheußlichkeiten und das Verbrechen des sexuellen Mißbrauchs von Kindern zusammenzuschließen und gemeinsam gegen Kinderschänder[828] vorzugehen – national wie international. Deshalb stehe ich zur Zeit mit den deutschen Nicht-Regierungsorganisationen im Gespräch mit dem Ziel, im kommenden Jahr über die bereits eingeleiteten Maßnahmen hinaus eine zusätzliche Kampagne gegen Kindersextourismus zu organisieren.«[829]

Im Dezember 1997 kamen die Bundesfamilienministerin und die Mitglieder der Kinderkommission schließlich überein, ihre »Kräfte (zu) bündeln, um Kinder wirksam vor sexuellem Mißbrauch zu schützen«, wobei sie die gemeinsame Erörterung des Arbeitsprogramms wie auch der Forderung der Kinderkommission nach

»Schutz von Kindern vor sexuellem Mißbrauch und Verbesserung von Hilfen für die Opfer« mit der Hoffnung verbanden, »daß die öffentliche Aufmerksamkeit und die konkreten Anstrengungen für einen wirksamen Schutz der Kinder auch nach den spektakulären Prozessen gegen die Mörder von Natalie und Kim nicht nachlassen werden«[830].

Die Sorge ist nicht unberechtigt, wissen wir doch, daß die öffentliche Aufmerksamkeit infolge schnellebiger Ereignisse und Katastrophen leicht zu erlöschen droht, sobald sich die Erkenntnis Bahn bricht, daß das sensationell anmutende Ereignis (zum Beispiel ein Sexualverbrechen, die Aufdeckung von Kinderpornographie im Internet oder der Ausbruch einer Hungerkatastrophe) nicht von der Welt verschwunden ist, nur weil die Medien darüber kein Wort mehr verlieren. Politik unterliegt anderen Gesetzmäßigkeiten. Daß sie gleichwohl sozusagen im Windschatten der öffentlichen Meinung agiert, macht sie ebenso verführbar – zum Beispiel in ihren Versuchen, Strafe zu verschärfen – wie empfänglich, beispielsweise in ihrem Bemühen, außerparlamentarischen Kräften Mitwirkungsrechte einzuräumen.

Claudia Nolte anläßlich der Internationalen Tourismusbörse vom 7. bis 11. März 1998 in Berlin: »Kindersextourismus stellt eine besonders brutale Form der erwerbsmäßigen sexuellen Ausbeutung von Kindern dar. Geschäftemacher beschaffen in vielen Ländern der Welt junge Prostituierte aus armen Familien, die Kinder opfern, um ihre Schulden loszuwerden. Die Kinder bezahlen dafür einen hohen seelischen und körperlichen Preis. Nur durch ein weltweit geschärftes Bewußtsein kann der sexuelle Mißbrauch von Kindern geächtet werden. Ich setze dabei auch auf den Sachversand und die Erkenntnisse der Nicht-Regierungsorganisationen. Ihre Ansichten und praktischen Erfahrungen müssen in die Entwicklung solcher Maßnahmen einfließen.«[831]

Die Bundesfamilienministerin kündigt an, gemeinsam mit der Deutschen Arbeitsgemeinschaft gegen Kinderprostitution noch in diesem Jahr (1998) einen »Aktionsplan gegen Kindesmißbrauch durch Sextouristen« zu erarbeiten, der darauf abzielt, »mögliche Täter am Mißbrauch verstärkt zu hindern. Bestandteile des Aktionsplans sind Fachveranstaltungen, Fortbildung für Mitarbeiterinnen und Mitarbeiter aus den Bereichen Justiz und Tourismus sowie die Erarbeitung von Dokumentationen und Materialien zur Öffentlichkeitsarbeit«[832]

In der hier zitierten Pressemitteilung findet sich ein besonders interessantes Detail. So heißt es nämlich an einer Stelle, daß das Reisen in ferne Kontinente und Entwicklungsländer zwar »erfreulich« sei, man aber nicht die Augen davor verschließen dürfe, daß »viele Verbrecher solche Reisen nutzen, um Kinder im Ausland sexuell zu mißbrauchen und auszubeuten«[833].

Soweit es sich hier nicht um einen Versprecher beziehungsweise Verschreiber handelt, deutet sich mit der Verwendung des Begriffs »Verbrecher« tatsächlich ein erheblicher Fortschritt in der analytischen Betrachtung des Phänomens an: indem die Bundesfamilienministerin Männer, die Kinder sexuell ausbeuten, Kinderprostitutionstouristen eben, als das bezeichnet, was sie sind – Verbrecher nämlich –, und nicht als »Sextouristen«, wie es sonst gang und gäbe ist, auch wenn dieser ebenso irreführende wie verharmlosende Begriff in den Veröffentlichungen ihres Ministeriums voraussichtlich weiterhin erscheint und benutzt werden – hoffentlich immer seltener.

Europarat/Europäisches Parlament

Im Zusammenhang einer am 4. September 1996 vor dem Europäischen Parlament abgegebenen Erklärung, mit der die Europäische Kommission ihr Entsetzen über die in Belgien verübten Sexualverbrechen zum Ausdruck gab, wurde auch die auf dem »Weltkongreß gegen kommerzielle sexuelle Ausbeutung« in Stockholm verabschiedete gemeinsame Resolution in Erinnerung gerufen. Der belgische Europaabgeordnete Raphaél Chanterie beschrieb in dieser Sitzung den »schweren Schock, unter dem die Bevölkerung seines Landes angesichts dessen stehe ... Im Namen seiner Fraktion sprach Chanterie den Eltern der ermordeten Mädchen sein Mitgefühl aus«[834].

Chanterie wies in seiner Rede mit Nachdruck darauf hin, daß derartige Vorfälle nicht auf Belgien zu beschränken seien. »Man wisse, daß Kindesentführung und Kinderprostitution über sich verästelnde Netze ganz Europa, gar die ganze Welt umfaßten. Bei Kinderprostitution gehe es um schwere internationale Kriminalität, auf die man eine Antwort finden müsse. Wie lange nehme man es beispielsweise noch hin, daß Sextourismus ganz unverhohlen angeboten werde? Wie lange wolle man noch die Augen verschließen vor florierendem Menschenhandel von und nach Osteuropa?«[835]

Der belgische Christdemokrat stellte dem Europäischen Parlament auf dem Hintergrund dieser Ereignisse die Frage, »ob die europäischen Regierungen die politischen Konsequenzen ziehen und den Unionsvertrag so ändern würden, daß die Rechte des Kindes darin verankert würden«[836].

Am 19. September 1996 verabschiedete das Europäische Parlament (EP) eine gemeinsame »Entschließung zur Bekämpfung von Pädophilie, Kinderprostitution und Kinderhandel«, die im folgenden dokumentiert werden soll:

»Pädophilie, der Kinderhandel und die sexuelle Ausbeutung greifen immer mehr um sich, stellen nicht mehr nur Einzelfälle dar, sondern sind auch das Werk internationaler Ringe und des Sextourismus geworden, die mit äußerster Brutalität vorgehen. Das EP fordert die Ausarbeitung eines gemeinschaftlichen, mit angemessenen Finanzmitteln ausgestatteten Aktionsprogramms zur Bekämpfung der Sexualverbrechen gegenüber Kindern, denn den nationalen Vorgehen sind in diesen Bereichen Grenzen gesetzt. Das EP fordert Kommission und Rat daher auf, eine gemeinsame Aktion auf Grundlage von Artikel K.3 des EU-Vertrages mit dem Ziel der Schaffung eines Zentralregisters für entführte oder verschwundene Kinder zu verabschieden, Europol die Handhabe zu geben, aktiv die kriminellen Netze untersuchen zu können, die Justiz- und Polizeizusammenarbeit zu verbessern, Ausbildungsprogramme für Fachrichter, -staatsanwälte sowie -polizisten für Sexualkriminalität, in die Kinder verwickelt sind, durchzuführen, unter der Schirmherrschaft der EU eine mit angemessenen Finanzmitteln ausgestattete Pilotinitiative zu starten, um umgehend das Phänomen der sexuellen Ausbeutung der Minderjährigen und der Mißhandlungen von Kindern zu prüfen, zu erforschen und zu verhindern, vor allem, wenn es im Zusammenhang mit pädophilen Netzen, dem Internet und anderen Formen der Informatik steht. Darüber hinaus fordert das EP die Mitgliedsstaaten auf, konkrete Maßnahmen gegen den Sextourismus sowohl in den Ausgangs- als auch in den Zielländern zu ergreifen und das Übereinkommen der Vereinten Nationen über die Rechte des Kindes zu ratifizieren und anzuwenden.«[837]

Auf einer am 28. April 1998 in Straßburg durchgeführten Folgekonferenz des Stockholmer Weltkongresses mußte jedoch festgestellt werden, daß auch die seither eingeleiteten Maßnahmen nicht verhindern konnten, daß sich das Phänomen auf eine inzwischen »beängstigende Dimension« (Bundesaußenminister Klaus Kinkel) ausgeweitet habe.[838] »Wie Kinkel rief auch Familienministerin Claudia Nolte in Straßburg dazu auf, das Internet nicht zum ›Kontakthof‹ für Kindesmißbrauch werden zu lassen.«[839]

Die Tagung des Europarats verfolgte das Ziel, eine Bestandsaufnahme über die Umsetzung des in Stockholm verabschiedeten Aktionsprogramms (Anhang) zu leisten und die Möglichkeiten der internationalen Kooperation weiter zu vertiefen. Inwieweit dieses gelang beziehungsweise welche Probleme den beteiligten Staaten dabei (noch) im Wege stehen, konnte im Rahmen dieser Recherche nicht in Erfahrung gebracht werden, doch bleibt der Versuch zu würdigen, wenigstens die eigenen Kommunikations- und Informationswege zu verbessern.

Schlußbemerkung

Mit der Aufdeckung des »Kinderporno-Ringes« im niederländischen Zandvoort im Juli 1998 ließe sich dieses Buch um ein weiteres Kapitel erweitern. Vielleicht läßt es sich aber auch gar nicht zu Ende schreiben, weil die tatsächlich existierende Realität so absolut ist, daß sie sich nicht zwischen zwei Buchdeckel pressen läßt. Es sind die Horrormeldungen, die skandalösen Einzelereignisse, die Verbrechen an einzelnen Kindern, die die monströsen Dimensionen sexualisierter Gewalt in Erscheinung treten lassen und zugleich verzerren.[840] Die vielen Worte, die gesprochen, geschrieben und geglaubt wurden, um Kinder davor zu schützen, Opfer zu werden – in der Familie ebenso wie an jedem anderen Ort dieser Welt –, sie sind nichts wert, solange sie nicht einmal dazu reichen, die täglich und tausendfach öffentlich zelebrierte sexuelle Mißhandlung von Kindern zu verhindern.

»Was also ist zu tun?« fragt Karl-Heinz Karisch in »Kartelle des Schweigens«, um fortzufahren: »Ein einziges veröffentlichtes Bild aus dem schrecklichen Fund in den Niederlanden hat ein Kind von seinen Peinigern befreit. Es muß deshalb diskutiert werden, ob es für die Ermittlungen nicht hilfreich wäre, wenn Täterbilder veröffentlicht würden. Wenn Staaten ihr Recht auf Gewaltmonopol einfordern, sind sie auch gehalten, Kinder zu schützen. Bislang ist dieser Einspruch kaum eingelöst worden. Es waren Bürgerinitiativen, die in den Niederlanden ermittelten. Werden Politiker nicht aktiv, beteiligen sie sich – bewußt oder unbewußt – am Kartell des Schweigens.«[841]

»Gebunden in Schweigen«[842] – Die Täter sollen mit unserem Schweigen nicht mehr rechnen können. Schluß. Aus. Vorbei.

Anhang

Aktionsplan gegen kommerzielle sexuelle Ausbeutung von Kindern, Stockholm, 27. bis 31. August 1996

1. Das Ziel des Aktionsplans ist es, die existierenden internationalen Verpflichtungen hervorzuheben, Aktionsprioritäten zu bestimmen und in der Durchführung relevanter internationaler Instrumente Hilfe zu leisten (siehe Anlage I). Er ruft alle Staaten, alle gesellschaftlichen Akteure, nationale, regionale sowie internationale Organisationen auf, gegen die kommerzielle sexuelle Ausbeutung von Kindern aktiv zu werden.

2. Koordination und Kooperation

Lokale/nationale Ebene

a) Dringend müssen verständliche, intersektorale und integrierte Strategien und Maßnahmen gefördert werden, so daß es bis zum Jahr 2000 nationale Aktionspläne sowie Umsetzungsperspektiven gibt. Ziele und Zeitrahmen für die Durchführung müssen gesetzt werden, um die Anzahl der Kinder, die der kommerziellen sexuellen Ausbeutung ausgesetzt sind, zu reduzieren und um das Umfeld und die Praxis den Rechten der Kinder entsprechend zu verändern.

b) Dringend müssen die Durchführungs- und Überwachungsmechanismen auf nationaler und lokaler Ebene, in Kooperation mit der betroffenen Bevölkerung, ausgearbeitet werden, um bis zum Jahr 2000 Datengrundlagen über Kinder, die der kommerziellen sexuellen Ausbeutung ausgesetzt sind, sowie über ihre Ausbeuter zur Verfügung zu haben ...

c) Die Kooperation zwischen Regierung und Nicht-Regierungsorganisationen muß gefördert werden, um Maßnahmen gegen die kommerzielle sexuelle Ausbeutung von Kindern zu planen, durchzuführen und zu evaluieren. Dieses soll in Verbindung mit Kampagnen zur Mobilisierung von Familien und Gemeinden und unter adäquater Ressourcenausstattung geschehen.

Regionale/internationale Ebene

d) Förderung einer besseren Kooperation zwischen Ländern, internationalen Organisationen, einschließlich regionaler Organisationen, die eine Schlüsselrolle im Kampf gegen kommerzielle sexuelle

Ausbeutung von Kindern spielen, einschließlich Kinderrechtskomitee, UNICEF, ILO, UNESCO, UNDP, WHO, UNAIDS, UNHCR, IOM, Weltbank/IMF, INTERPOL, UN-Abteilung für die Kriminalitätsprävention und -justiz, UNFPA, Weltorganisation für Tourismus, UN-Hochkommissariat für Menschenrechte, UN-Zentrum für Menschenrechte, UN-Kommission für Menschenrechte mit ihrem speziellen Berichterstatter zum Kinderhandel sowie der Arbeitsgruppe gegen die bestehenden Formen der Sklaverei. In seinen Aktivitäten richtet sich jeder, seinem Mandat entsprechend, nach dem Aktionsplan.

e) Unterstützung der Kinderrechte befürworten und mobilisieren; sicherstellen, daß adäquate Ressourcen zum Schutz von Kindern gegen kommerzielle sexuelle Ausbeutung zur Verfügung stehen.

f) Auf volle Umsetzung der Kinderrechtskonvention durch Regierungsparteien drängen, einschließlich der Berichte vor dem Kinderrechtskomitee innerhalb der gegebenen Fristen. Fortschritte der Länder zur vollen Verwirklichung der Kinderrechte ermutigen, im Rahmen anderer relevanter UN-Organe und -Mechanismen, einschließlich UN-Kommission für Menschenrechte mit ihrem speziellen Berichterstatter zum Kinderhandel.

3. Vorsorge

a) Kindern Zugang zu Schulbildung zu ermöglichen, um ihre Stellung zu verbessern. Grundschulpflicht unentgeltlich verfügbar für alle.

b) Verbesserter Zugang und Bereitstellung von wesentlicher medizinischer Versorgung, Bildung, Ausbildung, Erholung und unterstützenden Umfeldbedingungen für Familien und Kinder, die der kommerziellen sexuellen Ausbeutung ausgesetzt sind, eingeschlossen Verschleppte, Obdachlose, Flüchtlinge, Staatenlose, Nichtregistrierte, Inhaftierte oder diejenigen, die sich in staatlichen Einrichtungen befinden.

c) Die Information über die Kinderrechte ausweiten und, wo es angebracht ist, die Kinderrechtskonvention für alle Bevölkerungsgruppen, Familien und Kinder in die formelle und informelle Bildung integrieren.

d) Geschlechtsspezifische Kommunikationsmedien und Informationskampagnen initiieren, um das Bewußtsein zu stärken und die

Regierungen sowie andere Mitglieder der Öffentlichkeit über die Kinderrechte, die Illegalität und die schädliche Auswirkung der kommerziellen sexuellen Ausbeutung von Kindern zu informieren. Verantwortungsbewußte sexuelle Einstellungen und Verhalten in der Gesellschaft unterstützen, in Übereinstimmung mit der Entwicklung des Kindes und im Sinne der Würde und Selbstachtung.

e) Die Kinderrechte in der familiären Erziehung und in der Unterstützung der Entwicklung der Familie fördern, in dem Verständnis, daß beide Elternteile für ihre Kinder gleich verantwortlich sind. Spezielles Eingreifen, um sexuelle Gewalt gegen Kinder zu verhindern.

f) Bildungsprogramme für Gleichaltrige sowie Überwachungsnetzwerke einrichten, um der kommerziellen sexuellen Ausbeutung von Kindern entgegenzuwirken.

g) Geschlechtsspezifische nationale, soziale und wirtschaftliche Politik und Programme formulieren oder erweitern und ausführen, um Kinder, die der kommerziellen sexuellen Ausbeutung ausgesetzt sind, und Familien und Gemeinschaften gegen Handlungen, die zur kommerziellen sexuellen Ausbeutung von Kindern führen, zu unterstützen. Besondere Aufmerksamkeit soll auf den Mißbrauch innerhalb der Familie, die schädlichen traditionsbedingten Praktiken und ihre Auswirkung auf Mädchen gelegt werden. Deutlich machen, daß Kinder menschliche Wesen und keine Gebrauchsgegenstände sind. Die Armut durch Schaffung von einträglicher Erwerbstätigkeit, einkommenschaffende Maßnahmen und anderer Unterstützung reduzieren.

h) Im Sinne der Kinderrechtskonvention relevante Gesetze, Politik und Programme entwickeln oder erweitern, durchführen und bekanntmachen, um die kommerzielle sexuelle Ausbeutung von Kindern zu verhindern.

i) Gesetze, Politik, Programme und Praktiken, die zur kommerziellen sexuellen Ausbeutung von Kindern führen oder sie erleichtern, überprüfen und wirkungsvolle Reformen entwickeln.

j) Den kommerziellen Sektor, einschließlich Tourismus, gegen den Gebrauch seiner Netzwerke und Einrichtungen für die kommerzielle sexuelle Ausbeutung von Kindern mobilisieren.

k) Die professionellen Medien dazu ermutigen, Strategien zu entwickeln, die die Rolle der Medien als Informationsquelle hoher Qualität, Zuverlässigkeit und ethischer Maßstäbe, alle Aspekte der kommerziellen sexuellen Ausbeutung von Kindern betreffend, stärken.

l) Sich mit Information, Bildung, Kampagnen und Programmen an diejenigen richten, die in die kommerzielle sexuelle Ausbeutung von Kindern verwickelt sind, um hier Veränderungen zu bewirken.

4. Schutz

a) Gesetze, Politik und Programme entwickeln oder erweitern und ausführen, um Kinder zu schützen und um die kommerzielle sexuelle Ausbeutung von Kindern zu unterbinden. Dabei berücksichtigen, daß die verschiedenen Typen von Tätern und das Alter und Verhältnisse der Opfer verschiedene legale und programmatische Antworten erfordern.

b) Nationale Gesetze entwickeln oder erweitern und implementieren, um die kriminelle Verantwortung der Dienstleister, Kunden und Vermittler der Kinderprostitution, des Kinderhandels, der Kinderpornographie, einschließlich Besitz von Kinderpornographie, und anderer illegaler sexueller Aktivitäten nachzuweisen.

c) Nationale Gesetze, Politik und Programme entwickeln oder erweitern und implementieren, die die kindlichen Opfer der kommerziellen sexuellen Ausbeutung davor schützen, als Kriminelle bestraft zu werden, und sicherstellen, daß sie, auf allen Ebenen, vollen Zugang zu kinderfreundlichem Personal und unterstützenden Diensten erhalten...

d) Im Falle von Sextourismus, Gesetze entwickeln oder erweitern und anwenden, um Taten von Staatsangehörigen der Herkunftsländer, die an Kindern der Zielländer begangen wurden, zu bestrafen (»extraterritoriales Strafrecht«). Auslieferung und andere Vereinbarungen fördern, um sicherzustellen, daß jemand, der ein Kind in einem anderen Land (Reiseland) zu sexuellen Zwecken ausbeutet, entweder im Herkunftsland oder im Reiseland strafrechtlich verfolgt wird. Gegen diejenigen, die sexuelle Verbrechen an Kindern des Reiselandes begehen, Gesetze und Gesetzesvollstreckung erweitern, einschließlich Beschlagnahme und Einzug von Vermögen und Gewinnen sowie anderer Sanktionen. Einschlägige Daten austauschen.

e) Im Falle von Kinderhandel, nationale Gesetze, Politik und Programme erweitern und umsetzen, um Kinder davor zu schützen, innerhalb und außerhalb des Landes verkauft zu werden, und um die Menschenhändler zu bestrafen. In grenzüberschreitenden Fällen des Kinderhandels, diese Kinder nach den nationalen Einwanderungsgesetzen menschlich behandeln. Abkommen treffen, um ihre sichere begleitete Rückkehr in ihr Herkunftsland sicherzustellen. Einschlägige Daten austauschen.

f) Zur Überwachung gegen die kommerzielle sexuelle Ausbeutung von Kindern Netzwerke zwischen nationalen und internationalen Ermittlungsbehörden, einschließlich INTERPOL, und Nicht-Regierungsorganisationen identifizieren und erweitern. Spezielle Einheiten innerhalb der Justiz aufbauen, mit adäquaten Ressourcen ausstatten, um die kommerzielle sexuelle Ausbeutung von Kindern zu bekämpfen. Für den Austausch von Schlüsselinformationen Verbindungsbeamte ernennen, mit dem Ziel, die Kinderrechte während der polizeilichen Ermittlungen und Gerichtsverfahren zu gewährleisten. Die Ermittlungsbehörden generell in Kindesentwicklung und Kinderrechten schulen, insbesondere unter Bezug auf die Kinderrechtskonvention, andere relevante Menschenrechte und nationale Gesetzgebung.

g) Die Einrichtung von nationalen und internationalen Netzwerken und Vereinigungen in der zivilen Gesellschaft identifizieren und unterstützen, um die Kinder vor kommerzieller sexueller Ausbeutung zu schützen. Handlungen und Wechselwirkungen zwischen Gemeinden, Familien, Nicht-Regierungsorganisationen, Geschäftssektor, einschließlich Reisebüros, Weltorganisation für Tourismus, Unternehmen und Gewerkschaften, Computer- und Technologieindustrie, Massenmedien, Berufsgenossenschaften und Dienstleistungsunternehmen fördern, um Fälle zu kontrollieren und an die Behörden weiterzuleiten und um freiwillig ethische Verhaltensregeln zu vereinbaren.

h) Sichere Zufluchtsorte für Kinder, die der kommerziellen sexuellen Ausbeutung entkommen sind, schaffen, und diejenigen, die den kindlichen Opfern der kommerziellen sexuellen Ausbeutung Unterstützung gewähren, vor Einschüchterung und Belästigung schützen.

5. Erholung und Wiedereingliederung

a) Den Kinderrechten entsprechend eine nicht-strafende Einstellung zu Kindern, die Opfer der kommerziellen sexuellen Ausbeutung sind, einnehmen. Mit besonderer Aufmerksamkeit dafür Sorge tragen, daß Gerichtsverfahren das erlebte Trauma der Kinder nicht verschlimmern, und daß den kindlichen Opfern eine legale Unterstützung und Rechtsmittel zur Verfügung gestellt werden.

b) Den Kindern, die Opfer der kommerziellen sexuellen Ausbeutung sind, und ihren Familien mit sozialer, medizinischer und psychischer Beratung und Unterstützung zur Seite stehen. Mit besonderer Beachtung derjenigen, die mit Geschlechtskrankheiten infiziert sind, einschließlich HIV/Aids, in der Absicht, die Selbstachtung, die Würde und die Kinderrechte zu fördern.

c) Medizinisches Personal, Lehrer, Sozialarbeiter, Nicht-Regierungsorganisationen und alle, die an dieser Thematik arbeiten, geschlechtsspezifisch schulen; hierbei immer die Kinderrechtskonvention und andere relevante Menschenrechtskonventionen im Auge behaltend.

d) Alternative Möglichkeiten zum Lebensunterhalt mit adäquater Unterstützung für die kindlichen Opfer und ihre Familien fördern, um weitere kommerzielle sexuelle Ausbeutung zu verhindern.

f) Nicht nur juristische Strafverfolgung der Täter, sondern auch sozio-medizinische und psychologische Maßnahmen ergreifen, um Verhaltensänderungen seitens der Täter zu bewirken.

6. Mitwirkung der Kinder

a) Sich für die Mitwirkung der Kinder, einschließlich der kindlichen Opfer, der jungen Leute, ihrer Familien, von Gleichaltrigen und anderer potentieller Helfer der Kinder einsetzen, so daß sie in die Lage versetzt werden, ihre Meinung zu äußern und Schritte zu unternehmen, um Kinder vor kommerzieller sexueller Ausbeutung zu schützen, und um die Opfer bei ihrer Wiedereingliederung in die Gesellschaft zu unterstützen.

b) Netzwerke von Kindern und jungen Leuten als Verfechter der Kinderrechte ausfindig machen und unterstützen. Kinder, entsprechend ihres Entwicklungsstandes, in die Ausarbeitung und Ausführung von sie betreffenden staatlichen und nicht-staatlichen Programmen, die sie betreffen, einbeziehen.

Übersetzung: terre des hommes/Marguerite Hesbois

Der Aktionsplan bezieht sich auf viele internationale Instrumente, Empfehlungen und Ziele, die für die Kinder und ihre Familien von Bedeutung sind. Diese bestehen aus:

1930 ILO-Konvention Nr. 29 gegen Zwangsarbeit

1948 Welterklärung über die Menschenrechte

1949 Konvention über die Beseitigung des Menschenhandels und der Ausbeutung durch Prostitution Dritter

1957 ILO-Konvention Nr. 105 über die Abschaffung der Zwangsarbeit

1966 Internationales Abkommen über zivile und politische Rechte

1966 Internationales Abkommen über wirtschaftliche, soziale und kulturelle Rechte

1973 ILO-Konvention Nr. 138 zum Mindestalter in Beschäftigungsverhältnissen

1979 Konvention zur Beseitigung aller Diskriminierungsformen von Frauen

1989 Kinderrechtskonvention

1990 Welterklärung und Aktionsplan über das Überleben, den Schutz und die Entwicklung von Kindern

1992 Aktionsprogramm der UN-Menschenrechtskommission gegen Kinderhandel, Kinderprostitution und Kinderpornographie

1993 Wiener Erklärung und Aktionsprogramm der Weltkonferenz für Menschenrechte

1993 UN-Erklärung über die Abschaffung von Gewalt gegenüber Frauen

1994 Kairoer Erklärung und Aktionsprogramm der Weltkonferenz über Bevölkerung und Entwicklung

1995 Kopenhagener Erklärung und Aktionsplan des Weltgipfels über soziale Entwicklung

1995 Erklärung von Beijing und Aktionsplattform der 4. Frauen-Weltkonferenz

1996 Aktionsprogramm der UN-Menschenrechtskommission gegen Menschenhandel und von Ausbeutung durch Prostitution Dritter

Der Aktionsplan nimmt die Empfehlungen des Kinderrechtskomitees und des speziellen Berichterstatters zu Kinderhandel zur Kenntnis. Er bestätigt die Initiativen vieler internationaler und regionaler Organisationen, einschließlich INTERPOL, Weltorganisation für Tourismus (insbesondere die Stellungnahme von 1995 über die Verhütung des organisierten Sextourismus) und Europarat (insbesondere die Empfehlung Nr. R91 11 von 1991 über sexuelle Ausbeutung, Pornographie, Prostitution und Handel von Kindern und jungen Erwachsenen). Er erkennt ebenfalls den Ausarbeitungsprozeß eines möglichen fakultativen Protokolls über den Verkauf von Kindern, Kinderprostitution und Kinderpornographie an.

Nachwort

Ende Mai 1998: In Niedersachsen wird ein Mann unter dem Verdacht verhaftet, ein zwölfjähriges Mädchen sexuell ausgebeutet und ermordet zu haben. Die Ermittlungsbehörden überführen ihn anhand des größten Gentests in der Kriminalgeschichte Deutschlands. Der Täter gesteht dieses und ein weiteres Verbrechen. Die Nachbarn sind erschrocken und können es kaum glauben: Der Vater von drei kleinen Kindern, der ein »ganz normales« Leben führte, ist ein Verbrecher!

Wer spricht angesichts dieses Erfolges moderner Technik noch von den Kindern, die direkte und indirekte Opfer werden, und über diejenigen, die als Kinder Unterstützung benötigen, um gar nicht erst zum Täter zu werden? Und wer richtet den Blick über die nationalen Grenzen in Länder, in denen Mädchen und Jungen täglich Opfer deutscher Reisender werden? Wer sieht diejenigen, die in unser Land verkauft werden, um hier in sogenannten pädophilien Zirkeln, über Anzeigen und das Internet »angeboten« zu werden?

Mindestens zwei Millionen Mädchen und Jungen unter 18 Jahren werden jährlich weltweit in die kommerzielle sexuelle Ausbeutung gezwungen. Es sind Kinder, die gezielt angeworben werden, um die Nachfrage von Erwachsenen (vorwiegend Männern) zu befriedigen. Immer nutzen die Täter ihre Macht – und ihr Geld – im Gefälle zwischen Erwachsenem und Kind, zwischen Reich und Arm, zwischen Nord und Süd/West und Ost. Die VerliererInnen und die GewinnerInnen dieser Rangfolge stehen von Beginn an fest.

Das internationale Kinderhilfswerk *terre des hommes* arbeitet seit Jahren in Projekten, Kampagnen und gezielten Einzelaktionen an der Verbesserung der Lebensbedingungen von Kindern, sowie politischer und rechtlicher Vorgaben zur Durchsetzung der UN-Kinderrechtskonvention.

Die UN-Konvention zum Schutz der Rechte des Kindes (1989) definiert die besonderen Menschenrechte von Mädchen und Jungen unter 18 Jahren. Fast alle Staaten dieser Welt haben die Konvention mit Schutz- und Partizipationsrechten unterzeichnet und ratifiziert.

Als sich im Sommer 1990 die *Internationale Kampagne gegen Kinderprostitution* in Thailand gründete, war das gemeinsame Ziel die weltweite Umsetzung des Artikels 34 der UN-Kinderechtskonvention, der allen Kindern Schutz vor sexueller Ausbeutung zusichert.

Auf dem ersten »Weltkongreß gegen kommerzielle sexuelle Ausbeutung von Kindern« im August 1996 in Stockholm verpflichteten sich mehr als 120 Staaten der aktiven Arbeit zum Schutz von Kindern. Sie verabschiedeten gemeinsam mit den anwesenden VertreterInnen nationaler und internationaler Nicht-Regierungsorganisationen eine entsprechende Deklaration und den dazugehörigen Aktionsplan. Die Themen, auf die in dem hier vorgelegten Buch von Gisela Wuttke näher eingegangen wird, sind darin ebenso wiederzufinden, wie Forderungen und Vorschläge, Mädchen und Jungen in sie betreffende Entscheidungen einzubeziehen, Kinder in der Vorbeugung und Rehabilitation sexueller Ausbeutung als wichtige PartnerInnen zu akzeptieren und zu unterstützen.

Jugendliche stellten auf dem Kongreß in Stockholm zwar eine kleine eigene Delegation, aber auch dort wurde vor allem über sie und wenig mit ihnen gesprochen. Auf den Philippinen und in Kanada sind im Nachfolgeprozeß 1997/98 Jugendliche zusammengekommen, um über ihre Situation, Veränderungsvorschläge und Forderungen zu debattieren. In Kanada war das Treffen auf Inititative der dortigen Regierung zustande gekommen. Die jugendlichen Delegierten forderten zum Beispiel die Beendigung der Verharmlosung und Stigmatisierung von ausgebeuteten Kindern durch die Verwendung des Wortes »Kinderprostitution«.

Terre des hommes hat begonnen, eine lockere Anbindungsstruktur für Mädchen und Jungen einzurichten. Die Erfahrungen mit Aktionsmöglichkeiten von SchülerInnen und Gruppen haben die Idee unterstützt, Kinderrechtsteams aufzubauen und zu fördern. Die Themenschwerpunkte für diese Teams aus dem Bereich der Kinderrechte sind dabei nicht festgelegt, sondern werden von den Gruppenmitgliedern gewählt.

Die Chancen und Grenzen von Gruppen Gleichaltriger in der Prävention und Rehabilitation sexueller Ausbeutung von Kindern sind in einzelnen Programmen und Projekten in der Erprobung. Gerade in den Ländern der Südhalbkugel wurden in der Einbeziehung sogenannter Peer-groups in Rehabilitationsmaßnahmen mit Opfern gute Erfahrungen gemacht. Die Gruppenbildung für den Schulweg bietet Schutz vor wiederholtem Kidnapping durch die Zuhälter, die gemeinsame Erkundung des Wohnumfeldes schafft Sicherheit, es gibt AnsprechpartnerInnen aus der eigenen Altersgruppe für die ganz normalen Alltagsprobleme. *Terre des hommes* unterstützt solche Programme zum Beispiel in Thailand und auf den Philippinen.

Die politische Debatte um die Frage der individualisierten Sicherheitsverwahrung und Therapie für Täter verschleiert die Tatsache, daß Täter aus unserer Gesellschaft kommen und nicht erst in fortgeschrittenem Alter zu Tätern werden. Wo bleibt die politische Diskussion über die gefährdeten Jugendlichen, für die es kaum Angebote in der weitergehenden Prävention beziehungsweise in der Rehabilitation gibt? Die ExpertInnen in der Behandlung sexueller Ausbeutung sind sich einig: Viele Taten werden im jugendlichen Alter nicht richtig zugeordnet, ungenügende Aufmerksamkeit und Hilflosigkeit herrscht, wenn es um die notwendigen Veränderungen und Angebote für minderjährige Täter geht.

Sexuelle Ausbeutung von Mädchen und Jungen zu beenden heißt nach langjähriger offensiver Informationsarbeit, daß die in diesem Bereich aktiven Kinderrechtsorganisationen gefragt sind, Frauen und Männer zu motivieren, soziale Verantwortung für Mitglieder der eigenen, aber auch anderer Gesellschaften zu übernehmen.

Für den Bereich des Tourismus gilt es, auch von verantwortlicher politischer Seite, mit Unternehmen der Reisebranche - über die bereits geschlossenen Vereinbarungen hinaus - Reisenden Handlungsalternativen und Handlungsaufforderungen nahezubringen. Solange Herr Y. nicht mit einer Ansprache und Konsequenzen über und für den Kauf eines Mädchen oder Jungen im Urlaub rechnen muß, solange gilt für ihn die Vorstellung, daß alle Regeln und Normen mit dem Überschreiten der Landesgrenze ungültig werden. Und erst, wenn sich mutige TouristInnen finden, die Herrn Y. auf die Strafbarkeit seines Tuns hinweisen und deutlich machen, daß sie es nicht hinnehmen, werden Ermittlungsbehörden mehr Erfolg in der Verfolgung von Tätern zum Schutz von Kindern haben.

Terre des hommes hat in Kooperation mit der Europäischen Kommission ein Projekt zur Erstellung eines Inflight-Spots in Angriff genommen, das genau diesen Handlungsaspekt an Flugreisende aus Europa weitergeben soll. Neben der Deutschen Lufthansa, die den Spot auf Fernflügen zeigen wird, haben andere europäische Fluglinien Interesse signalisiert.

Sieben Verurteilungen deutscher Täter hat *terre des hommes* in der Bundesrepublik seit der Gesetzesänderung 1993 dokumentiert. Die Fälle haben eine auffällige Gemeinsamkeit: Die Verurteilten produzierten, vertrieben und/oder besaßen Kinderpornographie, die die eigenen Taten dokumentierten. Der Aufmerksamkeit von MitarbeiterInnen in Fotolabors, ihrem Verantwortungsbewußtsein und ihrem Mut ist es zu verdanken, daß mehrfach Verdächtige angezeigt wurden.

Auf zirka 50 000 Konsumenten wird der Markt an Kinderpornographie in Deutschland von ExpertInnen geschätzt. Diese Zahl galt solange, wie es nur die Distributionsformen über Kopien von Bildern, Filmen und Videos gab. Seit einigen Jahren ist ein neues anonymes Medium für die Verteilung von Kinderpornographie mit grenzenlosen Möglichkeiten hinzugekommen: das Internet.

In Stockholm wurde es noch als Gerücht gehandelt, Anfang 1998 gelang es Sonderermittlern des FBI, die neue abscheuliche Form der sexuellen Ausbeutung von Kindern zu belegen: »Live-Shows via Internet« – bei der der zahlende Kunde über die Tastatur am heimischen Schreibtisch bestimmt, welche sexuelle Ausbeutungsform an einem Kind er live aus einem Land der Dritten Welt erleben möchte. Der Ort des wahren Geschehens bleibt im Dunkeln. Die für immer verfügbaren Bilder des Opfers aber verhindern eine Bearbeitung der furchtbaren Erfahrungen – selbst wenn der Ausstieg gelingen sollte – lebenslang.

Terre des hommes hat im Frühjahr 1997 in Kooperation mit der »Augsburger Allgemeinen Zeitung« und der Karstadt AG die Aktion »K.i.D.s. – Kinder im Datennetz schützen« gestartet. Teile der Datennetze werden offen dazu genutzt, Kinderpornographie direkt zu tauschen, zu verkaufen, die sexuelle Ausbeutung von Minderjährigen vorzubereiten oder zu vereinbaren. Hier setzt die Kampagne »K.i.D.s – Kinder im Datennetz schützen« an: Netzanbieter (Provider), Nutzerinnen und Nutzer (User) sollen dazu bewegt werden, sich gegen Kinderpornographie im Datennetz zu wehren.

- K.i.D.s. will dazu beitragen, daß Kinder vor der sexuellen Ausbeutung über internationale Datennetze geschützt werden.
- K.i.D.s. will Kinder davor schützen, mit kriminellen Inhalten im Datennetz konfrontiert zu werden, denn Kinder haben ein Recht auf unabhängige Information (UN-Kinderrechtskonvention, Artikel 13).
- K.i.D.s. will verantwortungsbewußte Nutzerinnen und Nutzer der Netze dabei unterstützen, die freie Meinungsäußerung durch aktive Ablehnung der Angebote von Kinderpornographie zu erhalten.

- K.i.D.s. will Provider und Mailboxbetreiber dazu motivieren, die Zugänge von Kinderpornographie zu unterbinden und dies durch entsprechende Selbstverpflichtungen abzusichern.
- K.i.D.s. will die begonnene internationale Zusammenarbeit gegen die kommerzielle sexuelle Ausbeutung von Kindern über Datennetze intensivieren.

Zusätzlich hat K.i.D.s. das Ziel, Eltern, ErzieherInnen, LehrerInnen etc. zu ermutigen, sich mit dem Thema sexuelle Ausbeutung von Kindern und Online-Vermarktung zu beschäftigen und mit Kindern über ihre Rechte, über Gefahren, die ihnen drohen, über Verbrechen an Kindern und über Kriminelle im Datennetz zu sprechen.

Die sexuelle Ausbeutung von Kindern wird nicht durch ein Angebot von Kindern, sondern durch die Nachfrage vorwiegend einheimischer oder ausländischer Männer bestimmt. Sie reisen weit, um ihre Macht über Mädchen und Jungen auszuleben; sie bestellen sie per Katalog oder über Datenautobahnen. Kinderhandel mit dem Zweck der Vermittlung von Kindern in ausbeuterische Arbeitsverhältnisse, in Bars und Bordelle und zum Betteln in den regionalen und internationalen Zentren ist in den vergangenen Jahren zum lukrativsten Verdienstzweig für das organisierte Verbrechen geworden.

In dieser erzwungenen »Wanderung« (Migration) von Mädchen und Jungen bieten viele Staaten Kindern keinen Schutz. Minderjährige werden im Gegenteil in für sie völlig unverständliche Rechtsverfahren gezwungen, kriminalisiert und schließlich in ihre Herkunftsländer zurückgeschoben. Den Menschenhändlern spielt diese Politik insofern in die Hand, als sie die mehrfache Chance zum Verkauf des Kindes nutzen.

Beiträge zur Durchsetzung von Menschenrechten für Mädchen und Jungen weltweit sind auf allen gesellschaftlichen Ebenen gefragt. Die nationalen Gesetzesänderungen zum Schutz von Kindern vor sexueller Ausbeutung in Südostasien und Europa lassen die Hoffnung zu, daß das jahrelange Engagement von Nicht-Regierungsorganisationen – in kleinen Schritten – Widerhall findet. Gefordert sind internationale Lösungen, die Kinderrechte fördern und positiv gestalten. Voraussetzung dafür ist Verständnis und die Verantwortungsübernahme von Erwachsenen – über Grenzen hinweg.

Osnabrück, im Mai 1998 *Christa Dammermann*

Anmerkungen

1 Zit. nach: Mechtild Maurer; in: Gebunden in Schweigen, hg. von der Schweizer Kampagne gegen Kinderprostitution, Basel 1993, S. 25
2 Martin Stäbler, Die internationale Kampagne »End Child Prostitution in Asian Tourism« und die internationalen Kampagnen; in: Kinderprostitution und Tourismus – Die deutsche Kampagne gegen Kinderprostitution im Sextourismus 1991–1994, hg. von der Kampagne gegen Kinderprostitution im Sextourismus (1994), S. 7
3 Vgl.: A short introduction to ECPAT and the issue of child sexual exploitation, hg. von ECPAT, Bangkok 1995
4 Außer terre des hommes waren unter anderem agisra, der Bund der Deutschen Katholischen Jugend, die Evangelische Frauenarbeit in Deutschland, die Evangelische Frauenhilfe in Deutschland, der Kirchliche Entwicklungsdienst Bayern, Misereor, das Informationszentrum Dritte Welt Freiburg, das Informationszentrum Dritte Welt Herne, die Ökumenische Asiengruppe, terre des femmes, Solwodi sowie das Zentrum für Entwicklungsbezogene Bildung/Fachstelle Ferntourismus beteiligt. Vgl.: Kinderprostitution und Tourismus, a.a.O., S. 92 f.
5 Zit. nach: Die internationale Kampagne; in: ebenda, S. 10 f.
6 Vgl.: Frankfurter Rundschau, 13.5.1993
7 Vgl.: taz, 22.5.1993
8 Vgl.: Mitteilung von terre des femmes, Menschenrechte für Frauen über Sextourismus/Kinderprostitution, November 1995
9 Wolfgang Föste, Verkaufte Träume – Kinderarbeit und Kinderprostitution in Thailand, München 1982
10 Ebenda, S. 1
11 Zit. nach: Sabine Preuß; in: Susanne Lipka, Das käufliche Glück in Südostasien. Heiratshandel und Sextourismus, Münster 1985, S. 5
12 Die Frage wurde vielfach zitiert, unter anderem von Martin Stäbler in: Die internationale Kampagne; in: Kinderprostitution und Tourismus, a.a.O., S. 11
13 Zit. nach: Tourismus und Kinderprostitution; in: Kinderprostitution und Entwicklung, a.a.O., S. 23
14 Zit. nach: Ingeborg Wick, Prostitutionstourismus nach Sri Lanka und auf die Philippinen, hg. von der Vereinigten Evangelischen Mission, Wuppertal 1994, S. 15
15 Vgl.: Das Parlament, 24.4.1998, S. 13
16 Zit. nach: ebenda, S. 5. Zur Ökonomie von Ferntourismus vgl.: Ron O'Grady, Zwischenlandung Dritte Welt, Frankfurt/Main 1982; in: Tourismus – Prostitution – Entwicklung, hg. vom Zentrum für Entwicklungsbezogene Bildung (ZEB), Stuttgart, S. 114–119
17 Alle Daten: World Tourism Organization, vgl. ebenda
18 »Wir müssen dies tun«, heißt es weiter, »denn wir müssen an die Arbeitsmöglichkeiten denken, die dadurch für das Volk geschaffen werden.« Zit. nach: ebenda, S. 25
19 Vgl.: Gisela Straatmann, Prostitutions-Tourismus in der Dritten Welt – Das Beispiel Thailand; in: Thailand Correspondenz, Nr. 7/8 sowie: Tourismus – Prostitution – Entwicklung, a.a.O., S. 119–125

20 Zit. nach: ebenda, S. 25 f.

21 Ich fasse japanische Prostitutionstouristen ebenfalls unter die Kategorie »weiße Männer«, da sie sich den (Kinder-) Prostituierten gegenüber wie weiße Männer verhalten.

22 Wrawase Wasi, Voller Betroffenheit werden wir Zeugen eines abgrundtief schmutzigen Menschenhandels; in: Gebunden in Schweigen, a.a.O., S. 65

23 Zit. nach: Ingeborg Wick, Prostitutionstourismusmarkt BRD; in: Prostitutionstourismus nach Sri Lanka und auf die Philippinen, a.a.O., S. 20

24 Mechtild Maurer, Tourismus – Prostitution – Aids, Zürich 1991, S. 28

25 Ebenda, S. 21; vgl. ebenso: Ekkehard Launer, Zum Beispiel Sextourismus, Göttingen 1993, S. 11 f.

26 Zit. nach: Saison-Verwahrloste und Porno-Objekte; in: Frankfurter Rundschau, 19.3.1994

27 Christa Dammermann, Deutsche Reiseveranstalter müssen Verantwortung übernehmen; in: Kinderprostitution und Tourismus, hg. von der Kampagne gegen Kinderprostitution im Sextourismus, Tübingen 1994, S. 55; vgl. ebenfalls: die zeitung, Nr. 1/1994, hg. von terre des hommes, Osnabrück 1994, S. 1

28 Vgl.: Statement von Burkhard Gnärig, Sexuelle Ausbeutung von Kindern im Ausland, Osnabrück, 4.11.1995, S. 7

29 Vgl. Pressemitteilung von terre des hommes zum »Problemkreis Kommerzielle sexuelle Ausbeutung von Kindern« aus Anlaß der Stockholmer Tagung, Osnabrück (Juli) 1996

30 Christa Dammermann, Deutsche Reiseveranstalter müssen Verantwortung übernehmen; in: Kinderprostitution und Tourismus, a.a.O., S. 57

31 Zit. nach: Verlag zieht Reiseführer mit Sex-Tips zurück; in: Frankfurter Rundschau, 17.7.1997

32 Zit. nach: Juliane von Krause, Kinderprostitutions- und Sextourismus in Ländern der »Dritten Welt«; in: Kinderprostitution und Entwicklung, a.a.O., S. 15

33 Vgl.: ebenda

34 Die für Thailand genannten Angaben gehen auf Recherchen der Organisation »Friends of Woman« zurück, für die Philippinen auf »Salinlahi«, für Sri Lanka auf »PEACE«, für Kenia auf »Undugu Society« und für Brasilien auf einen Bericht des Untersuchungsausschusses der brasilianischen Abgeordnetenkammer. Vgl. Anm. 1–3; in: ebenda, S. 22

35 Vgl.: Interview mit Burkhard Gnärig; in: taz, 20.9.1994

36 Vgl.: Schon 14jährige Mädchen gehen in China auf den Strich; in: Frankfurter Rundschau, 1.8.1995

37 Zit. nach: Informationen zu Kinderprostitution, hg. von Brot für die Welt (zusammengestellt von Mechtild Maurer), S. 1 f.

38 Juliane von Krause, Kinderprostitution und Sextourismus in Ländern der »Dritten Welt«; in: Kinderprostitution und Tourismus, a.a.O., S. 21 f.

39 Zit. nach: Informationen zu Kinderprostitution, Projektmappe, hg. von Brot für die Welt, a.a.O., S. 3

40 Vgl. in diesem Zusammenhang die Schilderungen betroffener Kinder in: Heinz G. Schmidt, Kindermarkt – Reportagen vom schmutzigsten Geschäft der Welt, Basel 1988

41 Zit. nach: Informationen zu Kinderprostitution; in: Projektmappe, hg. von Brot für die Welt, a.a.O., S. 3

42 Der Handel mit Kindern; in: Die Prostitution – Überleben in der Sklaverei (Dokumentation), Wien 1984, S. 64

43 Vgl.: Lexikon Dritte Welt, hg. von Dieter Nohlen, Reinbek, 1994, S. 565–567

44 Ebenda, S. 566

45 Ebenda, S. 565 (Die im Text verwendeten Abkürzungen wurden nicht übernommen; G.W.)
46 Dies sind landwirtschaftliche Produkte, die nicht für den eigenen Markt, sondern für den Weltmarkt produziert werden.
47 R. Hanisch; zit. nach: Dritte Welt Lexikon, a.a.O., S. 566
48 Die Schuldendienstquote gibt an, wieviel Prozent der Ausfuhrerlöse von Waren und Dienstleistungen eines Landes für Tilgungen und Zinszahlungen auf langfristige Auslandsschulden tatsächlich gezahlt werden müssen. Vgl.: ebenda, S. 769
49 Ebenda, S. 762 sowie S. 769
50 Ebenda, S. 565
51 Vgl.: Ingeborg Wick, Prostitutionstourismus nach Sri Lanka und auf die Philippinen, a.a.O., S. 49
52 Vgl.: Lexikon Dritte Welt, a.a.O., S. 567
53 Daß sie dort nicht selten Arbeitsbedingungen vorfinden, die einer Leibeigenschaft gleichkommen, wird spätestens klar, wenn Hinrichtungen gegen philippinische Hausangestellte ausgesprochen werden, die sich gegen die sexuellen Übergriffe ihrer Dienstherren zur Wehr gesetzt haben. Vgl. Das Sonntagsblatt, 27.10.1995
54 Vgl.: Frauenhandel und Prostitutionstourismus – Eine Bestandsaufnahme, hg. von agisra, München 1990, S. 161 f.; ebenfalls: Ingeborg Wick, Sri Lanka; in: Prostitutionstourismus, a.a.O., S. 48 f.
55 Zit. nach: ebenda, S. 49 f.
56 Vgl.: Vortrag von Amihan Abueva, Präsidentin der philippinischen Kinderschutzorganisation »Salinlahi«, gehalten im April 1993 in der Ev. Akademie Tutzing; ebenfalls in: Ingeborg Wick, ebenda, S. 50
57 Vgl.: Tourismus – Prostitution – Aids, S. 56; zit. nach: Ingeborg Wick, ebenda
58 Die internationale Kampagne gegen Kinderprostitutionstourismus auf den Philippinen wird von folgenden Frauen- und Kinderrechtsorganisationen unterstützt: GABRIELA, ECPAT Philippines, Salinlahi Foundation, TW-MAE-W Philippines, STOP, PREDA Foundation/Human Developement Center, BUKLOD Center, Bagwis Drop-In Center, Glory Morning Project, Center für Solidarity Tourism, United Church of Christ, National Council of Churches, St. Benedict Human Developement Foundation, Institute of Women's Studies sowie WEDPRO. Ihre Adressen finden sich in: Ingeborg Wick, ebenda, S. 51 f.
59 Um welche Konferenz es sich dabei handelt, ist dem Text nicht zu entnehmen. Vgl.: ebenda, S. 48
60 epd Dritte-Welt-Information, Nr. 1/1991, S. 3; zit. nach: Ingeborg Wick, Bundesdeutscher Prostitutionstourismus auf die Philippinen; in: Prostitutionstourismus, ebenda, S. 23
61 Zit. nach: Ingeborg Wick, ebenda
62 Zit. nach: Lexikon Dritte Welt, a.a.O., S. 622 (Die im Text verwendeten Abkürzungen wurden nicht übernommen; G.W.)
63 Vgl.: ebenda, S. 623 f.
64 Deutsche Unternehmen investieren vor allem in den Bereichen Bauwirtschaft, Tourismus, Handel, Banken und Speditionen, also in Branchen, die dem internationalen Prostitutionstourismus entgegenkommen. Vgl.: ebenda, S. 40
65 Zit. nach: ebenda, S. 41
66 Zit. nach: Lexikon Dritte Welt, a.a.O., S. 623 (Die im Text verwendeten Abkürzungen wurden nicht übernommen; G.W.)
67 Ingeborg Wick, Prostitutionstourismus, a.a.O., S. 42
68 Ebenda, S. 43
69 Vgl.: Tourism linked to child prostitution; in: Child Asia No. 13, June 1995, S. 19
70 Zit. nach: epd Dokumentation, Nr. 8/1991, Tourismus und Kinderprostitution, S. 41 f.

71 Diese basieren im wesentlichen auf den 1992 vorgelegten Bericht »Tourism Trends Worldwide and in South Asia 1950-1991«; zit. nach: Ingeborg Wick, Prostitutionstourismus, a.a.O., S. 24

72 Ron O'Grady, Gebrochene Rosen - Kinderprostitution und Tourismus in Asien, Unkel/Bad Honnef 1992, S. 103

73 Zit. nach: Viele Jungen werden sexuell mißbraucht; in: Frankfurter Rundschau, 22.10.1996

74 Vgl. rückblickend: Tim Bond, Knabenprostitution in Sri Lanka; in: Tourismus - Prostitution - Entwicklung, a.a.O., S. 37-39

75 Zit. nach: ebenda, S. 25

76 Zit. nach: Ingeborg Wick, Bundesdeutscher Prostitutionstourismus nach Sri Lanka; in: Prostitutionstourismus, a.a.O., S. 25

77 Vgl.: Deutsche Touristenankünfte in Dritte-Welt-Ländern; in: Sextourismus und »Dritte Welt«, a.a.O., S. 40

78 Zit. nach: ebenda, S. 24

79 PEACE ist die tragende Kraft der internationalen Kampagne gegen Kinderprostitutionstourismus in Sri Lanka. Sie arbeitet eng mit anderen gesellschaftlichen Gruppen und Institutionen zusammen, die sich für eine Verbesserung der sozialen Lage srilankischer Kinder und Frauen einsetzen. Außer PEACE wird die Kampagne unterstützt von der Methodist Church of Sri Lanka, dem National Christian's Council, der Young Women's Christian Association of Sri Lanka sowie dem Center für Women in Development. Vgl.: Ingeborg Wick, Sri Lanka; in: Prostitutionstourismus, a.a.O., S. 44 f. Die Adressen der genannten Organisationen finden sich dort ebenfalls.

80 Vgl.: Caught in Modern Slavery, a.a.O., S. 50; zit. nach: Ingeborg Wick, Prostitutionstourismus, a.a.O., S. 43

81 Vgl.: Lexikon Dritte Welt, a.a.O., S. 669-671

82 Vgl.: ebenda, S. 670

83 Ebenda, S. 671 (Die im Text verwendete Abkürzungen wurden von mir nicht übernommen; G.W.)

84 Zit. nach: Siriporn Skrobanek, Sextourismus; in: terre des hommes in Thailand, Osnabrück 1990, S. 22

85 Zum Klischee der »Asiatin« vgl.: Susanne Lipka, Das käufliche Glück in Südostasien, a.a.O., S. 17-25 sowie in: Sextourismus und Dritte Welt, Standpunkte, Nr. 1/1995, hg. von der Vereinigung ehemaliger Entwicklungshelferinnen und Entwicklungshelfer, Köln, S. 26-29

86 Wolfgang Föste, Verkaufte Träume, a.a.O., S. 5 f.

87 Vgl.: ebenda, S. 7

88 Ebenda, S. 8

89 Ebenda, S. 39. Ein im übrigen nicht nur in Thailand, sondern überall auf der Welt praktiziertes Verfahren, das den Zuhältern, Schleusern und Bordellbesitzern - unter den Bedingungen der Illegalität - zudem den erheblichen Vorteil verschafft, sich »ihrer« Prostituierten auf kaltem Wege entledigen zu können (zum Beispiel wenn ihre Aufenthaltserlaubnis abgelaufen ist). Vgl. hierzu auch den als Reisebericht getarnten Artikel aus: Penthouse, Nr. 7/1981; in: Tourismus - Prostitution - Entwicklung, a.a.O., S. 62-64

90 Zit. nach: Länderbeispiele; in: Projektmappe, hg. von Brot für die Welt, a.a.O., S. 17

91 Zit. nach: Einseitiges Geschäft der Reichen mit den Armen; in: Gebunden in Schweigen, a.a.O., S. 64

92 Ebenda

93 Juliane von Krause, Kinderprostitution und Sextourismus in Ländern der »Dritten Welt«; in: Kinderprostitution und Tourismus, a.a.O., S. 21. Vgl. ebenso: Pasuk

Phongpaichit, Vom Bauernmädchen zur Masseuse; in: Tourismus – Prostitution – Entwicklung, a.a.O., S. 100–103
94 Vgl.: Frankfurter Rundschau, 6.5.1994
95 Zit. nach: Die Tochter als Opfer für ein bißchen Luxus; in: Frankfurter Rundschau, 25.10.1997
96 Kosong Srisang; zit. nach: Länderbeispiele; in: Projektmappe, hg. von Brot für die Welt, a.a.O., S. 18
97 Vgl.: Die Tochter als Opfer ...; in: Frankfurter Rundschau, 25.10.1997
98 Zit. nach: ebenda
99 Zit. nach: Die Tochter als Opfer ...; in: Frankfurter Rundschau, 25.10.1997
100 Zit. nach: Lexikon Dritte Welt, a.a.O., S. 112 (Die im Text verwendeten Abkürzungen wurden nicht übernommen; G.W.)
101 Ebenda, S. 111 (Die im Text verwendeten Abkürzungen wurden nicht übernommen; G.W.)
102 Vgl.: ebenda, S. 110–115
103 Ebenda, S. 114
104 Ebenda
105 Zit. nach: Dirk Hegmann, Folgeerscheinungen des Sextourismus; in: Sextourismus und »Dritte Welt«, a.a.O., S. 2–44, hier: S. 42
106 Vgl.: Deutsche Touristenankünfte in Dritte-Welt-Ländern; in: Sextourismus und »Dritte Welt«, a.a.O., S. 40
107 Zit. nach: Aufgeschobener Tod; in: Frankfurter Rundschau, 4.11.1993
108 Vgl.: Mit 15 zwei Abtreibungen und mit 20 heroinabhängig; in: Frankfurter Rundschau, 18.11.1995
109 Zit. nach: Dirk Hegmann, Folgeerscheinungen des Sextourismus; in: Sextourismus und »Dritte Welt«, a.a.O., S. 42
110 Zit. nach: Frankfurter Rundschau, 4.11.1993
111 Zit. nach: Dirk Hegmann, Folgeerscheinungen des Sextourismus; in: Sextourismus und »Dritte Welt«, a.a.O., S. 43
112 Zit. nach: Frankfurter Rundschau, 4.11.1993
113 Vgl.: Frankfurter Rundschau, 18.11.1995
114 Mechtild Maurer, »Ich war eine Frau, bevor ich ein Mädchen wurde«; in: Gebunden in Schweigen, a.a.O., S. 25
115 Zit. nach: Frankfurter Rundschau, 18.11.1995
116 Zit. nach: Dirk Hegmanns, Folgeerscheinungen des Sextourismus; in: Sextourismus und »Dritte Welt«, a.a.O., S. 43
117 Hier und im folgenden: ebenda, S. 44
118 Zit. nach: Lexikon Dritte Welt, a.a.O., S. 387 f. (Die im Text verwendeten Abkürzungen wurden nicht übernommen; G.W.)
119 Zit. nach: ebenda, S. 386
120 Vgl.: ebenda, S. 387
121 Ebenda
122 Nur 18 Prozent der formell Beschäftigten sind Frauen. Vgl.: Umfeld und Ausmaß des Menschenhandels mit ausländischen Mädchen und Frauen, hg. vom Bundesministerium für Jugend und Frauen, Bayreuth 1992, S. 28. Die Studie wurde erstellt von Dagmar Heine-Wiedenmann in Zusammenarbeit mit Lea Ackermann.
123 Ebenda, S. 30
124 Ebenda, S. 31. Über die von den betroffenen Frauen angegebenen Gründe vgl. ebenda, S. 39 f.
125 Hans-Werner Prahl/A. Steinecke, Der Millionen Urlaub; in: Tourismus – Prostitution – Entwicklung, a.a.O., S. 130
126 Die Zeit, 8.2.1980; zit. nach: Tourismus – Prostitution – Entwicklung, a.a.O., S. 127

127 Vgl.: Deutsche Touristenankünfte in Dritte-Welt-Ländern; in: Sextourismus und »Dritte Welt«, a.a.O., S. 40 sowie: Monika Würstlin, Tourismus und Kinderprostitution; in: Kinderprostitution und Tourismus, a.a.O., S. 23

128 Zit. nach: Umfeld und Ausmaß, a.a.O., S. 22

129 Ebenda, S. 28

130 Über Ursprünge und Entwicklung der Prostitution in Kenia vgl.: Umfeld und Ausmaß, a.a.O., S. 31 f.

131 Ebenda, S. 22

132 Vgl.: ebenda (Anm. 30)

133 Lea Ackermann in einem schriftlichen Bericht über Prostitution in Mombasa, o.J. (möglicherweise 1986)

134 Ebenda; vgl. ebenso: Die Nächte von Mombasa; in: Stern, Nr. 17/1987, S. 30

135 In ihrer Mehrzahl ältere, auf jeden Fall verheiratete Männer, die junge Frauen als Mätressen halten und gerne auch schwängern. Das Schwängern von Frauen gilt in der kenianischen Männergesellschaft als überzeugenster Beweis männlicher Potenz. Diese Form der Machtdemonstration ist auch in Lateinamerika weit verbreitet.

136 Zit. nach: Umfeld und Ausmaß, a.a.O., S. 56

137 Zit. nach: ebenda, S. 22

138 Daily Nation, 1.12.1990; zit. nach: Umfeld und Ausmaß, a.a.O., S. 22 f.

139 Mary Wanja, Zur allgemeinen Situation in Kenia, den Tourismus betreffend; in: Solwodi-Rundbrief, Nr. 25/1994; zit. nach: Sextourismus und »Dritte Welt«, a.a.O., S. 13

140 Zit. nach: Lexikon Dritte Welt, a.a.O., S. 174 (Die im Text verwendeten Abkürzungen wurden nicht übernommen; G.W.)

141 Ebenda, S. 767 (vgl. Anm. 48)

142 Ebenda, S. 173

143 Ebenda, S. 173 f.

144 Zit. nach: Umfeld und Ausmaß, a.a.O., S. 23

145 Ebenda

146 Vgl.: Aids, Sex und Tourismus, Umfrage von Kleiber u.a., hg. vom Bundesministerium für Gesundheit, Baden-Baden 1995, S. 98

147 Ebenda

148 Zit. nach: Umfeld und Ausmaß, S. 23

149 Zit. nach: Aids, Sex und Tourismus, a.a.O., S. 99

150 Vgl.: Martha Mamozai, Herrenmenschen – Frauen im deutschen Kolonialismus, Reinbek 1982. Dort findet sich auch eine sehr prägnante Übersicht über den Kolonialbesitz des deutschen Kaiserreichs. Vgl.: S. 29

151 Vgl.: Peter Körner/Gero Maaß/Thomas Siebold/Rainer Tetzlaff, Im Teufelskreis der Verschuldung – Der Internationale Währungsfonds und die Dritte Welt, Hamburg 1984

152 Vgl.: Claudia v. Werlhof/Maria Mies/Veronika Bennholdt-Thomsen, Frauen, die letzte Kolonie, Reinbek 1988. Vgl. ebenso: Gruppe Feministischer Internationalismus (Hg.): Zwischen Staatshaushalt und Haushaltskasse – Frauen in der Weltwirtschaft, Bremen 1989

153 Maria Mies, Patriarchat und Kapital – Frauen in der internationalen Arbeitsteilung, Fulda 1989, insbesondere: Gewalt gegen Frauen und die fortgesetzte ursprüngliche Akkumulation des Kapitals, S. 185–223

154 Vol. 10, No. 3; zit. nach: Child Asia, No. 13, June 1995, S. 24 (eigene Übersetzung)

155 Ebenda (eigene Übersetzung)

156 Zit. nach: Verführt, verkauft, verbraucht; in: Der Spiegel, Nr. 42/1989, S. 235

157 Zit. nach: Schon vierjährige Kinder werden an Zuhälterringe verkauft; in: Frankfurter Rundschau, 22.2.1992

158 Vgl.: ECPAT-Taiwan Host First Regional Consultation on Child Trafficking; in: News Update, hg. von ECPAT Philippinen, Juni 1994, S. 12 f.

159 Zit. nach: Der Stern, 1.12.1988, S. 46. Ich weise insbesondere auf die Sprache und fotografische Gestaltung dieses Beitrags hin.

160 Ebenda

161 Zit. nach: Flug ins El-Sexorado; in: Focus, Nr. 6/1993, S. 94. Ich weise insbesondere auf die Sprache und fotografische Gestaltung dieses Beitrags hin.

162 Ebenda

163 Ebenda, S. 95

164 Vgl.: Aids, Sex und Tourismus, a.a.O., S. 97 f.

165 Vgl.: »Natascha, komm ins Bett«; in: Der Stern, Nr. 46/1994, S. 178–192. Ich möchte auch hier nicht versäumen, auf die (frauen-) diskriminierende Sprache dieses Beitrags hinzuweisen.

166 Vgl.: Bericht von Mechtild Maurer, 31.1.1995 (Manuskript)

167 Ebenda, S. 1

168 Jürgen Albrecht (Landeskriminalamt Brandenburg); zit. nach: Mädchen gegen »Miete« oder Tausch gegen Autos; in: Berliner Zeitung, 4.8.1994. Vgl. ebenfalls: Datenbankanbieter GENIUS, Dokumentennummer 0894030

169 Vgl.: Die nackte Angst ist immer dabei; in: Focus, Nr. 40/1994, S. 131

170 Ich erinnere an dieser Stelle daran, daß weiße Prostituierte (auch) in Kenia arbeiten. Vgl. Abschnitt »Prostitutionstouristinnen«

171 Zit. nach: Mechtild Maurer, Bericht, a.a.O., S. 1

172 Ebenda, S. 1 f.

173 Ebenda, S. 2

174 Vgl.: Sex und hopp; in: Der Stern, Nr. 27/1993, S. 22

175 Vgl.: ebenda, S. 20

176 Zit. nach: Frauen in Osteuropa leben miserabel; in: Frankfurter Rundschau, 21.2.1994

177 Das vergleichsweise hohe Bildungsniveau der russischen Prostituierten ist ein Indiz dafür, daß der russische Arbeitsmarkt auch qualifizierten Frauen keine Arbeitsmöglichkeiten (mehr) bietet. Vgl.: Interview mit einem russischen Heiratshändler; in: Brigitte (Dossier), Nr. 23/1994, S. 102 f.

178 Ebenda

179 Vgl.: Time International Special Report: Sex for Sale, June 21, 1993, S. 42–45

180 Mechtild Maurer, Bericht, a.a.O., S. 2

181 Zit. nach: ebenda

182 Zit. nach: Babyboom auf dem Straßenstrich; in: taz, 14.3.1994

183 Ebenda

184 Vgl.: Beim Nachbarn die Sau rauslassen; in: Frankfurter Rundschau, 23.11.1994

185 Zit. nach: »Natascha, komm ins Bett«; in: Der Stern, Nr. 46/1994, S. 188

186 Vgl.: Das Geschäft mit dem Sex; in: Der Stern, Nr. 32/1995, S. 24

187 Vgl. ebenda

188 Vgl.: Der Stern, Nr. 46/1994, S. 184 sowie Der Stern, Nr. 32/1995, S. 19

189 Vgl.: Report, ARD, 17.7.1995

190 Zit. nach: »Welpen« für perverse Kunden; in: Focus, Nr. 43/1994, S. 92

191 Ebenda

192 Zit. nach: ebenda

193 Vgl. die Geschichte von Sven; in: Susann Millhagen, Gefühle kann man nicht kaufen, Reinbek 1986, S. 140–145

194 Ebenda

195 Zit. nach: The Independent, 6.4.1994. In Amsterdam gibt es mehrere Anlaufstellen für (ausländische) Prostituierte und Stricher, unter anderem das AMOC.
196 Zit. nach: Mädchenhandel aus Polen; in: Frankfurter Rundschau, 29.6.1992
197 Zit. nach: Menschenhandel; in: taz, 6.4.1993
198 Zit. nach: Immer mehr osteuropäische Prostituierte kommen nach Frankfurt; in: Frankfurter Rundschau, 8.7.1993
199 Zit. nach: Polizei hob in Bayern einen Mädchenhändlerring aus; in: Frankfurter Rundschau, 9.2.1995
200 Zit. nach: »Natascha, komm ins Bett«; in: Der Stern, Nr. 46/1994, S. 182
201 Vgl. zur Situation in Berlin: taz, 27.7.1995
202 Vgl.: Osteuropäische Frauen »billiger«; in: Frankfurter Rundschau, 19.6.1995
203 Ebenda
204 Zit. nach: Aus dem Leben eines Luden; in: Der Stern, Nr. 32/1995, S. 22. Es handelt sich in diesem Fall um junge Frauen, die in Ost-Berliner Discotheken aufgegabelt wurden. Vgl. ebenfalls: Das Kind, das nicht zur Hure taugte; in: Brigitte (Dossier), Nr. 23/1994, S. 100/101 sowie: Susann Millhagen, Der Zuhälter; in: Gefühle kann man nicht kaufen, a.a.O., S. 98–105
205 Vgl.: Die nackte Angst ist immer dabei; in: Focus, Nr. 40/1994, S. 129
206 Zit. nach: »Die Zuhälter lachen sich kaputt«; in: Focus, Nr. 40/1994, S. 132
207 Ebenda
208 Vgl.: Zuhälterring fliegt bei Razzia auf; in: Frankfurter Rundschau, 22.10.1996
209 Vgl.: Das Geschäft mit dem Sex; in: Der Stern, Nr. 32/1995, S. 16
210 Vgl.: Die nackte Angst ist immer dabei; in: Focus, Nr. 40/1994, S. 131
211 Zit. nach: Das Geschäft mit dem Sex; in: Der Stern, Nr. 32/1995, S. 16
212 Susann Millhagen, Gefühle kann man nicht kaufen, Reinbek 1986, S. 8
213 Renate Sänger, Kinderpornographie und Frühprostitution; in: Kind – Jugend – Gesellschaft, Zeitschrift für Jugendschutz, Luchterhand Verlag, Mai 1994, S. 48
214 Ebenda, S. 49
215 Vgl.: Martina Bodenmüller, Auf der Straße leben – Mädchen und junge Frauen ohne Wohnung, Münster 1995
216 Vgl. hierzu: Straßenkinder – Annäherungen an ein soziales Phänomen, hg. vom Deutschen Jugendinstitut, München/Leipzig 1995 sowie Lebensort Straße – Kinder und Jugendliche in besonderen Problemlagen, Münster 1996
217 Ebenda
218 Isabell Tiede, Mädchenprostitution – Ein Versuch, aus dem Elternhaus auszubrechen, Reinbek 1997, S. 47
219 Zit. nach: Jungen aus Heimen eingeladen und mißbraucht; in: Frankfurter Rundschau, 26.9.1996
220 Vgl.: Birgit Maatsch, Arbeitsschwerpunkt »Beratungsbus am Bahnhof Zoo«; in: Sextourismus und Kinderprostitution – Dokumentation der Arbeitstagung der Kampagne gegen Kinderprostitutionstourismus vom 29.11. bis 1.12.1991, hg. von der Koordinationsstelle der Kampagne gegen Kinderprostitution, Osnabrück o.J., S. 21-24; zit. nach: Kinderprostitution in Deutschland, in: die Zeitung, Nr. 4/1992, a.a.O., S. 4
221 Ebenda
222 Ebenda
223 Vgl. Sextourismus und Kinderprostitution, a.a.O., S. 48
224 Isabell Tiede, Mädchenprostitution, a.a.O., S. 52
225 Zit. nach: Kinderprostitution in Deutschland; in: die zeitung, Nr. 4/1992, a.a.O.
226 Zit. nach: Arbeitsplatz Babystrich; in: Der Stern, Nr. 43/1993, S. 118
227 Zit. nach: Kinderprostitution in Deutschland: Ausreißen und Anschaffen; in: die zeitung, Nr. 4/1992, a.a.O., S. 4

228 Zit. nach: Arbeitsplatz Babystrich; in: Der Stern, Nr. 43/1993, S. 126
229 Ebenda. Vgl. ebenfalls: Isabell Tiede, Mädchenprostitution, a.a.O., S. 56 f.
230 Ebenda, S. 122
231 Susann Millhagen, Gefühle kann man nicht kaufen, a.a.O., S. 15 f.
232 Vgl. die Ergebnisse der in der Schriftenreihe des Bundesministeriums für Familie, Senioren, Frauen und Jugend hg. Studie »Sexueller Mißbrauch von Kindern und Jugendlichen – Intervention und Prävention«, Stuttgart/Berlin/Köln 1997
233 Vgl. Der Sextourist; in: Kinderprostitution und Tourismus, a.a.O., S. 27
234 Hier und im folgenden: Susanne Lipka, Zu den Motiven der Täter und den gesellschaftlichen Ursachen; in: Kinderprostitution und Tourismus, a.a.O., S. 30
235 Zit. nach: Rainer E. Wiedenmann, Zu einer Typologie deutscher Kunden; in: Umfeld und Ausmaß, a.a.O., S. 73. Vgl. demgegenüber das Ideal der kenianischen Frau, das »eher einer Mischung zwischen selbstbewußter Initiative und einer besitzergreifenden, man möchte sagen: »raubtierhaft«-exotischen Erotik ähnelt»; ebenda
236 Aussage eines Prostitutionstouristen; in: Rainer E. Wiedenmann, Zu einer Typologie deutscher Kunden; in: Umfeld und Ausmaß, a.a.O., S. 87
237 Vgl.: Mechtild Maurer, Auf der Suche nach Jugendlichkeit – die Sextouristen; in: Gebunden in Schweigen, a.a.O., S. 62
238 Ebenda
239 Zit. nach: Rainer E. Wiedenmann, Zu einer Typologie deutscher Kunden; in: Umfeld und Ausmaß, a.a.O., S. 74 f. Bei der Umfrage von Kleiber u.a. handelt es sich um die vom Bundesministerium für Gesundheit hg. Studie über Aids, Sex und Tourismus, Baden-Baden 1995
240 Zit. nach: Rainer E. Wiedenmann, Zu einer Typologie deutscher Kunden; in: Umfeld und Ausmaß, a.a.O., S. 66
241 Zit. nach: Feldforschung; in: Süddeutsche Zeitung, 24.2.1996
242 Vgl. hierzu auch das »Profil des Sextouristen«; in: Sextourismus und »Dritte Welt«, a.a.O., S. 50 f.
243 Ebenda, S. 80–90
244 Ebenda, S. 68. Vgl. ebenfalls: Cheryl Benard/Edit Schlaffer, Es muß nicht immer Kakao sein – Frauen als Rohstoff – Das Beispiel Thailand; in: Die Grenzen des Geschlechts – Anleitungen zum Sturz des Internationalen Patriarchats, Reinbek 1985, S. 114–124
245 Ebenda, S. 70
246 Ebenda, S. 81
247 Ebenda, S. 82
248 Über die Kurzfristigkeit und Punktualität von sexuellen »Beziehungen« vgl. Helmut Schelsky, Soziologie der Sexualität, Reinbek 1965, S. 122
249 In: Rainer Wiedenmann, Zu einer Typologie deutscher Kunden; in: Umfeld und Ausmaß, a.a.O., S. 85
250 Ebenda
251 Berit Latza beschreibt sie als defizitäre Männer, denen es an Jugend und Schönheit fehlt. Vgl.: Sextourismus in Südostasien, Frankfurt/Main 1984, S. 206 ff.
252 Vgl.: Rainer E. Wiedenmann, Zu einer Typologie deutscher Kunden; in: Umfeld und Ausmaß, a.a.O., S. 86 f.
253 Ebenda, S. 87 f.
254 Ebenda, S. 89
255 Ebenda
256 Ebenda, S. 93
257 Vgl.: Anita Orlovius-Wessely, Im Urlaub gelten andere Regeln: Tourismus und das Dilemma der Jagd nach dem Glück in der Fremde; in: »Der ganz normale Mann?« –

Sexuelle Ausbeutung von Kindern durch Touristen, hg. vom Gustav-Stresemann-Institut, Bonn 1995, S. 27–35

258 Zit. nach: Dieter Kleiber/Martin Wilke, Sextourismus, ein Motor für die Ausbreitung von HIV und Aids?; in: Sextourismus und »Dritte Welt«, a.a.O., S. 49

259 Ebenda

260 Zit. nach: Dagmar Heine-Wiedenmann/Lea Ackermann, Prostitutionstourismus; in: Umfeld und Ausmaß, a.a.O., S. 55

261 Hier und im folgenden: Kinderprostitution; in: Aids, Sex und Tourismus, a.a.O., S. 286

262 Ebenda

263 Ebenda, S. 286 f.

264 Ebenda, S. 287 (vgl. statistische Auswertung ebenda)

265 Ebenda (vgl. statistische Auswertung ebenda)

266 Ebenda, S. 288 (vgl. statistische Auswertung ebenda)

267 Vgl.: Rainer E. Wiedenmann, Zu einer Typologie deutscher Prostitutionstouristen; in: Umfeld und Ausmaß, a.a.O., S. 68

268 Zit. nach: Aids, Sex und Tourismus, a.a.O., S. 288

269 Wrawase Wasi, Voller Betroffenheit werden wir Zeugen eines abgrundtief schmutzigen Menschenhandels; in: Gebunden in Schweigen, a.a.O., S. 65

270 Im Kontext sexueller Gewalt gegen Kinder möchte ich von sexueller Mißhandlung und nicht von »sexuellem Mißbrauch« sprechen, da diese Bezeichnung impliziert, daß ein sexueller Gebrauch von Kindern durchaus statthaft ist.

271 Reinhard Fatke, Pädophilie ist sexuelle Gewalt; in: Gebunden in Schweigen, a.a.O., S. 56

272 Vgl.: Raymond A. Knight u.a., Classification of Sexual Offenders. Zit. nach: Rüdiger Lautmann, Die Lust am Kind – Portrait des Pädophilen, Hamburg 1994, S. 10

273 Ebenda. Das nicht ohne Empathie für die Täter geschriebene »Portrait« stellt nur den Typus des »echten« Pädophilen vor.

274 Ebenda, S. 14

275 In: Gebunden in Schweigen, a.a.O., S. 39 f.

276 Ebenda, S. 40

277 Das aus der alternativen Szene entlehnte Modewort »ausleben« findet sich auch bei Reinhard Fatke, Pädophilie ist sexuelle Gewalt, a.a.O., S. 56

278 Ebenda

279 Ebenda

280 Zit. nach: Pädophile Propaganda; in: taz Bremen, 27.11.1996

281 Vgl. Reinhard Fatke, der Päderasten als »Verwandte und Nachbarn, Bekannte, Erzieher, Lehrer, Pfarrer, Diakone und so weiter« bezeichnet; in: Pädophilie ist sexuelle Gewalt; in: Gebunden in Schweigen, a.a.O., S. 56

282 Ron O'Grady, Gebrochene Rosen, a.a.O., S. 69 f.

283 Ebenda, S. 73

284 Ebenda, S. 71

285 Möglicherweise ist nur die Zahl der insgesamt sexuell mißhandelten männlichen Kinder größer als allgemein angenommen.

286 Ron O'Grady, Gebrochene Rosen, a.a.O., S. 71

287 Ebenda

288 Ebenda, S. 69

289 Ebenda, S. 73

290 Ich verweise an dieser Stelle nochmals auf die von Rüdiger Lautmann in »Die Lust am Kind« vertretene Auffassung, daß die Kinder »an ihrem Liebhaber (hängen) und ihn jederzeit verlassen (könnten), wenn sie nur wollten«. Vgl.: a.a.O., S. 14

291 In: Gebrochene Rosen, a.a.O., S. 75

292 Ebenda, S. 75 ff.
293 Vgl.: ebenda, S. 68
294 Ebenda, S. 63
295 Ebenda, S. 68
296 Ebenda
297 Vgl. zur Struktur und Arbeitsweise von NAMBLA: Paul Ehrlich, Das schmutzige Geschäft mit den Kindern Asiens; in: Readers Digest, Nr. 10/1993, S. 124–129
298 Zit. nach: Gebrochene Rosen, a.a.O., S. 63 f.
299 »Sex vor dem achten Lebensjahr, sonst ist es zu spät!«
300 Zit. nach: Gebrochene Rosen, a.a.O., S. 63 f.
301 Lewis Carroll Bild vom »Kinderfreund« erfreut sich weltweit nach wie vor großer Beliebtheit. So konzediert ihm auch »Die Zeit«, eine »besondere Form der Unschuld«, die den »schüchternen Mann« dazu trieb, in einem einzigen Jahr (1863) »mit 102 Mädchen Kontakt auf(zunehmen), um sie zu fotografieren, am liebsten nackt«. In: Alice im Marketingland, Die Zeit, 28.5.1998
302 Gebrochene Rosen, a.a.O., S. 65 f.
303 Zit. nach: ebenda, S. 66
304 Ebenda, S. 66 f.
305 Ebenda, S. 67
306 Ebenda
307 Zit. nach: ebenda
308 Vgl.: Frankfurter Rundschau, 14.8.1992
309 Zit. nach: Ilse Lenz/Norma Ramil-Weiss/Heidi Thiemann, Internationaler Frauenhandel – Eine Untersuchung über Prostitution und Heiratshandel in Nordrhein-Westfalen, hg. vom Ministerium für die Gleichstellung von Frau und Mann des Landes Nordrhein-Westfalen, Düsseldorf 1993, S. 21
310 Zit. nach: Handelsware Frau – Das Geschäft mit der Not, Brigitte (Dossier), Nr. 23/1994, S. 108
311 Ebenda
312 »Tatort«-Sendung »Frau Bu lacht«, ARD, 25.11.1995
313 Zit. nach: Gebrochene Rosen, a.a.O., S. 83
314 Von Kindern als »Beute« ist in der pädophilen Phantasie und Literatur offenbar recht häufig die Rede. Vgl.: ebenda, S. 76 f.
315 Zit. nach: ebenda, S. 83
316 John D. Stanford im »Spartacus«, einem publizistischen Wegweiser ins pädophile Urlaubsparadies. Zit. nach: Entwicklungspolitische Korrespondenz, Nr. 5/1981, S. 10. Dort findet sich auch ein Hinweis auf den 1. Internationalen Kongreß über mißbrauchte und vernachlässigte Kinder 1981 in Amsterdam, auf dem Tim Bond (terre des hommes) über »die stark angestiegene Knabenprostitution auf Sri Lanka« berichtet hatte.
317 Gebrochene Rosen, a.a.O., S. 82
318 Ebenda, S. 83
319 Vgl.: Sex für den weißen Herren; in: Stern, Nr. 49/1989, S. 80
320 Gebrochene Rosen, a.a.O., S. 84
321 Zit. nach: ebenda, S. 81
322 Rainer E. Wiedenmann spricht in diesem Zusammenhang von einem Prostitutionstourismus oder Prostitutionstouristen; in: Zu einer Typologie deutscher Kunden; in: Umfeld und Ausmaß, a.a.O., S. 76.
323 Tatsächlich differenziert die Studie »Aids, Sex und Tourismus« nicht zwischen Kinderprostitutionstouristen und Pädophilen. Vgl.: Schwule Männer als Sextouristen sowie S. 225–240 und Kinderprostitution S. 285–289, a.a.O.

324 Auch im Kontext sexueller Gewalt gegen Kinder in der Familie leugnen die Täter (Väter, Großväter, Brüder, Onkel...) regelmäßig jede Schuld, oft sogar die Tat selbst. Vgl. unter anderem: Christian Spoden, Auf der Suche nach einer männlichen Identität jenseits der Gewalttätigkeit; in: »Der ganz normale Mann?«, a.a.O. S. 36 bis 43. Die Kampagne »Mißbrauch des Mißbrauchs« mag als Ausdruck dafür gelten, daß (potentielle) Täter und SolidarisiererInnen (zum Beispiel Katharina Rutschky) ihre öffentliche Ent-Schuldigung nicht scheuen.

325 Zit. nach: Gebrochene Rosen, a.a.O., S. 83

326 »Jede Beurteilung eines erwachsenen Mannes, der ein Kind zu sexuellen Zwecken mißbraucht, darf niemals die Wirklichkeit, daß der Erwachsene (der Mann, der Reiche, der Weiße; G.W.) in jeder Beziehung das Symbol von Macht ist, beiseite lassen.« Zit. nach: ebenda, S. 85

327 Mechtild Maurer, Tourismus – Prostitution – Aids, a.a.O., S. 67

328 Zit. nach: Gebrochene Rosen, a.a.O., S. 34 (Die Geschichte der Rosario findet sich ebenda, S. 21–35)

329 Vgl.: Aids, Sex und Tourismus, a.a.O., S. 225

330 Ebenda, S. 225 f.

331 Ebenda, S. 239

332 Ebenda, S. 240

333 Vgl.: Erich Wiedemann im »Merian«-Heft über Kenia, März 1976, S. 100. Das von ihm kreierte Wort »Studienrätinnen«-Dorado soll wohl nahelegen, daß diese eine spezifisch prostitutionstouristische Struktur (»Blaustrumpf?«) aufweisen. Vgl. die von Gaby Beckmann und Barbara Elzer angestellten Überlegungen zur sprachlichen Darstellung von weiblichen Prostitutionstouristen in den Medien; in: Frauensextourismus am Beispiel Kenias; in: Sextourismus und »Dritte Welt«, a.a.O., S. 14

334 Rainer E. Wiedenmann und Dagmar Heine-Wiedenmann, die Co-Autorin der Studie Umfeld und Ausmaß, hg. vom Bundesministerium für Frauen und Jugend, a.a.O.

335 Rainer E. Wiedenmann, Zu einer Typologie deutscher Kunden; in: Umfeld und Ausmaß, a.a.O., S. 74

336 In: Sextourismus und »Dritte Welt«, a.a.O., S. 14

337 Vgl.: ebenda, S. 14 f.

338 Zit. nach: ebenda, S. 15

339 Vgl.: Marta Aparicio, Einmal hin und zurück zum verlorenen Begehren; in: Sextourismus und »Dritte Welt«, a.a.O., S. 19–23

340 Zit. nach: Gaby Beckmann und Barbara Elzer, Frauensextourismus am Beispiel Kenias; in: Sextourismus und »Dritte Welt«, a.a.O., S. 16

341 »Wir denken hier an Beispiele von verständnisloser und beschämender Arroganz mancher Prostitutionstouristen, besonders von Sexkonsumenten, gegenüber Kenianer/innen. So kommt es vor, daß Schwarze als ›Schornsteinfeger‹ oder gar ›Affen‹ tituliert werden. Ordinäre Unarten der Touristen werden als angeblich landesüblich – weil ›primitiv‹ – gerechtfertigt.« In: Umfeld und Ausmaß, a.a.O., S. 91 (Anm. 102)

342 Lt. »Entwicklungspolitisches Unterwegs-Lexikon« von Horlemann (1988) »männliche Prostituierte, die sich auf die Anmache alleinreisender, weißer Touristinnen spezialisiert haben. In der Regel handelt es sich um junge Männer, die von den Touristinnen kurz- oder längerfristig ausgehalten werden und sich auf die Weise Einkommensquellen erschließen«. Zit. nach: Gaby Beckmann/Barbara Elzer, Frauensextourismus am Beispiel Kenias; in: Sextourismus und »Dritte Welt«, a.a.O., S. 15

343 Ebenda, S. 16

344 In: Einmal hin und zurück zum verlorenen Begehren; in: Sextourismus und »Dritte Welt«, a.a.O., S. 19

345 Vgl. zum weiblichen Prostitutionstourismus in Kenia: Aids, Sex und Tourismus, a.a.O, S. 241–279
346 In: Aids, Sex und Tourismus, a.a.O, S. 124 f.
347 Ebenda
348 In: Gebrochene Rosen, a.a.O., S. 92 f.
349 In: Die Lust am Kind, a.a.O., S. 12. Über die Ergebnisse der Studie berichtet Martina Knopf in: Sexuelle Kontakte zwischen Frauen und Kindern; in: Zeitschrift für Sexualforschung Nr. 6/1993, S. 23-25
350 Zit. nach: Gebrochene Rosen, a.a.O., S. 86
351 Ebenda, S. 87
352 Ebenda
353 Ebenda
354 Ebenda
355 Zit. nach: »Der ganz normale Mann?«, a.a.O., S. 7
356 Ebenda, S. 9
357 Vgl.: ebenda
358 Ebenda, S. 10
359 Ebenda, S. 11
360 Ebenda
361 Ebenda
362 Ebenda, S. 12
363 Ebenda, S. 12 f.
364 Vgl.: Dagmar Quinten, Das »Spiegel«-Bild der Sprach-Kultur – Sexistischer Tourismus; in: Sextourismus und »Dritte Welt«, a.a.O., S. 41 f.
365 Vgl. zur Rolle des Mannes im Kulturvergleich: Männerbünde – Führer zur Ausstellung, hg. vom Rautenstrauch-Joest-Museum (Köln 1990)
366 Zit. nach: »Der ganz normale Mann?«, a.a.O., S. 13
367 Ebenda, S. 14
368 Ebenda
369 Ebenda
370 Ebenda, S. 15
371 Ebenda
372 Ebenda, S. 16
373 Ebenda
374 Vgl. Was tun mit den Tätern? – Zur Wirkung von Therapie und sozialer Kontrolle; in: KOFRA, Nr. 83/84, hg. vom Kommunikationszentrum für Frauen zur Arbeits- und Lebenssituation e.V., München 1997, S. 13–15
375 Zit. nach: Zum Zusammenhang zwischen Denken und Handeln von Männern und Maßnahmen der Kontrollsysteme; in: KOFRA, Nr. 83/84, a.a.O., S. 25
376 Zit. nach: Strategien gegen Gewalt im Geschlechterverhältnis; in: KOFRA, Nr. 83/84, a.a.O., S. 12
377 Vgl.: Kinderprostitution in Thailand; in: Stern, Nr. ?/1991, S. 114
378 Die Verfasserinnen der Studie »Internationaler Frauenhandel« verweisen hier auf einen Artikel, der am 31.5.1991 im Kölner »Express« erschien.
379 Zit. nach: Internationaler Frauenhandel – Eine Untersuchung über Prostitution und Heiratshandel in Nordrhein-Westfalen, a.a.O., S. 21
380 Mechtild Maurer, Auf der Suche nach Jugendlichkeit – die Sextouristen; in: Gebunden in Schweigen, a.a.O., S. 62
381 Zit. nach: Gebunden in Schweigen, a.a.O., S. 76
382 Christoph Keller, Wenn Blicke töten; in: Gebunden in Schweigen, a.a.O., S. 77
383 Renate Sänger, Kinderpornographie und Frühprostitution – Ein Beitrag aus der Praxis; in: Kind – Jugend – Gesellschaft, Nr. 2/1994, S. 43

384 Ebenda
385 Ebenda, S. 44
386 Monika Gerstendörfer, Sexualisierte Gewalt auf CD-ROM und in den weltweiten Netzen, Manuskript zur Fachtagung »Digitale Schmuddelecken« am 24.11.1997 in Gießen, o.S.
387 Ebenda
388 Vgl. hierzu: Hanna Balzer, Sexueller Mißbrauch von Mädchen; in: Sextourismus und Kinderprostitution – Dokumentation der Arbeitstagung der Kampagne gegen Kinderprostitution, a.a.O., S. 16–20
389 Renate Sänger, Kinderpornographie und Frühprostitution; in: KJuG, Nr. 2/1994, a.a.O., S. 44
390 Ebenda, S. 45
391 Ebenda
392 Ebenda, S. 46
393 Zit. nach: Ann Thönissen/Klaus Meyer-Andersen, Kinderschänder – Das geheime Geschäft mit der Kinderpornographie, a.a.O., S. 48
394 Ebenda
395 Ebenda
396 Vgl.: Detlef Drewes, Kinder im Datennetz – Pornographie und Prostitution in den neuen Medien, Frankfurt/Main 1995
397 Vgl.: Renate Sänger, Kinderpornographie und Frühprostitution; in: KJuG, Nr. 2/1994, a.a.O., S. 46
398 Ebenda, S. 47
399 Ebenda
400 Natürlich gibt es auch pornographische Aufnahmen, die die Anwendung offener Gewalt beinhalten, wobei Gewalt in diesen Fällen lediglich als sexuelle Variante inszeniert wird.
401 Zit. nach: Renate Sänger, Kinderpornographie und Frühprostitution; in: KJuG, Nr. 2/1994, a.a.O., S. 47 f.
402 Monika Gerstendörfer, Das Internet: Bühne und Börse für die massenhafte Verbreitung von schwersten Mißhandlungen an Kindern; in: KOFRA, Nr. 82, München (o.J.), S. 8
403 Vgl.: Manfred Karremann, Kinderprostitution und Kinderpornographie – Recherchen über die Vermarktung von Kindern. Zit. nach einer protokollarischen Mitschrift von Susanne Lipka; in: Sextourismus und Kinderprostitution – Dokumentation der Arbeitstagung der Kampagne gegen Kinderprostitution im Sextourismus, a.a.O., S. 4
404 Ebenda
405 Ebenda
406 Reiner Laschet, Jugend und Gewalt – Sexualdelikte; in: KJuG, Nr. 2/1994, a.a.O., S. 54
407 Renate Sänger, Kinderpornographie und Frühprostitution; in: KJuG, Nr. 2/1994, a.a.O., S. 44
408 Ebenda; vgl.: Tim Tate, Child Pornography, London 1990
409 Hier sei lediglich auf die von dem Frankfurter Modehaus A. Pfüller geschaltete Anzeige »JOOP! KIDS« hingewiesen. Vgl.: Frankfurter Rundschau, 3.2.1996
410 Vgl.: Tim Tate, a.a.O.
411 Von Kinderprostitutionstouristen werden allerdings häufig auch mehrere Kinder gleichzeitig sexuell beziehungsweise pornographisch mißhandelt.
412 Renate Sänger, Kinderpornographie und Frühprostitution; in: KJuG, Nr. 2/1994, a.a.O., S. 44 f.

413 Vgl.: Reiner Laschet, Jugend und Gewalt - Sexualdelikte; in: KJuG, Nr. 2/1994, a.a.O., S. 54
414 Renate Sänger, Kinderpornographie und Frühprostitution; in: KJuG, Nr. 2/1994, a.a.O., 45
415 Vgl. ebenfalls: René Wehrlin, Ein Geschäft fast ohne Risiko; in: Gebunden in Schweigen, a.a.O., S. 81
416 Zit. nach: Renate Sänger, Kinderpornographie und Frühprostitution; in: KJuG, Nr. 2/1994, a.a.O., S. 34
417 Ebenda
418 Zit. nach: Rauschgifthändler steigen verstärkt auf Kinderpornographie um; in: Frankfurter Rundschau, 5.12.1995
419 Vgl. ebenso: Christoph Keller, Wenn Blicke töten; in: Gebunden in Schweigen, a.a.O., S.78
420 Monika Gerstendörfer, Sexualisierte Gewalt auf CD-ROM und in den weltweiten Netzen, Manuskript, a.a.O. (o.S.
421 Detlef Drewes, a.a.O. Der Autor wurde für seine Recherchen mit dem »Wächterpreis« ausgezeichnet. Vgl.: Zum Wohle der Pressefreiheit; in: Frankfurter Rundschau, 4.5.1996
422 Detlef Drewes, a.a.O., S. 14 f.
423 Ebenda, S. 15
424 Ebenda, S. 15 f.
425 Ebenda, S. 16
426 Ebenda
427 Ebenda, S. 19
428 Ebenda, S. 17 f.
429 Monika Gerstendörfer, Das Internet: Bühne und Börse für die massenhafte Verbreitung von schwersten Mißhandlungen an Kindern; in: KOFRA, Nr. 82, a.a.O., S. 5
430 Zit. nach: Kindersex-Anbieter vor Gericht; in: Frankfurter Rundschau, 8.8.1997
431 Zit. nach: Anbieter von Kindersex kommen mit Bewährungsstrafe davon; in: Frankfurter Rundschau, 20.8.1997
432 Zit. nach: Detlef Drewes, a.a.O., S. 20
433 Ebenda
434 Ebenda, S. 21
435 Ebenda, S. 9 f.
436 Dokumentiert in: ebenda, S. 29–31
437 Ebenda, S. 38
438 Zit. nach: Selbsthilfe für Kinderschänder; in: taz, 11.1.1996
439 Detlef Drewes, a.a.O., S. 22 f.
440 Ebenda, S. 80
441 Ebenda, S. 81
442 Ebenda
443 Von Detlef Drewes, der als Politikredakteur bei der »Augsburger Allgemeinen« arbeitet.
444 Detlef Drewes, Kinder im Datennetz, a.a.O., S. 92 f.
445 Vgl. Computerdienst sperrt Zugang zu Porno-Darstellungen im Internet; in: Frankfurter Rundschau, 30.12.1995
446 Vgl. Bestrafter Bote; in: Die Woche, 5.6.1998
447 Vgl. Schreck für Multimediaclan; in: Frankfurter Rundschau, 29.5.1998
448 Vgl. Bayerns Wirtschaftsminister Otto Wiesheu (CSU). Zit. nach: CompuServe-Urteil stößt auf breites Unverständnis; in: Frankfurter Rundschau, Pfingsten 1998
449 Zit. nach: Säubert das Internet: Kindersex raus!; in: Die Woche, 5.6.1998

450 Reiner Laschet, Zusammenfassung/Kurzreferat zur Fachtagung: »Digitale Schmuddelecken«, a.a.O. (o.S.)
451 Vgl.: Bundesgesetzblatt, Nr. 40/1993, S. 1346, ebenso die bis dahin geltenden Strafrechtsbestimmungen in: Sextourismus und Kinderprostitution, a.a.O., S. 5
452 Vgl.: Härtere Strafen für Kinderpornographie; in: taz, 26.3.1992
453 Zit. nach: 27. StrÄG, 23.7.1993, S. 1346
454 Leider sind diese Protokolle vergriffen.
455 Vgl. Ann Thönissen/Klaus Meyer-Andersen, Kinderschänder, a.a.O.
456 Vgl. Maßnahmen gegen Kinderpornographie (Drucksache 12/709), 11.6.1991
457 Zit. nach: Rechtlicher Schutz von Kindern vor sexueller Ausbeutung, a.a.O., S. 23
458 Zit. nach: Jugend und Gewalt - Sexualdelikte; in: KJuG, Nr. 2/1994, S. 54
459 Ebenda
460 Vgl. Sexuelle Gewalt im Brennpunkt; in: taz, 31.3.1992
461 Vgl. Haft für Kinderschänder; in: taz, 24.10.1995
462 Zit. nach: Polizei beschlagnahmt rund 5 000 Kinderpornos; in: Frankfurter Rundschau, 5.9.1995
463 Vgl.: Unterstützung für Kommissar Zufall; in: taz, 25./26.11.1995
464 Telefonische Auskunft. Vgl.: Rauschgifthändler steigen verstärkt auf Kinderpornographie um; in: Frankfurter Rundschau, 5.12.1995
465 Neben einigen nachdenklichen und kritischen Beiträgen, zum Beispiel in der Frankfurter Rundschau, 3.1.1996, 4.1.1996 und 6./7.1.1996 oder im Deutschen Sonntagsblatt, 19.1.1996, sei insbesondere auf die in der taz erschienenen Beiträge hingewiesen, die in der Sache von nichts als Ignoranz gekennzeichnet sind. Vgl.: taz, Silvester 1995, 2.1.1996, 3.1.1996 und 11.1.1996
466 Vgl.: Justizminister rügt CompuServe; in: Frankfurter Rundschau, 15.2.1996
467 Ebenda
468 Zit. nach: Wie im wirklichen Leben; in: taz, 5.1.1996
469 In: Frankfurter Rundschau, 4.1.1996
470 Detlef Drewes, Kinder im Datennetz, a.a.O., S. 108 f.
471 Zit. nach: Kinderhandel - Der Stand des empirischen Wissens, a.a.O., S. 65
472 Vgl.: Ermittler gegen Kinderpornographie im Internet gefordert; in: Frankfurter Rundschau, 12.1.1996
473 Vgl.: Im elektronischen Augiasstall; in: Frankfurter Rundschau, Pfingsten 1998
474 So eine von engagierten Usern initiierte Veranstaltung über »Zensur und Gewalt im Netz«, die im Zusammenhang der von CompuServe gesperrten Formen am 12.2.1996 in Freiburg stattfand.
475 Zit. nach: Drucksache 10/1498, ebenda, S. 2
476 Ebenda, S. 4
477 Vgl. hierzu ebenso: Drucksache 10/3753, S. 8
478 Zit. nach: Drucksache 10/2187, S. 2
479 Ebenda
480 Ebenda
481 Ebenda
482 Ebenda. Ich verweise in diesem Zusammenhang nochmals auf Alberto Godenzi, Reflexionen über das gesellschaftliche Umfeld; in: »Der ganz normale Mann?«, a.a.O., S. 12
483 Zit. nach: Drucksache 10/3753, S. 5
484 Ebenda, S. 7 f.
485 Ebenda, S. 9
486 Daß es sich im vorliegenden Fall um eine Bundesministerin handelt, sei hier nur angemerkt. Auf den männlichen Sprachduktus der Bundesregierung möchte ich allerdings nicht versäumen hinzuweisen.

487 Zit. nach: Drucksache 11/3250, S. 9
488 Thailand und die Philippinen hatten bisher einen sichtvermerksfreien Status. Vgl.: Positivliste der in der Anlage zur DVAuslG aufgeführten Staaten
489 Zit. nach: Drucksache 11/3257, S. 3
490 Ebenda, S. 4
491 taz, 11.4.1992
492 Ebenda
493 taz, 13.9.1991
494 Zit. nach: Drucksache 11/3817, S. 4 f.
495 Vgl.: Antwort auf Frage 13, S. 6
496 Zit. nach: Drucksache 11/4592, S. 1
497 Ebenda
498 Ebenda, S. 3
499 Zit. nach: Drucksache 11/3580, S. 1
500 Ebenda, S. 2. Dies gelte insbesondere auch für die UN-Konvention »Zur Unterdrükkung des Menschenhandels und der Ausbeutung der Prostitution anderer« vom 2.12.1949, der nach Ansicht der Bundesregierung keine Bedeutung für den Kampf gegen Menschenhandel und Prostitution in der Bundesrepublik zukomme; vgl.: S. 43–46
501 Ebenda, S. 1
502 Ebenda, S. 14 f.
503 Ebenda, S. 15
504 § 180a Abs. 3 StGB, § 180a Abs. 4 StGB, § 181 Nr. 1 StGB, § 181 Nr. 2 StGB, §§ 180a Abs. 3, 4 und 181 StGB sowie § 6 Nr. 4 StGB; vgl.: Frage 9 (Seite 17)
505 Ebenda, S. 18
506 Ebenda, S. 21
507 Vgl.: S. 38 ff.
508 Ebenda, S. 41
509 Vgl.: Drucksache 11/5667, S. 3–5
510 Ebenda, S. 6–11
511 Ebenda, S. 20–23
512 Ebenda, S. 23–29
513 Ebenda, S. 29–32
514 Ebenda, S. 32–37
515 Ebenda, S. 2
516 Ebenda, S. 11–14
517 Die Fragen stützen sich auf einen Bericht, den die norwegische Delegation auf einer Tagung der Justizminister des Europarats im Juni d.J. (1989) vorgelegt hatte.
518 Zit. nach: Drucksache 11/5667, S. 12
519 Ebenda, S. 12
520 Ebenda
521 Ebenda
522 Mit anderen Worten: Da ihr keine Erkenntnisse vorliegen, weiß sie auch nicht, was sie unterbinden sollte.
523 Ebenda, S. 14. Vgl. ebenfalls: Drucksache 11/3580, S. 44
524 Vgl.: Ann Thönnissen/Klaus Meyer-Andersen, Dunkelziffer, München 1990
525 Vgl. ebenfalls: Woche im Bundestag (wib), Nr. 22/1989, S. 53
526 Zit. nach: Drucksache 12/5244, S. 1
527 Ebenda, S. 10–12
528 Hier wird auf die Antwort zu Frage 14 verwiesen; ebenda, S. 9 f.
529 Ebenda, S. 11
530 Ebenda

531 Dort wird sehr allgemein darauf hingewiesen, daß die Bundesregierung »seit Jahren Maßnahmen (unterstützt), die das Verständnis der Bevölkerung für die Lage in den Entwicklungsländern und für ein partnerschaftliches Verhältnis zur Dritten Welt fördern. Dabei werden auch die Auswirkungen des Tourismus und die Probleme der Kinderarbeit in Entwicklungsländern wie Brasilien angesprochen ...«. Ebenda, S. 10
532 Ebenda, S. 12
533 Ebenda
534 Zit. nach: Drucksache 12/2278, S. 1
535 Ebenda, S. 3
536 Ebenda, S. 3 f.
537 Ebenda, S. 4
538 Mit anderen Worten: Ob und inwieweit Reiseveranstalter und Verleger wegen der vorgenannten Straftaten zur Verantwortung gezogen werden, ist eher der Tagespresse denn den offiziellen Statistiken zu entnehmen. Vgl.: ebenda, S. 4 f.
539 Ebenda, S. 5
540 Ebenda
541 Ebenda
542 Ebenda, S. 6
543 Ebenda
544 Zit. nach: Aids, Sex und Tourismus, a.a.O., S. 307
545 Hier und im folgenden: Drucksache 12/2278, S. 6
546 Ebenda, S. 7
547 Ebenda. Vgl. zu den von der Bundesregierung in den betroffenen Ländern durchgeführten beziehungsweise unterstützten Maßnahmen S. 7 f.
548 Vgl.: Für Kinder und Frauen ist der Arbeitsplatz die Straße; in: Frankfurter Rundschau, 25.1.1995
549 Ebenda, S. 9
550 Ebenda
551 Ebenda, S. 13
552 Ebenda
553 Zit. nach: Presseerklärung, 26.4.1995
554 Vgl. Antwort auf Frage 1; in: Drucksache 13/1019, S. 1 f.
555 Ebenda, S. 2
556 Eine Reaktion Taiwans war zu diesem Zeitpunkt noch nicht erfolgt, die anderen Länder waren, wie bereits angemerkt, noch nicht informiert worden.
557 Ebenda, S. 2 f.
558 Ebenda, S. 3
559 Vgl. Antwort auf Frage 6; ebenda
560 Ebenda
561 Ebenda
562 Kleine Anfragen werden in der Regel innerhalb von 14 Tagen beantwortet. Allerdings steht es der Bundesregierung frei, längere Zeit in Anspruch zu nehmen.
563 Zit. nach: Drucksache 13/1019, S. 3 f.
564 Ebenda, S. 4
565 Ebenda
566 Ebenda
567 Ebenda
568 Ebenda
569 Ebenda
570 Ebenda
571 Ebenda

572 Vgl.: Das Sonntagsblatt, 24.11.1995
573 Zit. nach: Drucksache 13/1019, S. 5
574 Ebenda
575 Ebenda, S. 5
576 Ebenda, S. 6
577 Zit. nach: Pressemitteilung, 26.4.1995, o.S.
578 Vgl.: Drucksache 13/1019, S. 6
579 Ebenda
580 Ebenda
581 Vgl.: die zeitung, Nr. 1/1994, S. 1
582 In die Verordnung über die Informationspflichten von Reiseveranstaltern vom 14.11.1994; vgl.: Drucksache 13/1019, S. 6
583 Ebenda, S. 7
584 Ebenda
585 Ebenda
586 Zit. nach: Drucksache 13/2848, S. 3
587 Ebenda, S. 2
588 Vgl.: Drucksache 13/1019, S. 5/6
589 Zit. nach: Drucksache 13/2848, S. 3
590 Ebenda
591 Vgl.: Drucksache 10/3753, 26.8.1985
592 Zit. nach: Protokoll des Verbandsgesprächs der SPD-Bundestagsfraktion, Bonn, 18.4.1986, S. 2
593 Zit. nach: Pressedienst der CDU/CSU-Fraktion, 26.4.1988
594 Vgl.: Woche im Bundestag (wib), Nr. 23/1993, S. 61. Das Protokoll der Anhörung kann über das Sekretariat des Ausschusses für Frauen und Jugend angefragt werden.
595 Zit. nach: Burkhard Gnärig, Sexuelle Ausbeutung von Kindern im Ausland, Osnabrück, 4.11.1995, S. 1 (Manuskript)
596 Solwodi, terre des femmes, Vehement (Verein ehemaliger Entwicklungshelferinnen und Entwicklungshelfer), das Fachreferat der Evangelischen Kirche in Deutschland, der Arbeitskreis Freizeit, Erholung und Tourismus sowie terre des hommes; vgl. das Abschlußstatement von Christa Dammermann (terre des hommes), Bonn, 24.11.1995, S. 1
597 Vgl. zur Problematik der Strafverfolgung: taz, 25./26.11.1995
598 Zit. nach: Statement, 4.11.1995, S. 2
599 Ebenda, S. 9. Darüber hinaus nahm terre des hommes das Symposium nochmals zum Anlaß, nachdrücklich »die unverzügliche Unterzeichnung, Ratifizierung und Umsetzung des Haager Übereinkommens über die internationale Zusammenarbeit und den Schutz von Kindern auf dem Gebiet grenzüberschreitender Adoption von 1993 (Haager Konvention) durch die Bundesregierung« einzuklagen, um den Handel mit Adoptivkindern effektiver begegnen zu können.
600 Zit. nach: Frankfurter Rundschau, 25.11.1995. Der Name des thailändischen Staatsanwalts wird in dem Bericht nicht erwähnt.
601 Zit. nach: Pressemitteilung des Bundesministeriums für Justiz, 24.11.1995, S. 2
602 Ebenda, S. 3
603 Ebenda, S. 4
604 Ebenda
605 Die Ergebnisse und Beiträge des Symposiums können, ergänzt durch einige politische Erklärungen und Dokumente, in der Dokumentation »Sexuelle Ausbeutung von Kindern«, hg. vom Bundesjustizministerium, Bonn 1996, nachgelesen werden.
606 Vgl.: Drucksache 10/2187, S. 2

607 Zit. nach: Konvention über die Rechte des Kindes, hg. von terre des hommes, Osnabrück o.J., Präambel
608 Vgl. ebenda
609 Nach Schätzungen des Bundeskriminalamtes werden in der Bundesrepublik jährlich 300 000 Kinder sexuell mißhandelt. Vgl. Susanne Lipka, Zu den Motiven der Täter und den gesellschaftlichen Ursachen; in: Kinderprostitution und Tourismus, a.a.O., S. 29
610 Terre des hommes in ihrer Resolution zur Haager Konvention, Mulhouse, 31.10.1993
611 Vgl.: Frankfurter Rundschau, 8.4.1992
612 Vgl.: Christa Dammermann, Zur Strafverfolgung sexuellen Mißbrauches im Ausland; in: Kinderprostitution und Tourismus, a.a.O., S. 36
613 Zit. nach: Monika Frommel, Strafrechtliche Aspekte des Prostitutionstourismus (Kinderprostitution); in: Sextourismus und »Dritte Welt«, a.a.O., S. 56
614 Ebenda
615 Christa Dammermann, Zur Strafverfolgung sexuellen Mißbrauches im Ausland; in: Kinderprostitution und Tourismus, a.a.O., S. 36
616 Vgl.: ebenda, S. 37
617 Vgl.: Interview mit Burghard Gnärig; in: taz, 20.9.1994
618 Vgl.: Das Sonntagsblatt, 24.11.1995
619 Hier sei beispielhaft auf die Inhaftierung von Bernd Karl-Heinz Nierenz am 2.12.1994 in Thailand hingewiesen. Vgl.: Berliner Zeitung, 6.12.1994
620 Zit. nach: Neues Deutschland, 24.11.1995
621 Vgl.: Frankfurter Rundschau, 14.4.1995
622 Zit. nach: Die Zeit, 26.5.1995; vgl. ebenfalls: Der Stern, Nr. 7/1995, S. 164/165
623 Vgl.: Das Sonntagsblatt, 24.11.1995
624 Zit. nach: ebenda
625 Zit. nach: ebenda
626 Vgl.: Gequält und geschändet; in: Der Stern, Nr.?/1991 S. 115
627 Vgl.: Haftstrafe für Sextouristen; in: Frankfurter Rundschau, 23.6.1995
628 Denkbar, daß mit der Verhaftung des deutschen Kinderhändlers Norbert V. in Pattaya ein solcher Musterprozeß geführt werden kann. Vgl.: ZDF aktuell, 29.1.1996
629 Vgl. Lebenslang im Päderasten-Paradies; in: Süddeutsche Zeitung, 24./25.8.1996
630 Zit. nach: Opfer: zehn Jahre, weiblich; in: Die Zeit, 20.9.1996
631 Vgl. Sextourist erhält in zweiter Instanz mildere Strafe; in: Frankfurter Rundschau, 19.12.1996
632 Vgl. Deutsches Gericht ahndet Straftat auf Philippinen; in: Frankfurter Rundschau, 19.12.1997 sowie: Dreieinhalb Jahre Haft für Sex-Tourist; in: Rheinische Post, 19.12.1997
633 Zit. nach: Keine Folgen; in: Die Woche, 1.3.1996
634 Ebenda
635 Zit. nach: ebenda
636 Zit. nach: Pressemitteilung des Bundesministeriums für Justiz, 18.12.1992, S. 2
637 Ebenda, S. 4
638 Ebenda
639 Zit. nach: Claudia Burgsmüller, Probleme bei der Strafverfolgung sexueller Ausbeutung von Kindern durch deutsche Touristen; in: Sextourismus und Kinderprostitution, a.a.O., S. 6
640 Zit. nach: taz, 2.11.1995
641 Zit. nach: Claudia Burgsmüller, Probleme bei der Strafverfolgung sexueller Ausbeutung von Kindern durch deutsche Touristen; in: Sextourismus und Kinderprostitution, a.a.O., S. 8

642 Ebenda
643 Zit. nach: Gesetzentwurf der Fraktion Die Grünen zur Beseitigung der rechtlichen Diskriminierung von Prostituierten (Drucksache 11/7140), 16.5.1990, S. 1
644 Vgl.: taz, 13.9.1991
645 Vgl.: Gesetzesantrag des Landes Nordrhein-Westfalen (BR-Drucksache 567/90), 9.8.1990
646 Vgl.: Drucksache 12/2046, 6.2.1992
647 Zit. nach: Pressemitteilung des Bundesministeriums für Justiz, 5.2.1992
648 Zit. nach: Drucksache 12/2589, S. 1
649 Vgl.: Friedrich-Christian Schroeder, Irrwege aktionistischer Gesetzgebung; in: JZ 1995, S. 231-238 (Hinweis erfolgte über den Datenbankanbieter JURIS)
650 Zit. nach: Umfeld und Ausmaß, a.a.O., S. 227
651 Ebenda
652 Ebenda, S. 227
653 Zit. nach: Hans-Jörg Albrecht, Kinderhandel – Der Stand des empirischen Wissens im Bereich des (kommerziellen) Handels mit Kindern, hg. vom Bundesministerium des Justiz, Bonn 1994, S. 6f.
654 Ebenda, S. 7f.
655 Susann Millhagen, Gefühle kann man nicht kaufen, Reinbek 1986, S. 124
656 Ich verweise in diesem Zusammenhang auf den Vortrag von Claudia Burgsmüller, Probleme bei der Strafverfolgung sexueller Ausbeutung von Kindern durch deutsche Touristen; in: Sextourismus und Kinderprostitution, a.a.O.
657 Zit. nach: Claudia Burgsmüller, Gutachten für die Kampagne gegen Kinderprostitution – Rechtlicher Schutz von Kindern vor sexueller Ausbeutung – Kritik und Reformvorschläge, hg. von der Koordinationsstelle der Kampagne gegen Kinderprostitution, Osnabrück 1992, S. 3
658 Damit ist die Auferlegung einer Strafe gemeint.
659 Ebenda, S. 20
660 Es folgen einige Vorschläge; ebenda, S. 20f.
661 Es folgen einige Vorschläge; ebenda, S. 21. Vgl. darüber hinaus: Gesetzentwurf der Fraktion Die Grünen zur Beseitigung der rechtlichen Diskriminierung von Prostituierten (Drucksache 11/7140), 16.5.1990
662 Es folgen einige Überlegungen zum beschriebenen Problem; ebenda
663 Ebenda, S. 22. Vgl. ebenfalls: Längere Verjährungsfrist bisher an FDP gescheitert; in: Frankfurter Rundschau, 7.2.1994
664 Es folgen weitere Rechte, die sich daraus ergeben; ebenda
665 Ebenda, S. 22f.
666 Ebenda, S. 3
667 Christa Dammermann, Zur Strafverfolgung sexuellen Mißbrauchs im Ausland; in: Kinderprostitution und Tourismus, a.a.O., S. 37
668 Ebenda
669 Zit. nach: Deutscher Tourist wegen Kinderschändung in Haft; in: Frankfurter Rundschau, 16.1.1996
670 Wie der Presse zu entnehmen ist, wurde der Deutsche »gegen Kaution zunächst wieder auf freien Fuß gesetzt«. Vgl.: Frankfurter Rundschau, 17.1.1996
671 Vgl.: Burkhard Gnärig, Statement zur Anhörung über den »Sexuellen Mißbrauch ausländischer Kinder durch Deutsche im Ausland«, a.a.O., S. 7
672 Zit. nach: Haft für Sex mit Kindern; in: Frankfurter Rundschau, 14.7.1994
673 Zit. nach: Burkhard Gnärig, Statement zur Anhörung über den »Sexuellen Mißbrauch ausländischer Kinder durch Deutsche im Ausland«, a.a.O., S. 7. Vgl. ebenso: Christa Dammermann, Zur Strafverfolgung sexuellen Mißbrauches im Ausland; in: Kinderprostitution im Sextourismus, a.a.O., S. 37

674 Vgl.: Viele Jungen werden sexuell mißhandelt; in: Frankfurter Rundschau, 22.10.1996
675 Zit. nach: Kinderprostitution und Tourismus, a.a.O., S. 74
676 Zit. nach: Aids, Sex und Tourismus, a.a.O., S. 288 f.
677 Ebenda, S. 312
678 Mechtild Maurer: Tourismus - Prostitution - Aids, a.a.O., S. 117
679 Ebenda, S. 117-121
680 Ebenda, S. 122-123
681 Ebenda, S. 123-125
682 Ebenda, S. 125-127
683 Ebenda, S. 127 f.
684 Ebenda, S. 128 f.
685 Ebenda, S. 129 f.
686 Zit. nach: Umfeld und Ausmaß, a.a.O., S. 331
687 Ebenda, S. 331-334
688 Es folgt ein Zitat von Ex-Bundespräsident von Weizsäcker, der die Ausbeutung von Kinder auf dem Weltkindergipfel (1990) als »schwere Beleidigung der menschlichen Würde« bezeichnete. Vgl.: Ron O'Grady, Gebrochene Rosen, a.a.O., S. 144
689 Ebenda, S. 142-144
690 Zit. nach: Esther Wyss, Die Rechte des Kindes wahrnehmen; in: Gebunden in Schweigen, a.a.O., S. 89
691 Ebenda, S. 89 f.
692 Zit. nach: Monika Frommel, Strafrechtliche Aspekte des Prostitutionstourismus; in: Sextourismus und »Dritte Welt«, a.a.O., S. 56
693 Die von Renee Bridel angedeuteten Maßnahmen gehen auf das Jahr 1984 zurück. Sie haben jedoch hinsichtlich ihrer Absichten keineswegs an Aktualität verloren. Vgl.: Der Handel mit Kindern; in: Prostitution: Überleben der Sklaverei - Beiträge zum 28. Internationale Kongreß der Internationalen Abolitionistischen Föderation, Wien 1994, S. 67 f.
694 Ich verstehe diesen Hinweis so, daß Delikte, die als Verbrechen gegen die Menschheit definiert sind, bestimmten Verfahrensordnungen, zum Beispiel Asylrecht, Aufenthaltsrecht, enthoben sind. Dies hätte zufolge, daß Kinderprostituierte einen Status besäßen, der sie - vor Gericht - eindeutig und unzweifelhaft als Opfer ausweise.
695 Regula Renschler, Ware Liebe - Sextourismus - Prostitution - Frauenhandel, Wuppertal 1991, S. 80
696 Zit. nach: Ingeborg Wick, Prostitutionstourimus nach Sri Lanka und auf die Philippinen, a.a.O, S. 54 f.
697 Ebenda, S. 56 f. Die folgenden Empfehlungen gehen auf die bereits zitierte agisra-Studie: Frauenhandel und Prostitutionstourismus - Eine Bestandsaufnahme, München 1990, zurück.
698 Es folgen einige Erläuterungen, vgl. ebenda, S. 57
699 Ebenda
700 Vgl.: Internationaler Frauenhandel - Eine Untersuchung über Prostitution und Heiratshandel in Nordrhein-Westfalen, hg. vom Ministerium für die Gleichstellung von Frau und Mann des Landes Nordrhein-Westfalen, Düsseldorf 1993, S. 119
701 Ebenda, S. 120
702 Ebenda, S. 121
703 Ebenda. Im folgenden werden einige Problembereiche genannt, die die Handlungsmöglichkeiten ausländischer Frauen begrenzen oder sogar verhindern. Vgl. ebenso: Barbara Becker-Rojczyk, Frauenhandel; in: Streit, Nr. 1/1989, S. 25 f.
704 Ebenda, S. 124 f.
705 Erika Simm (MdB); in: Presseerklärung, 26.4.1995

706 Zit. nach: Kevin Ireland, »Wish you weren't here« - The Sexual Exploitation of Children and the Connection with Tourism and International Travel, hg. von Save the Children Overseas, London 1993, S. 73-75 (eigene Übersetzung)

707 Susanne Lipka, Zu den Motiven der Täter und den gesellschaftlichen Ursachen; in: Kinderprostitution und Tourismus, a.a.O., S. 34

708 Vgl.: Gegenseitige Unterstützung der nationalen Kampagnen im ECPAT-Netz; in: Kinderprostitution und Tourismus, a.a.O., S. 79 f.

709 Ebenda, S. 80

710 Detlef Drewes, Kinder im Datennetz, a.a.O., S. 7 f.

711 Als Nicht-Regierungsorganisationen waren auf dem Symposium vertreten Solwodi, terre des femmes, Vehement, das Fachreferat der Ev. Kirche in Deutschland, der Arbeitskreis Freizeit, Erholung und Tourismus sowie terre des hommes. Das Statement wurde von Christa Dammermann (terre des hommes) vorgetragen.

712 Zit. nach: Abschlußstatement der Nicht-Regierungsorganisationen zum Symposium des Ministeriums für Justiz »Sexueller Mißbrauch ausländischer Kinder durch Deutsche im Ausland«, Bonn, 24.11.1995, S. 1

713 Der sogenannte Opferanwalt wurde im März 1998 in das deutsche Recht eingeführt. Opfer schwerer Sexualdelikte sowie Kinder unter 16 Jahren, die Opfer »sexuellen Mißbrauchs« geworden sind, können nunmehr einen Opferanwalt in Anspruch nehmen. Die Kosten für den Opferanwalt werden vom Staat getragen.

714 Zit. nach: Abschlußstatement der Nicht-Regierungsorganisationen . . ., a.a.O., S. 2 f.

715 Siehe Anhang

716 Hg. vom Bundesministerium des Justiz, Bonn 1996

717 Adolf Gallwitz/Manfred Paulus, Grünkram - Die Kinder-Sex-Mafia in Deutschland, Hilden/Rheinland 1997, S. 172 f.

718 Zit. nach: Was ist erreicht? - Was bleibt zu tun?; in: ebenda, S. 86

719 Stern, 6.6.1971

720 Vgl.: Verena Krieger, Entscheiden - Was Frauen (und Männer) über den § 218 wissen sollten, Hamburg 1987, S. 41 f.

721 Die Präsidentin des Bundesverfassungsgerichts, Jutta Limbach, hat sich im Rahmen der Verfassungsdebatte sehr engagiert für eine Stärkung der Kinderrechte eingesetzt.

722 Zit. nach: Sexuelle Gewalt gilt künftig als Kriegsverbrechen; in: Frankfurter Rundschau, 8.12.1995

723 Vgl. Empfehlungen von Renee Bridel auf dem 28. Internationalen Kongreß der Internationalen Abolitionistischen Föderation in Wien 1994

724 Vgl. etwa die vom Bundesministerium für Frauen, Senioren, Familie und Jugend in Auftrag gegebene, von der Katholischen Sozialethischen Arbeitsstelle e.V. in Hamm 1992 erstellte Studie »Sexueller Mißbrauch von Kindern und Jugendlichen - Intervention und Prävention«, Stuttgart/Berlin/Köln 1997

725 Vgl.: Frankfurter Rundschau, 5.1.1996

726 Christian Spoden, Auf der Suche nach einer männlichen Identität jenseits der Gewalttätigkeit; in: »Der ganz normale Mann?«, a.a.O., S. 41

727 Ebenda, S. 40

728 Vgl.: Was macht der kleine Junge, wenn er Angst hat?; in: Frankfurter Rundschau, 27.1.1996

729 Koordinationsstelle: KOFRA, Baaderstraße 30, 80459 München

730 Zit. nach: Projekt gegen häusliche Gewalt; in: Frankfurter Rundschau, 21.12.1995

731 Vgl.: Frankfurter Rundschau, 27.11.1995

732 Zit. nach: Flug ins El-Sexorado; in: Focus, Nr. 6/1993, S. 94 f.

733 Schon das Titelbild animiert zum Flug ins »Sex«-Land. Vgl.: Der Stern, Nr. 27/1993

734 Vgl.: Der Spiegel, Nr. 46/1994, S. 178-192, dessen ebenso frauenfeindliche wie zynische Sprache (»Feldbettforschung«) Bände füllen könnte.
735 Vgl.: Frankfurter Rundschau, 27.1.1996
736 Vgl.: In der britischen Presse werden überführte Täter durchaus namentlich identifiziert und hier und da sogar mit einem Foto kenntlich gemacht. Vgl.: »Child sex« tourist let loose; in: Sunday Express, 29.10.1995
737 Zit. nach: Frankfurter Rundschau, 28.5.1998
738 Vgl. unter anderem die von JOOP! geschaltete Anzeige »Kids«; in: Frankfurter Rundschau, 3.2.1996
739 Zit. nach: Alles käuflich? – Kinderprostitution, hg. von terre des hommes, Osnabrück 1994, S. 7
740 Zit. nach: Schreiben von terre des hommes, Osnabrück, April 1994
741 Vgl.: Alles käuflich?, a.a.O., S. 7
742 Vgl.: Verena Mühlberger und Beatrice Obristin, Der Kampf der Kinder; in: Gebunden in Schweigen, a.a.O., S. 33–35
743 Zit. nach: ebenda, S. 33
744 Ebenda, S. 43
745 Zit. nach: ebenda, S. 35
746 Zit. nach: ebenda, S. 11
747 Zit. nach: ebenda, S. 15
748 Zit. nach: ebenda, S. 16
749 Zit. nach: ebenda
750 Zit. nach: ebenda, S. 17
751 Zit. nach: Ana-Lise Hilty, »Denn wir bauen den Weg in den Himmel«; in: Gebunden in Schweigen, a.a.O., S. 30
752 Ebenda, S. 31
753 Zit. nach: ebenda, S. 30
754 Ebenda, S. 32
755 Ebenda
756 Vgl.: »Ich war fünfzehn, als ich ins Bordell kam«; in: Frankfurter Rundschau, 10.12.1983
757 Vgl.: Der lange Weg zurück ins Leben; in: Brigitte, Nr. 5/1988, S. 148–152
758 Father Shay Cullen auf den Philippinen mag einer der prominentesten sein.
759 Als Kontakt bietet sich momentan (1998) Ewa Kinstova an, die für die Heinrich-Böll-Stiftung an der Vorbereitung der Nachfolgekonferenz über »Sexarbeit, Sextourismus und Frauenhandel in Osteuropa« beteiligt ist (Telefon Prag: 0 04 22-24-22 78 70).
760 Vgl.: Mechtild Maurer, Bericht, a.a.O., S. 3
761 Zit. nach: UNICEF-ECPAT-NGO-Gruppe für die Kinderrechtskonvention: Hintergrundinformationen, März 1996, S. 2 (Übersetzung: Dèsiré Meyer-Borgmann)
762 Ebenda, S. 3
763 Darüber hinaus wären die Artikel 37, 39 und 40 zu nennen, die das Kind davor schützen sollen, der Freiheit entzogen und ihrer Rechte und Würde beraubt zu werden.
764 UN General Assembly Document Document A/50/456, Promotion and Protection of the Rights of Children: Sale of Children, Child Prostitution and Child Pornography, Note by the Secretary General, 20.9.1995, S. 5; zit. nach: Hintergrundinformationen, S. 4
765 Zit. nach: ebenda
766 Zit. nach: ebenda, S. 6
767 Vgl.: ebenda, S. 3
768 Es wurde bereits darauf hingewiesen, daß die sexuelle Mißhandlung eines Kindes nicht »Sex« ist, sondern Ausdruck sexualisierter Gewalt. Insofern kann auch der

Handel mit Kindern zum Zwecke ihrer sexuellen Ausbeutung, nicht, wie es im Text heißt, »Sexhandel« sein.
769 Deklarationsentwurf, a.a.O., S. 4 f.
770 Drucksache 13/5063, 26.6.1996, S. 2
771 Drucksache 13/9037, 12.11.1997, S. 1
772 Ebenda, S. 1 f.
773 Ebenda, S. 2
774 Ebenda, S. 4
775 Vgl.: Kinder brauchen Schutz und Hilfe – Kommerzielle sexuelle Ausbeutung bekämpfen, Faltblatt der GRÜNEN Bundestagsfraktion, Bonn, Februar 1997
776 Zit. nach: Stenographischer Bericht der 125. Sitzung vom 26. September 1996, Plenarprotokoll 13/125
777 Drucksache 13/5139, 26.6.1996, S. 1 f.
778 Ebenda, S. 3
779 Ebenda, S. 6
780 Vgl.: Rede des Abgeordneten Volker Beck (Köln) in der parlamentarischen Debatte vom 13. März 1997, Plenarprotokoll 13/163
781 Drucksache 13/7087, 26.2.1997, S. 1
782 Ebenda, S. 2
783 Ebenda
784 Ebenda, S. 3
785 Ebenda, S. 6
786 Ebenda
787 Zit. nach: Themenschwerpunkt: Sexualisierte Gewalt gegen Kinder; in: Infobrief 1/98 des Arbeitskreis Arbeit & Soziales, Juni 1998, S. 23
788 Vgl.: Pressemitteilung Nr. 843 der Bundestagsfraktion Bündnis 90/Die Grünen, 9.10.1996
789 Zit. nach: Pressemitteilung Nr. 865 der Bundestagsfraktion Bündnis 90/Die Grünen, 10.10.1997
790 Ebenda
791 Zit. nach: Drucksache 13/4593, 10.5.1996, S. 2
792 Hier wird auf die Antwort der Bundesregierung auf die Anfrage der Fraktion der SPD verwiesen: Drucksache 13/4131
793 Zit. nach: Drucksache 13/4593, a.a.O., S. 7
794 Ebenda, S. 4
795 Es wurde bereits darauf hingewiesen, daß die sexuelle Ausbeutung von Kindern nicht »Sex« ist, sondern eine Demonstration von Macht, die mit sexualisierter Gewalt durchgesetzt wird.
796 Zit. nach: Pressedienst der PDS im Bundestag, Nr. 1097, 30.8.1996
797 Vgl.: Drucksache 13/7166, 11.3.1997, S. 1 f.
798 Zit. nach: Pressedienst der PDS im Bundestag, Nr. 1437, 13.3.1997
799 Zit. nach: Pressedienst der PDS im Bundestag zur Bundestagsdebatte am 14.11.1997 (Redemanuskript)
800 Zit. nach: Ulla Schmidt; in: Dokumente Nr. 3/1998, S. 5
801 In: ebenda, S. 19
802 Zit. nach: Statement zur Anhörung, S. 3
803 Zit. nach: ebenda, S. 1. Die enge Verknüpfung der sexuellen Unterdrückung von Frauen und Kindern wurde in der Frauenbewegung bereits früh thematisiert. Vgl.: Shulamith Firestone, Nieder mit der Kindheit!; in: Frauenbefreiung und sexuelle Revolution, Frankfurt/Main 1975, S. 71–99
804 Zit. nach: Dokumente Nr. 3/1998, S. 56
805 Zit. nach: Drucksache 13/7092, 26.2.1997, S. 2

806 Ebenda, S. 2 f.
807 Die Kinderkommission hat sich in dieser Legislaturperiode intensiv mit dem Thema sexualisierte Gewalt gegen Kinder befaßt. Anfragen können an das Sekretariat der Kinderkommission (Telefon 0228-1622948, Fax 0228-1626055) gerichtet werden.
808 Zit. nach: Drucksache 13/7092, a.a.O., S. 3
809 Ebenda, S. 5
810 Ebenda
811 Ebenda, S. 5 f.
812 Ebenda, S. 6
813 Ebenda, S. 7
814 Vgl.: Ebenda, S. 7 f.
815 Zit. nach: Pressemitteilung, 29.7.1997, S. 2
816 Zit. nach: Pressemitteilung, 20.1.1998
817 Vgl.: Pressemitteilung, 27.4.1995
818 In: Sexuelle Ausbeutung von Kindern, Bonner Symposium – Weltkongreß in Stockholm. Materialien, hg. vom Bundesministerium der Justiz, Bonn 1996, dokumentiert im Anhang unter C. Der Stockholmer Weltkongreß, S. 1
819 Ebenda, S. 7
820 Der Weiße Ring spricht in diesem Zusammenhang von einer »jahrzehntealten Forderung«. Vgl.: direkt, Zeitung des Weißen Ring, Nr. 2/1998, S. 1
821 Zit. nach: Drucksache 13/7165, 11.3.1997, S. 1
822 Zit. nach: Pressemitteilung des Bundesministeriums für Justiz, Nr. 9, 4.3.1998, S. 1
823 Ebenda
824 Zit. nach: direkt, Nr. 2/1998, a.a.O., S. 1. Vgl. ebenso: Einmal Opfer – nie mehr Opfer; in: Süddeutsche Zeitung, 25./26.7.1998
825 Wie bereits mehrfach angemerkt, verbietet es sich eigentlich, im Kontext sexueller Ausbeutung von Kindern von »Sex« zu sprechen.
826 Zit. nach: Pressemitteilung des Bundesministeriums für Familie, Senioren, Frauen und Jugend, Nr. 42, 29.7.1997, S. 1
827 Zit. nach: Arbeitsprogramm der Bundesregierung gegen Kindesmißbrauch, Kinderpornographie und Sextourismus, hg. vom Bundesministerium für Familie, Senioren, Frauen und Jugend, S. 5. Im folgenden werden die Arbeitsansätze des Programms dezidiert ausgeführt und begründet. Vgl.: S. 7–33
828 Auf die Fragwürdigkeit des Begriffs »Kinderschänders« in diesem Zusammenhang wurde ebenfalls bereits hingewiesen.
829 Zit. nach: Pressemitteilung des Bundesministeriums für Familie, Senioren, Frauen und Jugend, Nr. 29, 30.9.1997, S. 2
830 Zit. nach: Pressemitteilung des Bundesministeriums für Familie, Senioren, Frauen und Jugend, Nr. 59, 11.12.1997, S. 1
831 Zit. nach: Pressemitteilung des Bundesministeriums für Familie, Senioren, Frauen und Jugend, Nr. 12, 9.3.1998, S. 1 f.
832 Zit. nach: ebenda, S. 1
833 Ebenda
834 Zit. nach: Erklärung der Kommission über den Mißbrauch von Minderjährigen; in: IJAB-Informationen, Nr. 5/1996, S. 11
835 Ebenda, S. 12
836 Ebenda
837 Zit. nach: ebenda. Es war mir leider nicht möglich, in Erfahrung zu bringen, welche der in dieser Entschließung gesetzten Ziele bereits umgesetzt beziehungsweise eingeleitet wurden. Anfragen können gegebenenfalls gerichtet werden an: Europäisches Parlament, B-1047 Bruxelles oder Palais de l'Europe, F-67000 Strasbourg.

838 Zit. nach: Konferenzbeschluß half Kindern nicht; in: Frankfurter Rundschau, 29.4.1998

839 Zit. nach: ebenda

840 Vgl. in diesem Zusammenhang auch die von der SPD- Bundestagsabgeordneten Renate Rennebach eingebrachte parlamentarische Anfrage über »Rituelle Gewalt in Kinderhändlerringen und destruktiven Kulturen«; in: Frankfurter Rundschau, 27.7.1998

841 Zit. nach: Frankfurter Rundschau, 27.7.1998

842 Hg. von der Schweizer Kampagne gegen Kinderprostitution, a.a.O.

Olga Levy Drucker
Kindertransport
Allein auf der Flucht

Aus dem amerikanischen Englisch von Klaus Sticker
gebunden, mit 18 Abbildungen

Als Hitler 1933 die Macht ergreift, ist »Ollie«, wie sie alle nennen, gerade sechs Jahre alt. Die ersten Schilder tauchen auf: »Juden sind unerwünscht!«
Am 8. November 1938, in der sogenannten Reichskristallnacht, stürmen SA-Männer ihr Elternhaus. Ihr Vater, ein Stuttgarter Kinderbuchverleger, kommt ins KZ Dachau. »Bis dahin hatte ich keine Ahnung, was es hieß, jüdisch zu sein.«
Die Eltern beschließen, ihre elfjährige Tochter nach England zu schicken, mit einem »Kindertransport«. Am 3. März 1939 ist es soweit. Olga wird in den Zug gesetzt. Ihre Eltern wollen sechs Wochen später nachkommen. Doch daraus wird nichts.
Olga erlebt den Zweiten Weltkrieg im Exil, in einem Land, das von deutschen Flugzeugen bombardiert wird. Sie erfährt, was es heißt, Freunde zu verlieren, eine Fremde und Vertriebene zu sein, sich auf der Flucht zu befinden. Materiell leidet sie keine Not, doch fehlt ihr oft die menschliche Wärme, die sie so dringend gebraucht hätte. Quälend die Frage, ob sie ihre Eltern jemals wiedersehen würde...
Im März 1946 trifft Olga ihre Eltern in New York endlich wieder. Sie hatten im letzten Augenblick aus Deutschland fliehen können – was den wenigsten der 10 000 Eltern gelungen war, die ihre Jungen und Mädchen mit einem »Kindertransport« vor den Nazis retteten.
Olga Levy Druckers Erinnerungen an die Zeit von 1933 bis 1945 sind einzigartig. Nicht zuletzt deshalb ist ihr Werk als das beste Buch für junge Erwachsene von der »American Library Association« ausgezeichnet worden.

Zum Beispiel Kinderarbeit
Redaktion: Uwe Pollmann

Wie viele Kinder unter 15 Jahren auf der Welt arbeiten auf der Welt arbeiten müssen, weiß keiner genau zu sagen. Schätzungen gehen von 200 Millionen aus.
Kinderarbeit gibt es in der Dritten Welt in nahezu jedem Bereich. In der Landwirtschaft ist sie am weitesten verbreitet. Aber nicht immer muß Kinderarbeit schädlich sein. Die allmähliche Einbeziehung von Kindern in die Lebens- und Arbeitswelt der Erwachsenen kann auch Ausdruck einer verantwortungsbewußten Erziehung, ja, ein durchaus sinnvoller Lernprozeß sein.
Andererseits gibt es zahllose Fälle der Ausbeutung der kindlichen Arbeitskraft. Hier wird Profit aus der Ausbeutung dieser jungen Arbeitskräfte geschlagen. Kinder werden über ihr Leistungsvermögen hinaus beansprucht. Ihre körperliche und geistige Entwicklung wird behindert.
Der Band beschäftigt sich mit dieser ausgebeuteten Kinderarbeit: mit ihren Ursachen und Folgen, mit ihren Nutznießern ... Und er stellt die Arbeit von Kinderhilfsorganisationen vor.

»Eine empfehlenswerte Lektüre für Jugendliche und Erwachsene, Lehrer und Schüler, Dritte-Welt-Gruppen, deutsche Teppichhändler und deutsche Politiker.« (Jürgen Lieser in: Caritas)

Ein Buch aus dem Lamuv Verlag

Christa Wichterich (Hg.)

Menschen nach Maß

Bevölkerungspolitik in Nord und Süd

Eine Neue Weltordnung der Fortpflanzung setzt sich durch: Behinderte werden durch vorgeburtliche Diagnostik aussortiert. Frauen im Rentenalter kommen durch einen kleinen Umweg übers Reagenzglas zum ersehnten Nachwuchs. In den Entwicklungsländern soll eine »Impfung« gegen Schwangerschaft die Rettung vom Kinderreichtum bringen.
Menschen, vor allem Frauen, werden zum Material für Wissenschaft und Bevölkerungspolitik, zu ausbeutbaren Objekten für die Privatwirtschaft. In der Verzahnung dieser Prozesse zeigt sich, wie untrennbar die medizinisch-technischen, wirtschaftlichen und politischen Steuerungen in Nord und Süd verknüpft sind.

Christa Wichterich

Frauen der Welt

Vom Fortschritt der Ungleichheit

Was hat das vergangene Jahrzehnt Frauen weltweit gebracht? Welche Themen und Probleme haben sie beschäftigt? Wo steht die internationale Frauenbewegung heute?
Unter dem Strich kann die Mehrzahl der weiblichen Erdbevölkerung das letzte Jahrzehnt nicht als Gewinn verbuchen. Weltweit wächst die Armut, und bekanntlich ist sie weiblich. Immer mehr Frauen sind erwerbstätig, doch die meisten schuften und schwitzen in unterbezahlten Teilzeitjobs. Das Tempo der Naturzerstörung hat sich beschleunigt, sie betrifft Frauen in besonderer Weise. Die Frauenbewegungen haben sich verbreitert, sind jedoch bedroht durch ein politisches Rollback und verschiedene Fundamentalismen. Die Vereinten Nationen beklagen zunehmende Gewalt gegen Frauen.
Christa Wichterichs Fazit: Die Ungleichheit zwischen Männern und Frauen schwindet nicht dahin, sie wird modernisiert.